L'HONNEUR EST SAUF

DU MÊME AUTEUR

AUX MÊMES ÉDITIONS

Ils cherchent leurs visages.
Dialogues sur l'amour, la foi et la politique
avec des lycéens
1973

CHEZ D'AUTRES ÉDITEURS

Aux quatre vents de l'Esprit
poèmes, prières
Cana, 1979

François Mauriac.
L'imitation des bourreaux de Jésus-Christ
et la présentation des blocs-notes sur la torture
Desclée de Brouwer, 1984

Dom Grammont, abbé du Bec-Hellouin
Fayard, 1986

ALAIN MAILLARD DE LA MORANDAIS

L'HONNEUR EST SAUF

PRÊTRE, OFFICIER EN ALGÉRIE

ÉDITIONS DU SEUIL
27, rue Jacob, Paris VIe

ISBN 2-02-012198-0

A Georgette Elgey, à qui je dois l'exigence.
A Fabrice Henry, pour une histoire qui s'inscrit.

A Christian Charpy, pour quinze ans d'histoire.

« La torture n'est-elle pas un moyen de légitime défense ? En aucun cas... C'est un principe absolu : il n'est pas possible de faire la balance avec des vies humaines, car dans chaque vie humaine il y a une parcelle de Dieu...
Il y a dans l'homme un absolu transcendant qui fait qu'il échappe toujours à la dimension historique à laquelle il serait asservi. Le christianisme l'affirme : le Dieu de l'homme est transcendant, ce ne peut être un collectif.
L'homme est à l'image de Dieu. Ceci, nous l'affirmons *a priori :* l'homme n'est pas Dieu, mais il y a en lui une parcelle de divin. »

JEAN-MARIE LUSTIGER, in *Clarté,* mensuel de l'Union des étudiants communistes, mars 1962.

Nantes

1953

La mémoire politique d'un enfant, et d'un adolescent, est d'abord faite d'images. D'une superposition d'images. La première date des mois qui suivent l'été 1940 : un petit drapeau français, frappé en son centre de la croix de Lorraine, orne le mur de la chambre des garçons, au-dessus de la cheminée. Au collège, nous chantions en chœur « Maréchal, nous voilà ! » et mâchonnions en rechignant des gâteaux vitaminés. Les bonnes sœurs, aux mains desquelles notre mère nous confiait pendant qu'elle devait travailler, s'appelèrent soudain « mesdemoiselles » et durent quitter leur costume de congrégation. Ces excellentes religieuses, qui assuraient les classes primaires de l'externat des Enfants nantais, le plus prisé des établissements privés de Nantes qui ne manquait pas d'écoles confessionnelles, imprégnèrent durablement ma première sensibilité politique sans m'en douter : après les heures de classe, elles nous racontaient à loisir de longues histoires se déroulant sous la Terreur, dans le pays nantais ou les terres de Vendée, dans lesquelles les aristocrates étaient tous ardents, courageux, magnanimes et magnifiques, versant héroïquement leur sang pour la cause de la Foi, du roi et du peuple, le vrai, celui que millénairement ils avaient toujours protégé dans leurs châteaux fortifiés. Les républicains étaient une pouillasse indigne, sans foi ni loi, manipulés par des bourgeois veules et jaloux d'un sang bleu que même les alliances matrimoniales arrachées aux nobles trop pauvres n'arrivaient pas à exalter au regard de l'histoire.

Le soir, en m'endormant après la prière en famille, le petit garçon que j'étais peuplait ses veilles et ses songes de chevauchées échevelées avec les Chouans bravant la mitraille des Bleus, libérant de livides prisonniers dans les bastilles républicaines, soutenant l'ardeur du peuple en armes, et communiant avec zèle de la main d'un prêtre réfractaire dans le fond d'une grange. Un cauchemar me réveillait souvent en hurlant, parce que le couperet de la guillotine venait de s'abattre sur ma nuque. J'apprenais à haïr la Révolution. Les Bleus faisaient rôtir les pieds de leurs prisonniers pour leur extorquer des aveux, incapables qu'ils étaient, dans cette guérilla sauvage, d'obtenir normalement du renseignement au milieu d'une population paysanne massivement hostile.

Mes premières images de torture datent des guerres de Vendée. Nous, qui n'étions pas des tendres, n'avions pas besoin de torturer parce que nous étions au sein de cette population comme « le poisson dans l'eau », aurait-on dit deux siècles plus tard. Les ailes d'un moulin, la fumée d'une cheminée de ferme, les bruissements d'un taillis, tout nous dénonçait l'ennemi. Et le soir, à la veillée familiale, après avoir répété les chants de Noël que notre mère accompagnait au piano, que lui demandions-nous ? D'imiter le cri de la chouette.

En cette année de mes dix-huit ans, je lis le *Bulletin politique* du comte de Paris dont le portrait orne mon bureau de collégien, j'aspire à une monarchie constitutionnelle, collectionne les premiers prix de français et d'histoire en préparant mon bac avec nonchalance, déguste les œuvres de Montherlant qu'un professeur avait imprudemment magnifié à mes yeux, et partage mes loisirs entre le scoutisme et de nombreuses soirées dansantes organisées, hors du temps de l'Avent et du Carême, par l'aristocratie et la grande bourgeoisie nantaises.

De Gaulle avait opéré son retrait de la scène politique, sans que je m'en aperçusse, mes seuls souvenirs étant les couvertures en couleur de *Match,* un an plus tôt, qui organisaient le battage publicitaire autour du chapeau rond de M. Pinay, ce qui laissait glacial un jeune homme avide d'héroïsme ; j'avais meilleur exemple dans la personne de mon chef de patrouille scoute, premier ami d'enfance, qui nous avait quittés pour Paris où une année de « corniche » le préparait au concours d'entrée à Saint-Cyr : il ne rêvait que de casser du Viet et du « coco ». J'avais grande admiration pour lui. Qu'un fils, beau et brillant, de minotiers nantais, nouveaux riches, s'enthousiasme pour la défense du monde libre jusqu'à être prêt à payer, avec fougue et panache, le prix du sang, me semblait être le comble de la noblesse du cœur qui absolvait cette famille de son péché d'argent et de cette irrémissible tache de n'avoir laissé aucune trace depuis quatre générations dans l'histoire de son pays.

Pourquoi quatre générations ? Sans doute parce que j'évoquais mon arrière-grand-père qui avait été élu député de la Loire-Inférieure et que la pensée que le pays nantais était représenté à l'Assemblée nationale par l'un des miens titillait ma vanité avec fatuité et contradiction.

Cette année-là, au collège, mon professeur d'histoire, qui se flattait d'être un « prolétaire », n'a de cesse que d'accabler de sarcasmes les trois ou quatre petits aristocrates que nous sommes dans sa classe, alors qu'il fait son cours sur la Révolution française en nous la présentant comme le triomphe d'une bourgeoisie avide et habile, manipulant les violences populacières contre la noblesse exécrée qu'elle rêvait depuis Louis XIV de supplanter.

Un jour, alors qu'il nous décrit l'état de la noblesse en 89 comme étant loin d'équivaloir à une richesse économique, notamment dans l'aristocratie terrienne de Bretagne, il nous lit un bref passage des *Mémoires d'outre-tombe* de Chateaubriand :

« Je fus conduit à Saint-Malo par M. de La Morandais, très bon gentilhomme, mais que la pauvreté avait réduit à être régisseur de la terre de Combourg. Il portait un habit de camelot gris, avec un petit galon d'argent au collet, une têtière ou morion de feutre gris à oreilles, à une seule corne en avant. Il me mit à califourchon derrière lui, sur la croupe de sa jument Isabelle. Je me tenais au ceinturon de son couteau de chasse, attaché par-dessus son habit : j'étais enchanté... M. de La Morandais prit des chemins de traverse... Nous nous arrêtâmes pour dîner à une abbaye de bénédictins, qui, faute d'un nombre suffisant de moines, venait d'être réunie à un chef-lieu de l'ordre. Nous n'y trouvâmes que le Père procureur, chargé de la disposition des biens-meubles et de l'exploitation des futaies. Il nous fit servir un excellent dîner maigre, à l'ancienne bibliothèque du prieur : nous mangeâmes quantité d'œufs frais, avec des carpes et des brochets énormes. »

Cette lecture m'enchante et je guette la note qui suit :

« François-Placide Maillard, seigneur de La Morandais, marié en 1757 à Gillette Dastin de La Noë et père de quinze enfants, dont le dernier, né à Combourg en 1777, eut pour parrain M. de Chateaubriand, père du grand écrivain. Les Maillard de La Morandais étaient d'ancienne noblesse, et de la même famille que les Maillard de Belestre et des Portes, de l'évêché de Nantes, qui ont été maintenus en 1670, après avoir fait preuve de huit générations nobles. »

Ce gentilhomme breton eut parmi sa nombreuse progéniture un directeur de manufactures suisse qui eut des relations d'affaires avec François-René de Chateaubriand, et un capitaine de vaisseau, chevalier de Saint-Louis dont nous descendons en ligne directe. C'est une des filles de ce dernier qui s'allia avec les de Charette et son fils aîné devint conseiller général de la Loire-Inférieure.

Cette lecture publique, si elle caresse un orgueil nobiliaire par la reconnaissance officielle de son ancienneté et de son authenticité, ne fait en réalité qu'aviver en moi une humiliation secrète : hier, comme aujourd'hui, il n'y a guère d'argent à la maison ! Au-delà des beaux restes — les meubles anciens, l'éducation et l'argenterie —, ma mère veuve connaît les angoisses de fin de mois. Noble mais pauvre : cette situation m'attendrit l'âme vers toutes les situations d'injustice, des grévistes des usines nantaises jusque... jusqu'où précisément ? Mon horizon ne dépasse pas la capitale nantaise et son petit monde simple et protégé. Les bourgeois invitent les aristocrates dans leurs réceptions mais ceux-ci le plus souvent ne se reçoivent qu'entre eux. Le monde ouvrier m'est aussi étranger que les Papous de la Nouvelle-Guinée, mais je commence à deviner que nous avons un point commun : la fin de mois ! Le danger le plus pressant n'est plus la république mais le communisme, lequel n'est-il pas d'ailleurs le fils naturel de la précédente ?

Durant l'été, et sa migration vers les villas confortables de La Baule, des photos de *Match* me font m'extasier devant les milliers de cavaliers du Glaoui, pacha de Marrakech, « ami de la France », menant son coup de force contre le sultan Mohamed V avec l'appui de la Résidence. Les images ravivent en moi les pages glorieuses qui ont bercé mon enfance avec l'épopée de Lyautey, la figure prestigieuse de Bournazel et son burnous rouge ou de Charles de Foucauld. A l'âge de dix ans je méditais sur la mappemonde en comparant les surfaces en rose qui désignaient les possessions françaises d'outre-mer à celles en vert représentant les conquêtes de la rivale, l'Angleterre. Je me sentais très fier de notre empire colonial : notre drapeau avait civilisé les « sauvages » et nos missionnaires planté la Croix glorieuse. Tout cela ne pouvait être qu'au-dessus de tout soupçon. Sacré.

Pourtant, un an auparavant, le Maroc était entré en convulsions : une grève avait été réprimée dans le sang et dans de telles conditions qu'un romancier catholique, François Mauriac, couronné la même année (1952) par le prix Nobel de littérature, s'en était ému publiquement aux côtés d'un jeune ministre, François Mitterrand, qui démissionnera pour désapprouver le gouvernement français dans un recours à la force contre le sultan Mohamed V, déposé par les soins de la Résidence. De tout cela, le petit collégien de rhétorique n'est informé par personne : il continue à croire à la pérennité de son Empire colonial. En toute bonne foi, comme la majorité de l'opinion publique... Autour de lui il n'est fait bruit que d'un livre à succès *J'ai choisi la liberté,* de Kravchenko, un ingénieur soviétique passé à l'Ouest, qui affirmait l'existence en URSS de camps de concentration.

Piqué au vif par les remarques ironiques de mon professeur d'histoire sur l'ancienneté de la famille, une brève incursion généalogique me conduit directement à un illustre ancêtre, grand intendant et écuyer de la duchesse Anne de Bretagne (1477) par lequel elle fit édifier les premiers grands aménagements portuaires de Nantes. Par culte d'un passé — la tradition d'un certain passé —, j'ai cru savoir ce qu'était le sens de l'histoire, alors que c'était le culte d'un passé idéalisé qui me tenait lieu d'histoire.

1954

Mon ancien chef de patrouille scoute, l'ami héroïque et idéalisé de l'enfance et de l'adolescence, a intégré Saint-Cyr, à Coëtquidan, tandis qu'une classe de philo un peu rêveuse me conduit vers un dernier baccalauréat sans accroc ni lustre particulier. Je n'ai ni ses vertus athlétiques ni son courage physique. Je vénère l'armée par instinct, par tradition : elle est, pour moi, comme l'Église, intouchable. Pourtant mon professeur de philo commence à semer quelques doutes dans mon esprit qui se détache d'idées monarchistes un peu obsolètes auxquelles je ne découvre qu'un attachement esthétique et social. Mon grand-père maternel est Action française et ne manque pas de me glisser *Aspects de la France* ou *Rivarol* entre les mains, mais le contrepoison est dans le souvenir mythique de mon père, entré dans la Résistance et très tôt déporté à Dora en Allemagne parce qu'il faisait de faux papiers pour les Juifs. Il y mourra sans m'avoir connu.

Comme tant d'autres, je suis d'abord l'héritier de contradictions.

Le grand-père maternel n'avait pas failli à l'honneur puisqu'il s'était détaché de Maurras et de Pétain après Montoire (octobre 40) et la fameuse poignée de mains avec Hitler ; néanmoins, à la Libération, sur dénonciation calomnieuse, il avait successivement failli être fusillé par les Allemands puis par les FFI. Voilà qui, à mes yeux, garantissait son honnêteté. Il n'en restait pas moins foncièrement antiparlementaire, antigaulliste et fort peu républicain, continuait à vouer un culte à Léon Daudet et à exécrer Léon Blum. L'imprégnation inconsciente de ses conversations alimente facilement l'antiparlementarisme ambiant : la suprématie de l'Assemblée sur le gouvernement affaiblissait à l'évidence l'autorité de la fonction de président du Conseil et cette prépondérance du pouvoir d'assemblée, donc de la « cuisine des partis », conduit aux crises à répétition et à l'impuissance des gouvernements successifs : la durée moyenne d'un gouvernement n'excède pas huit mois. Je doute de la démocratie mais le souvenir honteux du maréchal vaccine contre les tentations du pouvoir fort. La voix du général de Gaulle continue à dénoncer le régime des partis et les dangers qu'il fait courir au pays. J'incline déjà de ce côté-là.

L'hiver a battu son plein de réceptions mondaines. Bon danseur, je ne décroche pas avant sept heures du matin, le temps de passer « prendre » la première messe à la cathédrale avant de se coucher. Entre Noël et le Premier de l'An, une permission nous a rendu notre saint-cyrien dans ses foyers nantais. Un jour, lors d'une élégante soirée où mon cyrard brillait de tous les feux de son uniforme et de ses naturelles séductions, je me mets en veine de le distraire de ses entreprises amoureuses :

— Dans un an et demi, quand tu vas sortir de Coët', tu auras hâte de partir pour l'Indochine ?

Troublé par quelques récentes réflexions de mon prof de philo sur le colonialisme français, j'ai besoin d'éclaircissements, et même d'explications élémentaires. Cette nuit-là, le futur officier me donne, pendant plus d'une heure, ma première leçon d'histoire contemporaine.

En 1940, les autorités coloniales avaient bien été obligées d'accepter la présence nippone sur la péninsule indochinoise, de composer avec elle jusqu'à ce qu'en mars 1945 des soldats français soient massacrés ou internés par ces mêmes Japonais qui poussaient les nationalistes vietnamiens à proclamer leur indépendance. Au moment de la capitulation de l'empire du Soleil levant, l'administration, en l'absence de la France, avait été confiée à une sorte de condominium provisoire entre la Chine et la Grande-Bretagne. De Gaulle, qui tenait à restaurer les positions de la France partout dans le monde telles qu'avant guerre, dépêcha un corps expéditionnaire afin de reconquérir l'Indochine. Alors il s'est agi à la fois de restituer, par les armes en l'occurrence, la domination française et en même temps de rechercher un compromis avec les nationalistes par la négociation.

— Souviens-toi donc de deux noms : l'amiral d'Argenlieu * et le général Leclerc. Le premier est chargé d'imposer la force militaire à partir de laquelle nous pourrons négocier à la recherche d'une entente, ce qui est la mission du second. En mars 1946, après le départ du général de Gaulle de la scène politique, un accord a été signé avec Hô Chi Minh, le leader nationaliste du Vietminh, qui prévoit un Vietnam uni et indépendant dans le cadre de l'Union française. Une conférence s'est ouverte à Fontainebleau avec Hô Chi Minh pour essayer de mettre en place ce nouveau dispositif. Mais chaque partie a laissé traîner les choses pour chercher sans doute à gagner du temps. C'est alors que d'Argenlieu, bien que les Vietnamiens eussent fait de

* Cet officier général avait le privilège d'un statut particulier puisqu'il était en même temps moine de l'ordre des carmes.

l'unité du Tonkin, de l'Annam et de la Cochinchine une condition absolue, a soudain érigé la Cochinchine en république autonome. Le côté viet a vu là un cas de rupture dans les négociations. Les militaires, en accord avec d'Argenlieu et Bidault, ministre des Affaires étrangères, ne croyant qu'à la solution armée, déclenchèrent en novembre un bombardement sur le port d'Haiphong, provoquant des milliers de victimes dans la population civile. C'était la fin de la négociation, heureusement !

— Heureusement ?

— Oui, les Viets nous auraient possédés : ils auraient d'abord joué le jeu du pluripartisme en participant à un gouvernement de coalition, le temps de s'infiltrer jusqu'au sud de la péninsule, et puis un beau jour, le coup de Prague (1948) répété à l'asiatique, comme celui qui a instauré la dictature communiste dans une des démocraties les plus évoluées d'Europe. A plus forte raison là-bas ! Et puis, de toute manière, il ne faut pas oublier que l'ambition ancestrale et millénaire du Vietnam du Nord a toujours été de vouloir conquérir le Sud. Le marxisme est le ciment idéologique idéal pour y parvenir.

Le 19 décembre 1946 le Vietminh lançait une attaque surprise sur Hanoi et à travers tout le Tonkin. Huit ans plus tard cette guerre s'était étendue et amplifiée à tel point que la France avait dû y engager toute son armée de métier, grevait lourdement son budget en se rendant dépendante de l'aide américaine qui compensait, et finissait par faire des concessions de plus en plus larges à des interlocuteurs nationalistes sans répondant.

— Nous ne nous battons pas contre l'indépendance du Vietnam puisque celle-ci a été reconnue par la France dans les accords de la baie d'Along avec Bao Dai !

Ce que je ne sais pas et que mon jeune interlocuteur militaire ne m'explique pas, c'est que cette reconnaissance, toute fictive, ne se traduisait dans la réalité par aucun transfert de pouvoirs par l'administration.

— Nous nous battons pour fonder la souveraineté du Vietnam et surtout l'empêcher de basculer dans le camp communiste !

— La défense du monde libre : c'est une juste et noble cause ! Tu es prêt à mourir pour elle mais est-ce que vous, les militaires, l'armée, vous ne vous sentez pas coupés du reste du pays, de la nation ? Tu la vois, autour de nous, cette jeunesse dorée qui virevolte et qui danse : elle ne croit pas que son avenir est menacé par l'expansionnisme communiste, même depuis Prague, et surtout elle ne croit pas que le sort du monde occidental se joue à douze mille kilomètres d'ici !

Ce qu'il oublie de me rappeler aussi, c'est que depuis 1949 la complète victoire des communistes en Chine offrait désormais aux armées du Vietminh une immense base arrière aux ressources inépuisables en coolies, ce qui explique qu'un an après, en octobre 1950, toute une chaîne de postes tenus par nos forces le long de la route coloniale N° 1 tomba tragiquement. Je n'ose pas évoquer Cao Bang ou Lang Son, de sinistre résonance, tant son enthousiasme et sa détermination me paraissent admirables et inébranlables.

Je n'ai plus le cœur à danser. Quant à lui, convaincu de m'avoir acquis à sa cause, il s'élance sur une nouvelle conquête. Je n'ai pas encore compris que les militaires sont souvent des conquérants, rarement des séducteurs.

La même année, ayant dû quitter les scouts à cause de mes dix-neuf ans, pour passer dans le mouvement aîné, « la Route », j'y découvre par sa revue une ouverture sociale tout à fait nouvelle dans laquelle tout ce qui ressort du monde ouvrier ou de l'immigration n'était pas équivalent de « communiste » et, surtout, des allusions à de vifs débats sur la situation coloniale donnent à mes images d'Épinal un sérieux coup de vieux. A la fois par admiration inconditionnelle — pour moi, ceux qui sont prêts à payer le prix du sang ne peuvent qu'avoir raison sur ceux qui se payent de mots ! — et par désarroi personnel, je m'accroche à mon système de défense anticommuniste, de moins en moins partagé par mes petits camarades.

En Indochine, la situation militaire se dégrade tant que l'état-major a imaginé de frapper un grand coup en attirant le corps de bataille ennemi sur un terrain choisi où il pourra être écrasé définitivement ; le lieu-dit se trouve dans la plaine des Jarres, au point nommé de la cuvette de Diên Biên Phu, où s'installe un camp retranché, fort des meilleures unités du corps expéditionnaire.

Mon ami le cyrard rêvait de « casser du Viet » : c'est le but du piège de Diên Biên Phu, à quelque 300 kilomètres d'Hanoi, pour attirer les divisions vietminh ; mais celles-ci, commandées par le général Giap, vont entreprendre le siège en règle de la fameuse cuvette.

Grande humiliation pour l'armée. Jour funèbre pour la nation qui fait le bilan de cette sinistre bataille : mille cinq cents morts et environ trois mille cinq cents blessés du côté français, tandis que dix mille hommes sont faits prisonniers dont 70 % ne reverront jamais leur pays, victimes d'épuisement, de vengeances ou d'absence de soins.

Ce drame me touche de près, à l'inverse du plus grand nombre de Français. En effet, un ami de collège, cher à mon cœur et dont la famille m'a accueilli comme un fils, voue une vénération à deux grands portraits qui ornent un des salons de l'immense appartement.

L'un est celui de son grand-père paternel, en toge solennelle de professeur de médecine, premier ophtalmologue de France à avoir pratiqué l'opération de la cataracte ; son fils, le père de mon ami, a brillamment pris la succession et s'est acquis une réputation internationale, et à son tour, le jeune fils de ce dernier s'apprête à marcher bientôt sur les mêmes traces. L'autre toile représente un jeune et fringant capitaine de cavalerie, le propre frère de la mère de mon ami, l'« oncle Yves », figure emblématique héroïque qui fait le pendant, du côté maternel, de ce qui est assuré par le prestige scientifique du côté paternel.

Le 8 mai, la nouvelle tragique de la chute de Diên Biên Phu nous laisse hébétés, chacun pensant au sort de l'oncle Yves dans le camp retranché vaincu et à celui de ses compagnons d'infortune mais, à l'image de l'opinion publique nationale, notre rancœur se porte, non sans injustice, contre les « politiques » auxquels nous imputons la responsabilité de la défaite. L'antiparlementarisme et l'opposition au régime connaissent un regain de ferveur. Le gouvernement Laniel ne s'en remet pas : le 18 juin, Pierre Mendès France est investi président du Conseil, en récusant le vote communiste en sa faveur. Entre-temps, nous apprenons la disparition dramatique du capitaine Yves Hervouët, prisonnier du monde concentrationnaire des Viets.

Ce désastre, pressenti par Pleven et Laniel[1], un homme nous l'avait prédit lors d'un passage à Nantes où notre clan de la Route des Scouts de France avait eu une rencontre avec lui : le père Liégé, dominicain, aumônier national de la Route. Je garde le souvenir, cette année-là, d'un homme à la foi, la personnalité et l'intelligence incontestables mais dont les propos sur la décolonisation sentent pour moi le « progressisme », c'est-à-dire une sympathie plus ou moins consciente pour le marxisme. Ce religieux est chaleureux, séduisant, mais son discours me heurte. Son enseignement, qui provoque de vives réticences chez certains dans le mouvement scout, Paul Rendu, commissaire national de la branche aînée, l'a décrit ainsi :

« Il frappait par sa nouveauté, par sa liberté de ton, par ses appels répétés à la responsabilité. Les faux visages de Dieu étaient dénoncés. La distinction était faite à l'intérieur de l'Église entre ce qui est l'essentiel de sa mission, ce qui, plus dépendant de l'évolution des sociétés, peut changer, et ce qui doit changer pour ne pas faire écran au message du Christ. Mais c'est peut-être sur le plan de la morale, pour ceux qui avaient été éduqués dans l'ambiance étouffante de la rigueur janséniste, que le langage du père apportait le plus de libération... Tournant leurs regards vers les autres jeunes, vers la classe ouvrière, vers les travailleurs immigrés, les routiers faisaient l'apprentissage de solidarités qui n'étaient pas coutumières à leurs prédécesseurs[2]. »

C'est au début de 1954, que l'équipe Rendu-Liégé prend la responsabilité officielle de la Route, en lui inspirant un sens d'ouverture au « social » : il s'agit de proposer aux routiers des actions décidées par les clans après débat interne et analyse des besoins de la société locale. C'est ainsi que nous nous sommes engagés tous les week-ends dans une opération dite des Castors, dans la banlieue, qui consiste à aider des ouvriers à construire leurs logements par eux-mêmes, tâche rude à laquelle j'adhère volontiers. De même, renonçant à la chaleur traditionnelle du douillet réveillon de Noël familial, nous participons à une veillée chez des gens démunis. Disponible à cette ouverture sur le « social », comme on dit, je le suis, mais de là à accepter l'article « Suis-je ton frère ? » de la revue *La Route* du mois de janvier il y a un grand pas que je ne franchis guère.

Il s'agit d'un témoignage écrit pour la revue des scouts aînés par une petite équipe de travailleurs musulmans qui habitent la banlieue parisienne dans lequel est retracée l'expérience de l'un d'eux, immigré en France afin d'aider sa famille à vivre, concluant à l'exploitation de la misère humaine. Mais ce n'est pas tout : le jeune Algérien dénonce l'armée française comme une horde barbare ; cette affirmation me scandalise tant que je ne cherche même pas à savoir à quoi est fait allusion : la sanglante répression de Sétif qui suivit les manifestations du 8 mai 1945 m'est aussi inconnue qu'à la majorité des Français.

Entre routiers les discussions sont vives. Mais des trois dimensions de la vie sociale que sont l'argent, le sexe et la politique, soigneusement occultées par le scoutisme jusqu'à en faire des tabous, le dernier est en train de sauter. L'Algérie est calme.

A la conférence de Genève, commencée le 26 avril avec Bidault pour négocier sur le Vietnam, Mendès France conduit en juillet des pourparlers difficiles qui finissent par donner priorité à un cessez-le-feu sur un règlement politique durable : le pays est coupé en deux, comme en Corée, et sont décidées des élections libres sous contrôle international qui auront à déterminer l'avenir de la péninsule dans un délai de deux ans après l'arrêt des combats.

L'extrême droite redouble d'attaques contre le « juif Mendès, bradeur d'empire » : c'est la résurgence de la haine contre Léon Blum dix-huit ans plus tôt à laquelle des catholiques conservateurs ne sont pas étrangers. Elle récupère à l'occasion un article de l'organe officiel du Vatican, l'*Osservatore Romano,* intitulé « La chevauchée de la Pucelle » qui présente Diên Biên Phu comme « un Verdun asiatique où se défendait la civilisation humaine et chrétienne ».

Cette rage réactionnaire n'entame pas la détermination du président du Conseil, séduisant la jeunesse et certains catholiques ouverts, qui bénéficie d'un été de grâce, tout en se mettant à dos le MRP à la suite du rejet du projet de la Communauté européenne de défense (CED) par l'Assemblée nationale (30 août).

A la fin de l'été, le climat de confiance qu'avait su restaurer Mendès France se dégrade à tel point que François Mauriac écrit dans son *Bloc-Notes* de *L'Express* que « les couteaux s'aiguisent ». En effet, depuis Genève tous les milieux sensibles à l'anticommunisme accusent Mendès d'être infidèle à la cause atlantique et d'être suspect de sympathie « progressiste » avec le bloc soviétique. François Mitterrand a révoqué en juillet le préfet de police de la Seine Jean Baylot, ami de l'avocat d'extrême droite Tixier-Vignancour : ainsi commence à éclater une sombre machination, dite « l'affaire des fuites » parce qu'elle accuse un membre du gouvernement d'avoir favorisé des fuites de renseignements du Comité de défense nationale vers le parti communiste : la personnalité proche de Mendès France est François Mitterrand, son ministre de l'Intérieur qui eut à neuf reprises des responsabilités dans les gouvernements précédents.

Mais dès le 1er novembre, un orage dramatique et imprévu tonne dans le ciel d'Algérie : une vague d'attentats apparemment coordonnés déferle comme un premier avertissement sanglant d'une lutte dont « la police encore peu informée apprendra vite qu'ils sont les préliminaires d'un soulèvement armé qui sera poursuivi jusqu'à la révolution illimitée et l'indépendance, sous la direction d'un mouvement jusqu'alors inconnu, le Comité révolutionnaire d'unité et d'action (CRUA) qui a constitué le 10 octobre un Front de libération nationale (FLN) [3] ». C'est, comme on l'appellera plus tard, la « Toussaint rouge ». Ce coup de semonce passe tout à fait inaperçu dans la société de la jeunesse aisée de Nantes où je commence avec insouciance la classe de philo pour clore le cycle de mes études secondaires. Mendès France annonce au Parlement, le 12 novembre, « qu'on ne transige pas lorsqu'il s'agit de défendre la paix intérieure de la nation et l'intégrité de la République » et François Mitterrand confirme la détermination gouvernementale : « L'Algérie c'est la France. Des Flandres au Congo, il y a la loi, une seule nation, un seul Parlement. C'est la Constitution et c'est notre volonté [4]. »

« Mendès Lolo » — sobriquet dont l'affuble la grogne poujadiste ! — ose, le même mois, s'attaquer aux privilèges des bouilleurs de cru, réduire le nombre des estaminets et laisser *L'Express* mener une campagne publicitaire en faveur de son goût pour le lait qu'il veut faire distribuer aux enfants des écoles. Dans nos salons bourgeois on feint de se scandaliser, avec un fond d'antisémitisme, sur cette promotion nationale du lait alors que dans les « boums » la mode est aux whiskies et au Coca-Cola. Les « événements » d'Afrique du Nord — le 31 juillet « Mendès antiFrance » reconnaît à Carthage le droit de la Tunisie à l'autonomie interne ! — font monter la hargne du lobby colonial qui soupçonne le président du Conseil de vouloir mener hypocritement une politique d'abandon. Même les milieux catholiques modérés, de tendance MRP, accueillent les rumeurs selon lesquelles l'abandon de la CED est une concession aux Soviets.

Les propos intransigeants de PMF* et de son ministre François Mitterrand ne choquent personne, du PC à l'extrême droite, tant il est vrai que la grande majorité de l'opinion publique, n'ayant pas de doute sur l'identité française de l'Algérie, il lui paraît naturel de mater immédiatement l'insurrection dont on ne peut mesurer l'ampleur et encore moins la durée. Exceptionnels sont les hommes comme cet universitaire chrétien, André Mandouze, qui a pu s'écrier dès 1947 : « Ou bien nous garderons l'esprit colonialiste, l'esprit conquérant, l'esprit occupant **, nous mépriserons cette sollicitation à la justice et à l'Esprit de Dieu... ou bien nous reconnaîtrons nos erreurs, nous redeviendrons nous-mêmes et nous respecterons pratiquement l'Islam et, partant, ses membres et ses prolétaires dont nous satisferons les justes requêtes ***. » Les grands moyens d'information l'ignorent.

En revanche la répression qui s'abat sur les milieux nationalistes du MTLD (Mouvement pour le triomphe des libertés démocratiques ****) algérien de Messali Hadj et va porter de novembre à la fin de l'année le nombre d'arrestations à quelque deux mille, provoque le mécontentement de Jacques Chevallier, le maire d'Alger, ainsi que les premières protestations de journalistes de *France Observateur* à propos de brutalités exercées sur les détenus et même de torture dans les commissariats et prisons de la capitale algérienne. François Mitterrand impose la fusion des forces policières d'Algérie, jusqu'alors autonomes, avec celles de la France métropolitaine, ce qui lui permet d'ordonner la mutation des éléments les plus racistes et les plus brutaux. Sur le plan militaire, il fait tempérer les ardeurs du

* A partir de P(ierre) M(endès) F(rance), la mode journalistique va consister à procéder par abréviations pour désigner les « célébrités ».

** A. Mandouze a les réminiscences du jeune résistant qui, pendant l'Occupation, participa à la diffusion du premier *Témoignage chrétien* clandestin avec le père jésuite Chaillet.

*** André Mandouze, « Impossibilités algériennes », *Esprit*, n° 135, 1947, p. 29.

**** En 1953, 25 élus du MTLD travaillent au Conseil municipal d'Alger aux côtés du nouveau maire libéral Jacques Chevallier.

général Cherrières, patron du Corps d'armée à Alger, dit « Babar » à cause de ses allures de pachyderme, en interdisant l'usage de bombardements arbitraires au napalm ou aux explosifs de grande puissance sur les villages soupçonnés de rébellion, ce qui n'empêche pas un certain nombre de cas où les commandants locaux « agirent à leur guise » et exécutèrent des pilonnages punitifs et des attaques aériennes sur des douars. Le 29 novembre, dans les Aurès, au début d'un hiver qui s'annonce durement, les paras du colonel Ducournau, rescapé de Diên Biên Phu, ont les premiers accrochages significatifs avec les rebelles. La France indifférente croit qu'on va en finir rapidement avec ces « bandits ».

Si les signatures de *France Observateur,* au tirage limité, ne sont pas assez illustres pour déclencher l'émotion, celle de François Mauriac dans son *Bloc-Notes* du 2 novembre de *L'Express* provoque des vagues : « Et coûte que coûte, il faut empêcher la police de torturer[5] ! » Le vieux guetteur du haut de sa tour vient de lancer un cri d'alarme qu'il n'aura de cesse de répéter. Au mois d'octobre, il vient d'abandonner sa collaboration au *Figaro* parce que le quotidien s'associe aux insinuations odieuses de l'« affaire des fuites » contre PMF et Mitterrand. Six mois avant la Toussaint sanglante, n'ayant pas oublié les excès policiers du Maroc de 1952, articulant le passé récent à la prévision des menaces qui s'annoncent entre la Tunisie et le royaume chérifien, il écrit : « Le drame de l'Afrique du Nord... cette chaîne sans fin des deux terreurs qui s'enfantent l'une l'autre, qui fait naître la répression de l'attentat, l'attentat de la répression, ce malheur a un aspect quotidien et que le journal nous rapporte : film policier monotone, films à épisodes. Mais ce malheur a un autre visage, un visage caché : un suspect arrêté, interrogé souvent dans des conditions cruelles, même s'il est relâché... ces sortes de crimes sont des crimes de la bêtise : " L'énorme bêtise, la bêtise au front de taureau ", dont parlait Baudelaire : c'est essentiellement la bêtise policière[6]. »

Deux semaines après le début du soulèvement algérien, le 15 novembre, François Mauriac, appelé à prononcer l'allocution de clôture des travaux de la semaine des intellectuels catholiques, se livre devant un public bouleversé à une méditation pathétique sur « L'imitation des bourreaux de Jésus-Christ » dans laquelle il dénonce « le crime par excellence, la torture, défi au libre arbitre, défi à la personne, défi à l'inaliénable dignité de la créature[7] ».

Durant cet automne, pendant que quelques intellectuels catholiques méditent avec gravité sous la conduite du prix Nobel de littérature, que se passe-t-il à Alger ?

Des conseillers municipaux musulmans ayant été arrêtés, certains de leurs collègues « libéraux » européens réagissent. Ainsi André Gallice et Paul Houdart qui témoignent[8] :

André Gallice : « Dès après la Toussaint 1954, nous avons eu des collègues, conseillers municipaux musulmans, qui ont été emprisonnés. Chevallier, le maire, protesta officiellement, téléphona au président du Conseil Mendès France, et à François Mitterrand. Nos collègues détenus, sans inculpation, ont été relâchés peu de temps après mais nous avons appris avec stupéfaction de leurs propres bouches qu'ils avaient été torturés !... »

Paul Houdart : « Pour en avoir le cœur net, nous allons trouver nos collègues libérés qui nous confirment avoir été torturés par la DST. L'un d'eux se déchausse même et me montre des plaies de brûlure sous la plante des pieds : " Ils m'ont torturé à la lampe à souder ! " C'était dans le courant de décembre 1954, et tout de suite j'ai fait une déclaration de protestation au conseil municipal, puis, sous l'impulsion de l'abbé Scotto, nous avons entrepris une démarche auprès de Mgr Duval *. J'étais paroissien de Scotto à Hussein-Dey, mais n'avais jamais eu de relations particulières jusqu'ici avec l'archevêque... Ma déclaration au conseil municipal avait été reproduite du bout des lèvres par *L'Écho d'Alger*. Nous allons donc voir Mgr Duval, avec André Gallice, et lui déclarons ce que nous savions des tortures. L'archevêque nous répondit : " C'est impossible ! J'ai vu le préfet à une inauguration dimanche dernier qui m'a déclaré qu'il n'y avait pas de tortures. " Nous lui avons rétorqué que nous pouvions venir le voir, preuves en main, c'est-à-dire avec l'un des collègues qui avait subi des sévices. Et la semaine suivante nous sommes revenus le voir avec ce collègue musulman qui lui a montré les traces dans sa chair. L'archevêque a discuté avec lui, l'a fait parler et tout à coup, il a remarqué : " Est-ce que la communauté musulmane attend que je prenne position ? " Réponse du collègue : " Nous n'en attendions pas tant ! " Et le dimanche suivant, sortait la fameuse note du 17 janvier 1955, condamnant publiquement l'usage de la torture. »

A Nantes, pendant un premier trimestre de classe de philo, j'abandonne la lecture de Montherlant pour celle de Platon et Bergson. Je n'ai toujours pas lu une ligne de Mauriac et, à plus forte raison, ignore complètement son *Bloc-Notes* dans *L'Express*.

* Mgr Léon-Étienne Duval est nommé le 4 février 1954 archevêque d'Alger.

Paris

1955

A Paris, le 5 janvier 1955, François Mitterrand présente au Conseil des ministres un ample programme de réformes qui reprend d'ailleurs des dispositions du statut boycotté de 1947 lequel avait marqué en principe la reconnaissance implicite d'une spécificité algérienne *.

Le 13 janvier, Claude Bourdet titre un article de *France Observateur :* « Votre Gestapo en Algérie ». A Alger, les démarches des conseillers municipaux chrétiens auprès de Mgr Duval aboutissent rapidement : la note du 17 janvier de l'archevêque condamnant l'usage de la torture est publiée officiellement le 20 janvier dans *La Semaine religieuse* où l'on peut lire : « L'instruction judiciaire doit exclure la torture physique et psychique et la narco-analyse, d'abord parce qu'elles lèsent un droit naturel, même si l'accusé est réellement coupable, et puis parce que trop souvent elles donnent des résultats erronés[9]. » En fait — et c'est normalement imparable pour des catholiques fidèles au Saint-Siège ! — Mgr Duval se réfère à un document très clair de Pie XII qu'il cite littéralement : discours du pape (3 octobre 1953) à l'occasion du IVe Congrès international de droit pénal. Pie XII était revenu sur le sujet le 15 octobre 1954 lorsqu'il recevait les membres de la commission internationale de police criminelle.

Évoqué à l'Assemblée algérienne, à l'Assemblée nationale française et dans la presse, ce communiqué est probablement à l'origine de la campagne lancée contre Mgr Duval — « Mohamed Duval » ! — ne serait-ce que parce qu'il révèle un fait globalement ignoré de l'opinion publique. Les références à ces deux discours importants du Souverain pontife seront reprises ultérieurement, par exemple dans des circulaires ronéotypées rédigées par des supérieurs de séminaires à l'usage des séminaristes mobilisés, alors que les publications officielles de l'Aumônerie militaire les ignoreront longtemps et qu'il faudra atten-

* L'ample fraude qui présida aux élections pour l'Assemblée algérienne en 1948, en 1951 et en 1954 déshonora cette tentative démocratique.

dre mars 1960 pour avoir la première déclaration officielle du cardinal Feltin, vicaire aux Armées, sur la torture.

Tout cela n'atteint pas encore le milieu des grands collégiens de Nantes qui s'initient à la métaphysique, la logique et la morale mais sans risquer de trouver des champs historiques trop proches pour appliquer les grands principes. Pourtant notre professeur de philosophie commence à faire quelques allusions à la situation coloniale en parlant du paternalisme.

A Alger le communiqué de son archevêque est lu dans les églises. A Nantes, le professeur d'histoire, interrogé par l'un de nos camarades sur la licéité morale des méthodes de l'Inquisition, lui répond que à partir de 1139 (concile de Latran-Innocent II) l'Église a fait appel au pouvoir civil, lequel faisait usage de la torture dans les tribunaux séculiers et qu'une bulle « Ad extirpandam » d'Innocent IV, en date du 15 mai 1252, permet d'y recourir pour l'instruction ecclésiastique des actes d'hérésie. Personne ne fait le lien avec la situation algérienne que nous ignorons. Je ne sais si le professeur d'histoire a eu écho des discours de Pie XII mais il omet en tout cas de nous dire que l'Église vient de renouer avec sa tradition la plus ancienne concernant la torture, puisque avant les errements du XIIe siècle — y compris de Thomas d'Aquin sur ce sujet — le pape Nicolas Ier, en 866, avait dans une lettre au roi Boris de Bulgarie réprouvé totalement ce cruel moyen d'enquête, lequel, disait-il, « n'était admis ni par les lois divines, ni par les lois humaines, car l'aveu doit être spontané et non arraché par la violence [10] ».

Pour mettre en œuvre en Algérie sa politique de réformes, le gouvernement Mendès nomme un « intellectuel de gauche », gaulliste breveté, gouverneur général : Jacques Soustelle. Celui-ci fut aussitôt suspecté d'être juif et progressiste par le gros des Européens et la presse d'Algérie. Il est en fait protestant et cévenol. Le président du Conseil lui confie : « Il vous faudra faire plier les féodalités qui règnent là-bas, épurer la police, mettre fin aux velléités d'indépendance et à la fronde de la haute administration locale. Il vous faudra du courage pour affronter les gros manitous qui, à Alger, ont fait jusqu'ici la pluie et le beau temps [11]. »

Alors qu'il est sur le point de gagner Alger, Soustelle apprend avec consternation que le gouvernement Mendès est tombé sur un vote de confiance, torpillé notamment par le lobby algérien de René Mayer et en raison des nombreux ennemis que le dynamisme et la forte personnalité de PMF avaient ligués contre lui. Une majorité absolue — 319 voix contre 272 — le renverse le 5 février au matin. Contre les usages parlementaires, il remonte à la tribune, ce président du Conseil qui avait pris l'habitude de s'adresser à l'opinion par-delà les tribunes d'assemblée, et dans le tumulte, on l'entend s'écrier : « En Afrique du Nord, ou bien il y aura une politique de réconciliation ou une politique de répression et de force, avec toutes ses horribles conséquences !... »

La curée sur Mendès renforce mon antiparlementarisme. Malgré mes préventions contre cet homme hors série, sa défaite m'incline à un respect que je ne m'explique pas... Pourquoi tant de médiocres à s'acharner sur lui ?... Que n'ai-je alors le plaisir de lire sous la plume de Mauriac ses traits acerbes contre le MRP : « Vous avez eu la joie de l'abattre, et après l'avoir abattu, vous l'avez piétiné[12]. » Qui ? ce « fantôme qui vous terrifie d'avance, cette ombre d'une espérance, cette promesse avortée de justice[13] ».

Avant même l'investiture du successeur de Mendès France, Soustelle gagne la capitale algéroise, le 15 février, qui l'accueille glacialement. Dans son équipe, deux personnalités remarquables : Vincent Monteil et Germaine Tillion.

Germaine Tillion est « une de ces remarquables Françaises héroïques, qui avaient subi les tourments de l'enfer pour leurs idées libérales passionnées. En 1940, elle avait créé à Paris un groupe de résistants qui, entre autres, avait aidé des prisonniers de guerre anglais à s'échapper après les combats de Dunkerque. Arrêtée par la Gestapo, elle fut la seule des quatre chefs du groupe à survivre aux tortures, à la déportation et à trois années dans l'épouvantable camp de concentration de Ravensbrück. Pour ses activités du temps de guerre, elle avait reçu la croix de guerre avec palmes et avait été nommée officier de la Légion d'honneur. Avant 1940, Germaine Tillion, ethnologue comme Soustelle, venait de séjourner six ans dans les Aurès, n'hésitant pas à passer quatorze heures à cheval pour atteindre, à Arris, l'Européen le plus proche. Aucune Française ne connaissait la région mieux qu'elle. Au moment de l'insurrection, elle était à New York où elle travaillait dans une commission officielle sur les crimes de guerre allemands et russes. Revenue en France, elle était invitée par Mitterrand, ce même hiver, à retourner dans les Aurès pour y établir un rapport sur les conditions de vie. Elle avait été immédiatement profondément choquée de découvrir combien le niveau de vie s'y était détérioré depuis qu'elle y était allée. Ce n'était pas tant la faute des Français, affirme-t-elle, parce que, tout simplement, ils n'étaient pas là, et tenait essentiellement au fait de l'extension démographique. Pendant ce dur hiver 1954, elle avait vu les paysans des Aurès regarder leurs chèvres mourir faute d'un peu de fourrage... ou des ouvriers agricoles mourant de faim manger leurs semences, leur espoir pour l'année suivante. Elle avait été également frappée par la brutalité des contre-mesures appliquées par l'armée [14] ».

Outre de se joindre à son conseil privé, le nouveau gouverneur général lui demande de s'occuper de la mise au point d'un réseau de centres sociaux destinés à apporter aux collectivités musulmanes les moins développées une aide sous forme d'hygiène, d'enseignement élémentaire et d'aide économique et administrative.

Le commandant Vincent Monteil, lui, est un arabisant érudit et polyglotte, ancien des Affaires indigènes au Maroc, gaulliste fidèle, dans la mouvance spirituelle de Massignon. Attaché militaire au Proche-Orient, il rejoint le cabinet de Christian Fouchet, ministre chargé des Affaires marocaines et tunisiennes dans le gouvernement Mendès France, jusqu'à être appelé à renforcer l'équipe Soustelle. Chargé de contacts secrets avec des membres de la rébellion, il rencontre Ben Boulaid, qui vient d'être capturé dans les Aurès, de la bouche duquel il apprend les excellents effets de recrutement pour le FLN qu'ont les opérations massives de ratissage du général Cherrières. Il visite les leaders du MTLD détenus à la prison Barberousse d'Alger, que la rafle un peu précipitée commandée par Mendès France après la Toussaint est en train de jeter dans les bras du FLN. Monteil échoue dans ses efforts pour faire relâcher ces suspects, de telle sorte que ces derniers, tel Ben Khedda, s'empresseront de rejoindre la rébellion. Ben Youssef ben Khedda fera partie l'année suivante des dix-sept membres titulaires du Conseil national de la révolution algérienne (CNRA) dans les extraits du procès-verbal du Congrès de la Soummam. Avant 1954, il avait milité au sein de l'AJAS (Association de la jeunesse algérienne) ainsi qu'à Consciences maghrébines avec André Mandouze.

Paris vit une longue crise ministérielle, qui fait défiler devant les caméras Pinay, Pflimlin et Pineau pour aboutir à l'investiture de Edgar Faure, le 25 février, par 369 voix contre 210. C'est une apparence d'union nationale qui conduit le nouveau président à continuer la politique de Mendès France dans de nombreux domaines où la modernisation de la France engage son avenir.

Soustelle essaye de se forger une doctrine et de tracer les linéaments d'une politique : l'intégration a sa faveur, suite à l'échec patent de l'assimilation et au rejet *a priori* de la sécession ; le fédéralisme auquel les nationalistes modérés ne sont pas opposés fait craindre un glissement trop rapide vers l'indépendance totale. L'intégration repose sur une double affirmation : celle de l'appartenance de l'Algérie à la France et celle de l'originalité algérienne eu égard à sa langue, sa culture et sa religion. Elle est au fond l'application du statut de 1947, mais cela implique l'instauration du Collège unique et donc l'admission à l'Assemblée nationale française d'une centaine de députés algériens en majorité musulmans (!). L'intégration a sa logique et dérange déjà des habitudes : les porte-parole de la colonisation s'y opposent violemment. Soustelle y croit, et prépare une série de réformes qui s'inspirent largement des projets torpillés de Mitterrand.

Au début de mars, les consciences libérales de Germaine Tillion et de Vincent Monteil sont probablement alertées par le rapport Wuillaume (2 mars 1955), inspecteur général de l'Administration désigné par le gouvernement à la suite des plaintes en torture déposées en décembre 1954 et janvier 1955, dans lequel celui-ci écrit : « [...] Quelques policiers, tout en précisant qu'ils ne pouvaient reconnaître officiellement avoir recouru à des procédés interdits par la loi, m'ont ensuite confié, mais d'homme à homme [j'utilise leur déclaration ici seulement pour asseoir ma conviction], que certains des procédés dénoncés par la presse étaient de pratique ancienne... » Au titre 3 du même rapport on peut lire : « L'efficacité de la police commande que celle-ci puisse disposer de certains procédés » et la conclusion en est qu'il convient de couvrir la police qui utilisera ces moyens sous la responsabilité d'un inspecteur de police judiciaire ou d'un commissaire [15]. L'historien anglais Alistair Horne se réfère au même rapport en précisant ce que Wuillaume recommande : « Les méthodes utilisant l'eau et l'électricité, parce que, pourvu qu'elles soient utilisées avec précaution, elles produisent, dit-on, un choc plus psychologique que physique et ne constituant donc pas une cruauté excessive... Selon l'opinion de certains médecins qui m'a été communiquée, la méthode du tuyau d'eau, si elle est utilisée comme indiqué ci-dessus, ne fait courir aucun risque à la santé de la victime. Ce n'est pas le cas de la méthode électrique, qui peut être dangereuse, si on l'utilise sur une personne dont le cœur est affecté de quelque manière... J'incline à croire que ces méthodes sont acceptables et que si elles sont utilisées de la manière contrôlée qui m'a été décrite, elles ne sont pas plus brutales que la privation d'aliments, de boisson et de tabac qui a toujours été admise [16]. »

A la sortie de l'hiver, le FLN cherche à recruter et se prépare à terroriser la population musulmane dont la masse est attentiste. L'armée française ne sait pas s'y prendre avec les « HLL » (les hors-la-loi) et c'est le grand vide juridique puisque officiellement il n'y a pas de guerre : comment traiter des individus regroupés au sein d'une association subversive appelée FLN ? Les juristes appellent cela « une association de malfaiteurs » et, de ce fait, ils relèvent de la gendarmerie, si l'on veut rester dans la légalité, c'est-à-dire de procès-verbaux, de commissions rogatoires et de perquisitions qui laissent les militaires français exaspérés et écœurés : « On ne nous donne pas les moyens de faire cette guerre ! », commencent-ils à grogner, tout en expérimentant, à leurs dépens, leur incompétence à crapahuter dans les djebels contre un ennemi insaisissable. Certes, les tabors marocains du général Parlange sont infatigables mais, de toute façon, comment tenir un pays de plus de 250 000 km^2, sans compter le Sahara, avec moins de cinquante mille hommes ?

A partir de mars, le terrorisme odieux du FLN va se développer : assassinats sauvages avec mutilations de musulmans réputés amis de la France, de caïds, de gardes champêtres. C'est la terreur dissuasive qui commence dont le symbole devient le « sourire kabyle », c'est-à-dire l'égorgement, avec souvent, en prime de sadisme, les organes génitaux coupés et enfournés dans la bouche béante ! Quant aux pieds-noirs ruraux, ils commencent à découvrir à l'aube leurs vignes arrachées, les troupeaux décimés, les granges brûlées et leurs chiens pendus. Les premiers paras arrivés d'Indochine ne connaissent que le parachutage dans les rizières et les troupes débarquées des frontières de l'Est de la France n'ont de formation que celle des forces de l'OTAN.

Les chocs de ces horreurs n'arrivent pas jusqu'aux rives de la Loire qui coule toujours, majestueuse et tranquille, sous nos fenêtres, en ne laissant dans certaines mémoires que le reflet sanglant des tragiques noyades de Carrier (1793) sous la Terreur. « Les bandits d'Algérie ont de beaux ancêtres dans la Révolution française ! », murmure-t-on auprès des cheminées des manoirs bretons et vendéens. « Tout cela est de la faute de la " gueuse " * !... » renchérissent les ultras, oubliant le débarquement de l'armada du maréchal de Bourmont en mai 1830 sur les côtes d'Algérie.

Derrière l'image d'Épinal du coup de chasse-mouches du dey d'Alger, quelle histoire nous apprend-on ? Un entretien privé avec le professeur d'histoire, qui ne porte pas les aristocrates dans son cœur, me révèle, interloqué, que la conquête d'Alger n'avait préjugé d'aucun plan global de conquête d'un territoire nord-africain.

Les colons pieds-noirs prétendent être « chez eux », mais l'histoire m'apprend que des milliers de propriétaires algériens musulmans avaient été expropriés, que 500 000 hectares de bonnes terres avaient été prises aux Kabyles en représaille de leur révolte, en 1871, et que le

* Ainsi les monarchistes impénitents appellent-ils la République !

système électoral était inique puisque avec le double collège, chaque collège électoral pouvait élire (en 1946, par exemple) huit sénateurs et quinze députés à l'Assemblée nationale, ce qui signifiait qu'un million d'Européens jouissaient d'un droit de vote équivalant à celui de 8 millions d'Algériens musulmans.

Notre enfance a été bercée par les images coloniales glorieuses et idéalistes, mais il nous faut découvrir qu'une confusion s'est établie, dans l'histoire des mentalités, entre le légendaire colonial et le légendaire militaire : pendant qu'une fraction de l'armée — « l'armée d'Afrique » — se « colonialisait » pour une grande partie de l'opinion française, l'idée coloniale elle-même se « militarisait ». Et de la même façon, une interpénétration s'opérait entre l'idéal missionnaire et l'idéal colonial.

Dans les années 50, le patriotisme colonial est un thème politique de droite et de droite extrême, mais je ne sais pas que, sous la IIIe République, les grands défenseurs de la colonisation sont dans les rangs républicains — ceux que l'on m'a appris plus ou moins à mépriser jusqu'ici dans ce collège ! —, de Jules Ferry à Gambetta, chantres des droits et des devoirs de la civilisation à l'égard de la barbarie. J'écoute avec attention mon prof qui m'explique enfin que deux nationalismes s'opposaient : l'un, de gauche, pour une expansion mondiale par les colonies, et l'autre, de droite, crispé sur « la revanche » contre les Allemands, pour une rétractation hexagonale. Se croyant en toute bonne foi les héritiers du « siècle des Lumières », nos républicains chantaient le devoir civilisateur de la Patrie sur les « sauvages » : le credo colonial prenait des allures teintées de mystique humanitaire.

Au fond, lorsque, tout enfant, je m'extasie devant l'expansion rose de l'Empire colonial français, je ne dissocie pas l'image de Lyautey de celle de Charles de Foucauld, celle du missionnaire derrière le soldat, et, si les uns voient en filigrane dans les plis blancs de l'emblème national le bonnet phrygien de la Révolution et les autres la Croix du Christ, déjà, dépassant le clivage traditionnel droite-gauche, je penche à me réconcilier avec la République pour l'honneur commun du drapeau français.

De gauche ou de droite, nous avons en commun la même certitude que les intérêts particuliers de la France ne peuvent être dissociés de l'intérêt général de l'humanité.

Le terrorisme croît en Algérie et les militaires français, avec les seules procédures de droit commun, se sentent démunis. Les élus du grand colonat réclament le recours à l'état de siège, mais le gouvernement, refusant de céder à leur pression, instaure l'état d'urgence par la loi du 3 avril qui autorise les perquisitions de jour et de nuit, l'assignation à résidence — soit donc, en pratique, la création de camps d'internement ! —, la réquisition des personnes ; ce dispositif permet le transfert de certains pouvoirs de police à l'autorité militaire qui le revendiquait haut et fort et à qui reviennent désormais la connaissance et la répression des crimes et des délits imputables aux HLL ou supposés tels. Pour la première fois, sans formation adéquate, le soldat français va se transformer en policier ! Pour l'instant cette loi est applicable aux Aurès, à la Grande Kabylie et au secteur de Tebessa, près de la frontière tunisienne.

Craignant que les militaires outrepassent leurs droits, Soustelle donne des instructions strictes au sujet des représailles, en s'inspirant de la ligne fixée initialement par François Mitterrand :

« Toutes les représailles sans discernement sont interdites... toutes les personnes arrêtées, que leur culpabilité soit certaine ou probable, doivent être remises aux autorités qualifiées, police, gendarmerie, etc., personne n'a le droit de se substituer à ces autorités pour rétablir l'ordre ou punir les coupables... Opérations policières... interrogatoires, etc., doivent être conduits sans brutalité... Toute offense contre la dignité de la personne humaine est rigoureusement interdite [17]. »

Le 6 avril, des « biffins * », suant dans leurs brelages inadaptés et sous leurs casques lourds inutiles, murmurent, envieux et admiratifs, à la vue soudaine de la première opération héliportée de la guerre d'Algérie. C'est la zone des Aurès-Nementchas qui cache le plus de bandes comprenant environ 360 djounouds — ou combattants du djihad (guerre sainte) — pour ce massif, selon les libres aveux livrés à Monteil par le premier « gros poisson » du FLN capturé. Mais « Babar » Cherrières, en voie d'être remplacé, fait des siennes quand il envoie ce message au général Allard :

« Je vous délègue le pouvoir de décider, selon les circonstances, de l'emploi de mitrailleuses, de fusées et de bombes contre les bandes dans la nouvelle zone de rébellion. La responsabilité collective sera vigoureusement appliquée. Il n'y aura pas d'instructions écrites données par le gouvernement [18]. » (14 mai 1955.)

La responsabilité collective prescrite par le commandant en chef ! « Babar », auquel Soustelle a ordonné de cesser les « ratissages » lourds et inefficaces de djebels, donne un exemple de ce qu'il entend par « responsabilité collective » : « Destruction de quatre-vingt-dix-neuf poteaux télégraphiques près d'Oued-Zetani. On sait que les mâles d'un douar sont impliqués. Le douar doit payer les poteaux et

* Sobriquet donné aux fantassins de l'infanterie à pied.

les remplacer. Après, emportez tous les mâles. » Ce dernier ordre signifie en fait que ces suspects vont tous se retrouver derrière les barbelés d'un camp d'internement. Malgré des objections de Germaine Tillion, Soustelle acquiesce prudemment à l'exemple donné sous prétexte qu'il est accordé à la mentalité de l' « Arabe qui ne respecte que la force » et méprise la faiblesse.

Seulement voilà ! On commence par contraindre, suspects et innocents confondus, à relever des poteaux télégraphiques, et puis, dans la pratique, le meurtre par un inconnu d'un soldat français ou bien une patrouille prise en embuscade déclenche l'évacuation brutale d'un douar soupçonné, lequel est livré aux flammes. Cette guerre devient de plus en plus cruelle et le cycle provocation-répression enclenche une spirale de violence de plus en plus accélérée, d'autant que les horreurs perpétrées par les fells attisent à dessein les passions vengeresses. Des poteaux télégraphiques abattus aux mechtas vidées et détruites, jusqu'aux exécutions sur-le-champ d'otages, c'est la voie ouverte au pire par l'admission, tacite ou non, du principe de « responsabilité collective ». Soustelle, troublé par ce qu'il y a de légitimement insoutenable dans les crimes du FLN, s'est vu arracher l'application de ce principe contraire à toutes les lois morales de la guerre.

Au cœur de ce printemps qui fait fleurir les milliers de lauriers-roses dans les fonds d'oued, propices aux embuscades, cette guerre, qui ressemble encore à une guerre civile, se cherche. Après les pesantes et inefficaces opérations de « Babar », c'est la mise en place du quadrillage qui consiste à créer des postes militaires sur des points fixes tels que villages, gendarmeries, douars de semi-nomades sous les « kheïmas » (tentes), maisons forestières, pitons stratégiques, etc. Il faut à la fois garder ces points et en sortir pour les liaisons, le ravitaillement et les opérations de contrôle, d'embuscades de nuit ou de nomadisation. Certains hameaux se constituent en autodéfenses. Pour isoler les rebelles de la population, les autorités décident de regrouper les habitants, en créant de la sorte des zones interdites dans lesquelles ni homme ni bétail ne doit s'aventurer sous peine d'être mitraillé à vue. En principe, ces regroupements doivent permettre, en surveillant et protégeant les indigènes, d'isoler l'ennemi, le couper de ses sources d'approvisionnement et de renseignements.

Dans la réalité nous découvrons avec gêne des images filmées des actualités au cinéma qui nous montrent des camps de toile, des gourbis entourés de barbelés et surplombés de miradors où femmes et enfants s'entassent dans des conditions de vie misérables, réduits à dépendre de l'assistance des associations humanitaires et caritatives pour survivre puisque les terres ont dû être abandonnées et que les troupeaux nomadisants crèvent de faim, privés d'accès aux zones de pacage traditionnelles.

Le 19 mai, le Conseil des ministres décide le rappel des disponibles et l'envoi de renforts en Algérie, et, le 27, Bourgès-Maunoury, ministre de l'Intérieur, promet devant l'Assemblée algérienne non seulement que son gouvernement « ne rechercherait jamais ce qu'on appelle des interlocuteurs valables », mais aussi qu'aucun gouvernement national après le sien ne pourra s'aventurer dans cette voie. Le 1er juin, Soustelle présente au Conseil des ministres un plan de réformes largement inspiré de celles de Mitterrand quatre mois plus tôt mais c'est trop, trop peu et trop tard car, d'une part les pieds-noirs exaspérés par la montée des attentats récusent l'intégration et d'autre part les Musulmans, soumis depuis la loi d'état d'urgence à des discriminations vexatoires, ne veulent plus de ce qu'ils ont attendu vainement dix ans plus tôt.

A la fin du même mois, Monteil, outré par les excès de la répression et croyant avoir perdu la confiance du gouverneur général, démissionne pour protester contre les tortures et l'augmentation des arrestations arbitraires. Il déclare en outre que « les soi-disant camps d'hébergement se remplissent de plus en plus d'innocents (dans une proportion de 167 sur 200) [19] ». Conclusion : « L'intégration est déjà lettre morte. » La rupture entre « colombes » et « faucons » dans le cabinet Soustelle ne va pas tarder à se consommer. La température monte avec l'été.

A Nantes, les bourgeois et les hobereaux gagnent La Baule et la Côte d'Amour selon leurs habitudes estivales. Les volets verts des grandes villas 1900 sous les pins claquent joyeusement et les clubs nautiques font bruisser les voiles blanches, tandis que, modestement, seules les femmes et les enfants des « congés payés » — qui osent s'exhiber sur la plage en maillots de corps ! — de la région nantaise et de Saint-Nazaire se resserrent sur Pornichet : les hommes ne les ont pas rejoints.

En effet, malgré une économie nationale dynamisée et en pleine expansion *, çà et là, subsistent retards et inégalités. Ainsi à Nantes et à Saint-Nazaire, les salaires sont bloqués depuis longtemps, la construction navale est en crise, la fusion des Chantiers de la Loire et de Penhoët fait croître l'inquiétude dans la métallurgie « où s'est développé un puissant mouvement syndical qui n'a pas oublié ses héritages révolutionnaires et que coiffent la CGT et FO, mais où la

* Le revenu national a progressé de 25 % de 1952 à 1957.

CFTC sait aussi entrer en action[20] ». Pendant que nous courons les régates de voile dans la baie de La Baule, entre le 1er et le 17 août, éclatent de graves incidents entre ouvriers et forces de l'ordre. Ces rumeurs parviennent jusqu'à nous si assourdies que l'inquiétude se limite à celles des épouses dont les maris, cadres et patrons, sont obligés d'interrompre leurs vacances familiales en maugréant contre les « communistes ».

Pendant que les toits d'ardoise de Saint-Nazaire et les pavés de Nantes s'engrisaillent sous les coups et les explosions des gaz lacrymogènes, les façades blanches et souvent lépreuses des ruelles citadines, des mechtas du bled se barbouillent soudain de sang, sur la terre rouge d'Algérie.

A cette mi-août, une première césure brutale va s'opérer dans cette guerre qui se cherche et recherche même jusqu'à son nom — ni encore « sainte », ni politique, ni tout à fait populaire ! — : sentant que le FLN s'organise mieux, et encore un peu renseignée par des Musulmans qui n'ont pas rompu ces liens secrets de dépendance vis-à-vis d'un certain paternalisme des meilleurs colons, l'armée est en état d'alerte dès le 18 août.

Il s'agit pour le FLN d'éliminer le « centre mou », c'est-à-dire de faire basculer la masse musulmane attentiste dans un rapport de forces irréversible en sa faveur. Une méthode, qui a eu des émules en Amérique latine : le « terrorisme aveugle » ! Transformer la situation générale encore indécise et mouvante en situation militaire radicale. Au terrorisme le plus odieux devra répondre une répression aussi radicale et « aveugle ». Deux chefs rebelles préparaient cette nouvelle phase décisive : Youssef Zighout et Ben Tobbal, des anciens de l'action clandestine depuis 1950. Ben Tobbal est un intellectuel théoricien de la guérilla. Impitoyable. Ses forces avaient subi les premiers coups des paras de Ducournau : elles en sont à un point tel qu'elles n'ont plus rien à perdre. Selon leur analyse, il leur faut répondre à la répression collective des Français par les mêmes moyens, visant Européens et Musulmans confondus et susciter une « insurrection populaire » dans la région de Constantine. Un nouveau Sétif (1947) en pire. Objectifs : le port de Philippeville et sa région proche, El-Milia et Constantine même.

Dans le port somnolent sous la canicule du soleil en plein zénith, brutalement des groupes d'hommes et de femmes fanatisés, les mains armées de rasoirs, de serpes ou de couteaux, dévalent en hurlant dans les rues, jetant des grenades dans les cafés et arrachant les automobilistes de leurs sièges pour les taillader sauvagement. Non loin de là, en plein midi, à Aïn-Abid et dans la petite ville minière d'El-Halia des scènes d'épouvante éclatent. C'est une plongée de la torpeur étouffante de l'été dans l'horreur totale : pénétrant dans les maisons des pieds-noirs, les agresseurs survoltés massacrent à tour de bras. Les pires excès de cruauté explosent : bébés lacérés et enfoncés dans le ventre béant de leurs mères, nouveau-nés fracassés contre les murs, égorgements, éventrations, membres tranchés à la hache !... Même des gosses achèvent à coups de pied sur le crâne une vieille femme.

En une heure, l'armée réagit immédiatement par une répression aussi aveugle et collective, évitant l'insurrection généralisée. Premier bilan : 123 victimes massacrées par une populace manipulée par le FLN (71 sont européennes). Bilan officiel de la répression : 1273 tués, selon les sources françaises et 12000 d'après la rébellion.

Une blessure, suppurante jusqu'à la fin de cette guerre et indéfiniment dans les mémoires, va frapper l'inconscient collectif non seulement des Musulmans et des pieds-noirs, mais des forces armées elles-mêmes. Soustelle est atteint, dès qu'il se précipite sur le terrain, et sans retour : à présent « une sombre récolte de haine germe dans le sang. La terreur domine les esprits. Loin d'être rapprochés par l'épreuve, les êtres humains vont se séparer et se mettre en pièces[21] ».

Les journaux de la région nantaise continuent à titrer en première page sur les affrontements de Saint-Nazaire. Le « massacre de Philippeville » est en page intérieure, discret et comme honteux. Dans *Le Monde*[22] un journaliste écrit : « La stupeur qui les (les colons) a saisis devant l'ampleur de l'émeute, et le fait que certains de leurs plus fidèles serviteurs y ont participé aux premiers rangs, n'hésitant pas à tuer, à coups de hache, femmes et enfants en bas âge, en ont fait subitement des hommes ivres de vengeance. »

A partir de ce 25 août, c'est le « cycle infernal[23] » qui commence, selon le mot de François Mitterrand. Les conséquences immédiates vont se faire sentir dans les mois qui suivent. Du côté musulman, l'opinion modérée bascule jusqu'à faire publier par ses élus de l'Assemblée algérienne une motion dite « des 61 » qui reprend à son compte la formule de novembre 1954 du FLN, celle de « l'idée nationale algérienne » (26 septembre)[24] ; l'action terroriste rebelle monte en flèche : entre avril et octobre, on passe d'une moyenne de 200 actes par mois à 900 ; des désertions commencent à se produire dans les rangs des tirailleurs algériens ; les rangs de l'ALN (Armée de libération nationale) se renforcent. C'est la guerre totale et durable. Du côté européen pied-noir, c'est la psychose : les « images » terrifiantes des massacres se répandent et alimentent les insomnies des veilles, les cauchemars, les fantasmes sur l'arabe sadique, fornicateur et « primitif » (pour faire peur à l'enfant, dès les premières générations de colons, on ne le menaçait pas du « loup » mais de l'« Arabe » !) ; le racisme rampant connaît des explosions et les vengeances se ruminent. Chez les « Français de France » : l'armée demande un renfort de moyens et les obtient d'un Soustelle meurtri et converti au camp des « durs » ; des réservistes sont rappelés (24 août) dans la grogne métropolitaine ; c'est l'impasse politique : les pieds-noirs exigent la « pacification » d'abord et les réformes ensuite et il devient impossible de susciter des « interlocuteurs valables », les égorgeurs étant nécessairement récusés. L'armée se voit privée de sources de renseignements du côté arabe : il faudra trouver d'autres méthodes pour s'en procurer !

Au lendemain des convulsions sanglantes de l'été, pour les uns la « pacification » signifie l'accélération des mesures opérationnelles militaires, le resserrement du quadrillage avec ses conséquences sur les « regroupements » renforcés, la recherche de moyens rapides et « efficaces » pour « faire du renseignement » avec déjà la justification implicite de « contraintes » et de « coercitions » sur les suspects arrêtés selon des soupçons et des présomptions. Inconsciemment le « bourreau » se venge des terreurs épouvantables qui viennent d'ébranler l'Européen : même s'il est « innocent », il paye pour « la sale race » !

Pour les autres la « pacification » est tout autre chose.

Si l'influence de Monteil ainsi que celle de Germaine Tillion, après les événements cruels de Philippeville, tourne court, leur empreinte, ainsi que celle d'autres proches du cabinet de Soustelle, va laisser des traces durables.

Un arrêté du 26 septembre crée les SAS (Sections administratives spécialisées) qui, dans leurs débuts, sont familièrement appelées les « képis bleus * ». Soustelle veut rompre le front de la misère et remédier à la sous-administration du bled. C'est une façon aussi de renouer avec la grande tradition des Bureaux arabes institués au Maroc. Le renouvellement de l'expérience est confié au général Parlange, qui vient de recevoir la plénitude des pouvoirs civils et militaires dans les Aurès-Nementchas.

Un articulet de la presse bretonne sur cette création attire mon attention car elle évoque aussitôt les figures légendaires, en belles couleurs bleues et rouges sur fond de palmiers verts : les beaux officiers du maréchal Lyautey. Je me prends un instant, encore sous l'émotion des fièvres nantaises, à me projeter dans cette situation : à

* Leurs képis sont effectivement entièrement bleu ciel, frappés au front du croissant et de l'étoile d'or.

cheval, cambré, le regard fier, prêt à mourir sous les balles des barbares. Immédiatement je me ravise : « Ces événements ne seront pas pour moi ! » Notre génération vit dans l'illusion que tout cela, là-bas, si loin, ne la concerne pas.

« L'administration flotte comme un radeau sans gouvernail à la surface d'une mer profonde qu'elle ne sait pas sonder[25]. » Tel est le jugement de M. le gouverneur général qui se préoccupe de parer à cette grave défaillance de la présence française à l'intérieur, dans le « bled », là où la majorité des colons de la côte et de la Mitidja ne mettent jamais les pieds. La mission de l'officier SAS est triple : administrer, renseigner et défendre. La première ressemble à celle d'un administrateur : à cet égard il est le délégué du préfet, dont il dépend, auprès des maires indigènes dont il est comme le tuteur. Son champ d'action regroupe plusieurs communes mais est moins vaste qu'une sous-préfecture, ce qui lui assure une meilleure audience. A l'image d'un administrateur, il vit dans un bordj qu'il faut souvent construire de toutes pièces, avec son équipe civile de secrétaires et de radios, auxquels se joignent souvent pour la popote infirmières, instituteurs ou toubibs militaires, mais son statut militaire ainsi que les exigences évidentes de sécurité lui font s'adjoindre un groupe de supplétifs, plus ou moins important selon les cas.

Les populations locales sont souvent « regroupées » autour des bâtiments SAS, et y trouvent dans leur mouvance les services sociaux auparavant quasi inexistants : mairie, école, dispensaire, antenne technique de services agricoles, etc. Les moyens sont réunis pour une action humanitaire pouvant légitimer l'inscription ambitieuse de la devise républicaine — « Liberté-Égalité-Fraternité » — sur les façades des édifices municipaux officiels. Censé être au contact de la masse musulmane, reste à l'officier SAS, de par sa mission militaire, à collecter du renseignement pour l'OR (Officier de renseignements) du Quartier et à conduire, pour la protection des populations à sa charge, des actions défensives et de dissuasion avec son maghzen, c'est-à-dire les volontaires musulmans enrôlés sous nos armes.

Le premier sans doute à avoir confié des armes à des autochtones a été Jean Servier, l'ethnologue connu, survivant de la Toussaint 54, au cours de laquelle il avait assumé le commandement improvisé d'autodéfense d'Arris, dans les Aurès. Plus tard Ducournau se servit de guides et de pisteurs chaouias, recrutés par Servier, pour accompagner ses paras.

Le FLN appelle. La France aussi. Si la masse musulmane demeure attentiste, certains, parfois pour des raisons de rivalité tribale, choisissent leur camp. C'est ainsi qu'apparaissent à côté de l'armée française dite régulière les troupes de supplétifs : harka, autodéfense, maghzen avec les SAS, GMPR (Groupe mobile de protection rurale). Le 1er juillet, à Arris, il y avait 176 harkis, et 270 dans d'autres douars.

Une conscience humaniste, d'origine pied-noir, écrivain renommé, Albert Camus a, pendant toute l'année 1955, suivi avec angoisse l'escalade des atrocités et des représailles de la responsabilité collective. « Chacun s'autorise du crime de l'autre pour aller plus avant ! », s'exclame-t-il. Après Philippeville, il écrit à un militant algérien qu'il est « proche du désespoir », ajoutant qu'il craignait que, faute de contraintes imposées de part et d'autre, « demain l'Algérie sera une terre de ruines et de morts que nulle force, nulle puissance au monde ne sera susceptible de relever dans ce siècle[26] ».

Simultanément, le 24 septembre, François Mauriac dénonce « l'imposture qui consiste à nous prêter l'intention d'abandonner le Maroc et l'Algérie, alors que la question est de savoir si nous nous y maintiendrons grâce à un statut nouveau et dans l'égalité d'une alliance consentie, ou si nous préférons courir le risque d'en être chassés par la force, selon cette politique incomparable que Diên Biên Phu désigne à jamais[27] ».

Je ne lis ni Mauriac ni Camus : ces auteurs n'étaient pas au programme de la rhétorique, il y a un an, et ne sont jamais ressortis d'une manière ou d'une autre de la bouche de notre professeur de philo que j'ai quitté au début de l'été. En revanche je garde, au retour des vacances, le souvenir d'un entretien privé sur le colonialisme qui m'a sensibilisé au paternalisme, notion dont je n'avais aucun sens, sans doute par manque de référence à une image du « père », n'en ayant point connu et n'ayant pas fait de fixation substitutive, ni sur un chef scout ni sur un professeur. J'en retiens une chose : il en est des peuples colonisés comme des adolescents qui ont besoin de rompre avec leurs parents pour devenir libres et grands. Indépendants. Je sens bien là une vérité fondamentale, mais me refusant à en faire l'application à la situation algérienne tant cette issue me semble inimaginable, j'essaye de polémiquer dialectiquement sur l'impossibilité qu'il y a de passer analogiquement d'un exemple d'ordre subjectif à celui d'un ordre collectif.

La notion d'indépendance ne me pose aucun problème dans le cadre familial puisque, sans réticence aucune de ma mère, je décide de quitter Nantes à l'automne et de m'inscrire en droit et en hypokhâgne à Paris. A vingt ans n'est-il pas temps ? En fait, parmi mes camarades de classe je suis le seul à partir, sauf les matheux qui gagnent une « sup » parisienne. Nantes protège, conforte, anesthésie… J'ai un désir irrépressible de prendre le large, d'autant que dans l'été aux apparences mondaines que je viens de vivre, un événement personnel, secret, mystérieux, fondateur m'appelle sans doute encore plus loin.

Octobre, Paris. Logé rue de Rennes dans une chambre chez l'habitant, bourgeois poussiéreux et sympathique, je suis à cent pas de la fac de droit du Panthéon et du lycée Henri-IV qui, sur dossier scolaire, m'a accepté en hypokhâgne lettres. Ici commencent les cours plus tôt que là. En fait, je ne suis motivé ni pour l'un ni pour l'autre : le Désir est ailleurs. Le bachotage virulent d'Henri-IV m'ennuie et tous les élèves sont « polars ». Les amphis de droit sont plus vastes mais on n'arrive à y respirer qu'avec le professeur Hauriou qui excelle à développer ses cours de droit constitutionnel avec chaleur et conviction. La politique m'intéresse et l'art oratoire me séduit : la voix âpre du dominicain, le père Carré, prédicateur des conférences de Carême de Notre-Dame, a déjà résonné profondément en moi par les ondes radiophoniques. Celle du général de Gaulle, maître du verbe, du peu que j'en ai entendu, et qui ne se prononce plus, est ineffaçable. J'avais pensé à devenir avocat et c'est pourquoi, lorsque le procès des fuites commence, je me précipite au Palais : la rumeur flatteuse qui précède la réputation d'éloquence de Tixier-Vignancour m'y engage.

A présent je lis chaque jour *Le Monde,* ce qui élargit les horizons après des années de *Résistance de l'Ouest* *, et puis *France Observateur, L'Express,* parfois encore *Rivarol;* quant à *Aspects de la France* de mes seize ans, cela me paraît de la IIIe République et je l'abandonne définitivement aux mains de mon grand-père.

Le 2 décembre, l'Assemblée est dissoute et, de plus en plus intéressé par le jeu politique, j'attends avec impatience les prochaines élections législatives tout en me lamentant de ne pouvoir encore voter.

Le président du Conseil récusé a-t-il emporté pour sa méditation personnelle un certain rapport Mairey, que les autorités politiques ont refusé de publier ? M. Mairey est directeur général de la Sûreté nationale chargé d'une enquête en Algérie sur l'extension des tortures pratiquées par la police. Dans un premier travail, en date du 13 décembre, il déclare : « C'était (au début de la rébellion) un point hélas ! constaté et trop généralement admis, lorsqu'il n'était pas officiellement préconisé, que la police algérienne, comme la gendarmerie d'ailleurs, se livraient sur les inculpés suspects ou simples prévenus à des méthodes d'investigation relevant beaucoup plus de la

* Quotidien de Nantes du style sous-*Ouest-France.*

Gestapo que d'une police démocratique... Dans ces excès la police a sa part, l'armée la sienne. Chef responsable de la Sûreté nationale, il m'est intolérable de penser que les policiers français puissent évoquer par leur comportement les méthodes de la Gestapo. De même, officier de réserve, je ne puis supporter de voir comparer les soldats français aux sinistres SS de la Wehrmacht[28]. »

Albert Camus, décidé depuis les horreurs du mois d'août à lancer une « guerre sainte » de libéraux comme lui, proclame, le 16 décembre, dans *L'Express* qu'il ouvre une campagne pour une « trêve civile ». « En Algérie, les Musulmans pensaient, non sans quelque raison, qu'il comprenait moins bien leur situation que celle de ses propres " petits blancs ", tandis que pour un grand nombre de pieds-noirs conservateurs, il était totalement suspect. Pire encore, les deux hommes que Camus avait choisis comme pivots musulmans pour sa campagne étaient secrètement devenus, sans que Camus le sache, membres du FLN. Ils décidèrent de s'insinuer complètement dans l'organisation de la trêve civile et de s'en servir comme instrument pour la propagande FLN[29]... »

Le retour des vacances de Noël à Nantes me précipite dans un petit monde en pleine réactivité, celui de mes anciens compagnons Routiers Scouts de France, à la suite d'un article publié en novembre par le père Liégé dans *La Route.* Dans ce texte, intitulé « Sérieux de la charité », l'aumônier national livre en toute clarté sa pensée sur le problème algérien : il faut ouvrir les yeux sur la misère du peuple algérien et les injustices qui le frappent, et les brimades, et la malnutrition, et le chômage.

Pour les uns, Liégé s'est enfin démasqué lui-même : il bascule du côté crypto-progressiste ; pour d'autres, enfin la voix de l'Évangile se fait entendre sans ambiguïté. Ces derniers sont minoritaires. Cette fois, je ne penche d'aucun côté, et curieusement, je ne me sens pas très personnellement concerné : en lisant qu'il faut « refuser que les jeunes soient utilisés pour des causes qui ne sont pas celles d'un véritable service, mais plutôt celles d'un égoïsme collectif », je ne réalise pas du tout que je risque de faire partie bientôt de ces jeunes « appelés » invités à « fraterniser » dans les djebels.

L'article de Liégé fait choc au niveau national. Par réaction, se créent, cette année-là, à Strasbourg, les cercles Saint-Thomas-d'Aquin qui marquent la première constitution de groupes de routiers qui, de l'intérieur de l'association des Scouts de France, tendent vers une contestation radicale des options de la Route[30].

Ce Noël un peu troublé en annonce bien d'autres, plus difficiles, mais aucun d'entre nous ne semble en avoir l'intuition.

1956

L'Assemblée nationale ayant été dissoute le 2 décembre 1955, moins de trois semaines se déroulent pour une campagne électorale marquée, outre par les slogans poujadistes « Sortez les sortants ! », par la rigidité du PC qui affecte d'ignorer le FLN, le déclinement du MRP, le silence du gaullisme et le dynamisme d'une nouvelle formation : le « Front républicain », lancé par Mendès France, lequel est poussé par Jean-Jacques Servan-Schreiber et *L'Express* qui viennent de concocter la formule.

Pendant la campagne électorale, des intellectuels catholiques tels que R. Remond, G. Suffert, R. Barrat, P. H. Simon et H. Marrou tiennent à rappeler que des catholiques « peuvent voter à gauche ». J'apprends cela avec surprise : je n'en suis pas là. De toute manière je n'ai pas l'âge de voter, à trois mois près. J'ai laissé les disputes nantaises sur la Route et me suis plongé dans la campagne électorale, en lisant *L'Express* chaque jour et en assistant pour la première fois de ma vie à quelques réunions publiques, l'une avec Mendès France, l'autre avec Tixier-Vignancour et la troisième, moins directement politique, au Centre catholique des étudiants en droit du Panthéon.

Je n'ai pas peur du politique et ne suis pas replié sur le spirituel, mais tout fonctionne comme si, pour moi, ces deux domaines étaient étanches, presque étrangers l'un à l'autre. Les caricatures de *Aspects de la France* ou de *Rivarol* sur Mendès n'ont eu d'autre effet sur moi, par leur bassesse, que de m'intéresser davantage à ce cas si réactif : s'il suscite symboliquement tant de passions, c'est qu'il doit bien être de quelque importance. Ce qui me conduit à franchir le pas est une interview du comte de Paris dans *L'Express* qui rapporte des propos élogieux sur l'ancien président du Conseil. Inventeur du « parler vrai », précurseur du gaullisme V^{e} république dans sa manière de s'adresser directement au pays, esprit lucide, averti des questions économiques, adepte de la modernité, malgré son peu d'amabilité physique, son courage me plaît. « Le marxisme lui est étranger... Il croit au pouvoir de la raison, à la possibilité d'une politique raisonnable et scientifique. Il ne doute pas que la persuasion ne finisse par convaincre. Il tient la diffusion du savoir pour un impératif moral, une nécessité politique et la condition de la démocratie[31]. » Plus que tout, son exigence morale me convainc, parce qu'elle est animée d'une étincelle quasi mystique. Une belle conscience humaniste à laquelle ses origines juives donnent inconsciemment ou non un « plus ». Ce « signe d'une résistance à l'immobilisme » rallie autour de son personnage et de ses idées une nébuleuse complexe dont je croise des éléments dans un certain nombre de réunions et de rencontres : chefs scouts de la Route, aumôniers dominicains, militants de la JEC, professeurs d'Université, intellectuels, énarques, journalistes et même... officiers. Ce courant composite, qui gravite et parfois vibrillonne autour de l'homme au verre de lait, m'attire particulièrement parce qu'il ne semble pas l'émanation d'une seule classe sociale et que ses diverses tendances ne se réclament pas de la même idéologie. Pour moi, il dépasse le clivage ennuyeux droite-gauche.

Hélas le verdict des urnes, au lendemain du Jour de l'an, est balbutiant : si 51 poujadistes, le balai à la main, vont faire leur première apparition au Palais- Bourbon, si les « sortants » ne sont pas vraiment « sortis », tout en ne pouvant reconstituer une majorité, la « nouvelle gauche » ne bénéficie que d'un frémissement heureux et va être obligée de s'allier avec la vieille gauche si elle veut gouverner, communistes exclus. Il n'y a pas de majorité incontestée.

A une réunion publique à la salle Wagram, présidée par Mendès, j'ai fait connaissance d'un jeune militant radical du style « jeune turc » qui, au cours d'une longue conversation nocturne, me fait faire un libre vagabondage dans la « nouvelle gauche », intellectuellement et moralement plaisante, même si je m'attache esthétiquement au symbole monarchiste, seul capable à mes yeux d'aller au-delà de l'archaïque féodalité droite-gauche. Inconsciemment aussi, par coquetterie sociale, quoique à peine invité dans les rallyes de Saint-Germain, je les boycotte ainsi que l'Association de la noblesse française. Les soirées mondaines nantaises m'ont suffi : ici c'est copie conforme, avec ce fumet de parisianisme en prime, insupportable... du moment qu'on sait qu'on y a droit.

Comme un autre Appel me presse intérieurement Ailleurs, de telle sorte que j'ai peu de chance de devenir un « parti » à marier, il me faut bien passer par la médiation obligée, vérificatrice et seule appelante, de l'Église. Pendant le premier trimestre je ne perçois aucun signe visible de mon Église dans ma fac de droit, sans doute parce que je ne le recherche pas trop... le seul prêtre dont j'aie entendu parler à Paris, par la voix familiale, est un ami de ma grand-mère paternelle que j'ai à peine connue : Stanislas Courbe, évêque auxiliaire de Paris de son état. Il me reçoit chaleureusement mais coupe court à mes projets de khâgne et d'études supérieures, tout à la fois à mon désappointement et à mon soulagement. Cette année-là, la politique m'intéresse davantage que le droit civil ou les bachotages d'hypokhâgne mais je souffre déjà à l'idée d'être peut-être bientôt enfermé. Pour être honnête je lui avoue que le milieu clérical n'exerce pas sur moi un tropisme déterminant, ce à quoi il me rétorque que c'est « plutôt bon signe » ! D'ailleurs, à ce sujet, au lieu de m'orienter vers l'aumônerie des étudiants en droit de Panthéon, il m'assure vouloir me présenter au responsable du Centre Richelieu, un certain Mgr Charles. Le père Jean-Marie Lustiger est aumônier de la Sorbonne mais ne prendra la direction du Centre qu'en 1959.

Continuer à m'intéresser à tout ce qui a commencé à provoquer ma curiosité intellectuelle, surtout m'exercer à une vie spirituelle personnelle et solitaire en m'apprenant à prier, en étant déjà prêt à renoncer à tout cela dès maintenant, telle est la mission que me confie l'évêque.

A la fac de droit, où je ne côtoie guère que des apolitiques, nous percevons tout de même quelques échos des bouillonnements de la Sorbonne agitée par les mutations de l'Union nationale des étudiants de France (UNEF) qui jusqu'à cette année-là était un syndicat de type corporatiste dominé par une majorité d'apolitiques et de gens de droite. « En 1956, les minoritaires renversent le courant et deviennent majoritaires. Les “ minos ” devenus “ majos ” constituent un courant composite mais nettement orienté à gauche, où se rencontrent des marxistes, des agnostiques, des athées... et aussi des catholiques, dont une bonne proportion issue de la JEC. Ces derniers sont mobilisés notamment par la guerre d'Algérie et les conditions dans lesquelles elle est conduite, mais s'inscrivent aussi en réaction contre le conservatisme massif de l'Église institutionnelle et puisent leur inspiration dans un certain nombre de publications dont *Esprit* et *Témoignage chrétien,* ainsi qu'auprès de professeurs comme André Mandouze et l'historien Henri Marrou ou d'écrivains comme François Mauriac[32]. »

La majorité traditionnelle ayant été renversée, le syndicat d'étudiants subit une scission : les anciens majos devenus minos fondent la Fédération nationale des étudiants de France (FNEF), dont la base principale est chez moi, à la fac de droit où se retrouvent les étudiants de droite et les « cathos » de type traditionnel. Ils doivent être bien discrets car, en une année, je n'entends pas parler d'eux sauf par le passage obligé de la Corpo qui vend les polycopiés, ce qui n'est pas une manière tout à fait désintéressée pour rentrer en contact.

J'entends parler de la nouvelle UNEF, soit de façon positive comme un groupe de cathos ouverts, soit comme un repaire de crypto-marxistes manipulés par le PC. L'apport des cathos de gauche de la JEC, de la Route ou de Saint-Séverin * va peser de façon décisive sur l'inflexion de la majorité et le premier président, ancien responsable national à la JEC, a un nom qui résonne agréablement à mes oreilles : Michel de La Fournière **. Les « aristos » de gauche sont-ils des traîtres, des héritiers de l'orléanisme ou des égarés-otages ? Tout cela est tout de même bien suspect.

Mon catholicisme étant encore très sociologique, bien que marqué d'un sceau mystique très personnel et secret, ma connaissance de l'histoire de mon Église dans les années 50 est à peu près nulle ; aussi lorsque le fameux roman de Gilbert Cesbron, paru en 1952, *Les saints vont en enfer,* me tombe entre les mains, je fais le lien avec mes expériences des grèves dures de Nantes mais pas avec l'Évangile. L'ouvrage de fiction, qui participa tellement à populariser dans le grand public l'aventure des prêtres-ouvriers, s'inspirait notamment du travail pastoral à Montreuil d'un des pionniers de la Mission de Paris, le père Depierre qui réussit à fonder une communauté informelle de « nouveaux chrétiens » de la classe ouvrière dans la suite des inspirations du cardinal Suhard, l'archevêque de Paris qui a encouragé l'expérience pastorale des prêtres au travail : d'une poignée en 1947, ils étaient devenus une centaine en 1953 dont la moitié en région parisienne.

A partir de 1953, des rumeurs étaient bien parvenues jusqu'à mes remparts nantais : fermeture du séminaire de la Mission de France, arrêt de l'expérience des prêtres-ouvriers, destitution de provinciaux dominicains, silence imposé à quelques théologiens (Chenu, Congar, Boisselot, Féret...), condamnation de *La Quinzaine* par le Saint-Office... mais ces décisions romaines, qui concernaient des choses dont j'ignorais tout, me semblaient tout à fait rassurantes sur la détermination de Rome à lutter contre le complot communiste international en ravivant l'heure de la croisade pour la civilisation chrétienne. Le livre de Cesbron m'émeut, mais je conclus à un excès de sentimentalisme frisant le sensationnel.

Au grand désappointement des sympathisants de la « nouvelle gauche », c'est Guy Mollet, désigné par le président René Coty, qui

* De nombreux étudiants se rassemblaient là autour du père Moubarak pour discuter théologie et politique. Voir Michel Winock, *La République se meurt,* Paris, Le Seuil, 1978, p. 148-154.

** Michel de La Fournière fut, en 1983, secrétaire national du PS chargé des Droits de l'homme et ambassadeur en Haïti en 1986. (Cf. *La Croix,* 24 septembre 1988, article signé Robert Chapuis, secrétaire d'État.)

reçoit l'investiture le 5 février. Mendès France, ministre d'État et second dans la hiérarchie, n'a qu'un poste honorifique dont les militants ne perçoivent pas bien la signification. François Mitterrand est garde des Sceaux.

Nous n'avons pas le temps d'être tiré de notre désillusion que, dès le lendemain, celle-ci se transforme en une ironie ricanante qui dissimule mal la crainte de voir s'accélérer l'affaiblissement du pouvoir : les tomates qui s'écrasent sur les lunettes de Guy Mollet à Alger, sous la pression d'une extrême droite populaire qui a enfin trouvé des troupes à manœuvrer, et le conduisent incontinent à retirer sa charge au général Catroux qui venait d'être nommé gouverneur général, n'annoncent rien de bon. Tout ce qui, au niveau sacral de l'État, commence dans la dérision frappe les trois coups de la tragédie. Je blâme intérieurement la droite conservatrice à l'extrême de succomber aux délices du sarcasme. Pourtant les traits de François Mauriac dans son *Bloc-Notes* me font pâlement sourire de ce président chahuté : « De M. Edgar Faure, emberlificoté dans ses propres toiles, nous pouvions attendre la soudaine invention, le sursaut d'une intelligence rusée. Mais ce magister immobile dans sa chaire, face à une classe hurlante, et qui cède aux boules de papier mâché, ne laisse aucun recours à l'espérance[33]. »

Lacoste est nommé le 9 février en remplacement de Catroux, après que Defferre se fut récusé. Le 16 février devant l'Assemblée nationale le président du Conseil annonce son triptyque bien formulé : « Cessez-le-feu, élections, négociations. »

Le 19 du même mois, en Algérie, entre Orléansville et Oran — zone peu touchée jusqu'ici par la rébellion —, un poste tenu par une cinquantaine de réservistes et 80 tirailleurs algériens est attaqué par une forte bande de l'ALN, renseignée par des complicités internes, et les trois quarts des tirailleurs passent à l'ennemi. A peu près en même temps, à l'autre bout du territoire algérien, au sud-ouest de Souk-Ahras, 150 autres tirailleurs algériens bien armés passent au maquis. Dans les Aurès-Nementchas, le chiffre des désertions passe de décembre 55 à février 56 de 17 à 56[34].

Pour riposter à cette consolidation du FLN et à la montée du terrorisme, entre le 8 et le 12 mars l'Assemblée nationale, par un vote quasi unanime incluant toutes les voix communistes, remet au gouvernement « de terribles pouvoirs spéciaux qui mettent potentiellement fin à toute vie démocratique en Algérie[35] » et surélèvent les obstacles psychologiques et moraux pour ceux qui veulent continuer à lutter contre la « gangrène » des méthodes coercitives utilisées dans les interrogatoires policiers et militaires.

A la fin du mois de mars, parvient entre mes mains, par l'entremise d'un étudiant de la fac qui fréquente le Centre Saint-Yves, aumônerie de Panthéon-droit, une petite brochure de 24 pages, à la couverture de couleur de la bure du signataire de ce texte, le franciscain Hervé Chaigne. Le titre en est *L'Algérie devant la conscience chrétienne,* avec en sous-titre : « Essai de synthèse d'après les déclarations des évêques et des mouvements catholiques[36] * ».

Je lis dans les préliminaires de cet opuscule : « Un étudiant musulman algérien disait il y a peu de temps à propos des Européens qui tout seuls s'acharnent à décider du sort de l'Algérie : " Ce ne sont pas des médecins qui se penchent sur le malade et qui ont besoin de connaître ses réactions pour établir le diagnostic. Ce sont des vétérinaires qui soignent ou marquent une bête et qui n'ont pas besoin de son avis. " » Et plus loin : « L'indépendance doit être une " indépendance " totale, une libération de la misère politique actuelle et de la misère pire qui peut découler d'une jeune liberté livrée, trop tôt, à son inexpérience et à sa pauvreté. C'est dire, et c'est, je crois et je veux l'espérer, la pensée profonde des nationalistes algériens, que l'indépendance politique par rapport à la France ne peut être envisagée que dans un cadre plus souple, mais réel, d'interdépendances, d'interactions, d'osmose même au point de vue économique, social et culturel. Encore ne faudrait-il pas laisser " traîner " trop longtemps, laisser " pourrir " la situation, comme on dit, et par là pousser les nationalistes à durcir leurs positions. »

Trop tôt ? Trop tard ? cette question va me lanciner du printemps jusqu'à l'automne. Ce que je ne sais pas, comme l'immense majorité des Français, c'est que pour les durs du FLN, comme le Kabyle Abbane Ramdane, conseiller politique de l'Algérois, qui prépare le futur congrès clandestin du FLN et qui sera bientôt mêlé à la bataille d'Alger de Massu puis abattu par les siens, c'est qu'il est déjà trop tard. Certains le pensent-ils au gouvernement français ? Les ministres radicaux dominent et glissent vers une position Algérie française ; seuls Defferre, Mitterrand et Savary élèvent des objections au Conseil des ministres. Et pourtant, durant ce même printemps, Guy Mollet fait procéder à des contacts secrets avec les hommes de la rébellion. Ce n'étaient pas les premiers.

Je relève dans le document que dans la troisième proposition le mot d' « indépendance » ose être avancé à propos de l'Algérie... Qui donc ? mais qui a pu oser s'avancer sur ce terrain miné ?

« [...] De toute façon, qu'une liberté politique juste et progressive

* Voir une analyse de ce texte en annexe 1, p. 341.

ne soit pas refusée à ces peuples et qu'on n'y mette pas d'obstacle... d'autre part, les peuples de l'Occident, spécialement de l'Europe, ne devraient pas, sur l'ensemble des questions dont il s'agit, demeurer passifs dans un regret stérile du passé, ou s'adresser des reproches mutuels de colonialisme[37]... » Cette voix auguste vient d'un lieu qui est le carrefour de multiples sensibilités internationales et qui n'a pas craint depuis quelques années de faire écho aux légitimes demandes des églises locales d'Asie et d'Afrique. Elle vient de Rome et de ce Souverain pontife auquel l'histoire rendra un jour son juste hommage : Pie XII dont les directives missionnaires très ouvertes à l'égard des efforts d'émancipation des peuples de couleur sont condensées dans l'encyclique *Evangelii praecones* (11 juin 1951). Influencé par Mgr Montini, le futur Paul VI, et par le cardinal Constantini, ce grand document révéla un pape qui non seulement accéléra la constitution d'Églises indigènes dirigées par leurs propres évêques, mais insista sur la nécessaire désoccidentalisation, politique et culturelle de l'Église, apparaissant ainsi comme « le premier pape post-missionnaire[38] ».

Si un professeur aussi profondément chrétien qu'André Mandouze met en œuvre paradoxalement — à n'en pas douter, il ne fait pas partie des intellectuels catholiques admirateurs de ce pape ! — les inspirations de Pie XII sur l'ouverture vers l'indépendance, en liaison avec des membres du gouvernement et en toute ignorance du grand public, en revanche une affaire éclate en provoquant un grand scandale : elle renforce l'anticommunisme non seulement des courants d'extrême droite, du conservatisme traditionnel et des radicaux, mais, exacerbant l'antimarxisme des socialistes mollettistes, elle va contribuer à accélérer le glissement de ces derniers vers une politique Algérie française de type de plus en plus répressif et accréditer la thèse selon laquelle les rumeurs concernant les tortures sont dues à la propagande communiste qui joue le jeu de la rébellion. Il s'agit de la désertion de l'aspirant Maillot le 4 avril 1956, qui pour le PC fait plus figure de témoignage que d'exemple.

Le 5 juin suivant, une milice sous les ordres du bachaga Boualem, notable musulman loyal à la France et personnage prestigieux aux yeux de nombreux harkis, neutralise le « maquis rouge » de Maillot qui y laisse la vie.

Entre la lecture du père Chaigne, qui me sensibilise à l'idée d'indépendance mieux que *L'Express* ou *France Observateur,* et la nouvelle de la trahison du communiste Maillot — comment la sécurité militaire n'a-t-elle pas décelé le danger de cette présence comme futur officier de réserve ? — qui m'arc-boute sur un anticommunisme naturel, je perds pied. Pourtant la dernière citation du document franciscain, celle du cardinal Saliège, archevêque de Toulouse, dans sa lettre de Carême de cette année même, me renvoie sans hésiter aux propos de mon ancien professeur de philo à Nantes : « Tout catholique se doit de lutter... pour l'accession à la liberté de tous les peuples. La colonisation n'est justifiable dans le passé que si elle avait pour but d'amener les colonies à se gouverner elles-mêmes, à les faire sortir de l'enfance pour les amener à l'âge adulte... Élever un enfant, c'est d'abord lui apprendre à marcher tout seul et ensuite à se gouverner tout seul. Souvent les parents ne comprennent pas cela[39]. »

Le 11 avril, le Conseil des ministres décide le rappel des disponibles et la dissolution de l'Assemblée algérienne. 70 000 hommes de la classe 1952 sont ainsi rappelés et 50 000 le seront le 9 mai prochain. La durée du service militaire est portée à vingt-sept mois. Je ne réalise pas du tout que cela peut me concerner. Pie XII est une figure intouchable. L'armée est sacrée et l'idée qu'un seul officier puisse se livrer à des tourments inquisitoriaux sur des prisonniers est pour moi impensable, sacrilège.

Tandis que ce rappel du contingent suscite çà et là, dans de grandes villes, quelques manifestations sporadiques manipulées par l'extrême gauche, certains milieux de jeunes catholiques subissent des tensions qui aboutiront bientôt à des démissions, ainsi à l'ACJF (Association catholique de la jeunesse française) et à La Route des Scouts de France. Invité à une réunion publique au Centre Saint-Yves, où doit prendre la parole Robert Barrat, ancien secrétaire général du Centre catholique des intellectuels français et journaliste à *France Observateur,* je découvre la houle des joutes oratoires et des empoignades qui marquent beaucoup de rassemblements de ce genre. Je ne sais pas au juste quel est le sujet du débat proposé, mais très vite la guerre d'Algérie fait exploser la situation. C'est un jeune capitaine, en civil bien sûr, qui réussit à reprendre les choses en main, avec un discours étonnamment libéral. A la sortie nous lions connaissance jusqu'à l'aube et, cette nuit-là, je commence à découvrir par un de ces jeunes officiers l'armée française qui se bat en Algérie.

Dans les jours qui suivent je tente de résumer les propos recueillis dans cette nuit et dont il ressort que, selon lui, presque un an après la création des SAS, le résultat de l'application renouvelée des méthodes traditionnelles de pacification est hypothétique. Les officiers des Affaires indigènes venus du Maroc, qui avaient tenté d'appliquer les techniques mises au point vingt-cinq ans plus tôt pour venir à bout des tribus berbères du Moyen et du Grand Atlas, avaient quelque difficulté, eux, les « officiers d'Afrique » de la vieille école, à faire face à un ennemi qui n'entrait pas vraiment dans les catégories prévues par leur sociologie datée, et surtout qui ne jouait pas « la règle du jeu ». C'est ainsi que, sous la pression des faits de guerre eux-mêmes, devant l'élargissement des « zones insoumises », la structure même des forces engagées fut modifiée : d'où la constitution du « fer de lance » de l'armée française avec principalement les régiments parachutistes. Les hommes des unités spéciales se mettent à ratisser les djebels comme ils avaient ratissé, il n'y a pas si longtemps, la haute région tonkinoise ou les plateaux Moïs. Les officiers qui ont connu les échecs dramatiques de Lang Son, Hoa-Binh, Na-Sam et Diên Biên Phu — mon interlocuteur n'a pas « fait » l'Indochine ! — n'ont qu'une obsession, celle de « battre le communisme avec ses propres armes », posant une équivalence inadéquate entre les combats d'Indochine et ceux d'Algérie.

Si, à cette époque, l'ensemble de l'opinion publique française est toujours assez indifférente à ce qui se passe de l'autre côté de la Méditerranée, l'accélération du pourrissement marque l'Algérois d'une étape sanglante, le 18 mai, à Palestro. Aux portes d'Alger, dans des gorges qui ont toujours eu mauvaise réputation, un groupe de « marsouins » (infanterie coloniale), appelés, se fait prendre en embuscade. Quinze tués et deux prisonniers. Dans le Constantinois et dans les Aurès-Nemetchas les bilans de nos pertes ne cessent de croître.

Le 23 mai, tirant les conclusions de son impossibilité à infléchir les positions de Guy Mollet sur l'Algérie, Mendès France ne s'en estime plus solidaire et démissionne de ses fonctions de ministre d'État. Ne restent plus, au Conseil des ministres, que Defferre, Mitterrand et Savary comme opposants.

Que pense mon capitaine de ce gouvernement socialiste « mou » ?

Pour lui, l'opinion publique française n'est pas dans le coup, elle ne se sent pas partie prenante, et le gouvernement élu sur le programme de paix du Front républicain s'est révélé trop vite compréhensif vis-à-vis du pouvoir militaire : le ministre-résident, Lacoste, est devenu moins le représentant du gouvernement de Paris à Alger que l'intermédiaire entre l'état-major et le gouvernement. Le ministère Mollet, non seulement en accord avec l'état-major d'Alger, est tout à fait satisfait des dispositions des officiers supérieurs qui lui annoncent régulièrement la victoire et la paix imminentes, ce qui assurerait au président du Conseil socialiste une bonne chance de gagner les élections suivantes, grâce au dévouement d'une armée dont personne ne doute qu'elle soit résolument républicaine. Tout ce que Paris demande aux hommes qui ont la responsabilité des affaires militaires en Algérie, c'est de régler, sans trop dépenser d'argent et sans attirer l'attention de l'opinion internationale, une affaire difficile dont les politiciens ne savent pas se tirer. Petit détail psychologique : il n'est personne de plus chauvin que certains hommes de gauche qui jouent volontiers aux guerriers, dès l'instant où ils ont l'impression d'être pris au sérieux par les militaires.

— Si tu voyais seulement une fois Max Lejeune, le ministre de la Défense, au garde-à-vous, tu comprendrais ce que je veux dire * !

Selon son analyse, le ministère Mollet est un véritable « gouvernement introuvable », présidé par le secrétaire général du parti socialiste, qui bat la droite sur son propre terrain, laisse les mains libres aux forces armées et, compte tenu du caractère irrévocable de l'accession à l'indépendance de la Tunisie et du Maroc, est obligé de veiller à éviter tout engagement d'opération contre ses anciens protectorats, comme n'importe quel autre gouvernement serait contraint de le faire.

— Certes, nous avons des pertes, mais le nombre des fells est encore limité, nous avons la supériorité en armes lourdes, la possibilité d'interventions aériennes, la rapidité des évacuations sanitaires, tout cela permet de réduire le nombre de tués du contingent, qu'on évite du reste d'engager trop souvent, laissant le plus possible ce qui est opérationnel périlleux à la Légion, aux paras, aux tirailleurs. Il nous faut isoler l'Algérie des pays limitrophes — il n'est que temps !... faire éclater les bandes rebelles, reprendre en main les populations pour les empêcher de rejoindre et de nourrir les fells, puis les rallier progressivement... surtout provoquer l'échec aux frontières des hommes du FLN de l'extérieur.

J'en conclus qu'il y a tout à craindre dans l'internationalisation du conflit, ce à quoi le FLN va probablement s'essayer, sachant que l'état-major d'Alger espère toujours résoudre le problème algérien « de façon définitive », en passant en Tunisie.

Ces préoccupations n'empêchent nullement le Paris artistique, littéraire et mondain de se livrer à ses plaisirs dont beaucoup ne sont pas dépourvus de noblesse. Je fais mon profit de cette année estudiantine en liberté pour fréquenter de nombreux théâtres en prenant mes délices avec Anouilh, Claudel, Giraudoux, Montherlant et Sartre, de *L'Alouette* au *Soulier de satin* en passant par *Huis Clos* ou *Port-Royal.* La faiblesse que j'eus pour Montherlant au temps de mes dix-huit ans se métamorphose en une admiration grave et légère pour

* Max Lejeune était secrétaire d'État aux Forces armées chargé des Affaires algériennes.

la puissance baroque et mystique de Claudel. Ce que Montherlant écrit en noir et en creux, Claudel le chante en lettres d'or, somptueuses et telles que tout l'espace des sens en est comblé... Ce que l'admirateur des Césars me ciselait de Rome me laissait aux marches de la prison mamertine, alors que Claudel m'ouvrait les grands rideaux rouges du théâtre du Quattrocento jusqu'aux dérives mussoliniennes. Je découvre tardivement les complicités indirectes de Montherlant avec le bruit sourd du pas des légions sur la terre d'Afrique.

Au-delà des dunes sahariennes, en Afrique noire et à travers l'Outre-Mer, de nombreux pays sous influence coloniale française vont goûter les effets positifs de la loi-cadre élaborée par Gaston Defferre et promulguée le 23 juin, par laquelle est instauré partout ce suffrage universel direct et ce collège unique qu'on n'arrive pas à établir en Algérie. « Dans le calme, de solides élites politiques, souvent familières du Palais-Bourbon et même du gouvernement depuis la Libération, assurant une bonne transition, le Togo sous tutelle s'émancipe, Madagascar se prépare à l'indépendance, une université africaine est créée à Dakar... L'évolution sans heurts insurmontables de l'Afrique noire vers l'indépendance, qu'accélérera sans l'avoir amorcée la Communauté instaurée avec la Ve République, est acquise[40]. »

Ma sensibilité personnelle me porte vers les problèmes de décolonisation pour avoir séjourné, fort jeune, une année en Guyane (1948) puis une année encore en Martinique : à treize ans, on se souvient pour longtemps de la statue du Dr Schoelcher * ou du visage de la mère Javouhey **, deux hautes figures symboliques du colonialisme laïc ou chrétien à la française.

Pendant ce mois de juin, à la demande de Mgr Courbe, je rencontre le supérieur du séminaire universitaire des Carmes où il est convenu que je dois rentrer à l'automne prochain. Huit jours plus tard, coup de théâtre : le secrétaire de Mgr Courbe, le père Mazerat, futur évêque d'Angers, me convoque et m'annonce que le cardinal Feltin a décidé de m'envoyer faire mes classes à Rome, au Séminaire pontifical français où précisément le diocèse de Paris n'envoie plus de séminaristes depuis longtemps, ce qui est reproché par les instances romaines. Cette annonce ne me fait pas d'effet particulier, simplement parce que le monde ecclésiastique me laisse assez indifférent.

* Victor Schœlcher (1804-1893), député de la Martinique, il prépara le décret d'abolition de l'esclavage (27 avril 1848).

** Anne-Marie Javouhey (1779-1851), fondatrice de la congrégation de Saint-Joseph de Cluny.

On m'aurait dit que je partais à Honolulu ou à Shanghai, c'eût été à peu près la même chose : partir ?... oui, volontiers et loin même, mais s'enfermer ? Non, il ne m'en chantait guère. Au total, cette solution imprévue me satisfait plutôt parce que la perspective sombre de l'enfermement est tempérée par celle du départ et de la vie à l'étranger.

La nouvelle de mon départ pour la ville éternelle laisse le révérend dominicain responsable du Centre Saint-Yves grondeur et vitupérant contre Rome sur laquelle il décharge une froide rancune... qui me rend perplexe, faute d'un minimum de connaissances de l'histoire récente de mon Église. Je lui pose des questions. A l'entendre, la fin de ce pontificat de Pie XII, que nous vivons, est marquée par un durcissement doctrinal imputable à une Curie trop puissante et dominée par le très conservateur cardinal Ottaviani qui accumulerait des dossiers de dénonciations dont l'abreuvent les intégristes français. Pourtant, au sortir de la Seconde Guerre mondiale, l'Église de France a été marquée par un bouillonnement qui a fait suite au renouveau biblique, liturgique, catéchétique et missionnaire, manifestant une vitalité certaine. Depuis, le 15 septembre 1953, l'oukaze romain a stoppé brutalement l'expérience des prêtres-ouvriers, des théologiens et des revues sont sanctionnées sans appel et la presse intégriste *(L'Observateur catholique, Verbe, Paternité-Maternité...)* et d'extrême droite *(Rivarol, Aspects de la France...),* revitalisée par les réactions que les guerres coloniales provoquent au sein de l'armée, prend pour cible les chrétiens « progressistes » et se répand, parfois avec violence, aux portes des églises. Le jeune clergé, les militants d'Action catholique sont désemparés.

Il faut bien comprendre que tous ces chrétiens, qui ne sont pas des « staliniens », refusent que l'Église se compromette uniquement dans la défense de l'ordre établi et se cantonne dans un anticommunisme purement négatif. Ils croient, et moi avec eux, que pour ne pas mettre la foi et la morale au service d'un temporel conservateur, l'Église doit, au-delà du catholicisme social, s'engager franchement dans les voies de l'avenir.

En dépit de mes courtes expériences « sociales » à la Route de Nantes, encore enclos dans un christianisme assez formel et « sociologique », je comprends mal la découverte de ces jeunes chrétiens, notamment ceux qui sont originaires des couches moyennes, pour qui le divorce largement répandu entre la pratique sacramentelle et le comportement quotidien vécu est insupportable. Le danger que je vois surtout à cette « prise de conscience » des injustices sociales effectuées à travers l'action éducative, civique et sociale des mouvements de jeunes, est que, en réalisant le plein exercice de leur rôle de laïcs dans l'Église, ces derniers n'en viennent à rejeter en même temps non seulement l'autorité hiérarchique ecclésiale, mais aussi celle de toute forme politique ou institutionnelle. Si Pie XII incarne le raidissement de la première, Guy Mollet n'est-il pas le symbole de la dégradation de la seconde, en laissant trop de pouvoirs aux militaires ? La contestation du principe même de l'autorité n'est pas loin... ce qui choque apparemment mon sens héréditaire du respect de l'ordre qui oscille inconsciemment entre un désir de noble vassalité et celui de la fronde.

Dans le courant du mois de juin, mon ancien chef de patrouille scoute, devenu « cyrard », débarque à l'improviste à Paris et s'installe pendant quarante-huit heures dans ma piaule d'étudiant ; durant des heures et des heures, de jour ou de nuit, j'écoute avidement celui qui va sous peu porter l'épaulette avec fierté. Beaucoup de choses se mélangent dans ma tête, mais je retiens un certain nombre d'éléments qui éclairent ma lanterne, sans recouper pour autant — et même au contraire — les informations recueillies ces derniers mois auprès de mon capitaine mendésiste.

Tout d'abord, si le général Guillaume, chef d'état-major des armées, a donné sa démission le 28 février dernier, ce n'est pas pour protester, comme on l'a dit, contre les lenteurs de l'envoi des renforts en Algérie mais parce que, ancien attaché militaire à Moscou après la guerre, il restait obsédé par l'idée de ne pas dégarnir le front européen face au « péril rouge ».

— Encore un qui n'a toujours pas compris que les « cocos » sont derrière les fellouzes. En revanche, le mec « au poil », mais ce qui est bizarre pour un « socialo », c'est Max Lejeune qui a obtenu les grands moyens. Beaufre, dans la zone est-constantinois, fait ce qu'il peut et a eu des résultats en marquant la différence entre la sécurité qui peut régner dans les zones de pacification par rapport aux conditions des zones d'opérations avec leurs « zones interdites », mais il voit trop grand et trop lourd. Guy Mollet fait livrer enfin des hélicos américains !... La Xe région militaire est née, ce qui veut dire que Alger, Oran et Constantine accédant au rang de corps d'armée, vont enfin avoir des moyens avec des divisions à leur botte. Surtout les paras : ouais... la 10e division para va voir le jour dans quelques semaines dans l'Algérois, avec un « big chief » à sa tête, le général Massu !

Déjà, lorsqu'il était mon CP (chef de patrouille scoute), j'avais droit dans sa chambre à des dégagements admiratifs sur les GI's américains, héros de sa littérature préférée et sa passion s'exaltait devant ma tiédeur à me vanter toutes les grandes batailles de la guerre du Pacifique, Okinawa, Pearl Harbor, Guadalcanal*. Les personnages légendaires de sa grande adolescence prenaient chair dans un imaginaire proche d'un réel qu'il rêvait de rejoindre au plus tôt dans les djebels : Massu, Bigeard ! Je n'en connaissais rien, mais j'ai eu droit, pendant la moitié d'une nuit à l'évocation inspirée des nouveaux héros de la défense de l'Occident chrétien, dernier rempart contre l'invasion rouge : les bérets rouges de Massu et de Bigeard. Ce dernier est arrivé en 1956 avec son 3e régiment de parachutistes à la pointe de Collo, sur la côte, zone limitrophe entre la petite Kabylie et le Constantinois. Mon ami, frais émoulu de Coët', me fait remarquer que Marcel Bigeard n'est ni sorti de Saint-Cyr ni passé par l'École de guerre : il est issu « du rang », ce qui augmente son prestige à son regard « républicain » et volontiers admirateur des premières armées de Napoléon. Fait prisonnier sur la ligne Maginot, évadé puis intégré dans une unité de l'infanterie coloniale, il reçoit son premier commandement en 1943 ; parachuté en France en 1944, il termine la guerre avec le grade de capitaine pour continuer peu après sur l'Indochine, être à nouveau parachuté... mais sur Diên Biên Phu, où malgré son habileté de contre-attaque et le courage de son 6e bataillon de parachutistes de choc, la chute de la forteresse le conduit à connaître l'épreuve humiliante de la captivité par les Viets qui le soumettent au lavage de cerveau.

Débarqué sur la terre algérienne dans la pleine force de l'âge — il a quarante ans ! —, il reste toutefois marqué, comme nombre d'anciens d'Indo, par l'idée que la bataille perdue qui venait de se livrer contre la domination du communisme dans le monde connaît une nouvelle étape en Algérie qui, cette fois, ne pouvait être manquée. Son 3e régiment de parachutistes coloniaux, composé de réservistes, n'est pas nourri au départ de la meilleure crème comme les engagés volontaires qu'on rencontre dans les régiments de Massu à Alger.

Que va faire Bigeard de ses éléments douteux ? « Immédiatement, il élimine une quarantaine de traînards et d'inadaptés, et offre à tous ceux qui le désirent leur transfert volontaire dans une autre unité. Il emmène le reste dans le bled pour deux mois d'une formation éreintante[41]... » Les pieds-noirs découvrent bientôt, ébahis, des hommes en tenue camouflée, au pas élastique et silencieux, la tête coiffée d'une casquette particulière à longue visière souple avant et couvre-nuque... Les treillis habituels ont été retaillés, moulant soigneusement les formes musclées de ceux qui, populairement, vont

* Célèbres batailles américano-japonaises de la dernière guerre mondiale.

être baptisés « lézards » ou, quatre ans plus tard, les « centurions * ».

Mon ami est un « fana mili ». En l'écoutant me décrire les nouveaux légionnaires de l'Afrique, je l'imagine bien, de taille moyenne mais fort bien découplé, attaches fines, et fuseaux musculaires longilignes, épousant harmonieusement la tenue Bigeard, mais, par contraste, moi-même de taille semblable sans grand développement ni aguerrissement musculaire, je redoute soudain, et pour la première fois, l'examen de passage physique de la vie militaire qui m'apparaît peut-être probable et dans tous les cas redoutable... Je lui en veux de sa force, de sa prestance et de son moral d'acier. Ne perçois-je point quelque soupçon de son mépris à mon égard ? Ce n'est pas un séducteur, en dépit des apparences, mais un conquérant. Les filles c'est comme les fells : un tableau de chasse. Je n'ai pas envie qu'un jour, militairement et moralement, il ait honte de moi.

« Bigeard, c'est l'homme-sandwich de l'armée française. Bigeard, recto, verso. Bien faire et le faire savoir. Il eût fait plus qu'un excellent publiciste[42]. » Qui en parle ainsi ? Un officier de l'état-major de Massu. Les paras se jalousent entre eux. Ils ont en commun d'envier parfois la Légion. Les cavaliers restent encore campés sur leur morgue de caste. Tous ces gens de métier partagent un sentiment de supériorité apparente sur les « p'tits gars » du contingent dont la majorité rêve de planque mais dont une minorité d'origine populaire est séduite par l'attrait des paras : chaque année, quinze mille d'entre eux vont se distinguer des « bidasses » en arborant l'insigne du brevet parachutiste, surnommé « plaque à vélo » pour déguiser leur fierté sous la gouaille d'une expression par laquelle ils croient déguiser leur pudeur.

Les paras ne vont pas tarder, cette année, à s'« illustrer » à un niveau international.

Le 27 mai ratissage impitoyable de la Casbah, ordonné par Lacoste : cinq mille arrestations. Le 19 juin, le même Lacoste, rondouillard et intraitable, laisse procéder à l'exécution de deux condamnés à mort du FLN exigée par les ultras. La grâce demandée par Mgr Duval, ainsi que par d'autres chefs de communautés religieuses, est refusée. La nationalisation du canal de Suez, le 26 juillet, suscite un grand émoi parmi les nations occidentales, surtout l'Angleterre et la France.

Pendant que de nombreux officiers français revenus d'Indochine sont persuadés que le FLN n'est qu'une apparence et qu'en réalité la direction effective des opérations revenait aux communistes, le Front

* Nom d'un roman célèbre de Lartéguy sur les paras d'Algérie (1960).

nationaliste, qui vient d'exiger en juillet l'adhésion individuelle des communistes algériens, la dissolution de leurs maquis, trouve l'énergie de se doter d'un meilleur programme politique en réunissant clandestinement tous ses chefs de l'intérieur, le 20 août 1956, dans la vallée de la Soummam à la limite de la Petite et de la Grande Kabylie. Non seulement ce sommet collégial, à la barbe des forces françaises, ravive l'ardeur militante, mais il va faire sentir ses effets au plan international : fort de l'appui en juillet de Tito, de Nehru et surtout de Nasser, le FLN, malgré ses querelles vives entre « l'intérieur » et « l'extérieur », est poussé par l'Égypte dont le « raïs » ambitionne un leadership du réveil arabe sur les rives de la Méditerranée. La diplomatie algérienne va tout mettre en œuvre pour faire inscrire bientôt la « question algérienne » à l'ordre du jour de la prochaine session de l'ONU.

Tout ce travail de coulisses est évidemment autant ignoré de mon capitaine de la « nouvelle gauche », que du jeune cyrard sous influence des théoriciens de la guerre révolutionnaire, et de toute l'opinion publique française. Le plus jeune, qui sort à présent de Saint-Cyr, a lu et vite les premiers écrits des autodidactes qui depuis le retour d'Indochine concoctent leurs théories de la guerre psychologique en empruntant aux méthodes marxistes-léninistes : le colonel Lacheroy[43], ou le général Chassin[44], parmi les premiers qui ont publié à ce sujet, qui imaginent de transformer l'officier en commissaire politique.

La fin de l'année universitaire et les débuts de l'été me renvoient sur les bords de Loire et les côtes bretonnes. A Nantes, je découvre au détour d'une conversation avec ma mère que celle-ci a fait partie pendant l'année d'un groupe d'études de la Cité catholique : il en ressort que ses membres sont issus du « meilleur monde » de l'aristocratie locale, complétée par quelques officiers de marine et leurs épouses et que son travail, qui se veut d'un certain niveau intellectuel, ne sort guère des références pontificales interprétées de la manière la plus stricte. La revue nationale s'appelle *Verbe*... « Tout cela m'a paru borné ! » fut sa seule conclusion, si bien que je n'attache pas d'importance à cet épisode.

En juillet, le camp des Routiers de Nantes conduit mes pas pendant de longues heures de marche sur les chemins de la Catalogne espagnole et au mois d'août je suis accueilli près de La Baule dans la famille de Philippe, cet ami de collège dont l'oncle est mort prisonnier des Viets après Diên Biên Phu et dont le père est un ophtalmologiste de renommée internationale. Un drame secoue brutalement la famille : le 19 août, le professeur Gabriel-Pierre Sourdille est emporté en pleine nuit par une leucémie foudroyante. Hier le capitaine Hervouët, aujourd'hui son beau-frère, à 54 ans. Ici le tribut du sang à la guerre, là celui d'un excès de travail scientifique. Le titre d'un livre de Montherlant que je lisais à dix-huit ans me hante : *Service inutile.* Tout, dans ces deux disparitions, pourrait m'apparaître comme absurde mais l'appel au Sens continue de murmurer sans broncher. Le départ pour Rome est relativement proche : son prélude de fin de saison s'accomplit sur une longue méditation juvénile sur la mort. Pour la première fois, la terre d'Algérie, si lointaine, si abstraite, me paraît personnellement devoir se payer un jour au prix du sang. C'est l'âge où nous avons assez d'inconscience pour nous imaginer qu'il serait beau, héroïque, sublime... pourquoi pas ? de mourir.

Un autre thème est en arrière-fond de mes ruminations d'automne, celui d'une rumeur maligne qui, des djebels jusqu'aux rédactions parisiennes, a passé la mer : des sévices, des méthodes dures qui seraient employées par la police ou bien même par l'armée, ici ou là... L'incompatibilité quasi sacrale entre l'officier et une fonction inquisitoriale me fait rejeter avec horreur une hypothèse aussi absurde et si basse qu'elle ne peut être issue d'un autre égout que celui d'une officine communiste, mais, le juriste au petit pied que je deviens éprouve le besoin de savoir comment légalement la torture est interdite.

Je découvre sans difficulté que l'interdiction de recourir à la torture ou à toute forme de traitement inhumain et dégradant est spécifiée à l'article 5 de la déclaration universelle des droits de l'homme du 10 décembre 1948 : « Nul ne sera soumis à la torture, ni à des peines ou traitements inhumains cruels ou dégradants. » Cette prohibition est reprise en des termes quasi identiques dans la Convention européenne des droits de l'homme, entrée en vigueur le 3 septembre 1953 (article 3). Toutefois ces deux textes à vocation différente, élaborés à des dates dissemblables, ont en commun de ne donner malheureusement aucune définition au contenu des termes « torture, peines ou traitements inhumains et dégradants ».

Autre restriction : cette « déclaration », issue d'une résolution de l'Assemblée générale de l'Organisation des Nations unies, selon la pratique même de cette organisation internationale, est un énoncé de principes « ayant une grande importance et une valeur durable[45] », revêtant un caractère à la fois formel et solennel, mais de fait légalement non contraignant, pouvant faire obligation aux États membres de l'ONU.

Deuxième texte international alors publié : les quatre conventions de Genève signées le 12 août 1949, auxquelles ont souscrit la majeure partie des États du monde :

« la première convention concerne l'amélioration de la condition des blessés et malades des forces armées sur le terrain ;

la deuxième est relative aux blessés et malades des forces armées naufragés en mer ;

la troisième est liée au traitement des prisonniers de guerre ;

la quatrième traite de la protection des personnes civiles en temps de guerre. »

La troisième convention sur les prisonniers de guerre précise dans son article 13 qu'est proclamé : « a. le respect de l'intégrité physique : interdiction de pratiquer des mutilations, des tortures et supplices », et son article 15 enjoint « c. le refus d'interrogatoires inhumains : interdiction de toute contrainte physique ou morale visant à arracher des aveux ou obtenir contre la volonté une collaboration » ainsi que « d. l'interdiction de toute forme d'humiliation : respect de la personne et de l'honneur ».

Je souligne tout de suite qu'il y a déjà deux sortes de tortures, celle destinée à arracher des aveux que les moralistes appellent la « torture détective », et celle dont le but est d'humilier qui est alors couramment nommée la « torture vindicative ». Je n'ai pas encore compris que la technique révolutionnaire du FLN en utilise une autre : la « torture dissuasive ».

N'ayant jamais eu le goût de me plonger dans les événements reliés au monde concentrationnaire dû aux persécutions nazies puisque mon père, qui a été et demeure pour moi l' « inconnu », a disparu tragiquement au camp de Dora, je suis bien contraint de découvrir que, le 8 août 1945, la France, la Grande-Bretagne, les États-Unis et l'URSS ont signé un accord prévoyant l'établissement d'un tribunal militaire international pour juger les criminels de guerre. Dans l'article 6 des statuts du tribunal sont distingués trois sortes de crime relevant de sa juridiction :

— les crimes contre l'humanité,

— les crimes de guerre,

— les crimes contre la paix.

Les deux premiers types de crimes sont ainsi définis dans les statuts :

« Crimes contre l'humanité : l'assassinat, l'extermination, la réduction en esclavage, la déportation, et tout autre acte inhumain commis contre toutes les populations civiles, *avant* ou *pendant* la guerre, ou bien les persécutions pour des motifs politiques, raciaux ou religieux, lorsque ces actes ou persécutions, qu'ils aient constitué ou non une violation du droit interne du pays où ils ont été perpétrés, ont été commis à la suite de tout crime rentrant dans la compétence du tribunal, ou en liaison avec ce crime.

» Crimes de guerre : les violations des lois et coutumes de la guerre. Ces violations comprennent, sans y être limitées, l'assassinat, les mauvais traitements ou la déportation pour des travaux forcés, ou pour tout autre but, des populations civiles dans les territoires occupés, l'assassinat ou les mauvais traitements des prisonniers de guerre ou des personnes en mer, l'exécution des otages, le pillage des biens publics ou privés, la destruction ou la dévastation que ne justifient pas les exigences militaires. »

M'étant plus frotté jusqu'ici au droit constitutionnel, avec les excellents cours du professeur Hauriou, qu'au droit international, je patauge passablement en me posant des questions sans fin : les « événements » d'Algérie n'étant pas une guerre juridiquement parlant, *quid* de la différence entre les civils et les « militaires » (djounouds de l'ALN ou maquisard en civil, commissaires politiques, etc.) ? *Quid* de la notion de « prisonnier de guerre » ? Est-ce que la torture — et laquelle ? — est assimilable au « crime contre l'humanité » ou au « crime de guerre » ?

Les grands profs magistraux étant inaccessibles, je réussis à interroger un assistant qui m'explique qu'en établissant la distinction entre « crimes contre l'humanité » et « crimes de guerre », les statuts du Tribunal militaire de Nuremberg mettaient sur pied un des éléments fondateurs du droit pénal international.

— Il faut remarquer d'abord qu'il y a une grande similitude, comprenez-le bien, dans le contenu même donné aux crimes, mais la liste n'est pas considérée comme limitative, et pourtant une différence certaine apparaît : les crimes de guerre constituent une violation du droit coutumier international défini par le règlement de La Haye de 1907, sur les lois et coutumes de la guerre, alors que le crime contre l'humanité est une violation commise *avant* ou *pendant* la guerre. Il y a donc une catégorie de crimes : le crime contre l'humanité, à l'intérieur de laquelle s'insère le crime de guerre...

Si les juristes français ne font pas encore beaucoup entendre leurs voix, en Algérie le terrorisme va crescendo depuis les premières exécutions à la prison d'Alger, tandis que des bruits de négociations secrètes échauffent les esprits : chez les pieds-noirs, à la peur d'être abandonnés s'ajoutent un désespoir croissant et le découragement. Pour beaucoup la solution « bessif * » apparaît la seule efficace pour

* « Bessif » en arabe dialectal signifie « par la force ».

contrer la rébellion. C'est dans ce contexte que, le 15 septembre 1956, Mgr Duval, archevêque d'Alger, adresse une nouvelle circulaire à ses prêtres pour rappeler « le souci de ne pas confondre les innocents avec les coupables, dans le respect de la dignité de la personne humaine, par conséquent dans l'observation stricte des normes juridiques concernant le prévenu et son interrogatoire [46] ». Et le même 15 septembre, l'archevêque écrit au général commandant en chef des armées en Algérie pour attirer une nouvelle fois l'attention de l'autorité sur les méthodes de « pacification » pratiquées par certaines unités militaires : « J'ai le regret et la peine de dire que des témoignages divers et que je ne puis mettre en doute font état d'actes qui sont gravement répréhensibles : ... usage de la torture dans des interrogatoires [47]... »

En France, l'épiscopat symboliquement n'est pas en reste grâce à la voix de Mgr Chappoulie, évêque d'Angers qui dénonce vigoureusement le fait de « crier haro sur le " bicot " aussitôt que quelque méfait est commis ou qu'une " mauvaise bagarre éclate " et cette prétention qu'ont trop souvent les Européens à s'imaginer " que le plus grand honneur à faire aux hommes d'une autre race et d'une autre culture que la sienne, le plus magnifique bonheur à leur octroyer, c'est de les assimiler à sa propre nation et de vouloir en faire purement et simplement ses concitoyens [48] " ».

Un autre membre de l'épiscopat, alors plus éminent et plus connu, le cardinal Liénart, en tant que prélat de la Mission de France *, avait dressé une protestation publique à la suite de l'expulsion de trois de ses prêtres de Souk-Ahras, dans le diocèse de Constantine.

Fin septembre à Nantes. Mon départ pour Rome est tout proche ; aussi je range des papiers, je classe... avec l'impression âpre de quitter pour toujours un monde dont deux amis sont une des richesses les plus sûres : le premier, l'ancien chef de patrouille scoute, Philippe Laraison, aujourd'hui en deuxième année à Coëtquidan, et l'autre Philippe, fils du professeur Sourdille qui vient de mourir. Leurs lettres, je ne les emporte pas, je les resserre et les lis une dernière fois :

De Philippe Laraison :

« Coëtquidan, le 7 février 1956. Je n'ai ici d'exceptionnel que ma médiocrité. Je ne suis ni un dur, ni un saint, ni un fana — peut-être un peu fana par moments, mais ça tombe vite. Je m'attendais à voir des chefs qui tireraient de moi le meilleur... »

De Philippe Sourdille :

* Corps de prêtres séculiers réunis en 1941 par le cardinal Suhard en « communautés » destinées aux diocèses de France les plus défavorisés.

« Nantes, 16 mars 1956. Je ne sais plus si je vais faire ma médecine : je souhaite presque que non, ce serait une trop grande déchéance pour le nom que je porte et dont je suis très fier, au risque de me faire traiter d'orgueilleux, mais je m'en fous. Ce n'est pas par l'envie qu'on démolit un Sourdille. Je me demande par instants s'il ne vaudrait pas mieux que je fasse Saint-Cyr, ne serait-ce que pour introduire un courant nouveau et régénérateur dans le " trust " de l'œil ! »

Je ne m'étonne pas du second qu'il n'y ait ni un mot ni une allusion à l'Algérie : moi-même, je n'y pense plus guère. Du premier, comme il s'entend, ses silences sont lourds du rêve des djebels rouges auxquels il aspire.

Pour gagner Rome, à nouveau je passe par Paris et, le cœur serré tout en fredonnant l'allégresse de retrouver l'étranger, je me paye le baptême de l'air par mon premier vol en Caravelle. L'hôtesse m'invite — est-ce à cause de mon complet anthracite à fins filets blancs et de mon gilet rouge ? — à contempler l'arrivée sur la Ville éternelle du cockpit des pilotes... L'air est d'azur légèrement embrouillardé d'un ocre aux tendresses dorées au sein desquelles émerge, lumineuse, admirable, la coupole de Saint-Pierre. Je paraphrase intérieurement le poète : « Tout est luxe, calme... et beauté ! »

La cour intérieure du Séminaire pontifical français, aux allures de pastiche d'un patio empesé, est sombre et froide. Fermer les yeux. Seul le bruit argentin d'un filet d'eau de la fontaine est une adresse de grâce.

Le règlement est quasi monastique, c'est-à-dire qu'inconsciemment je le prends d'une manière volontariste par curiosité d'éprouver mes facultés d'adaptation à cette forme de discipline : lever aux aurores (5 h 30) et découpage chronologique de la journée de telle façon qu'entre les quatre heures de cours à l'Université du matin, le déjeuner, la brève récréation qui suit et les heures d'étude solitaires de l'après-midi, le tout est arrangé pour que nous n'ayons pas une heure de liberté ni même de possible compagnonnage.

J'ai l'impression que, selon les plus banals clichés des films de Carné, de lourdes grilles se sont refermées sur moi, dans ce quadrilatère pétrifié de caserne romaine.

Tout à ma lutte obscure de plongée dans l'intériorité, j'ai oublié l'Algérie... Lui, dans un an, là-bas, si loin, encore plus loin d'ici... Et moi ? quand ?... pas moi demain : j'occulte délibérément cet avenir obéré. L'armée ?... je l'admire et la crains.

Pourtant j'aborde la vie spirituelle en termes de combat : « Qui veut occuper la citadelle de la contemplation doit s'exercer d'abord et s'éprouver au champ de bataille de l'action. » Ce genre d'aphorisme de saint Grégoire ne m'aide pas au calme et au silence requis pour la demi-heure obligée d'oraison, chaque matin à cinq heures cinquante-cinq dans la chapelle communautaire. Le matin, en toute innocence de transgression du sacro-saint Règlement, je fais l'Université buissonnière pour déambuler en rêvant sur le mont Palatin, avec en poche les Mémoires d'outre-tombe... A l'aurore, les yeux fermés promptement par la laideur particulière de notre chapelle, un moine du Nouveau Monde, Thomas Merton, guide ma méditation : « L'art comme devant simplement reproduire quelque plaisir sensible, ou, au plus, provoquer une éphémère sensation de plaisir, est presque un blasphème ; l'art est une contemplation mettant en jeu les facultés les plus élevées de l'homme... »

Qu'est-ce que la contemplation ? Cette question, toute l'année, m'évacuera du champ politique et donc de l'histoire.

Certes je comprends peu à peu que la contemplation n'est pas une sorte de gloutonnerie intellectuelle et esthétique — d'une forme élevée, raffinée et même vertueuse d'égoïsme — ni une délectation sensible mais que l'expérience artistique est analogique à l'expérience mystique : elle produit une sorte de perception intuitive de la réalité par identification affective avec l'objet contemplé. Ainsi commence l'initiation au long et étroit chemin de la théorie de la connaissance vue par le thomisme. Avant que d'en arriver là, manquaient les outils philosophiques.

Cette rentrée romaine ne me permet ni d'entendre la voix de Mgr Duval, qui, trois ans avant le général de Gaulle (16 septembre 1959), se prononce en faveur de l'« autodétermination[49] » — il faut dire que peu de personnes ont pu connaître ce point de vue de l'archevêque d'Alger puisque eu égard à la situation d'extrême tension qui règne entre membres de la même communauté européenne, le document s'est présenté sous la forme d'une circulaire confidentielle au clergé —, ni le récit journalistique « objectif » de l'interception de l'avion de Ben Bella (22 octobre) parce que durant la retraite spirituelle qui introduit l'année, la lecture de la presse nous est vivement déconseillée. De toute manière, nous n'avons à notre disposition, pour les quelque quatre-vingts séminaristes non prêtres qui sont là, qu'un seul et unique exemplaire de *La Croix* à consulter sur place. Sevré de nouvelles de France et du monde, je tourne la difficulté en lisant à la dérobée *Il Messaggero,* le journal romain déposé à la poterie pour les bons pères directeurs au séminaire. C'est un événement sanglant, celui de l'insurrection hongroise (23-30 octobre) noyée dans le sang par Khrouchtchev, qui me conduit à cette transgression tant je suis outré que pas un mot du supé rieur ou des directeurs n'ait été prononcé publiquement à ce sujet.

Mais là, la précipitation des titres de journaux, lus en passant devant les kiosques, est telle que je me vois obligé de demander une restitution chronologique à un séminariste étudiant allemand dont nos contacts m'ont fait découvrir l'ouverture d'esprit international : à peine le « printemps de Prague » a-t-il fleuri que l'intérêt des gazettes est capté par la campagne militaire expresse menée par les Israéliens à travers le désert du Sinaï contre l'Égypte, suivie du 2 au 5 novembre par le débarquement des parachutistes français sur le canal de Suez. Je retiens surtout — avec ce brin de cocardisme titillé par l'entourage « étranger » — que les chars AMX français de l'armée israélienne ont fait merveille ! L'enjeu politique et les risques de l'opération m'échappent quelque peu... mais simultanément la répression s'abat sur la Hongrie (4 novembre).

Lettre de Philippe Laraison :

« Coëtquidan, 6 novembre. J'irai sûrement en Algérie l'année prochaine, mais ce n'est pas grave : nous sommes plus forts, mieux entraînés que ces bandits, et la situation sera meilleure. Ce qui est très grave, c'est ce qui s'est passé en Hongrie. Le peuple hongrois a été brave, magnifique, mais les Russes l'ont écrasé. Ce sacrifice n'est pas perdu : un jour, le monde communiste s'effondrera. C'est l'un des buts de ma vie que de lutter contre le communisme. »

Les paras de Massu qui sautent sur Port-Saïd partagent certainement l'esprit de croisade anticommuniste de mon jeune ami cyrard. Qu'espéraient donc les Français de cette « opération machiavélique » ?

Après l'échec de Suez, dû notamment aux pressions russes et américaines et à l'amollissement des Anglais, le coup au moral est rude pour les officiers engagés et leurs troupes. J'en ai l'écho de Coëtquidan :

« 8 novembre. J'ai l'impression de devenir cinglé, avec tous ces événements. Il fallait terminer l'affaire d'Égypte et renverser Nasser. Déjà les fellaghas, qui commençaient à se décourager, reprennent du poil de la bête. Leurs chefs vont leur représenter le cessez-le-feu comme une victoire de leur affreux patron. Je voudrais croire en quelque chose de positif, mais j'ai l'impression que tout ce qu'on fera dans l'armée sera sans espoir. »

Quant à la jeunesse choyée de Nantes, il m'en arrive des rumeurs par une « bafouille » de Philippe Sourdille, qui entame une carrière médicale laissant peu de place à quelque préoccupation que ce soit sur les affaires internationales ou africaines, même si la Route des Scouts de France devrait pouvoir continuer à jouer son rôle d'aiguillon :

« Nantes, lundi 19 novembre 1956. Je veux sortir dans les dix premiers et être externe à 19 ans. Je suis rentré à la Route qui, dirigée par Jacques Beaupère *, n'est plus un cul-de-sac. »

A lire ces lignes, peut-on se rappeler que de jeunes Français partent au-delà de la Méditerranée pour défendre une cause — laquelle ? — qui ne préoccupe en rien la moyenne des citoyens ?... Parmi les séminaristes plus âgés, nul n'y part et nul n'en revient, ce qui s'explique par le fait que la grande majorité des évêques de France n'envoient pas leurs sujets à Rome pour les premières années d'études mais seulement à partir de la deuxième année du second cycle, c'est-à-dire en théologie et que les supérieurs de séminaires ont pris la décision de faire en sorte que leurs élèves ne remplissent leurs obligations militaires qu'après une année de théologie accomplie.

En novembre 56 a lieu à Chantilly une rencontre des supérieurs de séminaires séculiers et réguliers et des aumôniers militaires, qui permet aux participants d'entendre notamment un rapport du RP d'Ouince, jésuite et théologien de son état, qu'il rédigea à la suite d'un séjour en Algérie, et celui de François de L'Espinay, délégué spécial de l'Aumônerie militaire en Algérie auprès des séminaristes-soldats, à partir de 1956.

Si l'Église enseignante parle solennellement par la voix de l'Assemblée des cardinaux et archevêques (ACA), pour les contingents des appelés, pour les officiers et sous-officiers, pour les séminaristes-soldats, cette voix est surtout répercutée par l'Aumônerie militaire : organisme à la fois d'Église et reconnu officiellement par l'État, cette structure ecclésiastique et militaire est le cadre canonique par lequel s'exprime particulièrement l'Église aux combattants. Ce « vicariat aux Armées », selon son appellation officielle, a pour mission de répondre aux questions des chrétiens engagés, de façon volontaire ou non, dans la lutte en Algérie et de leur assurer le soutien spirituel et moral nécessaire. Mgr Maurice Feltin, cardinal-archevêque de Paris, est le cardinal-vicaire aux Armées, secondé par le directeur de l'Aumônerie, Mgr Badré, et, en Algérie même, par les aumôniers-chefs, le père Vaugarni en 1956 auquel succédera, en 1958, le père François de L'Espinay.

Chaque mois, depuis cette année 1956, le père François de L'Espinay envoie sa lettre polycopiée dans laquelle il n'élude aucune des difficultés de ses correspondants, que ce soit au sujet des représailles, de la torture ou même d'événements politiques délicats.

* Jacques Beaupère, président de la Confédération des syndicats médicaux français.

Pour les sensibilités du cardinal-vicaire, de Mgr Badré et du père Vaugarni, les causes de la patrie et de la religion ne peuvent être dissociées, et le patriotisme est une vertu première qui ne doit point faire douter des objectifs légitimes de la « pacification ».

François de L'Espinay s'est vite acquis la confiance de séminaristes-soldats, religieux et prêtres appelés, séduits par la puissance d'un accueil aussi chaleureux que fraternel : des milliers de ces jeunes aspirants au service de Dieu vont rester marqués par son empreinte spirituelle.

A Chantilly, la parole est d'abord au père d'Ouince : « ... Ici l'armée joue un rôle de police, et la déontologie des CRS nous est beaucoup moins familière. Pendant leur service militaire en temps de paix, et *a fortiori* pendant une guerre comme celle de 1914 ou 1939, le Français moyen donnait volontiers congé à ses options politiques, sociales... Les valeurs pour lesquelles il luttait dans la vie civile et qui l'opposaient à d'autres Français ne lui semblaient pas mises en cause. Ici l'action militaire est telle qu'il est constamment amené à la juger, en se référant à son idéologie ou à sa foi... Les méfaits auxquels un soldat peut être entraîné en AFN sont plus graves que la beuverie, les conversations grossières ou la foire : pillage, brutalité dans les interrogatoires allant parfois jusqu'au sadisme... Pour des jeunes ayant vécu dans un milieu préservé, l'expérience du monde pécheur se fait dans des conditions brutales. »

Suivent quelques conseils : « Refuser de prendre part au pillage, d'exécuter des représailles injustes... Un refus nettement marqué, sans commentaire idéologique, est généralement efficace. Ne pas se donner bonne conscience en écrivant au séminaire, ou à son évêque, ni *a fortiori* à un journal pour dénoncer l'immoralité de la guerre, sans avoir eu le courage de faire les gestes de rupture nécessaires. » A quelques incitations à une charité concrète pratiquée dans les rapports quotidiens avec les populations musulmanes, à la collaboration avec les aumôniers et au devoir de discipline et de patriotisme (« donner l'exemple d'une obéissance exempte de paresse »), s'ajoute en conclusion la nécessité de « la docilité à l'Église hiérarchique » qui tente de répondre notamment à la question de savoir pourquoi les documents officiels publiés par le vicariat aux Armées ne font jamais référence aux positions claires de Mgr Duval : les documents de la hiérarchie « donnent les mêmes directives pratiques ; leurs considérants diffèrent, selon que leurs auteurs songent plus directement à l'avenir lointain de l'Église ou à l'urgence du maintien immédiat de l'ordre. Ces nuances sont légitimes. Elles montrent la complexité des problèmes : elles respectent la liberté des options dans les domaines où les opinions sont libres et affirment en même temps les exigences irréductibles de la conscience chrétienne[50] ».

La condition du séminariste 2e classe est dure : « ils ont du mal à vivre dans un milieu humain souvent médiocre, mais qui est cependant celui qu'ils auront à évangéliser. Leur vie de piété, difficile à maintenir, en souffre ; ils s'aigrissent et deviennent amers d'avoir à faire un travail humble, vulgaire, et rude physiquement. Ils souffrent d'être commandés par des hommes qu'ils estiment ne pas les valoir[51] ».

Où travaillent-ils, ces séminaristes-soldats ? La majorité est dispersée dans le bled, entre les postes et les villages où la vie est âpre : « le froid, la poussière, la chaleur, les problèmes de la guerre, les patrouilles, les opérations, l'isolement spirituel et la vie en commun sans possibilité d'être seul un moment ». Il s'agit bien de vaincre l'amertume et l'isolement. Le père de L'Espinay, dont la facilité de contact et la qualité spirituelle personnelle ont fait le symbole d'une Église de Foi et d'Espérance, ne peut guère être accusé de démagogie lorsqu'on lit dans son rapport : « Le séminariste est volontiers frondeur, volontiers " syndicaliste " et en révolte contre l'autorité. Il souhaiterait vivre dans un monde sans péché et sans problème. Son jugement est souvent troublé en face des événements et il en souffre profondément. Il faut noter comme un fait important que sa présence en Algérie est le drame de sa vie. Il ne peut rester insensible à ce qu'il voit et ce qu'il entend. Il se pose des questions, il est bouleversé par les horreurs, même inévitables, de la guerre — et à plus forte raison par les autres. Avec l'absolu qui le caractérise, il ne comprend pas que la " pacification " puisse s'accompagner de " répression "... C'est son " drame actuel ", il est d'ailleurs à son honneur — et il faut en tenir compte dans tout ce qui est fait pour lui. »

Parce que les aumôniers militaires sont peu nombreux et qu'ils sont sans cesse en déplacement, la direction de l'Aumônerie a spécialement chargé l'aumônier de L'Espinay de s'occuper exclusivement des séminaristes-soldats en Algérie, en organisant notamment à leur intention des récollections.

Une des conclusions de François de L'Espinay est que, pour mieux préparer au départ les séminaristes, « il est important de préciser les notions de patrie, de personne humaine, d'autorité, de légitimité du service militaire ».

Cette obligation du service armé pour tous les citoyens, je découvre, en discutant à l'Université grégorienne de Rome avec des Allemands, des Italiens, des Espagnols, des Latino-Américains ou des Américains, qu'aucun de leurs États n'impose cette obligation aux clercs, et leur surprise et leur incompréhension sont totales quand nous leur expliquons le devoir qui est le nôtre... surtout appliqué à une situation comme celle de la « guerre » d'Algérie qu'ils considèrent tous avec une suspicion qui nous irrite.

Mon sens de la patrie eût certainement été écorché si j'avais su, durant cette année 1956, jusqu'où certains chrétiens, certes généreux, avaient conduit leur appréciation personnelle de la solidarité universelle à des « excès de charité ». Ainsi, à Alger, une poignée d'Européens dits « libéraux », et la plupart d'inspiration chrétienne, ne réagissent pas comme l'ensemble des pieds-noirs à la situation coloniale. L'un d'entre eux, Jean Gonnet, ne parvenant pas à s'intégrer à la société européenne par des contacts professionnels ou sociaux ordinaires, prend langue avec un groupe de réflexion chrétien, Vie nouvelle, représenté par André Gallice et sa femme qui, dès la fin de l'année 1954, avaient commencé à agir auprès de Mgr Duval contre les tortures dont avaient été victimes des conseillers municipaux musulmans. Cette équipe était en lien avec une autre, « Pour la démocratie en Algérie » et avec le Comité d'action des universitaires libéraux où l'on retrouvait, outre le professeur Mandouze, MM. Malan, Masson et Ageron et le docteur Chaulet.

Au premier semestre de 1956, de cette rencontre de gens de bonne volonté apparemment dispersés dans de multiples organismes jaillissent l'idée et la réalisation d'un journal, *L'Espoir,* dont Jean Gonnet est nommé directeur. Son comité de rédaction comprend des Européens et des Algériens musulmans, dont Mouloud Mammeri, l'écrivain qui sera contraint à l'exil, ou Maurice Perrin qui sera assassiné par l'OAS. En juin 1956 sort le premier numéro de l'Imprimerie générale, à Bab El Oued, laquelle subit un attentat à l'explosif le 9 novembre 1956. Au départ, le journal, s'il n'est pas hostile aux buts définis par la politique de Guy Mollet, suspecte fortement les moyens employés par la « pacification » et les compromissions de Lacoste avec les milieux du gros colonat ainsi qu'avec les ultras de tous bords. Saisi dès son numéro 11 du 24 novembre 1956, *L'Espoir* non seulement ne réussit pas à amorcer le dialogue avec Lacoste, mais subit la persécution dans la personne de son directeur convoqué pour interrogatoires à la DST, perquisitionné, mis sur tables d'écoute, poussé à la clandestinité : « Nous étions traqués comme des malfaiteurs. »

A Alger, *L'Espoir* ou *Consciences maghrébines* de Mandouze sont très minoritaires par le tirage. A Paris, les organes de presse qui tentent de réconcilier la morale et la politique sont minoritaires — *Esprit, France Observateur, Témoignage chrétien, Le Canard enchaîné, L'Express.*

Mais en novembre 1956, le professeur Mandouze est arrêté « pour complicité avec le FLN » et inculpé de « tentative de démoralisation de l'armée et de la nation », ce qui provoque une levée de boucliers d'intellectuels dont François Mauriac, auxquels *Le Monde* va faire écho, notamment par une tribune de Georges Suffert, le 5 décembre. Mandouze est libéré après cinq semaines de détention.

Quoique particulièrement sensibilisé aux informations venant de Paris, comme toute la presse nationale italienne, *Il Messaggero* ne laisse pas de traces de ces soubresauts ; comme je ne lis plus *France-Observateur,* ni *L'Express,* ni *Le Monde* — réservé à la salle des prêtres et interdit de lecture aux séminaristes —, je ne sais rien de tout cela et j'avoue m'en accommoder, avec la bénédiction morale de mon directeur spirituel qui, bien que d'apparence libérale, m'instruit que le souci politique ne fait pas partie de mon « devoir de séminariste ».

Ce premier Noël romain m'apparaît comme spécifiquement sinistre.

Sans que l'Algérie ne soit pour rien dans cette impression dérisoire.

Rome

1957

Le 7 janvier 1957, à Alger, le général Massu, commandant la 10ᵉ division parachutiste, inscrit sur son agenda : « Fête de sainte Mélanie : priez pour le nouveau commandant militaire du département d'Alger. » Cet après-midi-là, le ministre-résident, Robert Lacoste, lui a dit : « Massu, je vais vous confier l'ordre dans ce département. Vous aurez tous les pouvoirs. Avec votre division, vous allez reprendre tout en main. » En plus des 4600 hommes de sa division, il va disposer des 1500 fonctionnaires du corps urbain et d'un appoint de gendarmes mobiles. Je découvre cette nouvelle à la une du *Messaggero* en allant, comme chaque matin, à l'Université grégorienne. Massu, depuis Suez n'est pas un nom étranger... Alger, Alger-la-Blanche, sa grande baie... toutes ces images nous sont familières depuis les actualités de cinéma ou les photos de *Paris Match*. Sur les bancs de l'amphi de la fac, je n'écoute pas le cours de métaphysique : Alger... je pressens bien, pour la première fois, qu'un jour je découvrirai la capitale algérienne. Vues par la presse romaine, les informations sont alarmistes. L'année commence mal en Algérie ? Non, ai-je envie de lui répondre : le FLN avait décrété la grève générale pour la population musulmane et voici la riposte ! Les noms que le journal romain ne donne pas sont ceux des quatre colonels qui se répartissent le travail sur Alger : Jeanpierre, Meyer, Fossey-François et... Bigeard.

Le 6 janvier, Philippe Laraison écrit depuis l'école de Saint-Cyr-Coëtquidan : « ... J'ai hâte d'avoir une section et de partir pour l'Afrique du Nord... Peut-être un bon baroud referait-il de moi un pur ? »

A mon tour de me refaire une « pureté ». Un prêtre-étudiant au Séminaire français — selon le règlement les prêtres-étudiants ne doivent pas fréquenter les séminaristes ! — m'avertit gentiment que mes escapades d'Université-buissonnière risquent de me valoir des ennuis de la part du supérieur, d'une part parce que, toujours selon le règlement, l'assiduité aux cours de l'Université est obligatoire et que, d'autre part, il est rigoureusement prohibé pour un séminariste de se promener seul en ville. En outre, il a été remarqué que je manifestais trop d'intérêt pour les événements politiques en lisant clandestinement le *Messaggero* du portier ou même *Le Monde* à la salle des prêtres !...

Reprise en main par autodiscipline et volontarisme sont soudain au rendez-vous spirituel de janvier.

C'est pendant ce premier trimestre de l'année que nous voyons se dérouler un ballet épiscopal : de nombreux évêques de France, en visite *ad limina,* descendent au Séminaire français et sont invités par notre supérieur à prononcer quelque conférence devant nous. Ainsi, Mgr Blanchet, recteur de l'Institut catholique de Paris, s'exprime, le 21 janvier sur la mentalité de la jeunesse actuelle. Il ressort de ses propos que, depuis deux ans, après un certain dédain de la vie publique, il y a reviviscence de l'intérêt pour la vie civique, avec même une marque d'enthousiasme, au moins verbale, pour l' « engagement », qui se traduit pour l'instant par beaucoup d'hésitations, tant la pénurie de « grands maîtres » révèle l'absence de vrais leaders... « On a pu croire un moment à Sartre mais il disparaît déjà à l'horizon... Quant à Malraux, désespéré et courageux, s'il a pu mordre quelque temps, ses attirances pour la psychologie de l'Art paraissent plus relever du refuge ou du substitut de religion que d'un appel réel au Sens : peut-on inviter des jeunes à la recherche de l'éternité dans le seul éclat de lumière d'un pot d'étain peint par Chardin ?... »

« Oui, cette jeunesse est pleine de bravoure, comme en témoigne son départ en Algérie et sa conduite là-bas », s'exclame l'orateur, mais « ils peuvent et veulent bien se battre pour la France, non pour des intérêts particuliers ! » Tiens ! quel développement va suivre ?... Aucun, le prélat poursuit : « Pas de conformisme, rien qui ne soit reçu sans justification. Faire le contraire de " ce qui se fait ", sans voir plus loin, sans examiner si ce qui se faisait n'a quand même pas quelque valeur. Cette jeunesse n'aime pas les règles de morale ! » Je prends des notes : « Ce qu'elle veut : la sincérité. Maintenir à tout prix, aux heures troubles, ce qui a été très réfléchi et décidé aux heures claires. Elle aime l'authentique, le " pur " : termes équivoques !... Tendances chez certains à une complaisance dans une forme d'inquiétude, tout en manifestant une apparente indifférence au contenu des valeurs. Tant de choses sont remises en question que l'absence de repères conduit au trouble général et à chercher refuge dans une seule valeur : la sincérité de l'Homme qui pense, quoi qu'il pense... Indifférence au contenu des idées et même des actes : du moment que le motif est haut, tout est permis. L'acte n'a pas de valeur en soi. Par exemple, une jeune fille qui s'est donnée à celui qu'elle croit aimer, s'écrie : " Je ne me sens pas moins pure qu'avant ! " Et si le garçon la lâche ? " Ça le regarde ! "... La jeunesse exige le témoignage, c'est-à-dire l'accord de la pensée et de la vie en actes. »

Conclusion : « Il y a, chez les jeunes, comme toujours dans les temps difficiles, un héroïsme latent. »

Tout cela me laisse sur ma faim. Je pense à nouveau aux rumeurs parisiennes sur les « exactions » de l'armée française en Algérie, que j'imputais aux calomnies des campagnes d'intoxication communiste, et une inquiétude m'envahit : si les jeunes paras de Massu n'ont pas plus de structures morales que les jeunes étudiants parisiens dans leur vie sexuelle, toutes les surprises sont permises. Je me rassure en évoquant la solidité morale *a priori* incontestable de leurs officiers.

Cela me fait souvenir d'une précédente conférence épiscopale, laquelle, cette fois, fit clairement allusion à la situation algérienne : le 20 novembre 1956, Mgr Marcel Lefebvre, archevêque de Dakar, de la Congrégation des pères du Saint-Esprit *, nous a longuement expliqué que l'Islam n'était pas un rempart contre le communisme mais qu'il en était plutôt le canal : « Nous assistons en ce moment à une déréligiosité de l'Islam au profit de sa politisation... Même processus en Inde, en Chine, en Birmanie, etc. Les vieilles religions meurent et viendra un temps où seuls s'affronteront le marxisme et le christianisme. C'est un grand espoir pour les chrétiens ! » En clair, par rapport à la guerre d'Algérie, cela signifiait que nous nous battions là-bas contre le communisme. Ce qui me convainc.

Le 8 février suivant, Mgr Marc Lallier, qui vient d'être nommé archevêque de Marseille, après nous avoir entretenus longuement du travail de la Mission ouvrière et de l'ACO (Action catholique ouvrière), n'a pas un mot, pas même un propos allusif à la guerre d'Algérie, alors que la dernière moitié de sa conférence est consacrée aux difficultés de la fidélité des jeunes prêtres. Pendant ce temps-là, un aumônier militaire d'un régiment parachutiste sous les ordres de Massu, revient de permission et, à la demande d'un jeune officier appelé, rédige un document au sujet de l'usage de la torture détective. Nous n'en entendrons pas parler avant plusieurs mois...

A quoi pensait le général Massu quand il reçut une délégation de pouvoirs des mains du préfet Baret, le 7 janvier ? « ... L'armée estimait pouvoir faire une démonstration de pacification dans la

* Congrégation missionnaire fondée en 1703 par le père Claude-François Pouillard des Places.

tradition de ses grands anciens, les Foucauld, les Gallieni, les Lyautey, en adaptant son action aux aspects de la guerre révolutionnaire qui lui était imposée et en poursuivant l'objectif qu'elle définissait par le terme Eurafrique[52]. » S'il peut paraître singulier que ce soit l'armée qui semble se définir à elle-même une mission d'ordre politique, il faut souligner que pour le bouillant parachutiste « l'inconsistance de la IVe République nous porte à croire que l'armée est l'ultime rempart de l'honneur du pays[53] ».

Si, selon les dires de l'ordonnateur général de cette bataille, les contacts avec les polices, la liaison avec la gendarmerie ne posent aucun problème à celui qui réalise ainsi la mise en commun et la synthèse de tous les fichiers et de tous les renseignements, qu'ils soient de la DST, de la PJ, de la Sûreté urbaine ou de la Sécurité militaire, et si tout cela se met en ordre avec le total appui que lui accordent les autorités administratives, et même de telle façon que bon nombre de fonctionnaires de police vont adopter la fameuse tenue camouflée des paras pour se mêler aux équipes d'interrogatoire, un homme, un haut fonctionnaire va dresser sa stature morale, le secrétaire général de la police à Alger, Paul Teitgen.

Les deux hommes s'opposent. Plus tard, le général accusera le second de « n'avoir jamais fait réellement son métier d'animateur de la police », s'érigeant notamment « en censeur de l'armée[54] ». Le second imputera au para la disparition de trois mille vingt-quatre personnes parmi celles arrêtées par ses services. « ... Puissant personnage du régime d'alors par ses attaches familiales dans les conseils du gouvernement et les avenues du pouvoir, Teitgen s'estimait intouchable, d'autant plus qu'il avait été déporté. Il faisait étalage d' " idées libérales ", et prenait parti en toutes affaires qui alimentaient les campagnes de presse et de désunion... Ses actions d'éclat verbales ont pu impressionner les uns ou les autres. Elles ont laissé indifférent Serge Baret, mon patron civil et le sien[55]... » De même, Massu reprochera avec véhémence au commissaire divisionnaire Gille, qui avait partagé les souffrances de la déportation avec le colonel Jeanpierre, d'avoir cherché à ébranler le moral de ce dernier par le souvenir des atrocités commises par les nazis. Massu reste inflexible, et celui parmi ses quatre colonels qui souffre le moins d'état d'âme est Bigeard qui a rapporté tout droit d'Indochine des méthodes très directes pour faire « cracher » les prisonniers.

Au début du mois de février, à Alger, le conseiller municipal pied-noir, André Gallice, est arrêté par les parachutistes. C'est lui qui, deux ans plus tôt, avec Paul Houdart, avait alerté Mgr Duval sur les premiers sévices dont avaient été victimes des conseillers municipaux musulmans. Pourquoi cette arrestation ? Gallice est-il devenu « suspect » ?

« En 1956, sur la demande du père Scotto, curé de Hussein-Dey, je reçois la visite de Ben Khedda * qui cherche à se cacher. Je l'héberge, avec conscience des risques pris. D'ailleurs, je suis allé en parler à Paul Houdart qui était le seul à le savoir. Scotto m'avait demandé cela pour avoir un contact personnel avec le FLN... Il resta chez moi de février à juillet 1956. Je précise qu'à l'époque il suivait les cours à la faculté et qu'il n'était pas recherché par la police[56]. En juin, il a passé son dernier examen de pharmacie et, avec lui, je suis allé faire une démarche pour une demande d'ouverture d'officine à Diar El Massoul. Ben Khedda avait été arrêté au moment du 1er novembre 1954 et sortait de prison. Il n'y avait ni mandat d'arrêt, ni même demande d'information contre lui. Quand moi-même je suis arrêté, en 1957, c'est un mandat d'arrêt antidaté qui a été rédigé contre lui, ce qui " justifiait ", si l'on peut dire, ma propre arrestation. »

En fait, Ben Khedda est membre du Front depuis le printemps 1956 : il est chargé de trouver de l'aide en milieu européen pour procurer des refuges, former des groupes médicaux, créer un collectif d'avocats destiné à défendre les membres du Front qui passent en jugement. Il s'occupe aussi de la supervision des collectes de vêtements, de médicaments, d'armes et de fonds sur Alger. Abbane assume la direction politique d'Alger et Ben Khedda, en avril, est chargé d'une mission importante et délicate : régler le problème de la participation communiste à la révolution. André Gallice a déjà hébergé, l'été précédent, des membres du FLN, de même que son père en a fait autant à El Biar, juste avant le 1er novembre 1954. Dans ce genre de « soutien », il y a plus que des nuances parmi les Européens « libéraux ». A ce sujet, Paul Houdart précise sa propre position.

« Personnellement, je fais une distinction importante entre quelqu'un qui cherche à se faire héberger parce qu'il craint qu'on lui fasse des misères, et quelqu'un qui se fait héberger parce que, ayant un rôle important dans une organisation subversive il veut se mettre à l'abri. Ma position politique, à ce moment-là, est la suivante : on va vers une reconnaissance complète des droits des Algériens mais sans préjuger de la forme que cela prendra. C'est vrai, oui, que, déjà en 1956, nous

* Ben Youssef ben Khedda fait partie des 17 membres titulaires du Conseil national de la révolution algérienne (CNRA) dans les extraits du procès-verbal du Congrès de la Soummam (20 août 1956). Avant 1954, il a milité au sein de l'AJA (Association de la jeunesse algérienne) ainsi qu'à *Consciences maghrébines,* la revue de André Mandouze.

évoquons l'indépendance de l'Algérie... mais j'ai deux motivations dans mon engagement : c'est l'honneur de Dieu et c'est l'honneur de la France ! Cela dit, il y a une différence entre Gallice et moi : moi, je ne suis pas d'accord pour héberger un homme sachant qu'il est un militant engagé du FLN. Mon raisonnement est le suivant : ils nous font la guerre, ils ont raison de la faire mais je ne peux pas faire un geste qui puisse avoir des conséquences pour tuer des gens de ma communauté. Je dois me battre dans ma communauté pour défendre les droits et la dignité des Algériens, mais je ne peux pas porter une aide à l'autre communauté pour soutenir son combat violent. Je ne suis pas un " porteur de valises " ! »

André Gallice : « Tout à fait d'accord sur la différence de nos engagements réciproques. Je voudrais seulement ajouter une chose : dans le cas de Ben Khedda, je le connais depuis longtemps, depuis les scouts. Il y a des liens anciens entre nous. D'autre part, il y a la torture que nous voulons lui faire éviter. Enfin, il y a une différence essentielle entre Houdart et moi : c'est que moi, je me sens algérien ! »

Paul Houdart : « Tout à fait exact : moi, je me sens ami des Algériens, et non pas algérien. Et toi, tu te sens d'une double appartenance. »

André Gallice : « Nous hébergeons Ben Khedda parce que le risque couru par notre hôte est celui de la torture et que c'est insupportable ! »

Arrêté donc pendant la bataille d'Alger, Gallice devient témoin direct de la torture : « Au premier étage de notre immeuble, nous avons une amie qui avait vu Ben Khedda monter chez nous. Elle savait qui c'était. Nous, nous savions qu'il avait de grandes responsabilités mais nous ne savions pas qu'il était " le grand chef ". Cette voisine, amie, est arrêtée et torturée. Sous la torture, elle s'est dit que, plutôt que de lâcher des noms d'amis algériens, il valait mieux donner mon nom, parce que, moi, selon elle, je pourrais toujours m'en tirer. Voilà pourquoi je suis arrêté et interné à la villa Sesini. Là, j'ai senti visiblement que ma présence encombrait les parachutistes, parce que je suis conseiller municipal. On me parque non pas dans une cellule, mais dans le jardin, de 5 heures du matin jusqu'à 11 heures, en fin de matinée. A ce moment-là, on me fait rentrer dans un bureau vide où il y a l'organigramme du FLN affiché sur le mur : deux pyramides, dont l'une avait pour tête Ben Khedda, et l'autre, moi ! Je suis censé coiffer toute la liste d'appui au FLN, mais je ne connais personne dans cette liste. On m'enferme dans une cellule avec huit ou neuf autres détenus, parmi lesquels un garçon pendu par le cou de telle sorte qu'il subit un supplice permanent. Je suis le seul Européen parmi des Algériens musulmans. Je suis resté là deux jours, sans être interrogé. Le deuxième soir, les paras ont embarqué la moitié des prisonniers pour une destination inconnue. Deux fois, on nous a fait sortir pour comparaître devant des délateurs coiffés d'une cagoule. Le troisième jour, à 10 heures du matin, on est venu me chercher pour m'interroger. De 10 heures du matin à 4 heures du matin le lendemain, je subis un interrogatoire mené par le capitaine Faulque. Cet interrogatoire m'a laissé l'impression d'avoir affaire à des gens qui ne savent pas conduire des interrogatoires.

» Personnellement, je ne suis ni malmené ni brutalisé... mais ils ne recoupent même pas les renseignements. Le lendemain de ce premier interrogatoire, il m'est demandé de signer mon procès-verbal : ce qui était écrit n'avait plus rien de commun avec mes déclarations... soudain j'étais censé avoir transporté des fonds, fabriqué de fausses cartes d'identité, etc. Ayant refusé de signer ce document en l'état, Faulque me demande de le corriger, ce que je fais. Mais ils envoient au service de presse de Massu l'original non rectifié, ce qui permet à la presse de publier des informations tout à fait mensongères. Au milieu de mon interrogatoire, on me bande les yeux et je suis embarqué dans un véhicule. J'avais donné trois noms de personnes qui connaissaient Ben Khedda et ce sont ces trois-là — M. Touilleu, professeur, ami de André Mandouze, M. Le Senne et M. Cyrille Gallice — que nous sommes allés cueillir en pleine nuit. J'avais lâché ces trois noms, assez inconscient des conséquences que cela pourrait avoir... Nous sommes revenus à la villa Sesini avec ces trois prisonniers supplémentaires. La plupart des détenus de la villa étaient torturés.

» La femme de Ben Khedda, qui était avec nous, m'en a donné le témoignage formel, en son nom propre, puisqu'elle avait été victime des tortionnaires, et au nom de ses compagnes et compagnons d'incarcération.

» Dans les cellules voisines de la mienne, j'ai vu mourir trois ou quatre victimes des sévices. Les paras m'obligeaient à faire des corvées, ce qui me permettait de passer dans d'autres cellules : ils me tapaient dessus. Personnellement, je n'ai pas été torturé — ni Touilleu, ni Le Senne —, probablement eu égard à ma qualité de conseiller municipal, mais d'autres Européens l'ont été, tels les Gautron ou Nelly Forget. Touilleu et Le Senne ont sans doute été épargnés parce que les paras pensaient être au bout de la piste.

» Au bout d'un mois de détention illégale à la villa Sesini, j'ai été présenté au juge d'instruction pour une inculpation : je rentre dans la légalité et dans la prison Barberousse d'Alger.

» Apparemment, le système de recherche du renseignement n'était pas très centralisé parce que, pendant que j'étais aux mains des bérets verts, les bérets rouges sont venus me chercher à la maison, ignorant que j'étais déjà arrêté. A propos de l'accusation qui nous est faite d'être “ traître à la patrie ”, voici une anecdote qui montre qu'une solidarité prise dans un sens n'exclut pas nécessairement l'autre, celle que l'on doit à sa propre communauté :

» La première nuit à Barberousse, nous l'avons passée dans une grande chambrée avec une quarantaine de détenus algériens — quatre Européens mêlés aux Musulmans — et dans la nuit, il y a eu des exécutions, ce qui nous était révélé par les cris, les chants, les incantations de la prison entière. Or, au matin, lorsqu'un des gardiens vint apporter le café, mon voisin m'indiqua d'un geste qu'on faisait la grève de la faim. Je suis alors allé voir le chef de chambrée et lui ai dit : “ Vous faites la grève de la faim parce que vous pensez que ce qui s'est passé cette nuit est une injustice : pour vous, on a exécuté des patriotes ! Cela je le comprends et j'approuve, mais je vous demande de faire la grève de la faim à chaque fois qu'un enfant européen de moins de huit ans sera tué dans un attentat ! ”

» Sur les quatre Européens dans la prison, deux sont membres du FLN, mais ceux-là ne font pas partie des “ libéraux ” qui les désapprouvent. Parmi les prisonniers de la villa Sesini, il y a le pasteur Causse. »

A l'Université romaine, les étudiants des USA nous regardent de travers et m'irritent parce que leur silence, qui se veut une leçon d'anticolonialisme, relève de l'hypocrisie et de la contrevérité historique. Les Latino-Américains ne s'étonnent pas outre mesure, tant ils sont habitués à des régimes politiques militaires qui ne badinent pas sur la moralité des méthodes. Les Italiens, encore vaccinés par le fascisme mussolinien, s'inquiètent... Les Allemands se taisent avec gravité, sachant qu'ils n'ont à faire la morale à personne et quant aux Espagnols, leur discrétion relève et de leur état minoritaire en Europe et, pour la plupart, de leur rage contre le franquisme que la dignité interdit d'exprimer à l'étranger.

Pour Alger, l'épouse d'André Gallice témoigne : « Dans l'opinion publique algéroise comme dans les églises, on continue à affirmer que la torture n'existe pas ! Et pourtant, comme femme de prisonnier, je ne suis pas rejetée ni méprisée. Ainsi, à une réunion de parents d'élèves, la directrice de l'école est venue m'accueillir pour m'inviter à m'asseoir au premier rang. Il y a quand même quelques Français qui n'ont pas honte de nous. Toutefois, à Hussein-Dey, dans la paroisse de Scotto, un de ses vicaires ayant dénoncé la torture du haut de la chaire, aussitôt l'église s'est vidée. »

Dans le bled, sur les pitons comme dans les douars sous surveillance de l'armée française, la rumeur de l' « efficacité » des méthodes à la Massu se répand, donnant bonne conscience aux uns qui n'avaient pas attendu, laissant perplexes la plupart et provoquant d'énergiques réactions d'opposition dans quelques cas. Ainsi, dans l'atlas blidéen, dans le secteur confié au jeune général Pâris de Bollardière, arrivé déjà depuis juillet 1956, et qui, aidé par le colonel Barberot et un jeune lieutenant appelé Jean-Jacques Servan-Schreiber, a formé les commandos « noirs » nomades et conduit une intelligente et morale pacification qui lui vaut les éloges d'un rapport rédigé par M. Mairey, directeur général de la Sûreté nationale, et envoyé à Guy Mollet[57].

Mais ce printemps de l'explosion des consciences morales humanistes, et le plus souvent chrétiennes, commence dès le 15 février avec la publication par un cahier spécial de *Témoignage chrétien* du redoutable « Dossier Jean Muller », un ancien routier de la Route des Scouts de France, tué au combat. Si je m'efforce de ne plus lire la presse au séminaire, l'écho de cette affaire m'arrive tout de suite aux oreilles et, dès la fin du mois, je déchiffre ce texte impitoyable, atterré et tout aux remugles des souvenirs de la Route de Nantes.

Qui est Jean Muller ? Un membre de l'équipe nationale Route, rentré au QG des Scouts de France en 1955, chef routier originaire de Metz, « beaucoup plus engagé politiquement que la plupart des autres responsables scouts et affichant volontiers une grande solidarité à l'égard de la classe ouvrière dont il n'était pourtant pas issu[58] ». Chez Rigal, commissaire général, il y a un refus de la politisation dès le départ, parce qu'elle est source de divisions, tandis que chez Rendu, commissaire national de la branche Route, il y a une « logique de l'engagement politique du chef scout, mais à des conditions telles (dichotomie totale entre l'homme engagé politiquement et l'homme chef scout, même aux yeux de l'opinion publique locale), qu'elles sont concrètement irréalistes et irréalisables[59] »...

Les *Cahiers du Témoignage chrétien,* n° 38, publient sur une vingtaine de pages des lettres de Jean Muller « rappelé » en Algérie en 1956 et tué dans une embuscade en octobre de la même année. L'ancien membre de l'équipe nationale « avait écrit à sa famille des lettres par lesquelles il témoignait de la pauvreté et de la misère des Algériens, de certaines réalités du fait colonial et des méthodes de " pacification ", appliquées par certains éléments de l'armée française (interrogatoires de suspects sous la torture, femmes brutalisées, villages incendiés, etc.) ainsi que de l'influence néfaste que cette guerre pouvait avoir sur les jeunes du contingent[60] ».

Sur le moment, cette publication passe relativement inaperçue, mais circule silencieusement entre les mains des séminaristes, futurs appelés ou appelés, des directeurs de séminaires, voire des évêques. Elle parvient même jusqu'au Séminaire pontifical français de Rome. Dans le liminaire, signé « Témoignage chrétien », on peut lire : « Ce document est le témoignage le plus bouleversant qui nous soit parvenu sur la guerre d'Algérie. Il n'est en aucune façon une prise de position politique : tout simplement la démarche intérieure d'un homme jeté dans l'univers de la violence et qui tente de garder cette violence dans des limites raisonnables, si ce mot peut avoir un sens. La gravité des faits qu'il rapporte est évidente. Pas plus qu'un autre, le témoignage de Muller n'était infaillible. Son frère a donc poussé l'enquête et s'est adressé aux compagnons de Jean Muller. Quatorze d'entre eux sont prêts à témoigner en justice de l'absolue véracité des faits rapportés dans ce document. »

Évidemment, en lisant qu'il n'y a « en aucune façon une prise de position politique » je hurle intérieurement à l'imposture, et si la fin du texte me rassérène par son argument éthique, c'est aussitôt pour m'écarteler :

« Il y a une espèce d'impératif moral à parler ; on nous accusera une fois de plus de nous désolidariser du drame national ; pas plus qu'hier cette accusation n'a de fondement. Devant des faits d'une telle gravité, dire la vérité c'est rester fidèle à l'honneur du pays. Si nous avions refusé de publier le témoignage de notre ami, nous aurions tout simplement manqué à notre devoir. »

Qui croire ? Le témoignage peu suspect d'un frère dans le scoutisme ou bien la longue tradition d'honneur des officiers ? Y a-t-il bien devoir moral à « parler » ? Est-ce donc la seule façon d'agir et surtout ne risque-t-elle pas d'être manipulée politiquement, y compris et principalement par nos ennemis ? Mon retrait « spirituel » hors du circuit des informations en est passablement troublé...

Que s'est-il exactement passé à Alger depuis ce 7 janvier où Massu a reçu les pleins pouvoirs ? Au 1er REP, le capitaine Pierre Sergent raconte qu'on râle sec mais qu'on obéit, comme toujours à la Légion : « Les soldats-policiers d'Alger : les légionnaires n'avaient jamais aimé ce travail-là. Les officiers non plus. Du boulot de flic. Et du boulot qu'il fallait faire à la place des flics parce qu'ils n'en étaient pas capables ou n'en avaient pas reçu l'ordre ! Encore pire que cette lamentable expédition de Suez[61] ! »

Les camions des légionnaires du 1er REP quittent Zeralda dans la nuit du 14 au 15 janvier ; le 26 janvier, trois attentats FLN détruisent des cafés fréquentés par de jeunes étudiants, des femmes et des enfants : c'est la « boucherie » de « L'Otomatic », de « La Cafétéria » et du « Coq hardi ». La 10e DP reçoit ce coup comme un défi du FLN. Il faut gagner et vite. Elle brise la grève générale proclamée par la sédition, mais le 10 février deux bombes explosent dans les stades. L'horreur !

Au 1er REP, le patron c'est Jeanpierre : son père est mort à la guerre de 14, il a été élevé dans un milieu modeste où la photo du papa trônait sur la cheminée et il est rentré comme sous-off à la Légion. Là, fait rarissime à la Légion, le jeune sous-officier devient lieutenant juste avant 1940 : c'est une personnalité exceptionnelle. Il participe aux combats de Syrie mais du côté de Vichy. En 1942, de retour en France quand les Allemands occupent la « zone libre », il rentre dans la Résistance dans un mouvement appelé « Ceux de la Résistance » sous le nom de Jardin. Arrêté, il est déporté à Mathausen. Depuis ce lieutenant prestigieux ne parlera *jamais* de sa déportation ; même dans un rapport écrit qui lui est demandé sur ses activités dans la Résistance, au moment narré de son arrestation, il écrit : « La suite n'offre pas d'intérêt. » La seule chose à ce sujet que ses proches lui entendront dire, c'est : « Ceux qui en reviennent restent différents... » Ou bien : « On n'en revient pas intact... » Quand il a des anciens déportés sous ses ordres, tels Jacques Morin ou Élie de Saint-Marc, il leur dit : S'il y a quelque mérite à avoir fait de la Résistance, il n'y en a aucun à s'être fait " coxé " pour être envoyé pourrir dans un camp de déportation. Ne vous en glorifiez jamais ! » Cette blessure personnelle semble masquée par une terrible dureté jusqu'à en devenir une « bête » de travail, levé le premier, exigeant à l'excès, bardé, sans une minute d'abandon, ni amical ni familial[62].

Il fonde les paras de la Légion, et survivant de Cao Bang en Indochine, c'est un guerrier d'exception mais ne manifestant aucune sensibilité. Perfectionniste, il s'entoure à Alger de commandants remarquables : Morin, Estoup, Faulque et Lemaire.

Estoup témoignera au procès de Godot (août 1962), par des propos qui témoignent clairement de ses engagements.

Faulque, quant à lui, dirige la Compagnie du 1er REP qui va se spécialiser dans les interrogatoires. Issu d'une famille nombreuse paysanne du Sud-Ouest, il rentre dans la Résistance en montant un maquis local, celui de Pommies, et à la Libération s'engage chez les paras : c'est une « bête » de guerre, un fonceur... à Cao Bang, haché par la mitraille viet, laissé pour mort, il rampe agonisant et s'en tire... il se casse une jambe mais continue à sauter en parachute sur une seule guibolle... Les chevilles plâtrées, il joue au ping-pong en guise de thérapie. Il jouit d'une vitalité physique inouïe, mais c'est un homme sans culture, fasciné par l'efficacité des Viets dont il va faire sa devise, sans l'argumentation à prétention idéologique que vont en tirer un Argoud ou un Garde. « Il faut gagner ! Peu importent les moyens ! » Tel est son refrain. Épris d'égalitarisme, son discours simple participe d'une sorte de communisme national qui veut lutter contre le capitalisme. Il fait partie d'une sorte de club des réprouvés qui communient tous à un sentiment exaspéré d'égalité... Il ne faut pas s'y tromper : ce ne sont pas des militaires à la recherche du parti de l'ordre. Dans ce sens-là, même si leur comportement pouvait le laisser croire, ils ne sont pas fascistes.

Ensemble à Suez, ensemble depuis 1945-1946, ils forment, tous ces officiers de Légion, comme un mini-État dans l'État de l'armée. Officiers, sous-officiers, ensemble, ils ont connu Cao Bang, Diên Biên Phu avec ses 6000 déserteurs dont personne ne parlera jamais, les camps vietminh...

Le 1er REP, dans ses débuts opérationnels citadins, se voit confier, non pas ce fief du FLN qu'est la Casbah, mais cette partie d'Alger qui s'étend du square Bresson jusqu'aux limites de Hussein-Dey, faubourg situé sur la route moutonnière, à l'extrémité de la ville, comprenant donc les Tagarins, la Redoute, Belcourt, le Clos Salembier et le Ruisseau, quartiers presque tous peuplés d'Européens. Le régiment est une machine hyper-sophistiquée, bien huilée, mais, pendant les premières semaines, il tâtonne, il quadrille... Il y a bien quelques brutalités ici ou là, mais la torture détective n'existe pas encore.

Dans le cadre des réunions régulières chez Massu, arrive un soir où Bigeard jette sur la table des « résultats » étonnants. « Du renseignement ! Comment as-tu obtenu cela ? — Oh ! c'est simple : un peu de gégène... scientifique ! » Jeanpierre rentre de cette rencontre bien décidé à employer les mêmes méthodes, et, pour s'en convaincre, il assiste à une séance d'interrogatoire électrique menée par la 2e Cie, celle de Faulque : « Pendant toute la nuit, il vint au stade assister aux interrogatoires... Il tenait à se rendre compte par lui-même des méthodes employées et de leur efficacité. Le lendemain, au briefing du matin, il rendit son verdict : “ Je vous donne mon accord. Je vous couvre. Continuez. Si quelques-uns d'entre vous ont des scrupules, qu'ils sachent seulement deux choses : primo, que je ne leur en voudrai pas ; secundo, que leur attitude ne nuira pas à la suite de leur carrière. ” L'aval du déporté Jeanpierre était déterminant pour le régiment[63]. »

Tous restent, par solidarité : la Légion, c'est un tout, c'est un bloc.

Pour les légionnaires, la fidélité à leur patrie-Légion prime sur la fidélité à la République et sur toutes les valeurs, même morales et spirituelles. C'est une sorte de franc-maçonnerie — dans le meilleur sens de ce terme — militaire. En fait, coupés de la France réelle depuis des décennies, ils ne connaissent rien directement de leur vraie patrie. Partir, ce serait se désolidariser : c'est inconcevable ! A la bataille d'Alger, comme plus tard au moment du putsch d'avril, sur les six commandants de compagnies, trois sont contre mais restent.

Vis-à-vis des méthodes Jeanpierre, le plus réticent de tous, c'est Morin. Il ne dit rien. Toutefois il consulte Jeanpierre et Faulque qui lui répondent que ce n'est pas son « job ». Silence encore de solidarité. Il est chrétien… il sait… mais la Légion alors c'est plus fort que son honneur de chrétien, surtout que, si on est attaqué, on fait encore plus bloc. L'agression contre la minorité ressoude plus encore celle-ci.

Tout opposé qu'il soit, Morin se refuse à prendre une position publique qui déshonorerait ses camarades. Comme le dit le jeune historien, Laurent Beccaria : « Il faut s'appeler Bollardière ou Dabezies, être des canards de la couvée pour avoir la puissance de personnalité assez forte pour savoir s'opposer[64]. »

Estoup aussi est contre les interrogatoires à la Bigeard. Il se tait.

Faulque y va à fond : il est amoral. Une seule valeur : la victoire ! « Nous sommes des vainqueurs ! » Depuis quinze ans, ils ne font que cela : la guerre ! Frustrés d'une Résistance qu'ils n'ont fait, trop jeunes, que comme des grouillots, ils veulent prouver depuis qu'ils ne sont pas des gens à s' « écraser », comme tant de Français sous l'occupation. Il s'agit pour eux de racheter juin 40. Certes, de Gaulle c'était la victoire, mais ils ne s'y reconnaissent pas parce que ce n'est pas leur génération, parce que tous n'ont pas participé à des réseaux de Résistance d'obédience gaulliste et enfin parce que la plupart ont rompu avec le gaullisme en 45, avec l'Indochine qui a démythifié les « grands chefs ». De Gaulle ne fait pas partie de leur mythologie. C'est pourquoi, en 1958, un Faulque pourra grogner en prophétisant : « Ce grand maquereau va vous baiser tous[65] ! »

Les autres unités militaires pendant la bataille d'Alger font souvent la même chose quant aux interrogatoires forcés, mais en catimini, moins « proprement » et en n'osant jamais s'attaquer à des Européens. D'ailleurs, lorsque les choses vont commencer à sentir le roussi pour Bigeard, c'est de Llamby, son chef de cabinet, qui va le faire ripper vers la métropole pour se faire un peu oublier.

Après la bataille d'Alger, le 1er REP, ayant trop pris l'habitude des interrogatoires spéciaux, est rentré dans une sorte de « gangrenage » tel qu'une fois quitté la capitale algérienne pour reprendre les combats dans les djebels, il continuera à « questionner » de la même manière :

Morin s'y opposera et obligera Jeanpierre à donner des ordres pour stopper la gangrène. Le REP obéit.

En 1960, Faulque gagnera le Katanga comme mercenaire : « Je n'aime pas l'armée : je suis un révolutionnaire ! » Jeanpierre, lui, mourra glorieusement en juin 1958 à la bataille de Guelma : le « mythe » Jeanpierre est statufié aux yeux de la Légion par l'acte irréversible du sang versé jusqu'au bout.

Bigeard a-t-il exporté la torture depuis l'Indochine où il la pratiquait ? Si elle n'était pas généralisée, des témoignages formels de Jules Roy[66] attestent de son emploi. En tout cas l'usage va en être retrouvé bientôt à Saïda en janvier 1959.

Jeanpierre aurait reçu l'ordre politique de ne pas user de certains moyens pour le renseignement, il eût obéi. La « passivité » des politiques a encouragé les militaires. « Il faut bien comprendre que cette génération de 45-48 est celle des *self-made men* militaires. Qu'ils aient été maurrassiens, FFI, déportés ou anciens étudiants, c'est le creuset de l'Indochine qui les a soudés par une structuration psychologique basée contre les pouvoirs établis, contre la France officielle ; et tout ceci opère une désacralisation du politique au profit d'une sacralité de la Force. Ce sont des orphelins de la Nation, d'un monde idéalisé et d'un père[67] ». Un seul grand chef, à leurs yeux, a su, trop brièvement hélas ! restaurer le fonctionnement symbolique dont tout soldat a inconsciemment besoin, comme d'une morale et d'une esthétique : de Lattre, d'autant plus sacralisé que les autres chefs étaient détestés. Le « roi Jean » avait su toucher aussi le puissant ressort affectif du soldat qui en a d'autant plus besoin qu'il frôle constamment la mort.

Le capitaine Pierre Sergent, en bon légionnaire, reste évidemment solidaire de ses camarades lorsqu'ils sont attaqués par les « bonnes consciences de gauche » : presque tous les officiers avaient fait la guerre contre les nazis. Ils s'étaient réellement battus contre eux. Saint-Marc, Jeanpierre, Morin, anciens déportés... Faulque... Quand certaine presse établissait des comparaisons avec les SS, ils se contentaient de hausser les épaules. Ils avaient tort... Ils auraient dû se méfier... Le père Delarue fit sauter les dernières réticences. Pour la 10ᵉ DP, il rédigea une note intitulée *Réflexions d'un prêtre sur le terrorisme urbain,* qu'il concluait par cette directive de conscience : « On a le droit d'interroger efficacement — même si l'on sait que ce n'est pas un tueur — tout homme dont on est certain qu'il connaît les coupables, qu'il a été témoin d'un crime, qu'il a sciemment hébergé quelque bandit s'il se refuse de révéler librement, spontanément, ce qu'il sait *. »

* Présentation et analyse du document en annexe 2, p. 342.

Oblat de Marie Immaculée, ancien missionnaire en Colombie britannique, Louis Delarue n'a jamais fait de service militaire. Appelé en 40, il est déclaré « bon pour le service » mais, fait prisonnier six jours après son arrivée en France, il subit neuf mois de captivité. A la fin de l'année 1940, l'Aumônerie militaire ayant demandé des aumôniers, ses supérieurs l'envoient dans les troupes alpines. De décembre 1941 à 1961, il restera intégré à l'Aumônerie militaire. Après l'occupation de l'Autriche avec les chasseurs alpins, il demande à partir en Indochine où il arrive début 1954, six jours avant Diên Biên Phu. Il passe son brevet de parachutiste sans vocation particulière, à la demande de ses supérieurs ecclésiastiques. En dix-huit mois d'Indochine, il ne rencontre jamais Massu.

Humilié comme les siens par le désastre indochinois, il partage avec ses camarades officiers un désir de revanche face à l'adversaire communiste, manœuvré par la pénétration soviétique. Nommé à la 10e division parachutiste, au 1er bataillon de parachutistes coloniaux qui s'est installé dans l'Algérois, il devient membre du fameux 1er REP.

« En Algérie, nous étions en France. Nous défendions la France ! Je n'avais aucune idée alors du problème existant entre la population européenne d'Algérie et la population musulmane. Les fells étaient pour nous des bandits s'attaquant aux plus faibles, européens ou musulmans. Notre devoir était de protéger ces derniers : c'était clair[68] ! »

Au retour de Port-Saïd, comme son régiment n'est pas encore en opération, le père Delarue se hâte de prendre une permission : « Je suis parti avant le déclenchement de la bataille d'Alger et revenu lorsque les choses étaient déjà bien engagées. »

Fin janvier, débarqué à Alger, il se trouve un jour en face d'un sous-lieutenant para — un appelé qui « faisait son temps » — qui l'interpelle :

« Père, vous savez le boulot qu'on fait ici ?

— Je ne connais pas le détail...

— Nous, on se pose des questions : a-t-on le droit de faire des trucs pareils ? »

Ce questionnement décide l'aumônier para à mieux s'informer sur ce qui se faisait, pensant que si les « gars » se posaient des questions de conscience, c'était à lui d'essayer d'y répondre. « Je fais ma petite enquête sur le tas, sans paperasses, mais sans poser directement de questions à Massu avec lequel j'ai très peu de contacts... *A priori* je faisais confiance aux officiers en me disant : “ Ils ne vont pas faire de cochonneries ! "... Un peu lâche, je n'ai pas osé trop m'informer. Je ne posais pas de questions aiguës, trop précises... Ce qui m'a décidé, c'est la question publique, à la fin de la messe, de ce jeune officier de réserve. Je ne suis pas spécialement théologien, ni plus fort que les autres, mais je me suis senti moralement responsable de mes gars. Pour moi, c'est un devoir que d'essayer de leur répondre. Pour rédiger ma note, je n'ai guère de documentation... Dans les bouquins de théologie, je ne trouve rien : on ne se baladait pas avec une bibliothèque dans le djebel ! Personne, à ma connaissance, n'osait essayer d'approfondir le problème. Les autres aumôniers consultés préféraient garder le silence. Évidemment, je me suis dit qu'il y avait des risques, celui de me tromper et de tromper les autres... et puis les risques des retombées, des coups de bâton... Ma première réaction n'est pas tellement de vouloir couvrir mes camarades mais plutôt de vouloir les éclairer. Mes recherches pour rédiger le texte, je les fais avec crainte, celle de découvrir que c'est inadmissible, auquel cas ma deuxième crainte eût été d'être obligé de refuser de couvrir ce genre de choses en démissionnant. »

Voilà à quoi pense l'aumônier para. « La défense du plus faible, c'est le point de départ de ma réflexion. »

A-t-il consulté saint Thomas d'Aquin sur la « question » judiciaire ? Non. A-t-il été au courant des protestations de Mgr Duval dès 1954 ? Non. Connaissait-il la revue intégriste *Verbe* qui arrivera aux mêmes conclusions que lui ? Non, il découvre ce courant à Lyon en 1961.

« La note que je rédige est très postérieure au début de la série des grands interrogatoires forcés : mon texte n'est ni un feu vert ni un blanc-seing !... Je n'accepte pas d'être catalogué comme quelqu'un qui couvre la torture ! Les interrogatoires poussés sont de l'ordre de la défense d'un passant injustement agressé et ne pouvant se défendre seul. Ma note, destinée initialement au 2e RPC et au 1er REP, est transmise je ne sais comment à Massu qui la trouve sensationnelle et c'est pourquoi il demande qu'elle soit communiquée à tous les officiers de la 10e DP et de toute la zone d'Alger. Je n'ai pas discuté de la note avec Massu : chacun reste sur son terrain, lui, militaire, et moi, religieux. Je lui fais confiance comme à un grand honnête homme. Ce qui m'a ennuyé par contre, c'est que Massu demande la diffusion de ma note au-delà des deux régiments dont je suis responsable, parce que, du coup, cela concerne aussi les autres aumôniers. »

Ayant décidé de consulter son supérieur hiérarchique dans l'Aumônerie militaire, le père Vaugarni, lequel est de sensibilité « Algérie française », afin d'avoir l'autorisation d'une diffusion plus large réclamée par Massu, Louis Delarue constate d'abord que Vaugarni n'a pas lu la copie de la note qu'il lui a envoyée. « Nous avons alors lu ensemble mon texte. Il a demandé la suppression de quelques expressions un peu trop " carrées ", et avec son aval verbal, j'ai donné l'accord de diffusion à la division, ce qui a eu pour conséquences des " fuites ", dues aux " traîtres " et aux " progressistes "... »

Pour l'instant, c'est-à-dire pour quelques mois, la note du père Delarue circule entre les mains des officiers de la 10e division, à usage interne, sous forme de polycopié. A l'extérieur, c'est le dossier Jean Muller qui continue à faire quelque bruit, suivi, à la fin de février, de la parution d'une lettre à René Coty, président de la République, de 52 officiers algériens de l'armée française qui lui font part de leur angoisse et seront incarcérés [69].

Pendant que l'aumônier Delarue apaise les consciences des parachutistes à Alger, Bollardière s'émeut : « J'ai tout de suite ressenti le contrecoup de cette politique. Des parachutistes interviennent directement dans ma zone sans passer par mon commandement. Je reçois de Massu des directives de plus en plus précises, enjoignant de donner la primauté aux opérations de police et de " viser avant tout à l'efficacité " — discrète allusion à la torture. Je répercute ces consignes dans une circulaire du 18 février, mais avec une réserve capitale : " La tentation, à laquelle n'ont pas résisté les pays totalitaires, de considérer certains procédés comme une méthode normale pour obtenir le renseignement doit être rejetée sans équivoque, et ces procédés condamnés formellement dans mon secteur. " Dès lors le commandement cherche une occasion de m'écarter. D'autant plus que le secrétaire d'État à la guerre — un socialiste —, qui avait récemment inspecté mon secteur, désapprouvait nos méthodes de pacification [70]... »

Le 21 février, Bollardière écrit au général Salan, qui a remplacé le général Lorillot comme commandant en chef, pour solliciter d'être relevé de son commandement et de recevoir une autre affectation. En outre, il demande une entrevue au général Massu, qui le reçoit le 8 mars : entrevue tendue et inutile. Massu a lu Delarue. Bollardière, *L'Imitation de Jésus-Christ.*

Salan conseille à Bollardière de ne faire ni bruit ni scandale autour de son départ et s'inquiète de savoir qui est vraiment Bigeard, qui a été sous ses ordres en Indochine : « C'est un magnifique soldat. Mais je ne crois pas que ce soit lui rendre service que de le traiter comme une vedette de cinéma [71]. » Le 17 mars, Bollardière quitte Alger, salué par Massu... mais sans troupe pour présenter les armes, à la demande expresse du partant.

Au même mois de mars, à Paris, P.-H. Simon publie *Contre la* *torture*[72] auquel fait écho H. Beuve-Méry dans *Le Monde* du 13 : « Dès maintenant, les Français doivent savoir qu'ils n'ont plus tout à fait le droit de condamner dans les mêmes termes qu'il y a dix ans les destructions d'Oradour et les tortionnaires de la Gestapo. » Un Comité de résistance spirituelle, où l'on retrouve des noms comme ceux de Henry Marrou, J.-M. Domenach, Paul Ricœur, Lanza del Vasto, René Remond et Paul Rendu, publie une brochure accusatrice sous le titre : *Des rappelés témoignent**... Le 27 mars, des prêtres parisiens de la Mission de France écrivent au FLN[73].

Romancier, essayiste, critique littéraire au *Monde,* Pierre-Henri Simon est un humaniste catholique connu lorsqu'il publie l'essai *Contre la torture :* en cent vingt-cinq pages, ce petit livre se veut « un cri qui réveille les hommes[74] » ou plus précisément qui vise « à réveiller la France ». Officier de réserve, ancien prisonnier de guerre (cinq années d'Oflag), fier d'avoir porté l'uniforme d'officier pendant près de sept années, c'est justement cet uniforme, qui lui inspire encore respect et amour, qui va le faire sortir de son silence : « Que des hommes, sous un uniforme d'officier français, pratiquent ou commandent la torture ne m'est intolérable qu'à raison de ce que cet uniforme m'inspire d'amour et de respect. Le respect et l'amour devraient-ils me commander de me taire ? Je n'en crois rien[75] **. »

C'est cette question même que je me refuse à me poser, dans mon retrait spirituel romain, partant du principe que des mains d'un officier français la torture ne peut pas exister. Je ne lis pas Pierre-Henri Simon et n'ai pas entendu parler de Bollardière... Mgr de La Chanonie, évêque de Clermont, nous fait une conférence sur la défense de l'enseignement libre (!).

Protégé que je suis dans ma « clôture » spirituelle, des étudiants en théologie morale m'expliquent que ce sens de la solidarité revient au principe du Corps mystique et de la communion des saints : un membre du corps souffre-t-il ? tout le corps souffre. Un membre est-il honoré, que le corps entier y participe. Ceci a l'avantage de replacer la personne humaine dans son contexte essentiellement relationnel, faute de quoi les maladresses d'un personnalisme mal compris finiraient par présenter la personne humaine comme une fin absolue en soi, qui serait une fin voulue et aimée absolument et pour elle seule.

Dans sa retraite forcée à Nantes, le général Jacques Pâris de Bollardière, en parfaite condition physique et morale, quoi qu'en

* Comité de résistance spirituelle, 14 ter, rue du Landy, Clichy, 1957.
** Présentation et analyse du document en annexe 3, p. 346.

disent les rumeurs pleines de suspicion répandues par Salan, est resté en contact avec un de ses anciens officiers de réserve, le journaliste Jean-Jacques Servan-Schreiber, rappelé un temps en Algérie par un gouvernement pressé de l'écarter de Paris où sa plume acerbe ne le ménageait pas dans *L'Express*.

Sa période de mobilisation, sous les ordres de Bollardière, ne l'a pas contraint au silence, bien au contraire : il publie une série d'articles sous le titre « Lieutenant en Algérie » dans lesquels la vérité n'est pas trop masquée mais qui lui valent, après chantages et pressions diverses, une inculpation pour atteinte au moral de l'armée et à la sûreté de l'État. Aussi J.-J. S.-S. demande-t-il au général de porter son témoignage à son sujet, ce que fait ce dernier en l'autorisant à publier sa lettre dans *L'Express,* ainsi que dans *Le Monde* à la demande concomitante de Hubert Beuve-Méry, son directeur. Le 27 mars 1957 l'hebdomadaire de J.-J. S.-S. fait paraître l'écrit de l'officier supérieur.

Le lendemain, le 28 mars, le ministre de la Défense, Maurice Bourgès-Maunoury fait diffuser la déclaration suivante par l'agence France-Presse : « J'ai lu des articles qui intéressent un jeune général de l'Armée française, dont on exploite le nom et peut-être le passé glorieux dans un certain sens. Les rapports de ses chefs hiérarchiques ont été étudiés. Rien n'établit une liaison entre son départ et une réprobation contre je ne sais quel agissement inhumain. »

Le « suspect » est conduit par avion militaire de Nantes à Paris pour comparaître devant son ministre et le secrétaire d'État : promesses d'avancement ou menaces restent sur lui sans effet. « Le 5 avril, mon cas fit l'objet de vives discussions au Conseil des ministres présidé par René Coty. Bourgès-Maunoury proposa trente jours d'arrêt de forteresse et ma mise en disponibilité, ce qui équivalait à m'éliminer de l'armée. Il affirma que, chaque fois que des exactions étaient vérifiées, les coupables étaient châtiés ; mon attitude risquait de jeter une suspicion sur toute l'armée d'Algérie. Guy Mollet, président du Conseil, était d'accord sur le principe des sanctions, à condition qu'elles soient moins lourdes que celles qui frapperaient le général Faure (il avait fomenté un véritable complot pour faire enlever le résident général et le remplacer par un général). Gaston Defferre, ministre de la France d'outre-mer s'indigna que certains veuillent mettre sur le même plan un général factieux et un général qui s'élevait contre la torture. » Defferre menace alors de démissionner, tandis que pour François Mitterrand, garde des Sceaux, « l'important était de savoir si les exactions étaient réprimées, car l'absence de sanction publique risque de passer pour une approbation tacite[76] ». Au

Conseil des ministres suivant, auquel assista Robert Lacoste, par une transaction entre les membres du gouvernement, le général Jacques Pâris de Bollardière, grand officier de la Légion d'honneur et compagnon de la Libération, était frappé de soixante jours d'arrêt de forteresse. Motif : « A approuvé, par une lettre publiée dans la presse avec son assentiment, une campagne portant atteinte à l'honneur des troupes qu'il avait eues sous ses ordres. »

Le jeune général sanctionné a quand même la satisfaction, à la suite de son éclat, de voir Defferre et Mitterrand exiger du gouvernement la création d'une commission de sauvegarde « pour juger en Algérie du fond du problème » concernant les possibles tortures.

Toutefois, dans la solitude de la forteresse de La Courneuve, Bollardière remâche son indignation : « Non, ce n'était pas vrai ! Après avoir, par impuissance, par manque de foi en l'homme, et en la force de la justice, par peur de la vérité, laissé lâchement s'instaurer un état lamentable et généralisé de violence aveugle, allions-nous l'officialiser et le pousser jusqu'à sa conséquence la plus inhumaine : la torture ? Céderions-nous à la tentation mortelle de l'efficacité immédiate érigée en absolu contre le respect de l'être humain ? Nous n'étions pas les nazis [77] ! » Il essaye de se persuader de « ce que mille témoins dignes de foi disaient clairement chaque jour, ce ne pouvait être que de criminelles erreurs, ces affreuses “ bavures ” que sécrètent infailliblement les situations de violence [78] », convaincu, malgré la démission morale de l'armée, du sursaut de la nation et du fait que le gouvernement allait prendre les mesures d'urgence. Il avait connu le choc de la défaite de 40, avec l'effondrement de toutes les valeurs sous les coups de botte du nazisme, mais la dignité de l'homme et la liberté avaient été restaurées par la « grande voix de De Gaulle » et le combat avait retrouvé sa noblesse, l'espérance avait pu renaître, tandis que, cette fois, il découvrait « le mal terrifiant, absolu, la dégradation de l'homme par la torture infligée à des proches par des bourreaux déshumanisés [79] » : il n'avait pas imaginé que « l'atteinte mortelle de ce mal » fût infligée un jour à l'armée et que déjà c'était sans doute toute sa propre conception de la guerre qui se trouvait radicalement remise en cause. L'adolescent, avec ses « rassurantes images de chevalerie », venait peut-être seulement de mourir, découvrant enfin « que la guerre n'est pas une glorieuse épopée individuelle », que ce n'est plus « le choc de deux armées, la lutte dans l'honneur, mais le sauvage corps à corps de nations tout entières acharnées à se détruire dans une guerre totale... la pitoyable réalité des relations entre les hommes, le signe meurtrier et fracassant de leur impuissance, l'expression aberrante de leur misère[80] ». Fin des illusions, désolante impression de solitude.

Le même 5 avril est donc créée, au Conseil des ministres, la Commission de sauvegarde, juste un an après que Henri Marrou, professeur à la Sorbonne, a publié dans *Le Monde* un libre propos — « France, ma patrie... » — qui lui avait valu d'être inquiété par les services de police ; cette « Commission permanente de sauvegarde des droits et libertés individuelles » paraît être « jetée en pâture *in extremis* » aux protestataires. « En fait, depuis le rapport Mairey sur l'extension des tortures pratiquées par la police fait à Edgar Faure en mars 1955, repris et complété en décembre 1956, les responsables politiques sont avertis. Et refusent de laisser divulguer ces rapports accusateurs. La Commission de sauvegarde n'a donc pas pour objet de renseigner le gouvernement mais de calmer les " chers professeurs "[81]... »

Tandis que les ténèbres recouvrent Alger et que les ombres s'accumulent dans le ciel parisien, la Semaine sainte s'est achevée à Rome par la proclamation d'un message pascal de Pie XII, lucide et admirable méditation sur la nuit : « ... Les hommes de toutes les nations et de tous les continents sont contraints de vivre, désorientés et tremblants, dans un monde bouleversé et bouleversant... » Comment ne pas penser aux mechtas et aux djebels d'Algérie ? « L'humanité semble un corps contaminé et couvert de plaies, dans lequel le sang circule à grand-peine, parce que les individus, les classes, les peuples s'obstinent à demeurer séparés et par conséquent sans communication. Et quand ils ne s'ignorent pas, ils se haïssent : ils conspirent, ils luttent, ils se détruisent[82]. »

Constat pessimiste et désabusé ? Non. « Mais cette nuit du monde comporte elle aussi des signes clairs d'une aube qui viendra... Les moyens de développer la vie de manière plus pleine et plus libre se multiplient providentiellement dans le monde. Tandis que les découvertes de la science élargissent l'horizon des possibilités humaines, la technique et l'organisation rendent effectives de telles conquêtes, en les mettant au service immédiat de l'homme[83]. » A dix-huit mois de son trépas, ce vieillard auguste ne désespère nullement de l'Homme.

Des séminaristes anglais me félicitent, à ma surprise, de la façon cordiale dont le peuple de Paris a accueilli en ce printemps la reine Elizabeth II et le prince Philip alors que je m'inquiète des rumeurs suscitées par le dernier numéro de la revue chrétienne et personnaliste *Esprit* qui contient « La paix des Nementchas », texte ravageur d'un jeune agrégé d'histoire, qui vient de rentrer terrifié de sa zone opérationnelle[84].

Le mois de mai ne va pas rendre plus clément le climat psychologique et spirituel de Paris : ma mémoire scoute tressaille en apprenant que vient d'éclater une grave crise à la Route, au niveau national. C'était la tension entre l'équipe nationale Route et le commissaire général depuis quelques mois : l'éclatement se produit avec la publication par *Témoignage chrétien* des fameux *Cahiers Jean Muller,* parce que l'équipe nationale Route a décidé d'insérer, dans le numéro de mai 1957 de *La Route,* une citation du routier tué en Algérie, accompagnée de la mention : « As-tu lu les extraits des lettres de Jean ? Tu peux les demander au *Témoignage chrétien*[85]... »

« Le numéro de mai de *La Route* part chez l'imprimeur sans que le commissaire général, absent, l'ait supervisé. Lorsque les premiers exemplaires sortent des presses, Rigal enjoint à l'imprimeur de retenir tous les numéros dans ses ateliers. Des discussions et des tractations s'engagent avec l'équipe Route, mais, en fin de compte, le commissaire général donne l'ordre à l'imprimeur de couper la page incriminée. Le 9 mai 1957, toute l'équipe nationale Route — y compris le père Liégé — démissionne en bloc[86]. »

Les esprits sont si tendus que cette démission provoque un certain éclaboussement dans toute la presse, d'autant plus qu'elle est suivie quelques jours après par celle des dirigeants de la JEC (Jeunesse étudiante chrétienne) : « ... *La Nation française, Le Figaro, Le Monde, La Croix, Combat,* d'autres organes de presse marqués à gauche comme à droite publient des articles parfois polémiques à propos de cette “ crise de la Route ”... De célèbres éditorialistes engagés se saisissent de cette affaire, François Mauriac dans son *Bloc-Notes* de *L'Express* le 24 mai, Jean de Fabrègues dans *La France catholique* du 31 mai, Jean-François Brisson dans *Le Figaro* du 4 juin, Georges Suffert dans *Témoignage chrétien* du 7 juin[87]... »

Quant à la JEC, ses rapports avec l'épiscopat étaient crispés depuis que celui-ci avait publié en octobre 1956 une note doctrinale précisant que « l'Action catholique et l'action sociale ou civique d'inspiration chrétienne sont distinctes » et « doivent s'exercer par des mouvements distincts », ce qui avait provoqué une réaction de contestation puis de rejet qui s'est signifiée en mai 1957 par la démission de la totalité des membres des équipes dirigeantes de la JEC.

Le gouvernement Mollet pose la question de confiance sur ses projets financiers : il est mis en minorité, ce 21 mai, par 250 voix contre 215 et donne sa démission. Guy Mollet joue alors les sages dans son parti, la SFIO, qu'il reprend en main, tout en prenant aussi le rôle de conseiller de René Coty chargé de pressentir un nouveau président du Conseil.

Au lendemain de l'effacement du leader socialiste, un débat se déroule rue Madame, au Centre catholique des intellectuels français, pour discuter du livre de Pierre-Henri Simon *Contre la torture.* « Le débat s'envenima, opposant d'un côté ceux qui approuvaient la parution de l'ouvrage, comme Georges Hourdin ou Henri Marrou et, de l'autre, ceux qui l'estimaient inopportune, tels Louis Terrenoire ou Michel Massenet, ce dernier mandaté par Gabriel Marcel. Tous des amis pourtant[88]. »

En Algérie, le sang coule toujours, mais dans cette nuit du 29 au 30 mai, c'est un commando FLN qui massacre tous les hommes du village de Melouza, en Petite Kabylie, qui appartenaient au MNA (Mouvement nationaliste algérien de Messali Hadj). Même horrible rigueur avec des frères de race et de religion qu'avec les Européens : l'armée française dénombre 315 cadavres et exploite la tragédie en essayant d'expliquer le carnage à cause des sentiments profrançais des habitants du village. Ce même jour, le MRP Pflimlin, pressenti pour former un nouveau gouvernement, est récusé dans ses négociations par les socialistes.

Un de mes camarades de cours de philo au Séminaire français, très « Algérie française », me fait part de quelque trouble : il vient de recevoir de France une brochure signée Raymond Aron, plume familière aux publics dits de droite, intitulée *La Tragédie algérienne*[89] que l'écrivain talentueux avait rédigée en hâte, « hanté par la crainte que la France ne se jetât une deuxième fois dans une aventure sans issue, comparable à celle de l'Indochine et plus grave encore[90] ».

Que pense Raymond Aron ? « Ce que j'avais lu, ce que je savais de l'Algérie française ne m'inspirait aucune sympathie, mais mon jugement, mes convictions me sont dictés avant tout par la réflexion. Pourquoi les Algériens accepteraient-ils un statut inférieur, à leurs yeux, à celui de la Tunisie et du Maroc ? Pourquoi les " évolués ", les " francisés ", ne désireraient-ils pas l'indépendance, que les élites de tous les pays colonisés avaient déjà obtenue ou étaient en voie d'obtenir ?

» Certes, le " problème algérien ", comme on dit, diffère de celui des deux protectorats à l'ouest ou à l'est, à cause du statut départemental de l'Algérie d'abord, à cause de la présence d'un million de citoyens français ensuite. Il n'existe pas, en Algérie, l'ébauche ou le résidu d'un État, qui avait survécu sous les deux protectorats voisins. Quant à la société française établie au milieu et surtout en marge de la société algérienne, elle se maintiendrait malaisément telle quelle, le jour où un gouvernement algérien remplacerait le gouverneur général et son administration. Le départ partiel ou total, de la minorité française semble la conséquence inévitable d'une Algérie algérienne[91]. »

Le texte de Aron comprend, en fait, deux écrits, l'un rédigé en avril 1956 destiné au président du Conseil du Front républicain, et l'autre dont la rédaction est d'une année postérieure, du 6 mai 1957. L'analyste part de deux points de constatation réelle : une partie importante de l'opinion refuse les rigueurs et les servitudes de la domination impériale coloniale et, d'autre part, l'Algérie, ou, tout au moins, une fraction non négligeable du peuple algérien, aspire à l'indépendance. « L'Algérie, bien qu'elle n'ait pas la même tradition nationale que les deux ex-protectorats, ne peut pas ne pas prendre conscience d'elle-même... Elle ne peut plus être partie intégrante de la France. La constitution d'une unité politique algérienne est inévitable... L'intégration, quelque sens que l'on donne à ce mot, n'est plus praticable. Une représentation algérienne à l'Assemblée nationale, proportionnelle à la population, est le moyen le plus sûr d'achever la ruine du régime. Le taux de croissance démographique est trop différent des deux côtés de la Méditerranée pour que ces peuples, de race et de religion différentes, puissent être fractions d'une même communauté. Dire que l'Algérie n'est pas la France, reconnaître la personnalité politique algérienne, c'est, au fond, avouer qu'il y aura demain un État algérien. Et, s'il doit y avoir demain un État algérien, celui-ci, après-demain, sinon demain, sera en théorie indépendant... En renonçant à l'intégration, on met en train le processus qui finira par l'indépendance[92]... »

Contre Jacques Soustelle notamment, Raymond Aron conclut à l'indépendance et conseille au gouvernement de gauche d'être plus clair dans la définition de sa politique : « Les seuls buts de guerre que la France puisse raisonnablement se proposer sont ainsi définis : laisser l'Algérie accéder à l'indépendance, sans qu'une politique, jugée par les Français eux-mêmes déshonorante, leur laisse une insupportable humiliation[93]. »

Cette première note se termine par une phrase qui nous scandalise, l'un et l'autre : « Si les Français ne consentent à se battre que pour maintenir leur domination... alors mieux vaudrait encore la solution héroïque de l'abandon et du rapatriement qu'une guerre menée à contrecœur, sans résolution et sans chance de succès. »

La deuxième note critique la politique de Guy Mollet : le FLN n'acceptera jamais la triade « cessez-le-feu — élections — négociations » ; la « pacification » ne crée en rien les conditions nécessaires à de vraies élections libres, car la « protection » de l'armée française est sujette à suspicion. Enfin l'auteur réfute les prétendus arguments économiques soutenus par certains partisans de l'Algérie française : l'Algérie constitue désormais pour la métropole une charge plutôt qu'une source de revenus et la charge ne pourra que devenir de plus en plus difficile à supporter, d'autant plus que sous prétexte d'intégration, il faudra bien s'efforcer de réduire la considérable disparité entre les niveaux de vie français et algérien.

Furieux, mon camarade ne rétorque pas aux arguments mais se lance dans une philippique aux accents antisémites qui me font briser là. Je n'en demeure pas moins très ébranlé, sans pour autant changer de conviction. Irrationnellement.

Mais qui croit à l'Algérie française ? Aron pense que, « Georges Bidault, Jacques Soustelle et Michel Debré mis à part, dont la sincérité ne prête pas au doute[94] », pas un seul ténor de la IVe République n'y croit vraiment. En tout cas ses partisans, de Poujade à l'indépendant Paul Antier, en passant par l'Union pour le salut et le renouveau de l'Algérie française de Soustelle, Morice, Bidault et Duchet, font beaucoup de bruit, en ralliant même le très « laïque » Albert Bayet et l'archevêque de Toulouse, Mgr Saliège, qui se distingua dans la Résistance. « Ces vivaces regroupements assurent une liaison entre la classe politique constituée et des minorités activistes d'extrême droite qui s'enhardissent[95]. » J'apprends depuis Nantes, ainsi, que la revue *Verbe,* bénie par quelques prélats conservateurs romains et dans laquelle écrit Mgr Lefebvre, l'archevêque de Dakar, de même que le général Weygand, n'est pas sans lien avec un certain Georges Sauge, ancien militant communiste devenu catholique « intégral », qui multiplie les conférences dans les milieux d'officiers avec l'appui du colonel Lacheroy. Quant aux députés poujadistes Le Pen et Demarquet, auréolés et dopés par leur expérience de paras en Algérie, ils ne rêvent que d'en découdre sur le pavé parisien en s'alliant aux jeunes fascistes de Jeune Nation ou aux nostalgiques du pétainisme, tels Tixier-Vignancour ou Frédéric-Dupont.

Les protestataires contre la torture ne font guère de poids publicitaire vis-à-vis des précédents.

Le 10 juin, dans la banlieue d'Alger, un attentat au casino de la Corniche fait huit morts et de nombreux blessés, ce qui, chez certains observateurs, fait naître un doute quant à l'efficacité réelle des paras de Massu. Deux jours plus tard, l'Assemblée nationale investit Maurice Bourgès-Maunoury par 240 voix contre 191. Mes compagnons étrangers de l'Université feignent de se réjouir de cette stabilité retrouvée mais s'ils n'osent pas remettre, devant nous, directement en cause notre politique algérienne, il n'est pas besoin d'être grand clerc pour voir qu'aucun de nos partenaires européens ne veut se mêler de l'affaire algérienne et qu'un nationalisme impénitent, qui prétendrait à vouloir déterminer seul l'avenir de nos départements d'outre-mer, est incompatible avec un esprit propre à construire l'Europe.

La figure de Bourgès-Maunoury ne rappelle pas de bons souvenirs à la petite poignée de protestataires, humanistes chrétiens ou non, qui se souviennent de sa connivence avec Lacoste, lequel, au sujet de l'usage de certaines méthodes d'interrogation, déclarait avec désinvolture : « Ce n'est rien, on rejoint simplement deux petites électrodes[96] », et qui dénonçaient vainement en eux l'illustration d'un pouvoir civil qui « savait » et qui couvrait des pratiques illégales.

« En outre, les directives verbales des ministres qui viennent sur le tas se rendre compte des progrès de la pacification contredisent généralement les consignes officielles écrites. La plupart du temps, on conseille de bouche à oreille aux responsables d'agir avec discrétion... Un certain nombre de destinataires des lettres de soldats dénonçant la torture, après s'être concertés, tentèrent d'abord d'agir par les voies officielles. Ils touchèrent ou firent toucher M. Guy Mollet, puis M. Bourgès-Maunory, et leur demandèrent de prendre des mesures immédiates et énergiques pour mettre fin aux " abus ". M. Mollet fut évasif, M. Bourgès-Maunoury réagit immédiatement : il lança la Sécurité militaire aux trousses du religieux[97] venu en intercesseur. L'attitude des pouvoirs publics contraint ainsi une partie des catholiques à dénoncer ouvertement ce qu'ils ne pouvaient empêcher[98]. »

Vers la fin de ce mois de juin, alors que les paras de Massu viennent de faire « disparaître » un jeune universitaire, militant communiste, Maurice Audin, arrêté le 11 juin, l'hebdomadaire *Témoignage chrétien* titre en première page de son numéro du 21 juin : « Un prêtre justifie la torture », et l'information est reprise dans *Le Monde* du 30 juin.

Il s'agit bien de la publication du document du père Louis Delarue, due à ce que celui-ci appelle des « fuites ». « L'analyse du père Delarue est maintenant connue d'un grand nombre de gens. La presse alors s'en empare, malgré des efforts de l'Aumônerie, consciente du danger, et le scandale éclate... Devant le tollé que suscitent les propos du père Delarue et les mises en demeure faites au vicariat des Armées de prendre publiquement position, l'aumônier général, Mgr Badré, croit de son devoir d'écrire directement à chacun des évêques[99]. » Il lui paraît préférable, en effet, qu'ils soient mis au courant par ses soins plutôt que par « des informations de presse incomplètes et partiales ».

« Il ressort de cette lettre que l'aumônier parachutiste a eu raison de rédiger ces notes dans le but louable de " voir clair et éclairer la conscience de ceux dont il a la charge ". En revanche, il a manqué à la discipline pour avoir eu " l'imprudence, et c'est là que se trouve sa faute, de les montrer au général Massu " avant de les avoir soumises à l'aumônier-chef en Algérie. Il a, sur ce point, été blâmé. Et, poursuit Mgr Badré : " Tout se réduisait donc à un incident local et sans répercussions importantes. " Aucune critique de fond n'est portée sur le contenu du document incriminé. L'aumônier général, précise la lettre, n'ignore pas les cas de conscience qui se posent en Algérie et il n'y a pas " d'ambiguïté possible sur sa position intellectuelle et pratique ". Mais Mgr Badré ajoute aussitôt que " les théologiens cherchent encore à éclairer ces problèmes tout nouveaux de la guerre révolutionnaire [...]. Leur solution n'est pas évidente. Il appartient aux théologiens de les résoudre, au moins quant aux principes, et peut-être à la hiérarchie de trancher entre ceux qui ne seraient pas d'accord, quand elle se trouvera en mesure de le faire[100]. »

Le père Delarue raconte, lui[101], que ses supérieurs ecclésiastiques de l'Aumônerie militaire n'ont pas contesté sur le fond des raisons morales.

« Non... Mgr Badré, à Paris, paraît surtout soucieux des retombées politiques de l'affaire. Le cardinal Feltin, grand patron, tient à me rencontrer. Je n'en reçois aucun blâme. Je lui dis simplement :

» — Désolé de vous avoir causé des ennuis...

» — Ah ! p'tit père, les ennuis, ce n'est pas grave ! Mais vous savez... votre papier, c'était un bon papier ! Votre seul tort, c'est de n'être pas passé par la direction de l'Aumônerie.

» Le cardinal a été très paternel avec moi. Sur le fond de l'argumentation, nous n'avons pas discuté. »

Cette diffusion publique et bruyante a-t-elle eu des conséquences selon son auteur ? « Aucun officier n'a été indigné de mes propos. Ma note n'a sûrement pas accéléré la généralisation des interrogatoires. Cela a plutôt conduit certains officiers à prendre conscience de la nécessité de respecter une certaine morale, car j'insistais beaucoup sur les précautions à prendre vis-à-vis de la tentation de vengeance. »

Sur cet épisode douloureux pour l'Aumônerie militaire mise en porte à faux, le père François de L'Espinay, devenu en 1958 le successeur du père Vaugarni comme aumônier-chef pour l'Algérie, s'inscrit contre l'assertion d'André Nozière : « ... En l'absence d'une position claire et officielle de l'Aumônerie, le père Delarue prend la décision de rédiger lui-même une étude sur le sujet[102] », et rétorque :

« Il y avait des circulaires très claires sur ce sujet : les miennes, puisque je suis sur le terrain algérien depuis 1956 ! Mgr Badré n'a jamais désavoué mes circulaires, à ma connaissance, même si je ne suis pas très sûr du bien qu'il pouvait en penser... Si Massu avait eu d'autres aumôniers, la bataille d'Alger ne se serait pas passée de cette manière. Je dis " d'autres aumôniers ", parce que Delarue n'était pas seul. Il y avait Chevalier, originaire de Lyon, pour qui, être aumônier, c'était d'abord soutenir la réalité du milieu de vie. Sous prétexte d'intégration au milieu de vie, il fallait proclamer sa solidarité, plutôt que de l'éclairer. Mais Chevalier était un bon type, alors que Delarue, pas intelligent, obsédé, imbu de lui-même, était humainement peu sympathique [103]. »

François de L'Espinay ajoute : « Mes positions sur la torture étaient claires, depuis longtemps... Des milliers de séminaristes que j'ai connus en Algérie peuvent en témoigner... La vraie motivation de Delarue fut de soutenir Massu et de me contredire. »

Le début de cet été romain, qui accable de ses chaleurs moites, voit pour nous monter la fièvre des examens de fin d'année et la hâte de regagner la métropole. L'Assemblée nationale, au 2 juillet, vient d'adopter le nouveau plan de développement de l'énergie nucléaire, mais en Algérie les choses ne font que se contracter avec cette déclaration du FLN (4 juillet) selon laquelle celui-ci maintient la reconnaissance de l'indépendance comme condition préalable à toute négociation.

Alger suffoque aussi dans la canicule et, sous la répression, des « suspects » musulmans souffrent, tel ce Mohamed Attious [104] arrêté par les paras :

« Pendant une chaude journée d'été, de guerre et de haine, je regagne mon domicile qu'à ma stupeur je trouve cerné par des bérets rouges... Après les politesses alors d'usage, c'est-à-dire vérification d'identité et quelques gentillesses du genre " sale fell !... sale bicot ! ", l'on arrive aux choses sérieuses et non moins amicales ! c'est-à-dire aux coups de poing et de pied que je commence à encaisser sur le visage et sur toutes les parties sensibles de mon corps. Menottes aux poignets, on nous embarque, un collègue et moi, en direction de la caserne sise au 45e des Transmissions, situé à Belfort (Maison carrée). Là, la libéralité et l'humanisme bienfaisants des autorités militaires de l'Algérie française accordent à chacun de nous une cellule faisant un mètre sur un mètre, c'est-à-dire un espace à peine suffisant pour permettre à un homme de tenir debout. Là, comme tous les détenus, j'attends anxieusement et écoute les râles de mes frères, ces râles qu'arrachent la douleur de la torture. Un jour, mes yeux eurent l'honneur d'assister, impuissant, au martyre d'un de mes compatriotes : on lui assenait des coups avec un tuyau en plomb. Il mourut !... Qui aurait dit que, dans cet endroit apparemment si paisible, il y avait des gens qu'on martyrise et qu'on tue parce qu'ils avaient voulu demander la liberté.

» Le quatrième jour de mon arrestation, on me conduit vers une villa silencieuse et déserte, située à quelque 400 mètres de ma cellule. Il est environ 13 h 30, heure pendant laquelle les soldats du contingent font la sieste. On m'attache solidement, puis on m'expose au soleil, que je suis obligé de regarder pendant des heures. On m'interroge mais je ne réponds pas ; on ne m'épargne ni gifles, ni coups de poing, ni coups de pied au bas-ventre et partout ailleurs, mais je supporte, je me tais.

» Le soir, vers 22 heures, mon bourreau — le lieutenant Charbonnier — menaçant, m'ordonne de me déshabiller ; s'ensuit alors un traitement qui, par la suite, me devient quotidien : on me passe un gourdin entre les jambes et les cuisses, puis on me suspend — la tête vers le bas — et on me passe une cagoule en tissu épais... l'un de mes bourreaux me colle le bout d'un tuyau d'eau, me bouche le nez et la bouche et tous les orifices afin qu'aucune goutte d'eau ne fût perdue. Et il ouvre l'eau qui remplit douloureusement mes poumons et mon estomac. Pendant ce temps, un autre, bien pensant et surtout bien agissant, place des électrodes sur mes testicules. L'eau et le courant agissent si harmonieusement que je finis toujours par perdre connaissance. Mais on me ranime vite pour me soumettre à l'interrogatoire...

» Ayant trouvé cette méthode inefficace, les défenseurs de la civilisation authentique et “ des valeurs humaines ”, me trouvent un autre régime : ils me plongent la tête dans une baignoire remplie d'eau d'égout ; le supplice dure jusqu'à ce que mon ventre et mes poumons pleins se refusent à prendre une goutte de plus... On me retire alors et on me marche sur l'estomac...

» Tous ces soins que l'on me prodigue au nom d'une civilisation et d'une idéologie défendant inhumainement les valeurs sacrées de l'humain ont duré pendant un mois, c'est-à-dire jusqu'au moment où l'on me transfère de Belfort à un camp secret et de là au centre de tri de Beni Messous, puis au camp de concentration de Berroughia. »

L'Assemblée nationale vote à nouveau des pouvoirs spéciaux, le 19 juillet, par 280 voix contre 183 ; le 26, la Commission internationale contre le régime concentrationnaire publie son rapport sur l'Algérie dans l'indifférence quasi générale, et la France peut s'endormir dans sa quiétude estivale habituelle.

François Mauriac, qui s'était écrié dans son *Bloc-Notes* du 5 juillet, à l'adresse d'Albert Camus qui voulait mener campagne contre la peine de mort : « Abolir la peine de mort quand on rétablit la torture ? Un peu de logique, voyons, Camus[105] ! », écrit le 21, après la composition du dernier gouvernement : « Ce ministère de transition (entre quoi et quoi ?) a désormais la voie libre. Vont-ils rouler vers l'échéance d'octobre, comme s'ils ignoraient que ce qu'ils n'ont pas su accomplir souverainement risque de leur être imposé, par les Nations unies, ignominieusement ? Cette crainte devrait inspirer même ces hommes-là, il me semble, si fermés qu'ils paraissent être à toute inspiration. Quel assoupissement incompréhensible[106] ! » Cette acide alacrité, que je retrouve sous la plume fameuse dans *L'Express,* me réveille un instant lors d'un bref séjour dans le pays lyonnais.

Le sous-lieutenant Laraison va enfin quitter Coëtquidan :

« Je commande vingt-deux garçons qui vont partir pour l'Algérie. Tout ce que je leur fais faire, il faudra qu'ils le fassent en Algérie, leur vie en dépendra. Les officiers supérieurs sont très durs envers nous, mais je suis fier de mon métier. Quand je vois passer les chars ou les avions, je ne regrette pas de ne pas y être : je suis fier de l'infanterie. Si tu savais comme ils ont confiance en moi et comme ils m'obéissent : c'est une grande consolation. »

Et le 5 août, de Bône :

« Le départ de Marseille a été très émouvant : soldats massés sur le pont, l'air assez cafardeux, juste quelques paras ravis, mais les autres...

» Notre-Dame-de-la-Garde : le dernier adieu français aux corps expéditionnaires, depuis douze ans... Sur le pont des premières, des colons tristes, leurs vacances finies ; et nous, gonflant la poitrine, jouant les grands anciens...

» Ce matin, réveil en vue des côtes d'Afrique ! Une mer avec des reflets que je voudrais savoir décrire, des falaises immenses, dégringolant à pic jusque dans l'eau. Si tu savais comme je suis heureux ! »

Comme tant d'autres sous-lieutenants, d'active ou de réserve, il découvre peu à peu les âpres réalités du djebel :

« Le 8 août. Je t'écris du poste de ma compagnie, quelque part en Petite Kabylie. Hier, nous sommes arrivés en plein djebel, dans une petite ferme fortifiée, avec un mirador. Dix goumiers nous ont présenté les armes et, une demi-heure après, j'ai vu arriver sur son cheval, au trot, suivi d'un seul goumier, un géant blond brûlé par le soleil, képi bleu ciel à la visière cassée. C'était le lieutenant de D., le type le plus emballant que j'aie jamais rencontré dans l'armée. Il a été déposé il y a un an par un hélicoptère, avec un sergent-chef de la Coloniale, quatre cents cartouches et une caisse de rations. Il a maintenant quinze goumiers, une école (où viennent cent cinquante Kabyles tous les jours, et dont l'instituteur est un soldat détaché), un infirmier de la Légion et deux chevaux.

» Au retour, arrêt sur les bords de la Soummam ; nous y avons vu un troupeau qui s'abreuvait, gardé par deux petites filles et un petit garçon kabyles : une vraie scène biblique. A la nuit, retour au PC du bataillon : les routes se fermaient. »

Pendant que le jeune officier continue son stage dans l'air sec et torride de la Petite Kabylie, le vieux guetteur, François Mauriac, ne s'endort point. Il rapporte dans son *Bloc-Notes* quelques résultats du travail effectué par la Commission internationale contre le régime concentrationnaire, dont fait partie son ami, ancien déporté, Louis Martin-Chauffier, auxquels font écho *Le Figaro* et *Combat :* « Il arrive que l'interrogatoire soit si rudement poussé que la victime en meure. Il arrive aussi qu'elle en sorte vivante, mais dans un tel état qu'elle ne puisse plus être livrée à la justice ni rendue à la liberté. Dans l'un et l'autre cas, elle disparaît sans laisser de traces. Parfois, une note laconique constate, ou bien qu'elle a dû être abattue au cours d'une tentative de fuite, ou bien qu'elle s'est évadée, ou bien qu'elle s'est suicidée[107]. »

En langage militaire codé, la prétendue tentative de fuite s'appelle tout simplement la « corvée de bois[108] ».

De la Petite Kabylie toujours, le sous-lieutenant stagiaire touche du doigt l'horreur de cette guerre.

« Le 23 août. Au retour d'une patrouille, au moment où nous nous couchions est arrivé un ordre de mise en route immédiate : un renseignement sûr nous avertissait qu'un commissaire politique et ses tueurs avaient décidé un raid punitif sur une mechta située à l'écart de son douar qui venait de se rallier. Hélas ! Nous sommes arrivés trop tard, après une heure et demie de route par une piste épouvantable pour les scout-cars et les GMD blindés, en black-out. J'ai vu quelque chose d'horrible : un vieillard, un garçon de quinze ans, une petite fille égorgés. Je me sentais très calme, alors qu'à un kilomètre de là, je dois l'avouer, quand nous voyions flamber la maison, j'avais eu assez peur. Nous nous sommes mis en garde. A ce moment j'ai entendu de faibles cris au fond d'un thalweg. J'ai fait allumer les phares d'un de nos scout-cars, que j'ai placé au bord du ravin, prêt à tirer. Je suis descendu avec un de nos hommes. Il y avait un cadavre de femme et, accroché à ses jupes, miraculeusement épargné, un bébé qui hurlait. J'ai donné ma carabine et mes grenades à mon gazier et j'ai remonté le bébé. Lui, au moins, ne se souviendra de rien.

» Au retour de cette mission pénible, pot des officiers au mess du poste. Nous étions couverts de sueur et de poussière, nous avions les yeux cernés — mais un enthousiasme extraordinaire, une fraternité jamais ressentie régnaient parmi nous.

» Mon stage est maintenant terminé. Il m'a emballé. Tout n'est pas parfait, loin de là, il y a beaucoup à faire — mais j'y crois : faire la guerre en croyant à la Paix, et garder tout l'enthousiasme et la générosité chrétiens. »

J'apprends avec retard que Edmond Michelet était allé le 22 juillet témoigner à un procès intenté à des prêtres de Souk-Ahras... et tombe un peu des nues : qu'est-ce que ces ecclésiastiques ont donc fait ? Ils étaient accusés d'avoir refusé d'entreposer des armes dans leur presbytère pour le compte de l'armée française. Michelet témoigne à décharge : l'équipe sacerdotale « avait la charge spirituelle des deux camps en présence[109] ».

Mauriac... Michelet... Je n'ai guère eu d'écho de ces témoins du temps, de notre histoire sans doute, pendant tous ces derniers mois romains. Mauriac... j'ai à nouveau envie de relire cette plume, avec ce mélange de plaisir et de crainte que je ressentais quand je lisais son *Bloc-Notes* au cours de mon année parisienne. Qui pourrait me le faire parvenir à Rome qu'il me faut regagner bientôt, non sans resserrement du cœur ? Est-ce bien permis d'ailleurs ? Je pense tout à coup à mon capitaine mendésiste dont je suis sans nouvelles.

La mi-août me rappelle dans le pays nantais et breton de la Côte d'Amour où la lecture de *L'Express,* malgré la nonchalance des plages, ravive ma conscience politique et morale.

Le 12 septembre, Paul Teitgen, secrétaire général de la police à Alger, donne définitivement sa démission. Une première lettre de démission avait été refusée le 24 mars dernier. Ce catholique, héros de la Résistance, ancien déporté par la Gestapo à Dachau, avait assumé depuis août 1956 un poste entraînant des responsabilités particulières en ce qui regarde la surveillance de la police. « Il n'y trouvait pas grand-chose qui convînt à son tempérament. En novembre, il s'était trouvé en présence d'un effroyable dilemme moral : le communiste Fernand Yveton avait été pris en flagrant délit au moment où il plaçait une bombe à l'usine à gaz, où il était employé. Une seconde bombe n'avait pas été découverte : si elle explosait et mettait le feu au gazomètre, des milliers de vies auraient pu être sacrifiées. Rien ne put amener Yveton à révéler où se trouvait la seconde bombe, et le préfet de police pressait Teitgen de faire passer Yveton à la “ question ”... “ Je refusai de le faire torturer. J'en ai tremblé tout l'après-midi, dit Teitgen. Finalement, la bombe ne partit pas. Dieu merci, j'avais raison. Parce que si vous vous mettez une fois dans cette affaire de torture, vous êtes perdu. Comprenez cela, la peur est à la base de tout cela. Toute notre prétendue civilisation est recouverte d'un vernis. Grattez-le et vous trouverez la peur. Les Français, ni même les Allemands, ne sont des tortionnaires par nature. Mais quand vous voyez vos copains se faire couper la gorge, le vernis disparaît "[110]. »

Avec la bataille d'Alger, lorsque Lacoste avait confié, de fait, tous les pouvoirs de police à Massu, Teitgen s'était senti les mains liées et avait présenté, le 29 mars, sa démission à Lacoste « parce qu'il avait manqué à ses devoirs et que, durant ces trois derniers mois, " nous nous sommes engagés dans un état d'irresponsabilité " qui ne peut conduire qu'aux crimes de guerre. Il ajoutait que, lors de sa visite à deux centres d'hébergement, il avait pu reconnaître sur certains détenus des traces profondes des cruautés et des tortures qu'il avait personnellement subies quatorze ans auparavant dans les cellules de la Gestapo. Il craignait que la France ne perdît son âme par équivoque. Lacoste supplia Teitgen de rester à son poste et de garder sa lettre secrète. Estimant qu'il vaudrait mieux pour lui de continuer à faire le chien de garde, plutôt qu'il n'y en eût pas du tout, Teitgen y consentit[111] ».

Vint en avril la création de la Commission de sauvegarde : « Il en résulta certaines atténuations, mais, dit Teitgen, la torture n'était nullement étouffée », et, comme plus de trois mille Algériens avaient « disparu[112] », c'est la démission irréversible.

« Il s'est trouvé des militaires révoltés devant la tâche qui leur était imposée, et osant le dire, parfois au péril de leur vie[113]. » Outre Teitgen, d'autres civils comme M. Builles, commissaire divisionnaire central de la ville d'Alger, n'avaient d'autres moyens que l'assignation à résidence, qui ne pouvait être décidée que par la Préfecture. « En assignant systématiquement tous les prisonniers des militaires, on pouvait espérer savoir au moins qui était détenu ; en assignant à résidence les personnes arrêtées, dans les locaux mêmes occupés par les militaires, on ne pouvait empêcher la torture et l'assassinat qui étaient un état de fait, on pouvait du moins connaître les responsables[114]... »

Teitgen proposa bien un plan de réforme, afin de contrôler les militaires, et en principe seulement deux centres de tri, celui de Beni-Messous et celui de Ben-Aknoun, devaient servir de centres d'interrogatoire à la police et à l'armée, en assignant à résidence le prisonnier dans le centre de tri et limitant la durée maximale à un mois. De fait le général Massu, avec le lieutenant-colonel Trinquier, s'arrangea si bien pour tourner les nouvelles instructions que « les centres de tri, légalisés ou non, se multiplient : nous ne rappellerons que deux d'entre eux particulièrement célèbres : la villa Sesini où fonctionnaient des officiers spécialistes en torture tels que le capitaine

Faulque... le centre de tri d'El-Biar avec le capitaine Devis, les lieutenants Erulin et Charbonnier [115] ».

Le 26 septembre, Mauriac, qui a eu vent de ce que la Commission de sauvegarde avait remis son rapport le 14 septembre, s'inquiète des suites : « Le président du Conseil rendra-t-il public le rapport de la Commission de sauvegarde des droits et des libertés individuelles en Algérie ? M. William Thorp, bâtonnier du Barreau de Paris, le réclame en des termes qui laissent croire que le gouvernement ne serait pas fâché de mettre la Commission et son rapport sous le boisseau... Où ai-je lu cela ? Ni dans *Le Monde,* ni dans *L'Express,* mais dans *Paris-Presse l'Intransigeant...* Je le dis tout net à Philippe Barrès qui dénonçait l'autre jour les " insulteurs de l'armée ". Ceux-là seuls insultent l'armée et la déshonorent qui consentent, par leur silence, à ce que les citoyens français deviennent des bourreaux, qui affectent de croire que des centaines de milliers de soldats honnêtes, et bien incapables de commettre ces infamies, sont solidaires de ce petit nombre que nous dénonçons [116]. »

La Commission de sauvegarde avait eu un précédent : au mois de janvier passé, Guy Mollet, sous la pression d'une opinion sensibilisée, avait déjà dû consentir à la formation d'une Commission parlementaire, composée d'élus allant de la SFIO aux indépendants, dont le président était le socialiste Victor Provo. « La Commission concluait à peu de chose près que, pour être couramment pratiquée, la torture n'existait pas en Algérie [117]. » Ce rapport parlementaire, déposé en mars 1957, ayant accouché d'une souris, ce fut le tour de la Commission de sauvegarde de connaître les plaintes et les informations qui lui seraient répercutées. « Sa composition fut laborieuse, plusieurs personnalités pressenties, comme le vice-président du Conseil d'État René Cassin ou le bâtonnier Thorp, ayant refusé d'en faire partie, compte tenu de l'insuffisance de ses moyens d'investigation. Elle fut finalement constituée en mai 1957. Comprenant 12 personnalités " d'une autorité morale indiscutable ", elle était présidée par le magistrat Pierre Béteille et comprenait, entre autres, Me Maurice Garçon, le recteur Pierre Daure, l'ancien gouverneur général des colonies Robert Delavignette, l'ambassadeur André-François Poncet, alors président de la Croix-Rouge française... et le président de l'ordre des Médecins, Robert de Vernejoul. Les membres de la Commission de sauvegarde se rendirent à plusieurs reprises en Algérie. Le rapport remis le 14 septembre au président du Conseil, Bourgès-Maunoury, était assurément plus courageux que le précédent, mais encore très édulcoré. A tel point que trois de ses membres, Robert Delavignette, Me Garçon et Émile Pierre-Gérard démissionnèrent, certains de l'inanité de leurs moyens d'enquête et plus encore du sort qui serait réservé à leurs conclusions. La Commission n'alla pas au-delà de ce rapport... »

François Mauriac n'avait pas été pressenti pour faire partie de la Commission. Quant à Albert Camus, pressenti en avril 1957, il se récusa, comme il refusera, un an plus tard, de signer une protestation solennelle au président de la République contre la saisie du livre de Henri Alleg, *La Question,* conjointement à Mauriac, Martin du Gard, Malraux et Sartre.

Mon passage à Nantes me fait redécouvrir que « notre » maire, André Morice, député radical dissident, qui est présentement ministre de la Défense du gouvernement Bourgès-Maunoury, s'est rallié aux défenseurs de l' « Algérie française » avec Soustelle et Bidault : il inaugure solennellement un imposant réseau de barbelés électrifiés tendus sur 300 kilomètres de long, de la route de Bône à Tebessa qui surveille, à portée de canons, la frontière algéro-tunisienne. C'est la célèbre « ligne Morice » qui, par ses miradors, ses champs de mines, ses chiens policiers, ses projecteurs et ses patrouilles permanentes, rassure un temps l'opinion sur l'ordre qui règne, mais la trouble aussi quelque peu parce que *L'Express* dénonce dans sa construction un scandale : la réalisation de cet énorme chantier est due aux bons soins d'une entreprise dont Morice est administrateur. Nantes jase, tout en cherchant à se rassurer.

Le 23 septembre, à Alger, un adjoint de Yacef Saadi est arrêté par les paras et révèle sous la torture les entretiens entre son chef et... Germaine Tillion. Depuis sa démission de l'équipe Soustelle, celle-ci, lors de son retour en France en 1956, avait organisé une Commission internationale contre le régime concentrationnaire en Algérie. Elle revint à Alger en 1957 avec l'appui d'une dispense spéciale du président du Conseil Guy Mollet, au moment où la nouvelle offensive de plasticage de Yacef Saadi commençait, et fut contactée mystérieusement par le FLN pour rencontrer Yacef lui-même, au n° 3 de la rue Caton. Yacef proposa la fin des attentats contre l'arrêt des exécutions par guillotine des « patriotes » : une sorte de trêve civile. De retour à Paris, elle toucha l'entourage de Bourgès-Maunoury, devenu président du Conseil, et ceci de façon plutôt encourageante, à tel point qu'elle fut priée de retourner reprendre des contacts avec Saadi, mais à ses risques et périls. Trois exécutions eurent lieu auxquelles répondirent dix bombes FLN, qui ne touchèrent aucun civil.

Le 16 août, à nouveau, deux exécutions. Germaine Tillion supplia Yacef Saadi de renoncer aux représailles, ce qu'il fit. Mais l'engrenage de la bataille d'Alger était si avancé que c'était trop tard... « La nouvelle de ces contacts avec leur grand adversaire, Yacef, sembla aux paras un pur acte de duplicité de la part d'un gouvernement civil qu'ils en étaient venus à mépriser et dont ils se méfiaient de plus en plus [118]. » Le 24 septembre, le chef FLN de la zone d'Alger, Yacef Saadi, est arrêté dans la Casbah.

A la fin du mois de septembre, le 30, alors que je me prépare à regagner Rome, la presse nantaise m'apprend que le projet de loi-cadre pour l'Algérie est repoussé à l'Assemblée nationale par 279 voix contre 253. Maurice Bourgès-Maunoury présente la démission de son gouvernement.

Dans *L'Express,* au début du même mois, Mauriac avait déjà écrit : « “ Que pensez-vous de la loi-cadre pour l'Algérie ? ” Je n'en pense rien et je ne crois pas qu'il soit nécessaire d'en rien penser. Car ou bien l'armée matera les rebelles et les “ associations patriotiques ” d'Alger ne souffriront pas qu'il subsiste de cette loi-cadre si peu que ce soit dont les vaincus se puissent prévaloir ; ou nous devrons finalement consentir à des pourparlers, et nos interlocuteurs s'opposeront à tout ce qui, dans le projet, verrouille pour eux la porte sur ce qu'ils espèrent [119]. »

Le 22 septembre, j'avais pu lire toujours sous la plume de Mauriac : « Les progrès d'ordre militaire que M. Lacoste enregistre, et qui ont dû fortifier l'opposition des leaders de la droite à la loi-cadre, permettent-ils d'envisager, d'ores et déjà, fût-ce une simple amorce de démobilisation ? Encore une fois, c'est la seule question, toujours esquivée parce qu'elle nous oblige à toucher cette évidence qu'il n'existe pas d'issue à Alger en dehors des pourparlers, directs ou indirects, avec l'adversaire [120]. »

Au moment de sa chute, le nom de Bourgès-Maunoury n'est même pas cité par le chroniqueur de *L'Express* qui, en revanche, trois jours avant poursuivait sa méditation avec obstination : « L'armée... au vrai, c'est le problème de l'homme qui se pose ; car enfin ceux qui se spécialisent dans ces sortes d'interrogatoires, “ un peu poussés ”, ne sont pas des monstres. Ils appartiennent au “ tout-venant ”. Ils n'auraient sans doute rien fait de pire, sans cette guerre qui les a révélés à eux-mêmes, que de s'amuser pendant la classe à arracher les pattes d'une mouche [121]. » Toujours cette « torture » ! Je me refuse toujours à y croire, sans pourtant m'empêcher de m'avouer que les accents de vérité de l'écrivain catholique m'inquiètent infiniment. Lâchement, je me surprends à souhaiter vivement le retrait romain pour éviter ce genre d'interrogation. Là-bas, tout n'est-il pas plus facile s'il suffit d'obéir consciencieusement à la Règle ?

Les dernières nouvelles avant de quitter la France me parlent de la ligne Morice, d'Albert Camus et du général Billotte.

Le 2 octobre, Robert Lacoste et André Morice inspectent le barrage électrifié édifié à la frontière algéro-tunisienne, à l'exemple de celui qui avait été construit avant, du côté marocain, pour en empêcher le franchissement par les fellaghas.

Le 7 octobre, Albert Camus reçoit le prix Nobel de littérature, lui, le pied-noir qui a échoué dans sa tentative de trêve civile, vilipendé par ses coreligionnaires d'Algérie et même par certains de ses frères musulmans qui ne lui pardonnent pas une déclaration devenue célèbre : « Je défendrai ma mère * avant la justice [122]. »

Quant au général Billotte, *Le Monde* reproduit [123] un article qu'il a fait paraître dans la revue *Preuves,* dans lequel il s'en prenait aux militaires qui obéissaient à des « ordres manifestement contraires aux lois de la guerre : massacres de prisonniers, de population civile, tortures... », en soulignant : « L'excuse donnée : un homme torturé et ce sont peut-être cent des nôtres qui seront sauvés, n'est pas valable... Il y a fort peu de cas où un malheureux prisonnier dispose de renseignements de cette importance. »

Ce que j'ignore, comme tous les Français, c'est qu'à la même époque se met en place en Algérie un organisme au nom passe-partout, le Centre de coordination inter-armées, qui, après avoir regroupé une centaine de sous-officiers, dont la majorité est pied-noir, au camp de Beni-Messous, leur annonce une mission « top-secret » : « Vous êtes les premiers maillons d'un nouvel organisme. Au sein des DOP (dispositif opérationnel de protection), vous démantèlerez les réseaux de soutien à la rébellion. De votre efficacité dépend la victoire [124]. »

Dans ce début d'octobre, la toile d'araignée des DOP recouvre complètement l'Algérie et le Sahara sans qu'aucune région ne puisse échapper à son contrôle. Un sous-officier, qui en devient membre, écrira : « J'apprends que leur implantation était étudiée depuis l'année 1956. A l'origine, un groupe d'officiers dont beaucoup ont appartenu au BCRA, le service de renseignements de la France libre. Leur but, créer une structure militaire capable de se superposer aux structures rebelles pour mieux les combattre. Ces officiers défendent une idée très simple : regrouper les trois armes dans un organisme unique capable de répercuter immédiatement les renseignements à tous les niveaux et dans le même temps les exploiter sur place, immédiatement. Les méthodes utilisées lors de la bataille d'Alger

* Dans le contexte, sa « mère » est l'Algérie, puisqu'il est pied-noir.

démontrent l'efficacité du renseignement, on décide en haut lieu la création des DOP. Ils se superposent donc exactement à l'organisation du FLN[125]. »

Quelques mois plus tard le mot de « DOP » sera murmuré avec terreur par les quelques milliers de suspects qui seront passés par ses officines spécialisées.

Un mois plus tôt, un soldat de l'ALN dans le fond de sa grotte, ou un militant politique dans sa mechta, pouvait lire dans *El Moudjahid*[126] : « Les Français qui s'insurgent contre la torture, ou en déplorent l'extension, font immanquablement penser à ces belles âmes dont parlait tel philosophe, et l'appellation d'" intellectuels fatigués " qui leur est donnée par leurs compatriotes Lacoste et Lejeune est très pertinente. On ne peut à la fois vouloir le maintien de la présence française en Algérie et condamner les moyens de ce maintien.

» La torture en Algérie n'est pas un accident, ou une erreur ou une faute. Le colonialisme ne se comprend pas sans la possibilité de torturer. La torture est une modalité des relations occupant-occupé.

» Après avoir nié l'existence des tortures en Algérie, les Français ont utilisé un double argument :

» — il s'agit de cas exceptionnels,

» — puis toute responsabilité fut rejetée sur des éléments servant dans l'armée française.

» En réalité la torture n'est pas un moyen d'obtenir des renseignements. On torture en Algérie par perversion sadique. »

Et la propagande FLN, qui aura beau jeu de s'alimenter aux sources des DOP, de conclure en citant un article de G. M. Mattei de juillet-août 1957 des *Temps modernes* où l'auteur se révolte contre les atteintes à la dignité et à l'honneur français : « Quelle génération nous prépare-t-on avec ce bouillon de culture qu'est aujourd'hui l'Algérie ? » ... car le plus grave évidemment c'est ce qu'étaient devenus ces jeunes rappelés : de véritables mercenaires. « On ne peut trouver, dit *El Moudjahid,* de meilleur exemple de ce que l'on doit somme toute appeler perversion du sens moral... Il faut savoir que seules les conséquences morales de ces crimes sur l'âme des Français intéressent ces humanistes. »

Outre l'inévitable argument de l'« efficacité », justifié par la « victoire » de la bataille d'Alger, une autre raison cautionnant la création des DOP et de ses professionnels de la torture est celle-ci : « Notre action est moins cruelle que les tabassages dans les corps de troupe, quand dix soldats fous furieux esquintent un prisonnier, parfois à vie. Pour le plaisir. La recherche de l'efficacité disparaît alors au bénéfice de la violence gratuite. Nous voulons seulement des renseignements. Nous devons rester froids et arrêter l'interrogatoire aussitôt que le prisonnier parle[127]. »

Soustraire donc l'interrogatoire à l'inefficacité de la violence gratuite, au sadisme inutile : le travail des DOP est un travail technique, sans passion ni vengeance. Techniciser la « chose », manière froide de démoraliser la question.

Même si Rome n'est si belle qu'en son automne, il en coûte un resserrement du cœur que de quitter les douces rives de la Loire.

Durant la retraite spirituelle de la première quinzaine d'octobre, qui précède la rentrée universitaire, j'oublie que la France est en crise ministérielle. Au vingt-neuvième jour de la crise, c'est-à-dire le 29 octobre, Guy Mollet se voit refuser la confiance de l'Assemblée nationale par 290 voix contre 227.

L'automne romain est encore chaud et rayonnant. Les relations internationales m'intéressent de plus en plus et j'élargis mon horizon des contacts hispaniques et latino-américains à ceux de nos cousins germains, parce qu'ils parlent souvent bien le français et qu'ils vont régulièrement donner un coup de main à un chantier particulier dans une banlieue très populacière de Rome, aux Quatro Fontane, là où sous l'impulsion de la fondatrice, mère Madeleine, les petites sœurs de Jésus ou du frère Charles de Jésus, bâtissent leur maison généralice en érigeant de modestes baraquements dans l'esprit de leur fondateur, Charles de Foucauld. Nous, nous faisons les terrassiers et les manutentionnaires avec enthousiasme.

Un gros titre du *Messaggero* m'apprend, le 6 novembre, que l'Assemblée nationale a accordé l'investiture à un certain Félix Gaillard dont je n'ai jamais entendu parler, par 337 voix contre 173.

Mauriac, dans son *Bloc-Notes* du lendemain, écrit : « Une jeune femme protestante était torturée ; cela se passait cette année quelque part en Algérie. Et voici qu'entre deux applications d'électricité elle cria : " Jésus ! "... Alors, le chef fit un signe aux bourreaux et leur dit : " Arrêtez !... Elle a donné un nom. " C'est tout[128]. »

La lecture du chroniqueur chrétien me manque. Si j'avais pu lire ses lignes précédentes, j'aurais eu de quoi nourrir mes oraisons silencieuses de l'aube pendant des mois, mais il y a sans doute un temps pour chaque chose et chaque jour, puisque c'est une autre femme, Thérèse de Lisieux, qui me conduit dans la pauvreté spirituelle : « J'ai remarqué, dit-elle, que Jésus ne veut pas me donner de provision. Il me nourrit à chaque instant d'une nourriture toujours nouvelle. Je la trouve en moi sans savoir comment elle y est. » A chaque jour suffit sa grâce : nous nc sommes pas loin de la pauvreté du frère Charles de Foucauld.

Du sous-lieutenant Laraison, en stage à Saint-Maixent : « ... La République me dégoûte. Je ne lis plus de journaux. » Moi non plus, pas pour les mêmes raisons, lorsque mon capitaine mendésiste m'envoie de Paris cet extrait du *Bloc-Notes* de Mauriac : « Et maintenant ouvrons un autre livre, paru celui-là aux Éditions de Minuit. Maurice Garçon nous a bien préparés à l'entendre. *Pour Djamila Bouhired,* de Georges Arnaud et Jacques Vergès, est l'histoire d'une Algérienne compromise dans un attentat et qui a été condamnée à mort. Coupable ou innocente ? Les lecteurs de ce compte rendu, à vrai dire passionné, en décideront. Ce qui me retient ici, c'est l'atmosphère d'un procès où l'inculpée, blessée d'un coup de feu lors de son arrestation, a été " interrogée " sur la table d'opération — oui ! — et où les défenseurs ont été à deux doigts d'être lynchés. Certes nous imaginons ce que put être l'atmosphère d'Alger, à l'époque des attentats par explosif : nous devons en tenir compte. Mais le scrupule du législateur devrait redoubler, il me semble, dans des temps comme le nôtre, et ne pas se rendre complice de la férocité déchaînée[129]. »

Étrangement, cette alerte me laisse sceptique parce que je suis sous influence, celle d'un ami, d'un aîné, ici, qui me sensibilise au drame des chrétientés agonisantes d'Indochine persécutées par le cancer atroce du communisme et dont je continue à considérer les effets pervers dans la révolution algérienne.

Celui qui a dénoncé le communisme comme « intrinsèquement pervers », le pape Pie XII, j'ai la joie et la surprise de le rencontrer, le 26 novembre, dans une audience privée à laquelle m'emmène un compatriote, Mgr Morilleau, ancien curé de Saint-Clément à Nantes et devenu évêque de La Rochelle. Impression forte, ineffaçable, que je consigne le lendemain :

« Quel contraste entre ces riches et somptueuses antichambres damassées de pourpre, ces tapis rouges, ces hauts plafonds à caissons dorés, ces valets chamarrés, ces prélats nerveux et infatués, et la douce, la très simple apparition du Saint-Père : le surnaturel de son visage, blanc comme cire d'abeille, et surtout ce regard, ces yeux qui vous transpercent comme s'ils allaient au-delà de vous-même et vous clouent au sol dans un respect qui peut rendre muet le plus hardi... les évêques *

* Étaient présents à cette audience privée, Mgr Ferrand, archevêque de Tours, Mgr Remond, évêque de Nice, Mgr Morilleau, évêque de La Rochelle, et leurs secrétaires.

deviennent comme des enfants de chœur... cette figure si austère filtre l'angoisse, comme celle du Christ au jardin des Oliviers mais murmure la joie profonde de la confiance crucifiée. »

A la fin du mois de novembre, le 29, l'Assemblée nationale française émet un double vote favorable sur la loi-cadre pour l'Algérie et la loi électorale algérienne à une majorité d'une soixantaine de voix, ce qui fait dire à Mauriac : « Se trouvait-il quelqu'un sur les travées, ou au banc des ministres, pour croire que la loi-cadre a la moindre chance d'être appliquée un jour ? Ou nous en viendrons finalement à des pourparlers et, quels que soient nos interlocuteurs, ils exigeront comme entrée de jeu que tout soit biffé de ce qui a été imposé au peuple algérien, de ce qui lui a été octroyé ; ou les rebelles devront céder à la force et se soumettre. Dans ce cas, je ne donnerais pas cher de la loi-cadre, ni même de ce que les Européens d'Algérie en laisseraient subsister sur le papier [130]. »

Le 2 décembre, Mauriac note : « A dix heures et demie, ce matin, dans un amphithéâtre de l'Académie des sciences, soutenance de thèse *in absentia* de Maurice Audin, disparu... mort ? vivant ? Le saurons-nous jamais ? Il a été torturé, on a tiré sur lui : cela seul est sûr... Un intellectuel, un intellectuel de gauche... Je songe avec quel mépris ces mots sont imprimés dans une certaine presse. Maurice Audin était l'un d'eux. Il appartenait à ce qui subsiste chez nous de plus noble, de plus pur. Qu'avez-vous fait de lui [131] ? »

La Commission de sauvegarde, créée en avril, devenait une sorte de serpent de mer : elle devait être consultée chaque fois qu'un abus serait signalé aux autorités responsables, et il lui était demandé non seulement de s'assurer de la véracité des faits dénoncés mais aussi du « caractère calomnieux ou sciemment exagéré de certains faits ». Elle s'était donc mise au travail, mais au mois de septembre son rapport n'était toujours pas connu, bien qu'il ait été remis à M. Robert Lacoste. Trois inspections de la Croix-Rouge internationale, une enquête d'une commission dirigée par M. David Rousset sur les camps d'internement sont survenues entre-temps. Les promesses de publication se sont multipliées... M. Guy Mollet, après avoir quitté Matignon, s'était payé le luxe de déclarer : « Il est vrai que des actes intolérables ont été commis en Algérie par des Français autochtones ou métropolitains. » Mais c'était pour ajouter fièrement : « Ai-je ou non créé la Commission dont nous réclamons que le rapport soit publié [132] ? »

C'est le journal *Le Monde* qui, le 14 décembre, à ses risques et périls et sous la menace d'une saisie, publiera non l'ensemble des textes, mais le rapport de synthèse dû à la plume du président de la

Commission, M. Pierre Béteille. Texte prudent. Comme l'écrit son auteur, ce n'était pas « le moment, dans les heures tragiques que traverse l'Algérie d'affaiblir l'autorité (des hauts fonctionnaires) et de risquer de jeter involontairement le discrédit sur les services de la police et de l'armée ».

Au chapitre « violences », le rapport mentionne que l'autorité militaire a communiqué un relevé des exactions portées à la connaissance du commandement et des sanctions prononcées sur le plan pénal et militaire. Cette liste contient deux cent soixante-quatorze cas dans lesquels le tribunal militaire ou l'autorité disciplinaire ont effectivement infligé des sanctions. « Le grand coupable, écrit M. Delavignette, membre de la Commission, c'est le système qui affole et qui bloque tout un pays dans le mutisme, mutisme dont il ne peut s'évader qu'à la condition d'atteindre secrètement la Commission de sauvegarde de Paris [133]... »

Dans la nuit de la Nativité, après l'office, les bouchons de champagne ou d'asti spumante ne sautent guère dans l'austère Séminaire français de Rome : une orange et un bol de chocolat sont là, seuls, pour nous rappeler les dimensions sensibles de la théologie de l'Incarnation.

Et puis le grand silence de cette caserne conventuelle.

1958

Rome donne le goût des relations internationales, plus que Paris, mais l'amour-propre national y est mis davantage à l'épreuve. Ainsi lorsque j'apprends que notre situation monétaire étant devenue presque aussi humiliante qu'en 1947-1948, Jean Monnet est envoyé ce mois-ci à Washington pour mendier 650 millions de dollars, « en promettant de réduire l'impasse et en s'aidant entre-temps de l'or, et surtout la politique de " vérité des prix " de Gaillard, qui unifie les changes et dévalue enfin pratiquement de 20 % le franc[134] ».

Malgré moi, mon attention se porte davantage de l'autre côté de la Méditerranée d'où les nouvelles, à nouveau, sont inquiétantes. Si l'on croit la situation calmée à Alger par une « victoire » de Massu, le péril se porte aux frontières algéro-tunisiennes : le 11 janvier, la presse italienne nous apprend que quatre militaires français sont faits prisonniers par une bande rebelle, apparemment venue du territoire tunisien, et retenus captifs dans ce territoire dans le village de Sakhiet-Sidi-Youssef. Du coup la tension croît entre Paris et Tunis : suspension des négociations en cours et refus par Habib Bourguiba de recevoir l'envoyé spécial du gouvernement français.

Le 20 janvier, à nouveau notre susceptibilité nationale est irritée : un des étudiants de la Maison, un Yougoslave — le Séminaire français, outre ses ressortissants, accueille un Brésilien, deux Colombiens, deux Maltais, un Espagnol, des Mauritiens, un Polonais, un Suisse et deux Yougoslaves — vient me présenter ses excuses parce qu'un navire de son pays, transportant une importante cargaison d'armes pour les rebelles, vient d'être arraisonné au large d'Oran. Pour lui, et pour moi, ce n'est qu'une preuve de plus de la manipulation marxiste des fellaghas algériens.

L'histoire de la frontière franco-tunisienne rebondit le 8 février : en riposte aux attaques du FLN provenant du territoire tunisien, le village de Sakhiet-Sidi-Youssef est bombardé par l'aviation française, au prix de soixante-neuf civils tués et de cent trente blessés, dont de nombreux enfants. L'opinion internationale est choquée : Isidoro, mon meilleur interlocuteur étudiant romain, ne me le cache pas. La presse italienne devient agressive. Lacoste clame à la légitime défense. Tunis saisit l'ONU. Est-ce l'internationalisation du problème algérien ?

Isidoro, qui lit la presse française, me félicite de ce que *La Croix* ait eu le courage d'entreprendre avec Jacques Duquesne une série d'enquêtes sur « certaines méthodes » pratiquées en Algérie. Mon air indigné le surprend... Le 11 février, l'affaire de Sakhiet provoque un débat à la Chambre au cours duquel Félix Gaillard se refuse à condamner publiquement le raid meurtrier ; il obtient la confiance par 355 voix contre 179. Mais quoi ? A-t-il laissé « la bride sur le cou » aux généraux de M. Lacoste, comme s'en indigne Mauriac[135], qui avait écrit quelques jours plus tôt : « Tout a été dit sur les tortures, et nous en savons assez, et nous en savons trop. Osons en convenir : dans le pays, presque rien n'a bougé, comme si ce qui y subsistait de conscience ne se trouvait plus que dans l'Église et dans l'Université[136] » ?

Nouveau prurit d'amour-propre national lorsque Isidoro m'annonce, croyant encore me faire plaisir, qu'après que Bourguiba a saisi le Conseil de sécurité de l'ONU de l'affaire de Sakhiet, Tunis et Paris ont fini par accepter une offre de « bons offices » anglo-américaine. Il me souligne d'ailleurs que ce genre de propositions diplomatiques n'était pas nouvelle, puisqu'il y a un peu plus d'un an l'Assemblée générale des Nations unies avait déjà voté à l'unanimité une résolution sur l'Algérie prenant acte de l'offre de « bons offices » du roi du Maroc et du même Bourguiba.

Le 17 février, dans l'Oranais, un curé de campagne, pied-noir, reçoit un arrêt d'interdiction de séjour. Pour la deuxième fois l'abbé Alfred Berenguer est expulsé de son pays natal, après avoir déjà provoqué le scandale de ses congénères européens pour avoir pris publiquement[137] position pour des idées si favorables aux rebelles qu'elles annoncent l'indépendance et pour s'être manifesté en désobéissant à son évêque et en critiquant sans nuances tout le clergé de son pays, y compris les Pères blancs. L'opinion publique française l'ignorera du début jusqu'à la fin du conflit, de même que Rome, probablement parce qu'à l'instar des témoins les moins hostiles qui le connaissent il est jugé qu'il ne représente guère que lui-même.

La série de reportages réalisés par *La Croix* au début de l'année 1958 sous la plume de Jacques Duquesne fait monter le ton dans les milieux catholiques fort divisés sur l'Algérie. Parmi les réactions, nous avons l'écho de celle de Mgr Badré, responsable national du vicariat aux Armées, qui a écrit le 1er janvier[138] au directeur du quotidien catholique qui passe aux yeux de l'opinion pour être en quelque sorte le journal quasi officiel de l'Église de France. L'indignation de Mgr Badré est sincère : « Votre rôle de prêtre, directeur d'un journal, n'est pas de chercher ce qui peut diviser mais ce qui peut unir... Vous avez, dès les premières lignes, orienté votre enquête sur le seul problème des tortures et des violences exercées contre les Musulmans. Vous l'avez fait avec un tel luxe de détails que tout ce que vous ajoutez pour tenter d'équilibrer vos informations paraît timide, gêné ; vous avez l'air presque de vous excuser d'en parler. » Conclusions : puisque ce reportage n'a été « ni objectif ni pleinement catholique », et que, de ce fait, *La Croix* devient un organe d'opinion, le patron de l'Aumônerie militaire prend sur lui de retirer la recommandation de coutume, à savoir d'inviter aumôniers et officiers à s'abonner.

Le 7 mars est publié un communiqué de l'Assemblée des cardinaux et archevêques consacré à l'Algérie : c'est le troisième depuis le début du conflit. Cette déclaration, qui manifeste un grand souci d'équilibre et exhorte à éviter « les excès contraires au droit naturel et à la loi de Dieu », ne nous est pas rendue publique dans le Séminaire ni commentée par notre supérieur. Sa préoccupation, à lui aussi, est de préserver un équilibre qui tend à devenir fragile dans notre communauté.

Toujours du retard dans les informations « parallèles » qui me viennent de France, malgré moi. Mon capitaine « mendésiste » — mais l'est-il encore ? — m'envoie la prose de Mauriac : « 23 février 1958. *La Question,* d'Henri Alleg, aux Éditions de Minuit. Il n'y a plus rien à en dire. Tout ce qui a été dénoncé reçoit ici, d'une des victimes, un témoignage sobre, qui a le ton neutre de l'histoire. Quel coup vous avez porté à l'armée, vous qui prétendez la défendre contre nous... toute injustice à l'égard des hommes, commise au nom de la France, accable la France notre mère. Mais s'il s'agissait de ma mère selon la chair, comme pour Camus ? Henri Alleg, lui, a choisi : ses bourreaux lui criaient : “ Toi, tu ne veux rien dire. Mais ta femme, tu crois qu'elle tiendra le coup ? Tu crois que tes gosses sont à l'abri parce qu'ils sont en France ? ” Henri Alleg n'a jamais parlé... “ Vous ne dénoncez jamais les crimes des autres ! ” Je l'ai dit et le redis : croyez-vous donc qu'ils ne me fassent pas horreur ? Mais nous n'en sommes pas comptables. Il ne dépend pas de nous qu'ils ne soient pas commis — s'ils sont tout de même le fruit de notre politique. Ce n'est pas en notre nom qu'ils s'accomplissent [139]. »

Mauvais signe pour notre République, me signale Isidoro : une manifestation de policiers manipulés par le commissaire Dides, lié aux milieux d'extrême droite, se déroule le 14 mars devant le Palais-Bourbon.

Vaccinés par les années mussoliniennes, les Italiens restent très chatouilleux sur tout ce qui peut venir de la droite extrême et leurs réactions de presse sont toujours vives par rapport à certains bruits de bottes qui viennent des légions d'au-delà de la Méditerranée. Plus positivement, mon Romain m'alerte sur la prochaine session à Strasbourg de l'Assemblée parlementaire européenne (19-21 mars) qui élit Robert Schumann comme président.

Le 23 mars, à la fin de leur Conseil national en France, les républicains sociaux (URAS *) adoptent une motion de politique générale qui se termine par un appel au général de Gaulle... En dehors des initiés, qui d'entre les Français a pu y voir un « signe » ? Je ne connais parmi tous nos confrères aucun d'entre eux qui ait jamais manifesté quelque sentiment gaulliste que ce soit. En revanche, dans mon cours de deuxième année de licence de philosophie, si j'excepte un Mauritien et un Espagnol, tous les Français sont de la plus belle trempe conservatrice. Jusqu'ici nous avons toujours évité les discussions politiques entre nous.

En fait d'appel, les évêques d'Algérie ne sont pas en reste, au seuil de ce printemps qui s'annonce insidieusement comme tumultueux : ils publient, le 25 mars, un appel commun « à la réconciliation et à la paix ».

Dans *L'Express :* « 28 mars. Saisie de *La Question* d'Henri Alleg. Une fois le principe admis qu'il faut poursuivre non les auteurs d'un crime, mais ceux qui le dénoncent, il eût été plus sage de ne pas attendre que des milliers d'exemplaires fussent vendus et lus dans le monde entier. » L'ironie de François Mauriac accuse et plaide à la fois : « Et qu'ils aient pu l'être, c'était après tout la meilleure réponse à faire lorsqu'un étranger s'indignait devant nous : la France était tout de même un pays où la parole écrite demeurait libre. La publication et la vente à ciel ouvert du livre d'Alleg témoignaient en notre faveur, malgré tant d'abus et d'attentats. Sa saisie nous prive de cette dernière fierté... " Participation à une entreprise de démoralisation de l'armée ayant pour objet de nuire à la défense nationale. " Tel est le motif officiel de la saisie. Alleg a été torturé ou il ne l'a pas été. S'il l'a été dans les conditions qu'il décrit, ne reprochez pas à la victime mais aux bourreaux, de démoraliser l'armée. En quoi le fait de demander justice contre eux menace-t-il l'État, offense-t-il la nation [140] ? »

Et comme, dans cette affaire, Lacoste a feint de faire croire que les

* Union des républicains d'action sociale, de tendance gaulliste.

examens médicaux ne révélaient guère de traces de sévices, l'écrivain conclut : « Il reste que la torture qui ne laisse pas de trace demeure une des conquêtes de la technique policière qui aujourd'hui assure le mieux le repos des experts et des juges. »

Ma mère, à Nantes, quoique ne faisant plus partie d'une cellule de la Cité catholique, groupe de réflexion assez traditionnel dont j'ignore tout, reçoit toujours sa publication *Verbe,* dont elle m'envoie le numéro 90 parce qu'il commence une série d'études sur « Morale, droit et guerre révolutionnaire ».

Dans ce premier article[141], l'auteur qui signe sous le pseudonyme de Cornelius, rappelle d'abord la position de l'Église catholique vis-à-vis de la guerre en général, avant d'aborder les aspects particuliers de la guerre révolutionnaire et les problèmes moraux qu'elle peut poser au combattant des forces contre-révolutionnaires.

L'auteur tire en conclusion non seulement la nécessité de la transformation des militaires en policiers, mais le « caractère judiciaire de l'action contre-révolutionnaire ». Soldat, policier et juge ! Je ne puis m'empêcher de regimber instinctivement devant cette assimilation, si contraire à la démonstration de l'honneur d'un officier d'un Pierre-Henri Simon, et sans discerner encore pourquoi cette fusion des pouvoirs de police et de justice est si utile à toute la démonstration de son auteur, lequel, pour ce premier article, se contente de dénoncer l'inadaptation des institutions, notamment juridiques, à la situation nouvelle créée par la guerre révolutionnaire et fait appel à l'autorité morale et anonyme d'un aumônier militaire qui déclare :

« Une constatation s'impose avec évidence : les soldats n'ont pu mater cette vague de criminalité par les moyens qui leur sont habituels ; les policiers prévus pour la répression du crime routinier ont été débordés par l'ampleur du phénomène, c'est pour un certain temps, une armée de policiers, de soldats-policiers qu'il nous faut[142]. »

Cette conclusion me choque et je décide en conséquence de me renseigner mieux sur cet organe qui prêche avec autant de rigueur et d'ardeur la contre-révolution. Il me semble que quelques élèves de notre Maison doivent flirter de ce côté-là, qui a quelques odeurs de relent d'Action française.

Après les vacances pascales, qui m'ont permis de rêver devant les splendeurs grecques des temples de Paestum, les assauts des gros titres des journaux italiens laissent entendre que la crise qui s'ouvre avec la chute de Gaillard, le 15 avril, va être grosse de conséquences. Isidoro craint toujours nos généraux et nos colonels d'Alger : leur peur de voir s'internationaliser le conflit est renforcée par le vote qui vient d'abattre Gaillard puisque c'est après avoir exposé aux députés les résultats de la mission de « bons offices » anglo-américaine entre Paris et Tunis, et préconisé l'acceptation de leurs propositions, que le jeune président du Conseil a été mis en minorité par 321 voix contre 255. En outre, ils semblent ne plus rien attendre de cette République fragilisée pour laquelle la crise qui s'ouvre va durer trente-sept jours.

Bidault, pressenti, le 20, renonce le 22. A son tour Pleven essaie et baisse les bras le 2 mai. Pendant ce temps, on apprend les nouvelles de nombreuses désertions de supplétifs musulmans...

« Comment ce peuple supporte-t-il encore l'espèce de ballet dansé autour de l'Élysée sur le thème de la crise et qui exciterait la risée du monde, si le monde ne faisait les frais de ce qu'enfanteront les génies combinés du président Coty et du président Mollet[143] ? »

Mauriac ironise avec amertume sur ce « quadrille dansé par des bourgeois de Labiche », en griffant Bidault et Maurice Schumann, mais Pleven à nouveau recommence, le 5 mai, et abandonne définitivement le 8. Le lendemain, Coty appelle un MRP, le « sage et honnête » Pierre Pflimlin mais de Tunis, le même jour, l'annonce par le FLN de l'exécution de trois militaires prisonniers français soulève l'indignation à Paris, l'adversaire prenant à l'évidence le parti pris de créer l'irréparable. Torpiller ce « libéralisme », est-ce son but ?

« Les rebelles ne haïssent rien autant qu'un certain libéralisme, prêt à céder beaucoup mais non sur ce qui compte seul à leurs yeux et qui a déjà coûté tant de jeune sang : l'indépendance. Aucun doute que les chefs du FLN ne préfèrent un Lacoste à un Pflimlin, un Soustelle à un Mendès France. Si la droite française, manœuvrée par le fascisme algérien, ne barrait pas la route au leader MRP, il mesurerait ce qu'a d'irréductible la résolution de ces " désespérés " qui ont pris les armes pour n'être plus jamais les ratons et les bougnoules de personne[144]. »

Ces lignes de Mauriac, écrites avec tant de lucidité le 10 mai de cette année-là, je ne les lirai que dans un mois. Ici, à part les titres de la presse romaine et la lecture « interdite » du *Monde* et de *La Croix* dans la salle des prêtres, mais avec quatre ou cinq jours de retard sur l'événement, l'accélération de l'actualité, dont nous ne pourrions prendre la mesure qu'avec la radio, est telle et les moyens si pauvres que la tentation me viendrait bien de trouver refuge dans « Le » spirituel, mais si désincarné que je ressens trop vivement la contradiction avec un Fils d'Homme qui, lui, a payé si cher le prix de l'histoire.

Toujours le 9 mai, d'Alger, Salan, commandant en chef, envoie au président de la République, par la voie hiérarchique du chef d'état-major général des armées, le général Ely, un télégramme signé de tous les généraux commandants d'armées en Algérie, qui fait état de rumeurs sur l'éventualité de pourparlers avec la rébellion en vue d'un cessez-le-feu.

« " Les signataires croient de leur devoir de porter à la connaissance du chef de l'État les troubles de conscience de l'armée et d'attirer son attention sur les conséquences qui pourraient résulter d'une politique de négociation. L'armée française, d'une façon unanime, sentirait comme un outrage l'abandon de ce patrimoine national ", et la dernière phrase résonne comme un avertissement menaçant : " On ne saurait préjuger de sa réaction de désespoir. " Texte aussi insolent qu'insolite : pour la première fois ou presque de son histoire, l'armée s'écarte de la tradition du respect, au moins dans les formes, du pouvoir civil et du loyalisme des officiers généraux à l'égard des institutions[145]. »

Malgré ses soupçons, Isidoro, qui me commente à l'Université l'actualité avec passion, ne sait pas encore que l'armée a fait un premier pas hors de son devoir. Avec la journée du 13 mai, les journalistes sont dans la trépidation de leurs bureaux de rédaction à décrypter l'avalanche des messages d'agences, les historiens frémissent mais savent que le temps est avec eux et moi je sais que je ne puis ni glaner les informations — la presse italienne nous révélera l'événement du 13 le lendemain ! — ni accumuler les documents : dans tous ces jours précipités, je me sens comme le Fabrice de Stendhal, en marge de la bataille, tout en en faisant partie, sans lorgnette ni stratège pour me guider dans cette confusion grandissante.

Le 14 mai, j'apprends donc que la veille deux événements synchrones et d'importance s'étaient déroulés : l'investiture de Pierre Pflimlin par une Assemblée nationale dont les membres socialistes s'apprêtaient à l'abstention, mais qui se retournent à la nouvelle de la violence des activistes d'Alger, lesquels ont conduit — et c'est le deuxième coup concomitant — une manifestation massive qui se termine par la prise du gouvernement général d'Alger, la création d'un Comité de salut public présidé par Massu. Cela ressemble à une émeute cautionnée par la passivité de l'armée, et cela doit bien paraître tel au président Coty puisque, à l'aube du 14 mai, il adresse à celle-ci un appel qui l'adjure de « rester dans le devoir sous l'autorité du gouvernement de la République ».

Isidoro crie déjà au fascisme de mes généraux et à la faiblesse de Pflimlin qui de suite a délégué à Salan les pouvoirs civils et militaires. Des éclats de voix commencent à retentir dans le Séminaire, après le déjeuner, dans la cour de récréation et les salles de rencontre : un confrère du même cours que moi, aux opinions musclées, prêche la solution militaire totale au grand scandale de ses aînés, marqués par l'Action catholique ouvrière, et bons démocrates. Les portes claquent, puisque les arguments deviennent inutiles. Pour la première fois, je suis témoin d'un bref affrontement dans ce « pontifical » et modéré Séminaire, qui en connut de beaucoup plus vifs lors de la condamnation de l'Action française.

Les jours qui suivent vont montrer qu'ici, au moins, les antagonismes préfèrent s'ignorer, ce qu'ils peuvent faire à leur guise puisqu'ils sont sans pouvoir.

Entre Paris et Alger, on commence par feindre de s'ignorer tout en sachant que deux pouvoirs concurrents sont face à face. Des séminaristes espagnols m'avouent leur crainte pour nous d'un nouveau 36 qu'ont connu leurs pères... Est-ce l'ombre de la guerre civile ?

« Nuit du 13 au 14 mai 1958. La République continue. Paris n'a pas capitulé devant Alger. L'investiture accordée à M. Pierre Pflimlin nous aura épargné cette dernière honte. Et maintenant face au pronunciamiento, il faut que la gauche française ressuscite[146]... » Ce n'est pas ce premier vœu de François Mauriac qui va se réaliser, mais le dernier qu'il prononce dans cette nuit exceptionnelle, celui d'espoir, cher à son cœur depuis tant d'années : « Nous espérons toujours en de Gaulle, mais non en un de Gaulle qui répondrait à l'appel d'un Massu. La grandeur de De Gaulle, c'est d'appartenir à la nation tout entière. Puisse-t-il ne pas dire un mot, ne pas faire un geste qui le lierait à des généraux de coup d'État. »

De Gaulle refuse de désavouer l'initiative d'Alger — mais le gouvernement légal n'a-t-il pas délégué ses pouvoirs à Salan ? —, tout en refusant l'idée d'être conduit au pouvoir par des factieux. Le jeudi 15 mai, du gouvernement général, qui devient un rendez-vous pour les foules algéroises, Salan termine son discours à la foule massée sur le Forum par un cri qui ressemble bien à un appel : « Vive de Gaulle ! » C'est en fin de matinée, et dès 17 heures, à Paris, que le secrétariat du général diffuse un communiqué qui, tout en prenant acte du trouble de l'armée, accuse le régime des partis et annonce clairement au pays la nouvelle donne : en référence à son rôle historique, le général est « prêt à assumer les pouvoirs de la République ».

Au lendemain de ce coup d'éclat, notre microcosme de petits Français en exil est aussi divisé que le Parlement : les pro-« Algérie française » s'opposent sourdement et silencieusement aux « démocrates » qui soupçonnent en de Gaulle quelque collusion avec la « réaction » : pour des raisons opposées, le rejet est commun.

Le 16 mai, à l'annonce d'une grande manifestation algéroise où participent de nombreux Musulmans, parmi nous, les premiers crient au miracle de la « fraternisation » quand les seconds dénoncent là une vraisemblable manipulation des services militaires de l'action psychologique. Malentendu ?

Il faut dix-sept jours pour passer d'une opposition parlementaire au général à une majorité qui d'un côté comme de l'autre de la Méditerranée repose sur un malentendu.

Pourtant le 19 mai, dans une conférence de presse, de Gaulle cherche à dissiper les équivoques — il ne recevra pas le pouvoir des mains armées de la sédition —, tout en affirmant qu'il ne se présentera pas en quémandeur devant l'Assemblée. Le 24 mai, les parachutistes sautent sur la Corse qui passe à la dissidence. Moi qui penchais vers de Gaulle — souvenir de la croix de Lorraine affichée dans ma chambre d'enfant ? —, je me vois rabroué par Isidoro qui accuse dans la personne du général la puissance d'un futur « duce »... Il est vrai que même s'il nous est difficile, chaque fois que nous passons par la piazza Venezia, d'oublier la silhouette grotesque et dangereuse, la comparaison me paraît blessante. Anachronique.

Le 27 mai, à 17 heures, nouveau communiqué fracassant du général qui force le destin : « J'ai entamé le processus régulier nécessaire à l'établissement d'un gouvernement républicain. » Au matin du 29, le président du Conseil démissionne, ce qui conduit aussitôt le président Coty à agiter le spectre de son propre départ, en adressant un message exceptionnel au Parlement déclarant son intention de faire appel au « plus illustre des Français » pour former le gouvernement. Le même soir, à l'Élysée, de Gaulle accepte d'être désigné par le président et commence ses consultations.

Surprise pour nous, les néophytes, que de retrouver dans la liste de ce premier gouvernement de Gaulle, de vieux briscards comme Pinay ou Guy Mollet, seulement deux gaullistes ardents, Debré et Malraux, et un glorieux absent, Jacques Soustelle. Les esprits se calment et l'apaisement revient dans le Séminaire qui s'enfonce dans la chaleur estivale et le bachotage des examens universitaires de fin d'année. Le 1er juin, l'Assemblée nationale investit le général de Gaulle par 339 voix contre 224, et reconduit les « pleins pouvoirs ». Du 4 au 7 juin, de Gaulle accomplit son premier voyage en Algérie et prononce de nombreux discours : cède-t-il au vertige du verbe lorsqu'il conclut sa péroraison sur le Forum d'Alger par le fameux : « Je vous ai compris » ? Nous en débattons entre nous presque académiquement.

Entre ces voyages, les exégèses des discours, les nouvelles nominations de ministres, les motions des comités de salut public d'Algérie, les fonctions de préfet confiées à Massu, et le lancement d'un emprunt Pinay, je m'y perds quelque peu et, n'était-ce mon ami Isidoro, toujours sagace à décrypter l'histoire immédiate, je n'aurais pas perçu que la nouvelle la plus importante à long terme était celle selon laquelle une commission de juristes venait de se créer autour de Michel Debré pour mettre à l'étude la réforme constitutionnelle.

Réminiscences de mes études de droit constitutionnel à Paris ou goût modéré pour la métaphysique, la théodicée, l'ontologie, la logique ou même l'histoire de la philosophie, les événements ne m'aident pas à la concentration obligée à la veille des examens. Ceux-ci aussitôt exécutés, c'est le retour au début de juillet à Nantes. Je me plonge dans quelques journaux et revues pour rattraper le retard et comprends seulement à ce moment-là que c'est le Parlement lui-même qui a voté un texte donnant mandat au chef du gouvernement de préparer une nouvelle Constitution par un projet qui sera soumis à référendum : j'ai hâte de pouvoir enfin voter pour la première fois !

Tout le monde semble respirer mieux ; ni résignation ni désintérêt ne semblent avoir marqué les esprits, mais si formellement la IVe République existe toujours, nous avons l'impression qu'une page est déjà tournée irréversiblement... sans regret particulier.

Avant que de gagner Lourdes pour un pèlerinage, je médite avec Mauriac : « La grandeur de De Gaulle, c'est qu'issu d'un milieu patricien, formé aux mêmes disciplines que les autres chefs militaires français, enclin par tradition et par goût à entendre les leçons des maîtres du nationalisme, il n'a jamais commis l'attentat que certains d'entre vous méditent : il n'a jamais essayé de mutiler cette France que les siècles ont faite, la France des Croisades, mais celle aussi des Droits de l'Homme... Et c'est d'abord à ces soldats — à leurs jeunes chefs intelligents et qui ont réfléchi et mis au point leurs méthodes —, c'est à eux qu'il faudrait s'adresser, non l'insulte à la bouche, ni le mépris au cœur, ni en pharisiens de l'intelligence, ni comme si vous méconnaissiez la part d'héroïsme et très souvent de charité dont beaucoup de ces combattants ont témoigné, eux qui auront été les premières victimes de la politique dénoncée par nous. Parlez-leur comme si vous les reconnaissiez dignes de concevoir que les Français dressés contre l'usage de la torture ne sont pas de mauvais Français et que c'est la France qui crie, quand ils crient[147]. »

La torture ? Je vais finir par douter qu'elle n'ait pas existé... mais cette fois-ci, avec de Gaulle, tout va changer... Quant aux jeunes chefs militaires, je pense au sous-lieutenant qui a dû avoir sa première affectation en Algérie : dans le courant de l'été, passé les premières fièvres des découvertes sur le terrain, il devrait donner de ses nouvelles. Je me demande bien d'ailleurs comment il réagit à cette prise en main de la situation par de Gaulle.

De retour de Lourdes, je remonte sur Nérac, dans l'Aquitaine, chez un camarade de séminaire : de là j'entame un pèlerinage à pied, solitaire, et sans un sou vaillant, jusqu'à Saint-Jacques-de-Compostelle, où, par des routes désertes et poudreuses, je parviens, affamé et exténué, au tombeau de l'Apôtre, dans la crypte de la cathédrale. Après trois jours de séjour, gracieusement hébergé dans l'Hostal de los Reyes catolicos, devenu luxueux parador national, une série d'auto-stop très étonnants me conduisent de la Galice au pays nantais en trois jours.

J'avais oublié l'Algérie ; elle me rejoint ici par une lettre de Philippe Laraison, nommé dans le fin fond du Constantinois, à Ksar-Sbahi, au pied des lointains monts de Tebessa, à l'est des Aurès :

« Le 16 août, Ksar-Sbahi. Le moral de l'arrière est quelquefois moins solide que celui de l'avant, n'est-ce pas ? Voilà quatre jours que je commande la compagnie et que je suis commandant d'arme. Heureusement, le commandant rentre ce soir. Je dois dire que j'ai été parfaitement secondé par les sous-lieutenants de réserve et mes sous-officiers. Je n'ai pas eu à élever la voix... Tous les soirs j'ai fait sortir des patrouilles avec lesquelles j'étais en liaison radio, prêt à accourir avec une section de réserve. J'ai entraîné deux sections au tir de combat, fait des cours de topographie à des sous-officiers, ravitaillé mes postes, assuré les gardes. Tout cela a l'air énorme — en fait, ça n'est rien dans une bonne compagnie aguerrie qui tourne et est bien encadrée... Les grandes actions sont rares. Mon travail n'est pas surhumain, car je suis bien secondé. Ce qu'il me faut, c'est de la lucidité et de l'imagination... »

Si les jeunes officiers dans les djebels ont besoin de lucidité et d'imagination, il n'en faut pas moins aux responsables de partis ou de mouvements politiques dans cette grande campagne du référendum qui s'annonce le 4 septembre, place de la République à Paris, par la présentation du projet de Constitution par le général de Gaulle. Je repique un peu dans le droit constitutionnel, tant je prends au sérieux mon futur premier vote d'électeur qui se croyait si peu démocrate.

Le dimanche 28 septembre, les Français votent massivement — le taux de participation avoisine 85 % — et approuvent la nouvelle Constitution avec une majorité de 79,25 % de oui en métropole et de 95 % en Algérie. Le lendemain, sur la place Royale de Nantes, tout ensoleillée, je découvre avec joie le gros titre de *L'Humanité :* « La Constitution monarchique est adoptée. »

Le général de Gaulle quitte la métropole, le 2 octobre, pour son quatrième voyage en Algérie, et moi je prends le train pour Rome afin d'entamer la troisième année universitaire, mais ayant achevé le cycle dc philosophie, pour entrer en première année de licence de théologie laquelle se fait en quatre ans. Quittant les rives encore verdoyantes de la Loire, je songe soudain avec inquiétude que, si les choses n'ont pas bougé d'ici là en Algérie, je suis bon dans un an pour faire mon paquetage et débarquer sur la terre d'Afrique. Je me console avec la Constitution « monarchique » dans ma poche et le doux rêve des cieux romains dans leur automne accompli.

De Gaulle annonce le plan de Constantine * et rappelle l'existence de la « personnalité algérienne ». A Rome, des événements funèbres se préparent : déjà dans le train Paris-Rome, le dimanche 5 octobre, je lis dans *La Stampa* un petit titre : « Pie XII de nouveau atteint par une attaque de hoquet ». Rien ne semble très inquiétant : il avait reçu la veille un congrès de notaires, et semblait seulement fatigué... Le lundi 6, dans la Ville éternelle, toute la presse, en titres énormes, étale : « Il Papa gravissimo. Le Souverain Pontife atteint subitement de troubles circulatoires cérébraux, en conditions désespérées... Pie XII a reçu l'extrême-onction... Prières des fidèles dans l'Église romaine. » Le médecin, ou archiâtre pontifical, qui fera scandale dans quelques jours pour avoir vendu à la presse internationale des clichés indiscrets du pape agonisant, déclare son impuissance : « Nous sommes entre les mains de Dieu. »

Jeudi matin, 9 octobre, à 5 h 45, en me réveillant, j'entends le glas sonner dans de nombreuses églises de Rome. Une demi-heure plus tard, à l'oraison de l'aube, le père supérieur nous apprend la mort du Saint-Père, qui a eu lieu à 3 h 52.

Quelques cardinaux français sont les hôtes de notre séminaire pour le conclave dont l'ouverture est annoncée pour le 25 octobre : Mgr Lefebvre, archevêque de Bourges, Mgr Roques, archevêque de Rennes et Mgr Grente, membre de l'Académie française et évêque du Mans. Les autres, dont le mien, le cardinal Feltin, archevêque de Paris, descendent à Saint-Louis-des-Français ou à la procure Saint-Sulpice. Émoustillés par ces augustes présences, les séminaristes redoublent de curiosité pour parier — moralement ! — sur le nom du futur pape.

Le jeudi 23 octobre, en pleine après-midi, alors que tous les étudiants sont en dehors du séminaire pour la sortie obligatoire, je rentre seul inopinément, à cause d'une course à faire en ville dont j'avais demandé très légalement la permission, lorsque sous le grand porche de notre Maison je surprends l'arrivée discrète et comme

* C'est un plan de cinq ans de développement économique et de promotion culturelle et sociale de l'Algérie.

conciliabulaire de tous les cardinaux français présents à Rome avec Mgr Roncalli, archevêque de Venise, dont la presse ne parlait pas... Tiens ! tiens donc ! Ceci a forcément à voir avec le conclave et cette réunion, ici, alors que nous sommes tous censés être absents... Je me sens tout à coup une âme de journaliste.

Le soir même, un peu avant le souper, je passe sous un prétexte quelconque chez le père supérieur, qui paraissait m'accorder quelque confiance, pour tenter de lui tirer les vers du nez... D'abord vainement, jusqu'à ce que j'avoue ma surprise des heures précédentes. « Ah ! le Saint-Esprit se sert des hommes et de ce qu'ils préparent ! Oui, vous verrez, on va en reparler de ce Roncalli ! » Négligemment, au cours du repas qui suit, alors qu'à nouveau les conversations rebondissent sur l'élection qui approche, je jette le nom du cardinal-archevêque de Venise, dans une indifférence générale qui me réjouit car j'en attends l'effet pour plus tard.

Avant l'ouverture du conclave, mon attention se reporte un court instant des affaires romaines à celles de la France et de l'Algérie : dans une conférence de presse tenue à l'hôtel Matignon, le général de Gaulle propose la « paix des braves », en suggérant que des représentants de l' « organisation extérieure » viennent à Paris discuter avec lui de la fin des hostilités. Ayant délégué ma confiance à de Gaulle, je ne me préoccupe guère de cette proposition pourtant singulière.

A Alger, dans l'Aumônerie militaire, les soubresauts du 13 mai ont eu des conséquences : le père Vaugarni, responsable pour tout le territoire algérien, est remplacé par le père François de L'Espinay. Le père Vaugarni ayant été suspecté de complaisances « Algérie française » au mois de mai, son remplacement est-il dû à des considérants politiques ?

Plus proche, depuis 1956, des appelés que des cadres de l'armée, François de L'Espinay a acquis l'expérience d'un contingent confronté à des difficultés quotidiennes de tous ordres, et il poussait les autorités spirituelles responsables à répondre officiellement aux questions angoissées dont il se faisait le messager fidèle. Ses relations avec les supérieurs de séminaires de France sont bonnes, de même qu'il est assuré du soutien d'évêques comme NN. SS. Liénart, Gerlier, Villot, même si d'autres évêques sont plus réticents, tels NN. SS. Garonne, Cazaux ou Mazerat. A l'intérieur même des structures du vicariat, les rapports sont assez complexes et un certain nombre de questions se posent, dont celle de savoir pourquoi Mgr Badré nomme le père de L'Espinay aumônier général de la Xe région militaire, c'est-à-dire pour toute l'Algérie ?

« Opportunité politique ?... c'est peu vraisemblable. Je crois plutôt qu'on espère que mes nouvelles fonctions vont m'obliger à " lâcher " quelque peu les séminaristes sur lesquels mon influence est d'importance, ce qui ne plaît pas à tout le monde, notamment aux autres aumôniers militaires. Je ne suis pas très bien vu par le corps des aumôniers militaires, sans doute parce que je suis une espèce de pièce rapportée... On me reproche beaucoup, en outre, de ne m'occuper que du contingent et de délaisser quelque peu les officiers d'active... Jusqu'à 1958, mes relations avec Vaugarni ont été bonnes, bien qu'il n'ait jamais osé avoir des contacts directs avec les séminaristes. Je crois qu'il avait un peu peur de moi... C'est un homme modeste, de peu d'ampleur... pas du tout un mauvais bonhomme, un chic type[148] ! »

Surprise dans le monde : après un conclave qui dure trois jours — du 25 au 28 octobre — et onze votes, le soir du 28 apparaît un bonhomme souriant et rondouillard à la grande loggia de la basilique Saint-Pierre, Angelo Roncalli, qui prend le nom de Jean XXIII.

Le nouveau pape n'est pas tout à fait un inconnu pour les Français avertis : nommé nonce à Paris le 22 décembre 1944, il succède à un prélat considéré comme suspect par ses relations antécédentes sous Pétain et dut faire face au délicat problème du remplacement des titulaires des évêchés vacants. En juin 1952, Mgr Roncalli, dont le séjour parisien a mis en lumière les qualités de bonté, de bonhomie, de simplicité paysanne, tout en soulignant des côtés plutôt conservateurs, est désigné pour être observateur permanent du Saint-Siège auprès de l'UNESCO, toujours à Paris. Un consistoire convoqué par Pie XII le met sur la liste des nouveaux cardinaux : selon un antique usage, il reçoit sa barrette rouge cardinalice des mains du président de la République, le très laïc Vincent Auriol, le 15 janvier 1953. Le même jour il reçoit sa nomination de patriarche de Venise.

Voilà ce qu'en peu de temps il nous est possible d'apprendre sur notre nouveau pape ; l'impression générale est que cet homme, âgé de soixante-dix-sept ans, a été finalement choisi pour faire la soudure entre le pontife qui venait de mourir, et le prochain, celui auquel tout le monde pensait, que nous venions d'applaudir il y a quelques jours à l'Université grégorienne. Bon pour un « pape de transition » !

L'intronisation, avec remise de la fameuse tiare à trois couronnes, est annoncée pour le 4 novembre, mais deux jours auparavant, le cardinal Feltin étant reçu en audience privée m'invite, ainsi que deux autres séminaristes originaires de Paris et trois prêtres parisiens étudiants à l'accompagner. Je dois m'avouer que les quinze minutes passées avec le nouveau pape ne m'ont pas procuré d'impressions ni très fortes ni très particulières : sa soutane blanche était constellée de taches de tabac et l'homme se présentait avec une débonnaireté tout à fait sympathique.

Les fastes pontificaux soulignent la simplicité d'un homme, et peut-être pour la première fois à mes yeux l'archaïsme d'un système, et ce d'autant plus que, depuis la mort de Pie XII en passant par le conclave jusqu'au couronnement du nouveau Souverain Pontife, les événements précipités que nous venons de vivre dans ce Séminaire pontifical ont secoué la rigidité traditionnelle de la Règle, en nous faisant humer un petit air de liberté dont il paraît déjà difficile d'effacer la trace : j'ose me demander si la Règle est aussi « sacrée » qu'on a bien voulu toujours nous le dire.

Retour inopiné de l'Algérie avec une lettre de Philippe Laraison :

« Ksar-Sbahi, fin octobre... Si j'avais un béret rouge, si je m'emparais des pitons rebelles avec de jeunes carnassiers et me débauchais joyeusement au retour avant de repartir, je t'aurais oublié. Mais ma compagnie, détachée du bataillon, est perdue dans un tout petit village de l'Est Constantinois, accroché à des montagnes pelées, ravinées, sans un arbre. J'y suis depuis trois mois et pour quinze mois encore. Patrouilles, petites embuscades, coups de main rarement payants, recensement, établissement de cartes, sociologie musulmane, etc. Si déjà, à 25 ans, je me retrouve devant le néant, c'est que je ne suis pas une nature médiocre. Sans cela je le côtoierais les yeux fermés, comme tout le monde. »

Les natures qui ne sont pas médiocres sont-elles donc condamnées partout à la routine ? Ici, ce sont les cours de l'Université qui ont repris, sans transe ni héroïsme particuliers.

« Ksar-Sbahi, 14 novembre... Tout d'un coup c'est la danse : mortier et mitrailleuse sur la figure. Dès le début deux soldats sont blessés, le pare-brise du half-track vole en éclats. Mon bonheur est immense, mon calme aussi... Je sors maintenant à cheval la nuit. Les soldats se sont presque battus pour faire partie de mon petit commando. Musulmans comme Français, je les trouve épatants et je crois qu'au fond le courage et la générosité sont des qualités propres à la jeunesse. »

Et moi aussi, je me sens du courage à revendre... mais à quoi et pour quoi ? Il y a comme de légers craquements dans notre sainte Maison : certains s'aventurent à murmurer que la Règle aurait besoin de quelques réformes, qu'elle n'est qu'un moyen au service d'une fin et que la sacraliser à ce point n'est qu'une manière d'occulter la finalité de notre formation... Ces chants-là, auxquels je me refuse de céder intérieurement, ne sont-ils pas seulement les effets des récentes mutations internes à l'Église ? Notre propre pays a tant bougé depuis plus de six mois que personne parmi nous n'est insensible aux élections législatives qui approchent et à celle du président de la République qui suivra, même si chacun sent bien que les choses sont un peu jouées d'avance.

Si, par un paradoxe qui n'est qu'apparent, la campagne électorale est en France relativement morne, et provoque ici quelques frémissements, c'est tout simplement parce que au moment du référendum notre communauté était encore dispersée par les vacances estivales. Les récents événements romains ont ajouté un certain sel au nouveau goût des discussions et controverses.

Les mutations politiques en cours jettent-elles un voile sur l'existence encore possible d'exactions dues aux forces de l'ordre, policières ou militaires ? Le 25 juin dernier, André Malraux, alors ministre de l'Information du gouvernement du général de Gaulle, avait cru pouvoir déclarer qu'à sa connaissance aucun acte de torture ne s'était produit depuis la venue à Alger du général, mais, le 25 novembre, entre les deux tours des législatives, Mgr Duval écrit au président du Conseil :

« Il y a des faits qui se reproduisent et qui risquent de laisser dans les cœurs des souvenirs redoutables pour l'avenir : malgré une déclaration solennelle d'un membre du gouvernement, la torture continue à être pratiquée... Il est à craindre que la volonté d'obtenir à tout prix des résultats immédiats ne fasse que compromettre plus sûrement l'avenir [149]. »

Le membre du gouvernement en question est bien André Malraux, ce que confirme son biographe, Jean Lacouture : « Par trois fois, de 1958 à 1961, André Malraux, membre du gouvernement de Michel Debré, est sollicité par ses anciens amis de gauche... de faire un geste exprimant sa désapprobation de méthodes de guerre dont il a dit qu'elles “ déshonorent la cause qu'elles prétendent servir ”. En vain [150]. »

Avant la lettre de Mgr Duval, c'est Me Jacques Vergès qui, avec un de ses confrères algériens, a protesté auprès de André Malraux, ministre délégué à la présidence du Conseil, le 8 septembre, pour des faits de torture dont il a les dossiers avec certificats médicaux à l'appui mais qui ont été commis à la prison de Versailles, au commissariat d'Argenteuil, à Saint-Dizier, au commissariat de la porte de la Villette à Paris [151].

Le 30 novembre, les résultats du deuxième tour des législatives confirment le succès du référendum puisque les partis du oui emportent une majorité. En particulier, les gaullistes, quasi disparus depuis 1956, représentent 17,6 % des suffrages exprimés. La gauche subit une défaite et des personnalités comme François Mitterrand, Gaston Defferre ou Edgar Faure, Robert Lacoste et André Morice ne retrouvent pas de siège au Palais-Bourbon. Dix élus seulement pour les communistes. Formations gaullistes et Centre national des indépendants, en y rajoutant le groupe des élus d'Algérie, emportent le morceau dans cette nouvelle Chambre, massivement modérée.

Lettre d'Algérie : « Ksar-Sbahi, le 5 décembre. J'ai passé en novembre autant de nuits sur le terrain que dans mon lit. J'ai eu trois accrochages, dont un très dur. Je pars demain en opération pour trois jours dans l'Aurès : ma section opère comme commando à la disposition directe du colonel commandant le secteur. Mais personne ne sait que, si je suis sur le terrain, froid, précis et détaché, je passe avant chaque départ une nuit d'anxiété et d'insomnie. L'essentiel est une notion qui m'échappe de plus en plus. Le fait de risquer ma vie, sans forfanterie ni romantisme, ne me l'apporte pas, bien au contraire. »

Par une autre voie, l'Algérie me revient « à la une » : je reçois de Nantes la suite de l'étude de *Verbe,* l'organe de la contre-révolution, sur « Morale, droit et guerre révolutionnaire », dans ses numéros 91 et 92.

La conclusion de ce deuxième article est surtout que la subversion de l'ordre est précisément réalisée par la révolution, laquelle nie qu'il y ait un ordre naturel : « Être révolutionnaire et agir en révolutionnaire est donc le crime le plus grave, puisqu'il les contient tous ; il mérite donc en soi une peine plus grave que tout autre crime particulier puisqu'il lèse plus gravement le bien commun le plus élevé et le plus universel[152]. »

Cette logique apparente me fait craindre d'étranges conclusions dans le prochain et dernier article, que les effets capricieux des postes italiennes ne m'ont pas fait parvenir. En attendant je me pose la question de l'influence que peut avoir cette littérature sur les milieux de l'armée... et d'en mieux connaître les origines idéologiques.

Le 19 décembre, Paul Delouvrier, nommé délégué général en Algérie, remplace le général Salan et le général Challe arrive comme commandant en chef des forces armées.

En France, un collège composé de députés et de sénateurs, mais aussi des élus locaux, conseillers généraux et surtout maires de toutes les communes, élit, sans surprise, le 21 décembre, le général de Gaulle comme président de la République, avec 77 % des suffrages.

A Rome, le 25 décembre, Jean XXIII sort du Vatican pour aller « dire bonjour » aux enfants malades de l'hôpital Bambino Gesù, et entre à la prison de Rome pour parler librement aux détenus. C'est là qu'a lieu une scène mémorable : le baiser silencieux à l'assassin qui vient de lui demander : « Vos paroles d'espérance valent-elles aussi pour moi ? »

Noël aussi en Algérie, dans les djebels :

« Ksar-Sbahi, le 28 décembre. Je suis monté une demi-heure à la chebka pour la veillée de Noël. Seul mon sous-officier m'attendait, tout était noir. Il me présente ses respects et me demande de le suivre dans la chambre de troupe, noire comme un four. J'étais soufflé. Au commandement de « fixe ! », mes vingt gars, sapés comme des dieux, allument chacun une bougie devant soi. L'arbre de Noël s'allume, ils entonnent *Douce Nuit* — j'avais envie de pleurer. Je leur ai fait un petit speech. Je leur ai dit que nous étions sur la bonne voie, que nous allions emporter le morceau, que nous n'aurions pas de répit avant la victoire ; mais qu'il était une nuit de paix et d'espérance où il fallait oublier ses haines et considérer chaque homme comme son frère : la nuit de Noël. Je ne pouvais pas parler exactement de la nuit de la Nativité, car le tiers de mon effectif est musulman. »

1959

Le 8 janvier, malgré le retard sur le calendrier liturgique, avec quelques camarades du séminaire grec, nous fêtons l'Épiphanie dans une trattoria romaine du Transtevere, et le lendemain, à l'Université, mon commentateur international le plus avisé, Isidoro, me rappelle que depuis ce 1er janvier c'est l'entrée en vigueur du Marché commun, ce dont aucun de nos convives de la veille ne s'était évidemment aperçu. Mais il ajoute un peu plus à ma confusion, en me précisant qu'hier le général de Gaulle, en prenant ses fonctions officielles de président de la République et de la Communauté, venait de nommer en Michel Debré, Premier ministre, un juriste passionné, artisan principal de la nouvelle Constitution française, complice de la « préparation » ou de l'exploitation du 13 mai d'Alger, ce qui semble corroboré quelques jours plus tard dans *Le Monde* lorsque je lis sous la plume de Vianson-Ponté que cet homme est « aux avant-postes de l'intransigeance[153] ».

Lorsque le premier Conseil des ministres du nouveau gouvernement adopte, le 13 janvier d'importantes mesures de grâce et d'amnistie qui visent l'Algérie, peu de jours après, une réaction toute chaude du fond des djebels me parvient par le sous-lieutenant Laraison :

« Ksar-Sbahi, le 14 janvier. Le moral serait bon si toute l'armée n'avait pas l'impression que de Gaulle se fout royalement d'elle, avec l'élargissement de sept mille détenus. Ce n'est vraiment pas la peine de sortir une nuit sur deux pour arrêter des commissaires politiques ou des collecteurs de fonds, etc., qui sont libérés au bout d'un mois… »

Le sous-lieutenant Philippe Laraison est décoré de la Valeur militaire, avec une citation à l'ordre de la division pour un fait d'armes récent.

Le dernier numéro de *Verbe*[154], contenant le troisième et dernier article de la série « Morale, droit et guerre révolutionnaire », m'est enfin parvenu et la « question » soulevée prend pour moi un redoublement d'intérêt, d'une part parce que je sais que je pars au service militaire dans six mois, donc certainement en Algérie, et d'autre part à cause des interrogations qui me titillent depuis quelque temps sur ce courant idéologique contre-révolutionnaire dont il semblerait que des résurgences atteignent certains milieux de l'armée.

Dans son dernier article, Cornelius entreprend une longue et classique justification — saint Thomas d'Aquin à l'appui — de la peine de mort. Au passage, je relève une confusion qu'entretient la pensée intégriste au sujet de la « dignité », notion chère à l'éthique d'inspiration personnaliste et aux tenants des « droits de l'homme ». Dans le texte de saint Thomas d'Aquin cité par l'auteur, le mot « dignité » est employé dans un sens moral relatif, comme lorsqu'on dit, par exemple, d'un père qui viole ou néglige plus ou moins ses devoirs paternels qu'il est un père plus ou moins indigne. C'est pourquoi un philosophe personnaliste, de Lyon, comme Vialatoux avait déjà pu dénoncer cette confusion dès 1957, à propos justement de la torture :

« Une personne humaine peut se rendre moralement plus ou moins digne ou indigne de sa dignité métaphysique de personne. Mais les déficiences morales d'une personne humaine n'enlèvent rien au titre essentiel de personne et à la dignité métaphysique qui s'y attache essentiellement. Si l'homme, en se rendant plus ou moins indigne moralement de sa dignité métaphysique inaliénable de personne, pouvait aliéner et perdre cet attribut essentiel, il cesserait par là même de pouvoir s'en rendre moralement indigne... L'homme pécheur reste une personne humaine. On doit comprendre par là combien serait ridicule la prétention de justifier l'action consistant à traiter un homme comme un pur moyen, en donnant comme prétexte que cet homme a perdu par sa conduite son titre de personne, et donc la dignité et le droit au respect dû à ce titre, qu'il n'est plus qu'une chose ou une bête ! A ce compte, lequel de ces accusateurs aurait encore droit au titre de personne[155] ? »

Cornelius cite saint Thomas : « le bien commun l'emporte sur le bien particulier ; aussi convient-il de sacrifier celui-là à celui-ci. Puisque la paix entre les hommes est compromise par quelques hommes dangereux, il faut les retirer de la société des hommes[156] ». Ou : « ... toute personne individuelle, vis-à-vis de la société dont elle est membre, est dans le même rapport qu'une partie avec le tout. Si donc un homme devient un péril pour la société et que son péché soit une source de corruption, il est louable et salutaire de le mettre à mort pour conserver le bien commun[157] ».

L'homme devient, par une tâche déléguée par la société, l'instrument de la vengeance divine : « Celui qui, usant des pouvoirs auxquels est ordonnée sa fonction, prononce une peine afflictive, n'usurpe pas ce qui est à Dieu, mais use du pouvoir qui lui est concédé par Dieu[158]. »

C'est donc dans l'intérêt du bien commun que peuvent être prononcées des peines, et en particulier la peine de mort, de telle manière que seuls ceux qui sont chargés de défendre ce bien commun peuvent rendre des sentences et en ordonner l'exécution. Toutefois il importera que la peine ne procède pas d'une idée de vengeance personnelle, d'un sentiment de haine ou d'une volonté « portée au mal[159] ». Elle sera « inspirée par la véritable charité » !

La peine a un aspect vindicatif qui est la vengeance de la justice, la réparation de l'injustice et l'expiation du délit, et un aspect médicinal : « la protection des biens privés, la prévention des nouveaux crimes, soit par la crainte salutaire d'un châtiment exemplaire, soit par tout moyen d'exécution de la peine qui tendrait à percer les complots dont on pourrait arrêter l'exécution, enfin l'amendement du coupable[160] ».

Outre la peine de mort, Cornelius rappelle que les peines corporelles demeurent légitimes même si la sensibilité contemporaine y répugne, car ces nouvelles mœurs « ne sont peut-être nées que d'un sentimentalisme fort différent du sens moral »[161].

Reste que l'application des peines ne peut se faire que vis-à-vis d'un coupable, « c'est-à-dire qu'un crime ait été préalablement établi contre lui », et que si le bien commun exige l'application d'une peine corporelle, « c'est-à-dire que celle-ci soit reconnue utile ou nécessaire, soit pour venger la violation du droit lui-même, soit pour protéger la paix publique en inspirant la crainte des sanctions ou en démasquant d'autres projets criminels, soit en vue de l'amendement du coupable[162] ».

Un petit membre de cette dernière phrase requiert tout de suite l'attention critique du jeune théologien moraliste que je deviens : « en démasquant d'autres projets criminels » ! Il annonce, en effet, le paragraphe suivant intitulé « les aveux », suivi de celui des « peines » et de celui sur « les crimes punissables ».

Les AVEUX :

Cornelius commence par rappeler que l'usage des sévices corporels ne peut s'appliquer à un prévenu, c'est-à-dire à « un homme contre lequel aucun crime n'a encore été établi » et cite à l'appui le pape Nicolas Ier (858-867) qui, dans une célèbre lettre au roi Boris de Bulgarie, le 13 novembre 866, écrit : « L'aveu ne doit pas être forcé, mais spontané, il ne faut pas qu'il soit extorqué mais volontaire. »

L'enseignement de Nicolas Ier sera contredit par celui du pape Innocent IV (1243-1254) qui concédera l'emploi de la torture à l'Inquisition[163], mais, à nouveau, Pie XII, dans le discours du 3 octobre 1953 au Congrès international de Droit pénal, déjà cité, a repris la condamnation de la torture judiciaire sans ambiguïté :

« L'instruction judiciaire doit exclure la torture physique et psychique, et la narco-analyse d'abord parce qu'elles lèsent le droit naturel, même si l'accusé est réellement coupable, et puis parce que, trop souvent, elles donnent des résultats erronés. Il n'est pas rare qu'elles aboutissent exactement aux aveux souhaités par le tribunal et à la perte de l'accusé, non parce que celui-ci est coupable en fait, mais parce que son énergie physique et psychique est épuisée... De cet état de choses, nous trouvons d'abondantes preuves dans les procès spectaculaires bien connus avec leurs aveux, leurs auto-accusations et leurs requêtes du châtiment impitoyable. »

L'auteur de l'article cite Pie XII dans ce discours, en n'omettant pas cette dernière phrase qui nous rappelle la situation historique de cette parole aux grands moments des spectaculaires procès staliniens, c'est-à-dire dans un contexte où Pie XII et le cardinal Ottaviani, notamment, craignent beaucoup le développement du communisme, particulièrement dans l'Italie où la Démocratie chrétienne, soutenue par le Vatican, doit ferrailler contre les menaces du Parti communiste italien. Cornelius ne manque pas d'ailleurs, quelques lignes plus loin, d'expliciter l'allusion politique, en écrivant : « Ainsi la pratique courante dans les « Républiques populaires » de condamner des suspects uniquement sur leurs « autocritiques »[164]...

Donc la torture judiciaire appliquée à un prévenu ne saurait être soutenue :

— parce qu'elle viole le droit naturel ;

— parce que l'aveu ne peut justifier à lui seul une condamnation ;

— parce que cet aveu a été extorqué au moyen de « tortures physiques ou psychiques » infligées préalablement à l'établissement du délit.

Les PEINES :

Autant il ne peut être question de peines tant que la faute n'est pas établie — « la peine est la réaction réclamée par le droit et la justice à la faute[165] » —, autant « ce peut être un acte de véritable charité que châtier un coupable et ce châtiment remplit son office dans la mesure où il contraint le coupable à une souffrance[166] ». Vindicative, la peine a aussi une fonction préventive : « on peut — et l'on doit souvent — utiliser la peine qu'a méritée un coupable avéré pour prévenir la perpétration de nouveaux crimes », et une fonction toujours selon Cornelius, détective : « pour obtenir du condamné des renseignements sur les projets et complots criminels auxquels il aurait été mêlé, sur les associations de malfaiteurs auxquelles il aurait appartenu »!

L'auteur répète, un peu plus loin, que « jamais il ne sera permis de torturer un prévenu pour obtenir ses aveux, parce que jusqu'au jugement, il est réputé innocent — donc on ne peut porter atteinte à sa vie ou à son intégrité physique et que, « fût-il même réellement coupable », on violerait le droit naturel de tout homme de refuser de se dénoncer aux hommes —, mais pour ajouter — et là est le passage crucial de l'article ! — qu'« un coupable peut être condamné à une peine, c'est-à-dire à une souffrance et cela, non seulement à titre de juste châtiment — peine vindicative — mais encore pour l'utilité commune et immédiate — peine médicinale — qui est de procurer les renseignements indispensables à la protection du bien commun, lorsqu'il n'est pratiquement pas possible de déjouer autrement les projets qui menacent ce bien commun : cas très fréquent en cas de guerre révolutionnaire »[167].

Étant obligé de ne pas justifier la torture judiciaire, que fait donc Cornelius dans sa démonstration sinon de transformer la torture judiciaire en torture pénale, assignant à celle-ci d'abord une fonction vindicative puis, par voie de conséquence, une fonction indûment baptisée médicinale et qui est, de fait, détective ou inquisitoriale ?

Il faut en effet rappeler que selon les principes de la Théologie morale, sont appelées médicinales les peines qui principalement, visent à l'amendement du délinquant[168] et non pas celles qui servent « à l'utilité commune et immédiate qui est de procurer des renseignements indispensables à la protection du bien commun », comme l'écrit Cornelius, en falsifiant le sens de ce mot. D'ailleurs en raison de leur fin, les peines sont d'abord médicinales — et non vindicatives, comme le prétend Cornelius, en mettant cette fonction en premier lieu — puis vindicatives, et préventives puis répressives.

Je me prends à penser que nos évêques et supérieurs de séminaires ont bien raison de nous envoyer au service militaire, une fois accomplie une première année de Théologie morale qui aura aguerri notre esprit critique aux arides subtilités de la dialectique : me voici prêt à affronter n'importe quel autre Cornelius, mais le côté « tordu » des démonstrations que je viens de décortiquer m'inquiète sur l'« honnêteté », intellectuelle et morale de ce courant contre-révolutionnaire et sur son impact.

La réflexion provoquée par l'anonyme Cornelius me poursuit : si on suivait son raisonnement, en assimilant torture pénale et torture détective, nous serions en fait loin de la peine : une peine a comme but aussi l'expiation de la faute et le rétablissement du droit violé. Elle implique donc une proportion à la faute commise (ce à quoi Cornelius répond plus loin quc proportion il y a, puisque le « crime de Révolution » est le plus grave de tous !) et surtout une intention de châtiment qui n'existe nullement dans la torture proprement dite, car, de fait, la véritable intention demeure l'obtention du renseignement. Sans compter l'arbitraire total de la situation : on sait d'avance ce que sera une peine, mais on ignore ce que sera une torture détective. Quel degré de souffrance infliger? Combien de temps faire durer le supplice ? C'est l'expulsion de l'aveu qui, de fait, conditionnera toute l'opération, laquelle vise, en réalité, celui « qui sait » et non pas le « coupable ».

En conclusion, cette torture « pénale » ne garde de la peine que l'aspect de la protection préventive de la société, alors que la peine est d'abord médicinale et que ce n'est que par voie de conséquence qu'elle est aussi préventive. De plus, puisque le droit de la Personne est premier, il n'est pas possible d'insister sur la justification de la torture par l'importance du bien commun car cette question suppose résolue celle du caractère intrinsèquement mauvais de la torture : si ce caractère est prouvé — Pie XII déclare formellement que la torture est exclue parce qu'elle lèse un droit naturel — l'autre question ne se pose plus.

Quel est ce droit naturel dont parle Pie XII ? Certainement celui de la liberté intérieure, qui est un droit essentiel de la Personne et que Dieu lui-même respecte strictement lorsqu'il se révèle à l'Homme sans jamais s'imposer. C'est d'abord et principalement à cause de son opposition à ce droit personnel que toute forme de torture qui vise le renseignement — c'est-à-dire détective — que ce soit judiciairement ou pénalement, doit toujours être rejetée.

Pour en finir avec les « peines », je note qu'à ce sujet Cornelius renvoie aux « belles pages que Joseph de Maistre consacrait au bourreau[169] », ce qui m'ouvre une piste idéologique pour mon enquête sur la contre-révolution. Je dois m'avouer ne pas savoir grand-chose de ce Joseph de Maistre sinon le titre d'un de ses ouvrages, *Les Soirées de Saint-Pétersbourg,* et son hostilité globale à la Révolution française.

La fin de l'article parle des « CRIMES punissables » pour dénoncer dans l'acte révolutionnaire « le plus subversif de tous[170] », car il « n'épargne ni les biens communs des personnes, ni les biens communs des diverses communautés naturelles, ni même le bien commun universel, l'ordre même de la nature, de la raison et de la morale ». C'est le crime le plus grave de tous, justiciable des peines les plus dures : le « crime de Révolution ». A lui seul, il cumule des chefs d'accusation tels que l'association de malfaiteurs particulièrement dangereux, l'appartenance à une société secrète, l'enseignement d'opinions subversives de l'ordre national et universel, la trahison envers la patrie, et pour certains même la forfaiture.

Le révolutionnaire est un être qui suit des « inspirations sataniques ».

Quitte à se faire accuser de défendre une cause diabolique, la revue jésuite *Les Études,* dans son numéro du 1er décembre 1958, avait fait la critique de Cornelius par un article sur « les dangers religieux de la politique[171] ».

Le 25 janvier, lors d'une cérémonie pontificale à Saint-Paul-hors-les-murs, à laquelle je participe avec quelques confrères, nous avons soudain la surprise d'entendre le pape Jean XXIII annoncer aux cardinaux la convocation prochaine d'un concile œcuménique !

Un concile ! Devant certains confrères effarés, qui ne rêvent, à travers les réformes internes du Séminaire, que de réformer l'Église entière, je leur avoue naïvement mon interrogation : « Un concile !... mais pour quoi faire ? »

Suis-je plus insensible qu'un autre aux rigueurs du système ecclésial ?

Non, mais deux facteurs ont joué en moi depuis deux ans : celui des réactions observées autour de moi chez certains confrères, et celui d'une conversion spirituelle personnelle après une première année d'errance et d'amateurisme.

Trop de mes camarades, après avoir fait deux ou trois ans de séminaire en France, sont envoyés à Rome pour une licence de théologie, un peu contraints, et, s'adaptant mal à l'exigence ascétique de la Maison et à la méthodologie de l'Université favorisant un excès de mémorisation — au détriment de l'exercice critique de la raison —, ont tendance à manifester des signes de rébellion en violant manifestement des points mineurs mais susceptibles du saint Règlement ou en laissant fuser ici ou là des propos acides et sagaces. Ils ont tôt fait d'être taxés de « mauvais esprits » par nos autorités responsables qui en font rapport aux évêques respectifs : cela ne fait avancer en rien l'évolution interne de la Maison. Autant de perdu pour eux, et pour nous.

Parfaitement sensible au double changement de pouvoir, dont nous venons d'être les témoins, en France depuis mai 58, et à Rome depuis trois mois, je ne me sens nullement étranger au problème de la relation au pouvoir que nous entretenons tous, d'une manière ou d'une autre, et, si la France vient d'accomplir une véritable révolution politique intérieure de l'exercice même de ses pouvoirs, à mon grand plaisir de citoyen, tout à fait décidé à exercer bientôt en Algérie mon pouvoir d'officier, je me refuse à envisager ce problème de la même manière dans l'Église. Aussi lucide qu'un autre sur les faiblesses de fonctionnement de notre séminaire et de notre Université, effets immédiats de causes plus larges qui remontent, bien sûr, au Saint-Siège, je ronge mon frein... mais j'ai épinglé en ce début d'année 59 ce propos qui n'a sans doute pas été retenu au hasard :

« La correction des abus dans l'Église ne se fait pas par la résistance, mais par la coopération ; elle ne se fait pas par la lutte contre les autorités établies... Tout problème de réforme dans l'Église est un problème de sainteté... L'action des fidèles sur les gouvernants de l'Église n'est pas dans un contrôle soupçonneux et mesquin, mais dans une coopération à la sainteté de l'Église.

» Lorsqu'on a l'impression que l'Église est sur une mauvaise voie, la solution n'est pas de se révolter mais de se sanctifier. Action positive par laquelle on s'unit à l'Église au lieu de se séparer d'elle, par laquelle on s'unit plus étroitement à l'autorité hiérarchique, au lieu de devenir un révolté.

» Au temps de saint François d'Assise, de saint Ignace, les abus étaient considérables. L'Église n'a pas eu de serviteurs plus dévoués... Ils ont exercé sur l'Église une influence qui dure encore... les révolutions dans l'Église sont des conquêtes de l'Amour[172]. »

En Algérie, le Sud-Oranais commence à connaître un autre genre de révolution qui, si elle ne doit pas grand-chose à l'Amour, ne manque pas aussi d'un certain courage, vertu commune aux héros et aux saints : le général Challe ayant désigné le colonel Marcel Bigeard pour prendre la responsabilité du secteur de Saïda, celui-ci, après s'être écrié : « Quoi ?... Dans ce secteur pourri où il n'y a même pas un para ? », prend officiellement son commandement au cours d'une grande prise d'armes sans allure, le 25 janvier.

Dans ce secteur d'Algérie, la création de zones interdites et le regroupement des populations auprès des postes militaires ont accentué la misère des familles privées de leurs terres pour la culture et le pacage des semi-nomades, mais les militaires se disent satisfaits de cette mesure parce qu'elle enlève aux bandes armées rebelles la possibilité de se diluer dans la population et de se ravitailler aisément. Le barrage commence à devenir efficace et les bataillons de l'ALN stationnés au Maroc ont de plus en plus de mal à renforcer les unités des wilayas 5 (Oranie) et 6 (Sahara). Du côté de l'armée française, celle-ci reste quelque peu engluée dans l'administration des regroupements, la garde des fermes européennes et des points sensibles indispensables. Les unités à cheval ne paraissent pas du tout adaptées aux combats dans des terrains trop souvent coupés et boisés.

En fait, alors que l'ensemble de l'Oranie avait une réputation plutôt calme, le secteur de Saïda, au moment de l'arrivée de Bigeard, est soumis à rude épreuve par la rébellion qui ne compte pas moins de trois katibas et un commando. Les unités françaises s'enlisent dans des missions routinières de quartier, tombent dans des embuscades, s'entourent de barbelés et lorsque parfois une opération réussit et accroche les rebelles, le bilan se révèle peu favorable. A Saïda, le couvre-feu est à 18 h 30 et la nuit appartient aux rebelles qui assassinent Européens et Musulmans, extorquent des fonds des deux côtés et commencent à placer dans les regroupements des responsables politiques. L' « héritage » de Bigeard n'est pas à la hauteur du prestige dont il aime s'entourer.

Bigeard, surnommé Bruno : « Saïda, 25 janvier 1959... mes futures unités défilent devant nous ; il y a là : le 6e régiment d'Infanterie motorisée, le 14e bataillon de tirailleurs algériens, le 23e régiment de spahis « sur ses chevaux », un groupe antiaérien qui braque ses canons plein ciel, contre quels avions ? un régiment d'artillerie, les groupes mobiles de supplétifs nos 60 et 89... au total 5 000 hommes environ, le tout complété par quelques avions d'observation et deux hélicoptères... La présentation de l'ensemble n'a pas de gueule, ça manque de flamme, d'esprit[173]. »

Après cette présentation ratée, Bruno convoque le soir même son état-major, il se sent bien seul, malgré la présence d'un fidèle, ancien de l'Indochine, un pur, un para, un vrai, le lieutenant Grillot, dit Georges : « Sa présence, sa jeunesse, son dynamisme, sa “ gueule ” sont pour moi un précieux réconfort[174]. »

Bruno-Bigeard écoute d'abord ses officiers et déclare :

« Messieurs, vous êtes cinq mille face à quelques compagnies rebelles ! Malheureusement j'ai l'impression que toute action d'envergure vous est interdite parce qu'il y a des cadres qui n'ont pas compris, des hommes qui sont mal instruits, des unités trop lourdes... De plus, il ne semble pas y avoir de coordination efficace entre le PC de secteur et les aviateurs... enfin, c'est la routine. La méconnaissance d'une adaptation à cette forme de guerre que nous vivons, le manque d'esprit offensif sont tels que votre objectif se limite à : Durer ! Je peux vous assurer que je ne suis pas à Saïda pour durer mais pour gagner ! »

Et Bruno développe succinctement les grandes lignes de son plan : créer à partir des régiments un outil opérationnel interarmes toujours en alerte, essentiellement souple et mobile. « Ceci implique des chefs qui ont la foi et qui rayonnent, des hommes capables de jouer vite et dur avec un moral solide, ardent, un entraînement physique intensif, une instruction militaire sans faille[175]. »

Dans la nuit des popotes de Saïda, on murmure qu'avec Bigeard ça va barder. L'un des officiers supérieurs présents à ce briefing musclé, et pas le moindre, grand, mince et élégant dans ses bottes impeccables de cavalier, déglutit mal : le colonel Giraud, commandant le 23ᵉ spahis, un vrai fils de son illustre père, le général Giraud. Bigeard-Giraud : deux officiers, deux armées. Le dernier, noble figure de l'officier de « tradition » par excellence, à la rigueur morale irréprochable, malgré la bravoure de ses spahis à cheval en burnous rouge se faisant mitrailler à bout portant par les fellaghas, se trompe de guerre. Un de ses jeunes sous-lieutenants l'a deviné, François Meyer, de la même promotion à Saint-Cyr que Philippe Laraison.

Celui-ci, qui rêvait d'intégrer une unité de para, se serait bien vu ici dans la botte de Bigeard, comme Georges, même dans un « secteur pourri », et c'est pourquoi — peut-être aussi parce que je sais que d'ici un an je serai aussi en Algérie — je consulte la carte de ce pays en guerre, mais dont les images des magazines ou des actualités cinématographiques ont beaucoup plus relevé la Kabylie, les Aurès que le Sud-Oranais qui n'a guère fait parler de lui.

A 170 kilomètres d'Oran, le secteur de Saïda est immense : 7 300 km^2 environ, à cheval sur l'axe nord-sud formé par la RN 6 et la voie ferrée Oran-Saïda-Mecheria-Aïn Sefra. Moi, je songe au Sud... oui, plus bas que Saïda, dans cette zone montagneuse pré-saharienne : Djebel Amour ! Quel nom étonnant ! Seulement, à la perspective qui se rapproche de ce service militaire, je me confesse un certain effroi : comment devenir un bon militaire avec une complexion physique qui n'est pas tout à fait athlétique ? A cheval ? Oui... plutôt seul, de grands espaces, du désert, un boulot social, relationnel... je ne me sens pas un goût prononcé pour la poudre et les balles. Les « classes », les trois mois de promiscuité, de vulgarité, d'éreintement de l'entraînement, oui, cela je le crains. Quant aux EOR, ai-je les qualités requises pour exercer le commandement sur des hommes, cette autorité sans doute particulière qui doit bien tenir en grande partie à la prestance physique ? Je doute.

Le 30 janvier — toute la presse italienne en parle ! —, le général de Gaulle dans une allocution radiodiffusée fait le point en politique et renouvelle l'offre de paix en Algérie dans d'« honorables conditions ».

Bigeard est dans son secteur depuis près de quinze jours lorsque la série de succès qu'il va connaître pendant un an commence par un drame [176] le 7 février, dans les Hassasnas, à l'est de Saïda, au lieu-dit Sidi-Kassem-djebel Bou Touil, un violent accrochage oppose une katiba rebelle au 8ᵉ régiment d'infanterie motorisé, aidé d'un escadron du 23e spahis et d'un commando de l'air. Le bilan est lourd pour les Français et un brillant cavalier de Saumur, à la tête de ses spahis, le capitaine de La Sayette paye le dernier prix du sang. Deux commandos de secteur sont immédiatement créés : Georges, spécialisé dans le renseignement et entièrement constitué de Musulmans et notamment de « fells » retournés, et Cobra.

La bataille de Saïda s'engage en février 1959 et la méthode Bigeard peut se résumer de la sorte :

— le renseignement et le secret,
— utiliser à fond nos atouts,
— vitesse, souplesse, précision et initiative,
— chasse impitoyable de l'OPA *,
— des liaisons sûres et permanentes,
— une base opérationnelle avancée (BOA) en contact permanent avec le PC de Bruno Bigeard.

En France, l'Aumônerie militaire fait diffuser de façon restreinte un document daté du 17 février 1959 et dont le titre est : *Étude d'un comportement moral en face d'une guerre subversive,* qui sera connu trois mois plus tard sous le nom de *Document vert.*

Le supérieur annonce aux quatre ou cinq étudiants que nous sommes à partir bientôt sous les drapeaux que l'aumônier militaire Hiret, qui est à l'état-major de Mgr Badré à Paris, va venir spécialement à Rome pour nous rencontrer et nous préparer à ce départ. C'est dans la même période que me parviennent entre les mains onze pages ronéotypées intitulées « A propos des problèmes moraux que pose le maintien de l'ordre », produites et diffusées à usage interne par le Séminaire universitaire des carmes ** de Paris et destinées à leurs séminaristes en partance pour l'Algérie.

Même si ce document commence par préciser que « ceci vise non pas seulement la torture, mais l'ensemble des problèmes moraux qui se posent au sujet du maintien de l'ordre en Algérie, en évitant de ne considérer que la seule torture », je vais directement à ce qui reste pour moi le sujet brûlant : la torture ! Comme le cadre n'est pas indifférent à la façon d'aborder le problème, je m'efforce de ne pas le négliger en lisant :

« On se trouve en face d'une guerre révolutionnaire.

“ Luttes armées entreprises par une minorité contrôlant progressivement la population et fournissant à celle-ci des motifs d'agir contre

* OPA : organisation politico-administrative du FLN.

** Appelé « des carmes » parce que installé à Paris dans un ancien couvent des carmes.

le pouvoir établi ou contre une autorité qu'elle refuse " (J.-V. Calvez, in *Action populaire,* juillet 1957).

» Cette guerre révolutionnaire emploie trois moyens principaux : terrorisme, opérations de bandes armées, propagande par imprégnation des esprits. La parade à cette guerre se calque en quelque sorte sur elle :

» — opérations militaires contre les bandes armées et défense des points attaqués ;

» — parade au terrorisme : opérations de police où l'armée ne doit être que l'auxiliaire de la police : *a* le terrorisme est caché : il faut " savoir ", d'où l'importance primordiale du renseignement avec ses problèmes moraux ; *b* le terrorisme doit être puni : d'où la répression nécessaire et ses problèmes ;

» — contre-propagande. »

Je passe vite sur la « riposte militaire » pour en arriver à la « parade au terrorisme » :

« La parade au terrorisme est à distinguer du contre-terrorisme et de la répression du terrorisme... Le danger fondamental est que cela devienne un autre terrorisme. On a à faire à un moyen de guerre illégitime mais la défense n'échappe pas aux lois de la morale.

» Il faut savoir qui est coupable : le renseignement.

» La *Torture* (considérée ici comme un moyen de renseignement) :

» 1. La définir : il ne s'agit pas de la torture pénale qui est une punition, donc pas intrinsèquement mauvaise, mais contraire à l'affinement de notre civilisation ; mais il s'agit d'une forme de torture judiciaire (pour extorquer l'aveu du coupable) avec cette différence encore que ce n'est pas dans le cadre judiciaire, et que l'on ne cherche pas l'aveu mais le renseignement (donc il ne s'agit pas même, la plupart du temps, d'un présumé coupable).

» Il est important de distinguer la torture de la souffrance (se méfier des condamnations sentimentales) : la torture ne se définit pas par son moyen mais par son but : extorquer l'aveu ou le renseignement contre la volonté libre de l'interrogé. " La torture est toute forme de violence physique ou psychique, même non douloureuse, même euphorique, par laquelle le prévenu est conduit à l'aveu contre sa volonté [177]. "

» La souffrance ajoute une faute contre la charité à la faute spécifique contre la justice, contre le droit de la personne.

» 2. Est-elle intrinsèquement mauvaise ou justifiable par une fin très grave ?

» Notons ici : — que l'Église semble avoir permis et même favorisé l'emploi de la torture judiciaire : loi d'Innocent IV, 1252, qui en concède l'emploi à l'Inquisition ; cette loi n'a jamais été abrogée par un acte postérieur ;

» — que tout un courant de la Tradition ecclésiastique condamne cependant l'emploi de la torture dans les instructions judiciaires en général : saint Augustin : " il subit une peine très certaine pour un crime incertain[178] ", Nicolas Ier dans une lettre à Boris de Bulgarie ; Pie XII dans un discours de 1953. »

Le « droit naturel » auquel il est fait référence, comme il a été souligné déjà, quel est-il ? La note théologique des carmes y répond de la même manière que j'y répondais en réfutant Cornelius : « Certainement celui de la liberté intérieure, qui est un droit essentiel de la personne, et que Dieu lui-même respecte dans l'économie du salut. C'est d'abord et principalement à cause de son opposition à ce droit personnel que la torture doit toujours être rejetée. »

Puis vient la réfutation d'arguments tendant à légitimer la torture détective :

« 1. Parce que la rébellion fait perdre à l'individu ses droits de citoyen. Réponse : il s'agit d'un droit inaliénable de la personne et non d'un droit positif de citoyen.

» 2. Parce que l'intéressé est coupable comme terroriste ou du moins pour non-dénonciation (assimilation à la torture pénale). Réponse :

» — nous sommes ici dans le non-jugé : même si la culpabilité est certaine, il faut un jugement où la complicité individuelle est établie et sanctionnée ;

» — nous sommes ici loin de la peine : une peine a comme but premier l'expiation de la faute et le rétablissement du droit violé. Elle implique donc une proportion à la faute commise et une intention de châtiment qui n'existe nullement dans la torture proprement dite ;

» — nous sommes ici dans l'arbitraire : on sait d'avance ce que sera une peine, on ignore ce que sera une torture, qui vise " celui qui sait " et non le " coupable ". »

Cette analyse du document des carmes me rassure à titre quasiment « professionnel » car elle corrobore le travail d'apprenti théologien moraliste que j'avais accompli à l'étude de l'article de la revue intégriste *Verbe.*

Toutefois une autre question reste pour moi en suspens, celle de l'affirmation du principe philosophique selon lequel traditionnellement « la fin ne justifie pas les moyens ». Il n'y est pas fait allusion dans les feuilles ronéotypées du séminaire des carmes, sans doute parce que leur visée est plus pédagogique que conceptuelle, mais la démonstration de ce principe de base demeure pour moi, dans l'hypothèsc où un interlocuteur m'en demanderait la justification analytique à brûle-pourpoint, un exercice difficile.

Le 5 mars, un camarade séminariste allemand attire mon attention sur la rencontre de Gaulle-Adenauer à Paris, mais c'est le 25 du même mois que je m'intéresse aux faits et gestes du général : dans sa première conférence de presse en qualité de président de la République, après avoir évoqué les rapports Est-Ouest, c'est le destin de l'Algérie qui est souligné par une petite phrase qui m'inquiète : « L'Algérie est en question, son destin politique apparaîtra... dans le suffrage de ses enfants. » Qui sont ses vrais enfants ?

Du Constantinois, le sous-lieutenant Laraison :

« Ksar-Sbahi, vendredi saint... je suis tombé dans un mauvais guêpier : deux chevaux abattus, un de mes gars avec une balle dans le fémur. Par un clair de lune terrible, nous avons été fixés au sol pendant un quart d'heure (j'avais fait mettre à pied évidemment). Mes gorilles se sont battus comme des lions, mais nous étions littéralement cloués. J'ai ouvert au couteau la tenue de combat de mon gars et, avec mon cheiche, aidé de mon sergent, je lui ai fait un garrot. Il ne m'avait même pas dit qu'il était touché, et vidait chargeur après chargeur. »

Le Monde du 1er avril publie des extraits d'une lettre signée par trente-cinq prêtres accomplissant leurs obligations militaires en Algérie et destinée à leurs évêques. De quoi s'agit-il encore ?

En mars 1959, rassemblés à l'instigation du père de L'Espinay qui vient de remplacer le père Vaugarni comme aumônier général en Algérie, trente-cinq prêtres rappelés, réunis en récollection, viennent de rédiger une Lettre aux évêques de France dans laquelle ils estiment de leur devoir de faire connaître « les graves inquiétudes et les problèmes de conscience qui sont ceux des prêtres rappelés comme officiers de réserve ».

« De la confrontation des expériences de chacun des signataires, il ressort que “ de façon à peu près générale dans la conduite de la guerre, sont employés des moyens que notre conscience réprouve ”. Sont dénoncées les arrestations et les détentions arbitraires, la torture, les exécutions sommaires de prisonniers et de blessés. “ Ces pratiques sont répandues jusqu'au plus petit échelon de l'organisation militaire. ” Ces faits ont de graves conséquences : “ Tuer, frapper, avilir devient parfois un jeu normal pour trop de jeunes. L'adversaire est systématiquement réprimé. Le respect de la vie, le sens le plus élémentaire de la justice disparaissent. Le mépris des lois naturelles et civiques les plus fondamentales entraîne, nous le disons en conscience, une démoralisation (au sens propre du terme) qui sape les fondements de la foi. " En même temps, l'action psychologique contribue à répandre, notamment par des stages, l'idée que l'armée française défend, en Algérie, la civilisation occidentale et chrétienne, et donc l'Église, contre le marxisme [179]. »

Cette lettre fut remise par le père de L'Espinay à Mgr Badré et au cardinal Feltin, en demandant qu'elle soit transmise aux évêques et aux supérieurs religieux respectifs. Pour sa part, Mgr Badré fit une réponse apaisante à ce document par laquelle il mettait en garde contre la tentation de dénonciation : « Est-ce que nous n'avons pas la tentation de nous désolidariser du milieu dans lequel la Providence nous a placés, pour y condamner trop facilement le pécheur sans le soutenir fraternellement pour le sortir de son péché [180] ? »

Cependant la Lettre initiale des trente-cinq prêtres ne parvint pas aux évêques, mais fut communiquée au ministre des Armées. Certains de ces auteurs en furent probablement choqués puisque, peu de temps après, elle fut rendue publique par des extraits que révélait la presse.

Dans un communiqué de presse [181], commenté peu après par l'auteur lui-même dans les *Informations catholiques internationales* [182], Mgr Badré répond que si le ministre des Armées a ordonné une enquête auprès des signataires de la Lettre sur les faits qu'ils dénoncent, c'est que précisément l'armée a le souci de rechercher et de punir les auteurs de pratiques condamnables, et que les évêques sont « les seuls juges autorisés tant du contenu de l'enseignement lui-même que de son opportunité » ; enfin qu'il n'était pas souhaitable que soient étalés devant le grand public ce genre de drames de consciences.

A Rome, le 2 avril, Jean XXIII a ratifié une décision du Saint-Office, organe officiel de surveillance de l'orthodoxie doctrinale, contre l'alliance des catholiques avec les communistes.

A cette nouvelle, je perçois les frémissements de plaisir d'une petite clique de séminaristes de notre auguste Maison qui se distingue depuis l'élection de Jean XXIII par des manifestations de conservatisme affiché. Ils ne sont guère qu'une dizaine, mais se singularisent par leur goût du conciliabule, du secret et du refus de la discussion publique. Je les soupçonne d'être des adeptes de la contre-révolution, mâtinés de remugles d'Action française, mais comme je suis passablement ignorant des origines idéologiques de ce courant, je me décide enfin à une infiltration de ce petit milieu par la voie du laïc bibliothécaire qui semble bien les connaître.

A travers leurs revues, *La Pensée catholique, Itinéraires, Verbe* — cette dernière commençait à m'être connue mais jusqu'à l'article de Cornelius demeurait discrète dans ses références —, je découvre une source, parmi d'autres sans doute, dans la personne et l'œuvre de Joseph de Maistre que je décide de fouillasser en bibliothèque pendant ces vacances pascales.

M. Petit, célibataire original, est l'homme à la vaste culture, mais traditionnelle, qui règne entre deux lieux de confluence bien différents, la porterie... et la bibliothèque. C'est par lui que j'ai le plus souvent accès aux titres dérobés dans la presse romaine avant qu'elle ne monte chez les pères directeurs. Il est sensible aux égards d'une grande courtoisie à son endroit, et n'est pas tout à fait dépourvu d'humour sinon de toute discrétion verbale. L'atmosphère du secret et des petits apartés chuchotés lui sont comme une respiration naturelle.

— Vous désirez un livre sur Joseph de Maistre, monsieur l'abbé ?... c'est un illustre monarchiste qui a consolé nombre de bons royalistes de l'avènement de la Troisième République, et à l'approche de la Première Guerre mondiale, son œuvre, pleine de méditations sur le sang versé, a connu un regain de succès... je dis regain puisque sa grande époque a été la Restauration. Dans cette sainte Maison, avant la condamnation de l'Action française *, les œuvres de Joseph de Maistre étaient fort consultées, ainsi que Louis de Bonald... mais enfin vous savez le drame... et tout ce qui s'en est suivi... Faites attention, il peut y avoir un regain de ce courant, avec cette guerre d'Algérie et puis tous ces changements qui s'annoncent à Rome... D'ailleurs certains de vos petits camarades — vous voyez qui je veux dire !... — sont les lecteurs de certaines revues...

Le confrère qui passe n'a rien d'un sympathisant « réactionnaire », au contraire, mais je sens dans les attitudes de M. Petit qu'il faut faire comme si l'on entrait dans l'ombre de je ne sais quel mystérieux complot.

— Monsieur Petit, n'ayez crainte, je suis au courant, et d'ailleurs ces petits camarades, comme vous les appelez, ont quelques appuis d'évêques...

— Ah ! cela aussi vous le savez : Mgr Rupp, Mgr Lefebvre ** et avant... Mgr Marmottin et Picart de La Vacquerie. Mais vos confrères l'ignorent à peu près tous : il faut rappeler que, dès 1947, le cardinal Suhard, le prédécesseur de votre archevêque à Paris, dans une célèbre lettre pastorale [183] avait condamné trois erreurs dangereuses à éviter : l'intégrisme doctrinal, l'intégrisme tactique et l'intégrisme moral.

* Pie XI condamne l'Action française le 20 décembre 1926.

** Mgr Marcel Lefebvre, vicaire apostolique de Dakar, délégué apostolique pour l'Afrique française et Madagascar de 1948 à 1959 ; archevêque de Dakar en 1955 ; en 1962, translation à Tulle, en Corrèze, mais élu six mois après supérieur général de sa congrégation, les Pères du Saint-Esprit, jusqu'en 1968.

Mon interlocuteur s'en va fouiller dans un fichier poussiéreux et me sort un carton qu'il lit :

— Je cite le cardinal Suhard : « Pour sauvegarder les formes, l'intégrisme sacrifie la vie... » Il reproche à ce système de pensée de faire « des formes d'hier l'idéal du présent ». Tenez, il est même extraordinairement lucide, et vous devriez faire méditer ce texte à vos camarades officiers lorsque vous serez en Algérie : « L'histoire ne montre-t-elle pas... que les procédés d'enrôlement et de choc psychologique empruntés à l'appui du " bras séculier " ou aux propagandes de facture humaine, se révèlent aussi inefficaces qu'irrespectueux de la liberté évangélique [184]. »

Ça, c'est pour les colonels ultras qui ont pensé manipuler mai 56 à Alger et les grandes séances « spontanées » de fraternisation avec les Musulmans ! Je commence à comprendre que, vouée à l'ombre et à la discrétion après l'effondrement de Vichy et les rigueurs de l'épuration, l'extrême droite n'en a pas pour autant disparu. Elle s'est effacée pendant dix ans pour refaire surface avec le réveil du nationalisme, un nationalisme qui n'a plus besoin de se définir par rapport à l'Allemagne mais en fonction de l'Afrique et par rapport au mouvement de décolonisation.

L'année 1954, dont je n'ai pas réalisé la portée depuis Nantes, malgré la mort du capitaine Hervouët, a dû marquer le tournant : le patriotisme, qui était plutôt teinté à gauche avec une partie de la Résistance, va redevenir un thème cher à la droite et surtout à l'extrême droite, tout en continuant à troubler de grands gaullistes. La remontée de cette dernière, depuis six ans, puise sa force, et dans la part intransigeante très traditionnelle du catholicisme français, et dans une partie des cadres de l'armée : une conjonction digne du temps de Louis Veuillot et de l'Action française !

— Si je comprends bien, cher monsieur Petit, les intégristes et le nationalisme disons intégral sont unis contre le même ennemi : la révolution, aujourd'hui sous l'espèce du communisme à l'œuvre dans la rébellion algérienne contre la France, et hier dans la république laïque et anticléricale ?... Aux prises avec l'endoctrinement marxiste depuis l'Indochine, les militaires français, quelque peu abandonnés à eux-mêmes par le pouvoir politique, ont bien été forcés de se forger un système de valeurs pour trouver un sens à leur sacrifice et certains ont pensé le trouver dans la défense de la civilisation chrétienne ?...

— Oui, la pensée systématique, globalisante de l'intégrisme catholique peut servir de contrepoison au venin marxiste... Dites-vous bien qu'il n'y a qu'une seule révolution, celle de la révolte de l'homme dans son orgueil contre l'ordre voulu par Dieu. La révolution de 1917 sort de 89 ! Tout part de là.

Énigmatique, le bibliothécaire disparaît dans ses rayons sans lumière et revient, un livre à la main. J'emporte un certain Émile Dermenghem, auteur de *Joseph de Maistre, mystique*[185].

— Attendez, un dernier mot, monsieur l'abbé : Ernest Psichari, cet auteur cher à vos amis officiers de tradition, a découvert dans Maistre un modèle de pensée catholique pour militaires et, dans son célèbre *L'Appel des armes,* son héros met sur un même piédestal Maistre et... Pascal. Et puisque vous partez bientôt en Algérie, souvenez-vous d'abord que pour Maistre, la révolution est l'ennemi numéro un : elle est destructive, nuisible, satanique, tout en entrant dans le plan providentiel, contrairement à ce que pensait l'abbé Barruel...

— Barruel ?

— L'abbé Barruel, ancien jésuite et membre de l'Assemblée nationale en 1789, a essayé de « prouver » que la Révolution française avait été savamment et minutieusement préparée par un « complot » formé d'une collusion de philosophes des Lumières avec les francs-maçons... La philosophie, la franc-maçonnerie et l'Illuminisme ont conflué dans le jacobinisme de telle sorte que la Révolution n'a pas été autre chose que le fruit des serments que cette secte a inspirés à ses adeptes, c'est-à-dire de cette résolution ferme et inébranlable de renverser partout l'Autel, le Trône et la Société. Les Chevaliers de la Foi *, sous la Restauration, avaient imaginé de combattre le complot maçonnique par ses propres armes. L'intégrisme a toujours gardé depuis un certain goût pour les sociétés secrètes : pendant la période du « Syllabus », ce fut la Sapinière.

Intégristes et disciples maistriens ont les mêmes ennemis : le protestantisme, le scepticisme des philosophes des Lumières, le libéralisme, la république et la démocratie. Les connivences avec l'Action française étaient inévitables, puis avec Vichy. Existent-elles avec quelques secteurs catholiques très conservateurs de l'armée en Algérie ? Sans doute, si *Verbe* a publié le fameux article signé Cornelius, c'est que cette publication doit toucher des lecteurs militaires impliqués dans cette guerre, mais quelle peut en être l'influence et la portée ?

Mais soudainement me voici conduit bien loin de la pensée contre-révolutionnaire avec la publication par les *Informations catholiques*

* Active société secrète, longtemps appelée la Congrégation, fondée par Ferdinand de Bertier, sous les ordres du grand maître, Mathieu de Montmorency, elle recrute de jeunes congréganistes pour former une contre-maçonnerie.

internationales, le 15 avril, du *Document vert* qui avait commencé d'être diffusé de façon confidentielle dès le 17 février dernier.

Étude d'un comportement moral en face de la guerre subversive, c'est le titre d'un texte de trente-deux pages ronéotypées qui deviendra connu sous le nom de *Document vert*[186] *, rédigé et diffusé par l'Aumônerie militaire.

Au retour des vacances pascales, nous avons eu notre rencontre avec celui qui nous avait été annoncé par le père supérieur comme le délégué de l'Aumônerie militaire à Paris, le père Hiret. A ce moment-là, je n'avais pas eu vent du *Document vert* puisque les *ICI* en parlent le 15 avril et que je reçois le texte complet envoyé par la diligence de mon capitaine mendésiste devenu gaulliste... L'entretien avec l'aumônier militaire a été excellent pour moi, en ce sens que, au-delà de ma précédente motivation de faire les EOR (élèves officiers de réserve) pour dissuader les exactions possibles, j'ai perçu que, en tant que séminariste, je pouvais avoir un rôle majeur sur le moral des gars qui m'entoureraient, tant pendant le temps difficile des « classes », qu'aux EOR et après. Cela m'a enlevé d'un coup tout complexe physique eu égard à ce que je considère comme mon manque de prestance athlétique.

Je demeure toutefois songeur, après lecture et étude du *Document vert,* sur la raison pour laquelle le père Hiret n'y a pas fait une seule allusion. Il est vrai que, ni moi ni aucun de mes confrères n'ont osé poser une question sur ce sujet délicat.

La rédaction du *Document vert* ayant été collective[187], parmi les corédacteurs du texte, le chanoine Jean Molager, professeur aux facultés catholiques de Lyon, le franciscain Galtier, le père Hubert, le jésuite d'Ouince[188], il y avait les aumôniers militaires Mgr Badré, Thorel et... Hiret. Le cardinal Feltin annota de sa main et demanda quelques modifications. Le père de L'Espinay n'a pas été consulté, mais il avait des raisons de penser que ses propres circulaires aux séminaristes avaient contribué à inspirer les rédacteurs[189].

Le 29 avril, Pierre Laffont, député d'Oran, publie dans l'*Écho d'Oran* le compte rendu d'un entretien avec le général de Gaulle dans lequel on relève l'expression : « L'Algérie de papa est morte. »

Du Constantinois, des nouvelles du sous-lieutenant Laraison :

« Ksar-Sbahi, le 24 avril. Je souffre de deux choses : la première, comme tout le corps expéditionnaire, c'est la stagnation de cette guerre et l'usure matérielle, physique et morale. La seconde, c'est la

* Présentation et analyse critique en annexe 4, p. 351.

découverte de ma solitude dans un univers médiocre. Il faut vivre sur soi et je n'y arrive pas entièrement. La camaraderie de Saint-Cyr, prolongement de celle des bahuts et collèges, me fait cruellement défaut. Une peur chronique, un ennui continu — voici mes deux états de base.

» Vais-je dans l'avenir me niveler sur les médiocres, ruer dans les brancards, ou m'élever (moralement, non en arriviste) au-dessus des autres ? Je n'en sais rien. Dans les deux premiers cas, il me faudrait, pour rester honnête, quitter l'armée. »

Avec Bigeard, Philippe n'aurait probablement pas de tels états d'âme...

Du même, le 30 avril : « Les pieds-noirs sont très échauffés par les mesures de clémence (inexplicables, du reste) de De Gaulle. Moi, je me bats pour chausser mon commando, obtenir un armement correct pour ma harka. Il y a un mois que je l'attends et je continue à coucher dehors. Comme tu t'en doutes, j'ai un peu assez de Ksar-Sbahi et j'aimerais être parachutiste ou légionnaire... »

La revue des jésuites *Études* publie, en février 1959, un article sur l'« action psychologique ».

Je ne trouve pour l'instant rien de bien nouveau par rapport à ce que je peux savoir, par exemple sur les Ve bureaux d'Alger qui, comme me l'avait expliqué Jean Planchais, le journaliste du *Monde* spécialisé dans les problèmes militaires, au moment du 13 mai 1958 s'étaient empressés de traduire le fameux « Je vous ai compris » du général de Gaulle par « intégration » ou « assimilation ».

Sans doute dans toute l'histoire des armées du monde, on n'a pas attendu « l'action psychologique » pour être conscient du fait que les luttes armées se faisaient avec des hommes contre des hommes, pour prendre en compte et veiller au « moral » des troupes, pour essayer de saper le moral de l'adversaire par toutes sortes de moyens faisant appel aux techniques empiriques de la psychologie (bruits, fausses rumeurs, fausses nouvelles, intox...) : en ce sens, l'ancêtre le plus proche de l'action psychologique, pendant la dernière guerre mondiale, s'appelle tout simplement la « propagande », dont on sait le grand usage qu'en firent les nazis.

Ce que souligne l'auteur jésuite dans son article c'est que la lutte engagée par l'action psychologique a pour terrain non seulement l'Algérie mais la métropole et que, même supposée terminée la guerre en Algérie, l'enjeu désormais de la lutte est mondial et permanent : « En métropole, il s'agit de contribuer à la lutte contre la dissociation de " l'unité morale et spirituelle du pays ", de suppléer aux défaillances des organismes chargés de maintenir le moral de la nation et la foi en ses idéaux, notamment à celles de l'Éducation nationale. »

Deux orientations donc pour l'action psychologique aux mains de l'armée, qui estime incarner à elle seule le sens national : celle qui s'applique au terrain algérien par le « retournement des techniques adverses » et celle qui répond davantage à la réalité française.

Un des théoriciens de l'action psychologique, le colonel Lacheroy, proclamait à l'envi que « la masse est à prendre[190] » par la propagande qui se fonde avant tout sur la possibilité du conditionnement. L'exemple des pays de l'Est montre que cela peut aller très loin : lavage de cerveau, rééducation, encadrement politico-militaire avec système des hiérarchies parallèles :

Le premier usage de cette manipulation psychologique eut lieu spectaculairement lors de la bataille d'Alger, en 1957, puis lors de l'orchestration et de l'exploitation des grandes manifestations algéroises qui ont suivi le 13 mai 1958. Question : y a-t-il eu un lien entre ce vaste conditionnement, œuvre des Ve bureaux, et l'usage de la torture détective ? Celle-ci, notamment pendant la bataille d'Alger et sur l'initiative première de Bigeard, était-elle un maillon devenu inéluctable dans une grande mécanique qui, par nature, se souciait peu de l'individu en tant que tel et de la dignité de la personne humaine ? Le conditionnement des individus et des masses ne pouvait-il que conduire à des techniques forcées d'interrogatoire ? La prise en main, la pression psychologique, le désir d'efficacité immédiate, le « forcing » des esprits et des âmes ne pouvaient-ils qu'induire la pratique de la « question » ? Il y a là un enchaînement si logique et si rigoureux qu'on a des raisons de penser que la torture a pu devenir peut-être comme un produit naturel, une conséquence indirecte d'un usage dur de l'action psychologique... Si la résistance d'un esprit se barricade dans le mutisme, dans le secret silencieux du corps, la tentation ne peut-elle devenir trop forte de violer ce corps pour atteindre l'âme ?

Louis Beirnaert ne se pose pas cette question mais en pose une autre qui n'est pas moins redoutable :

Si l'extension des méthodes recueille un succès, cela « requiert que la métropole suive. Le même ennemi ne se rencontre-t-il pas avec les mêmes méthodes, et le même objectif ? Les masses françaises n'ont-elles pas besoin, elles aussi, d'être prises en main ? ».

Et précisément, l'opinion métropolitaine, alertée ici et là, par quelques consciences soucieuses de la dignité de la personne humaine, particulièrement avec le « scandale » des tortures soulevé à l'occasion de la bataille d'Alger, s'inquiète et met en question certaines méthodes qui rappellent de cruels souvenirs à ceux qui ont subi la propagande nazie. Comment vont réagir les doctrinaires et les praticiens de l'action psychologique aux protestations des clercs, des « chers professeurs », des séminaristes indignés ?

« Pour préparer le terrain à des mesures de coercition, on va, dans les meilleures traditions de l'action psychologique, présenter comme une critique adressée à l'armée tout entière, voire comme une condamnation de la France, ce qui n'atteint que quelques-uns. On parlera d'une " presse de trahison " qui désintègre la nation. On lui reprochera de donner " mauvaise conscience aux Français ", et de fournir des arguments aux adversaires[191]. »

En bref, quiconque met en doute que la bonne solution politique soit celle de l'intégration, présente comme légitimes les revendications du nationalisme algérien, s'inquiète des méthodes d'interrogatoires de certains officiers, défend les droits de la personne humaine lorsque les conditions de « regroupement », d'« hébergement », d'emprisonnement ou d'encadrement sont douteuses, devient complice objectif de l'ennemi et traître à la France. Il revient alors à l'action psychologique de se battre sur deux fronts, en allant jusqu'à « supprimer la liberté de soutenir les thèses ennemies », comme le préconise Claude Delmas dans une note sur les fondements d'une doctrine de la Défense nationale[192], ou à « s'attaquer au parti communiste qui poursuit, avec ses complices et les pseudo-intellectuels invertis par dix années de propagande marxiste, la désintégration du pays, car il est certain que si le parti de la révolution mondiale était mis hors d'état de nuire en métropole, l'Algérie serait sauvée[193] ».

Les promoteurs du retournement des techniques adverses se sont-ils posé la question de la légitimité de leur emploi ?

« Pour certains, écrit Louis Beirnaert, elles ne sont pas seulement indifférentes, elles sont profondément chrétiennes. " Le refus d'accepter les méthodes dites marxistes est une absurdité fondamentale... Ces méthodes sont les nôtres. L'Église les a employées la première pour l'évangélisation des foules. Les grands inquisiteurs n'hésitaient pas à violer les individus. " Et de poser la question : " Tel croyant mis en condition dans un couvent, est-il éduqué, rééduqué ou violé ? " L'objectif poursuivi est différent, la méthode est la même. L'organisation qui en résulte, JEC, JOC, JAC * est cousine germaine de la théorie des hiérarchies parallèles[194]. »

Intéressé par cet article, je trouve néanmoins que l'auteur tarde à

* Mouvements d'action catholique : Jeunesse étudiante chrétienne, Jeunesse ouvrière chrétienne, Jeunesse agricole chrétienne.

livrer sa pensée personnelle sur ce phénomène jusqu'à ce qu'il annonce douter que cette forme d'action psychologique soit le fait de l'armée entière, en faisant remarquer que « ni de près ni de loin, elle n'est recommandée dans les brochures les plus officielles qui concernent le sujet ». Se référant précisément à l'« Instruction provisoire », il souligne très justement qu'elle ne fait pas allusion aux techniques de l'adversaire, que les moyens matériels ne seront efficaces que s'ils sont maniés avec le cœur et l'intelligence, qu'il lui faut s'efforcer de développer l'esprit critique des individus, et qu'à l'égard des prisonniers il faut respecter en eux la dignité de la personne humaine. « Les techniques révolutionnaires, produit de la philosophie marxiste-léniniste, ne correspondent pas à la réalité française : elles aboutissent à détruire en acte cela même que l'on veut sauver, à savoir les valeurs de la civilisation occidentale et chrétienne[195]. »

Ces méthodes d'action psychologique ont-elles une efficacité réelle ? Je reste songeur devant cette question que cette lecture me suggère avant que de l'avoir achevée, mais dès avant sa conclusion l'auteur note :

« Au point de vue d'une réelle efficacité, ces méthodes ne sont pas moins inquiétantes. Elles risquent, à long terme, d'amener de graves mécomptes — Mao Tsé toung lui-même n'a jamais séparé l'emploi des techniques révolutionnaires, des aspirations des populations. Celles-ci ne sont pas, en effet, cette masse amorphe que l'on nous présente. Elles ont leurs souffrances et leurs besoins. En Chine, elles aspiraient à la propriété du sol. Selon le théoricien chinois, la guerre psychologique ne peut être gagnée que par celui qui prend à son compte la réalisation des désirs des masses. Il n'y a pas de technique révolutionnaire qui soit au service de n'importe quelle cause[196]. »

Des photos de *Paris-Match* nous ont souvent montré des façades de mairies d'Algérie affichant fièrement la devise « Liberté-Égalité-Fraternité », mais le moindre fellah sait-il, concrètement, qu'il peut compter sur l'égalité, quand le droit de vote lui est refusé, ou sur la fraternité lorsque les échos du racisme pied-noir arrivent jusqu'en métropole ? Proclamer « l'Algérie, c'est la France » par tous les moyens de l'action psychologique, quand tout démontre le contraire, c'est répéter inlassablement que le soleil brille quand la pluie ne cesse de tomber.

Pour la première fois, je commence à douter du bien-fondé de mon idéologie « Algérie française ». Sans y renoncer.

La conclusion de l'article est claire :

« ... Les méthodes dont nous venons de parler aboutissent a installer en Algérie et en France le système même que l'on veut combattre ; et à donner à l'adversaire sa plus grande victoire. La défense de la liberté et de la civilisation n'a plus de sens, et le communisme que l'on combat a gagné la partie, à partir du moment où la liberté est détruite et où la civilisation chrétienne ne règle plus les relations entre les hommes. Tant il est vrai qu'une civilisation et une nation ne se défendent jamais qu'avec les armes qui leur sont propres[197]. »

En attendant de pouvoir lire la suite de ce papier dans le numéro de mars des *Études,* c'est un nouvel article de François Mauriac, communiqué depuis Paris, dans son *Bloc-Notes* qui m'alerte :

« 3 mai 1959. Que l'affaire Dreyfus et l'affaire Audin n'aient aucun trait commun, il faudrait tout ignorer de l'une et de l'autre pour n'en pas convenir. Aucun trait commun, sauf un seul. Ce n'est pas, j'imagine, sans idée de derrière la tête que la Cour de cassation a confié à la cour de Rennes le dossier Audin, dont Alger a été dessaisi. Cette fois, à Rennes, des magistrats français, et non plus, comme en 1899, un Conseil de guerre, sont appelés à faire la lumière. Le garde des Sceaux s'appelle Edmond Michelet.

» Le passage, dans l'affaire Dreyfus, du mystique au politique, nous savons ce que Charles Péguy en a dit. Elle fut, au départ, un combat pour la justice. Puis les passions l'utilisèrent. Je suis résolu à me garder d'un détournement de cet ordre[198]. »

Audin ?... Oui, ce jeune universitaire, militant communiste, arrêté par les paras de Massu en pleine bataille d'Alger, le 11 juin 1957, et depuis « disparu », avait défrayé la chronique parce que son « cas » avait provoqué la formation d'un comité fondé par Laurent Schwartz et animé par Pierre Vidal-Naquet[199]. Je dois m'avouer ne pas m'en être inquiété, à la fois parce que je ne croyais pas aux rumeurs sur les « disparitions » et les tortures, et du fait qu'il ressortissait au parti communiste. François Mauriac, lui, dans son âme de militant chrétien s'insurge... Est-il manipulé ou bien les exigences de la conscience chrétienne doivent-elles nous rendre solidaires même de nos adversaires idéologiques, complices objectifs de l'« ennemi » ? Entre deux eaux, j'oscille entre le trouble et la tentation de me scandaliser à la pharisienne...

Nouvelles du Constantinois, du poste de Ksar-Sbahi :

« 14 mai 1959. J'ai eu trop de potes tués, alors je recense ceux qu'il me reste... Rien à ajouter — simplement l'envie de secouer ma médiocrité, celle des autres, et de vivre mieux... Le bataillon baisse. Il y a un signe qui ne trompe pas : les cheveux sont longs, les treillis archi-sales, les rassemblements en retard. Du coup, je deviens deux fois plus exigeant... Mais nous ne sommes pas soutenus. Et l'armée démocratique... très peu pour moi. J'ai tellement attendu pour la

Légion que je peux attendre encore un peu. Mais il sera bientôt temps. » Sous-lieutenant Philippe Laraison.

En ce mois de mai, où l'armée ne souffle guère, le cardinal Feltin, archevêque de Paris et vicaire aux Armées, et le pasteur Boegner, président de la Fédération protestante de France, lancent un appel commun dans le but de faire connaître à l'opinion publique la situation difficile des milliers de familles musulmanes « regroupées » et d'apporter ainsi, par les moyens de la CIMADE * et du Secours catholique, l'aide officielle des Églises de France.

Alger commémore le 13 mai 1956 : la participation des Musulmans est relativement nombreuse mais du côté des anciens « activistes » militaires ou pieds-noirs il y a comme des fumerolles de doute qui s'élèvent.

Le 2 juin, le gouvernement renouvelle et complète la Commission de sauvegarde des droits et des libertés individuelles, pendant que le sous-lieutenant Laraison piaffe d'impatience :

« Je ne suis pas un héros fatigué. Je déplore simplement le fait d'appartenir à une armée démocratique. J'aurais préféré quelque chose de plus rigide, de plus dur, de moins prolo. Mais j'intrigue pour aller aux parachutistes de la Légion... »

Le 4 juin, définissant à nouveau devant l'Assemblée nationale la politique algérienne du gouvernement, le Premier ministre, Michel Debré, se croit obligé de démentir les bruits de pourparlers avec la rébellion.

A Rome, la fin de l'année universitaire nous engage dans le bachotage final par une canicule qui me fait réinventer la sagesse de la sieste méditerranéenne et le travail nocturne soutenu par les excellents « expressi » italiens. La visite officielle du général de Gaulle en Italie nous est annoncée pour les 23-27 juin ; la pensée du général-président en récipiendaire chanoine du Latran m'amuse, mais j'espère tout de même avoir terminé mes examens à ce moment-là pour regagner la France au plus tôt : la feuille de convocation sous les drapeaux ne devrait pas tarder...

« Ksar-Sbahi, 9 juin 1959. Ça fait un an que je vis avec des prolétaires en treillis usés et chaussures crevées. A propos, j'ai embrassé un de mes hommes : je croyais qu'il allait mourir dans mes bras. Finalement il a une jambe plus courte et il est au Val-de-Grâce. C'était un baiser viril de chef... Sans rire ! Ici, on gagne le morceau au point de vue militaire. Les fells reçoivent branlée sur branlée. Mais ça

* Organisme caritatif de la Fédération protestante.

n'est pas du tout gagné au point de vue politique. La population est encadrée, structurée — et pas par nous.

» Les gens se contrefoutent que tu sois gonflé ou non, fana ou pas... Si tu claques on dira que tu l'as cherché et toutes les petites âmes médiocres se sentiront fortes de leur affreuse sagesse.

» Le 23 mai nous avons accompli, avec un sous-lieutenant d'origine russe épatant, Igor, ce que je considère comme un exploit. Un éclaireur de pointe, ayant vu un fellouze disparaître dans un trou, Igor et moi (tout le monde débandant) avons rampé quarante mètres dans un boyau, chacun avec un pistolet et une torche. Nous avons sorti deux types et quatre fusils de chasse. Le fellouze m'a tendu le premier fusil par la crosse. Il aurait pu aussi bien me tuer. Ni Igor, ni moi n'avons eu de citation, car " un officier n'est cité que pour une action de commandement ". *Sic.*

» A part ça, des semaines sans coups de fusil, des opérations aux ordres des cavaliers du 16e dragons qui ne savent pas lire une carte, nous font allégrement coucher dehors et ont des citouzes * dans le paquetage. Et le mortel ennui d'un sous-quartier que je connais comme ma poche et où il ne se passe rien. »

Comme je n'arrive pas à obtenir de M. Petit la suite de l'article du père Louis Beirnaert dans *Les Études* de juin, je passe au Centre culturel Saint-Louis-des-Français qui ne l'a pas reçu... Détail souligné pour faire comprendre qu'il ne nous est pas facile de nous tenir informés de la situation culturelle et politique de la France, et que, de toute manière, tout nous parvient en décalage.

Encore plus coupés du « monde », là-bas, dans le secteur de Saïda les hommes de Bigeard bougent et crapahutent : entre le 21 et 23 juin, une grande « opé » de ses forces, comprenant essentiellement les commandos Georges et Cobra, et le 8e RIM **, permet à « Bruno » d'exposer le 23 juin sur la place de la mairie de Saïda un bilan de vainqueur : trente-six armes, trente-cinq rebelles tués et treize prisonniers. Pertes amies : trois blessés dont un officier.

Du coup, un jeune saint-cyrien du 23e régiment de spahis, le lieutenant Philippe de Chabalier, se porte volontaire pour le commando Cobra et dans moins d'un an, nouveau héros, sera à la tête de Cobra 2.

Le saint, le sage et le héros... n'est-ce pas la trilogie morale que l'on m'enseignait à Nantes, en classe de philo, il y a quatre ans? Le personnage du « héros » m'a toujours fasciné, depuis les récits

* Nom dérisoire du parler populaire militaire pour « citation ».
** Régiment d'infanterie de marine.

d'enfance des guerres de Vendée, en passant par les conquêtes coloniales jusqu'aux combattants d'aujourd'hui dans les djebels. Je ne me donne pas la peine d'une analyse de ce type moral et psychologique mais le résume lapidairement par une formule simple : celui qui est prêt à payer le prix du sang ! Héritage d'une culture aristocratique ou romantisme celte rémanent ? Je ne sais, mais spirituellement et psychologiquement, lorsque, bagages en mains, je salue, le 26 juin, le Séminaire pontifical français de Rome, j'imagine sereinement que c'est pour la dernière fois.

Le lendemain, le 27 juin, le général de Gaulle est reçu en audience officielle privée par celui que les Romains appellent déjà le « bon pape Jean ».

Une petite pause nantaise me permet de souligner un propos de Mauriac dans son *Bloc-Notes :*

« 27 juin 1959. Nous avons lu avec stupeur ce communiqué militaire où les Français partisans d'une paix négociée en Algérie étaient traités d'agents de l'ennemi : ce qui revenait à taxer de trahison les hommes politiques de tous les partis, sinon le général de Gaulle lui-même, qui ne mettent pas en doute qu'en Algérie aucune autre issue que la négociation n'ouvre sur la paix. Nous admettons que des Français soient persuadés du contraire et qu'ils estiment que l'armée seule peut et doit avoir le dernier mot. A quel prix et si cette guerre eût été, aux yeux de Péguy, une " juste guerre ", je ne l'examine pas ici[200]. »

Comment ? et moi qui suis prêt à payer le prix, je ne me refuse pas à examiner la question... Sensible aux arguments des deux camps, tantôt je balance, tantôt je reviens à la position initiale « Algérie française ». A la veille de monter dans le train avec les bidasses pour une caserne de l'Est de la France, je ne change pas mon fusil d'épaule, comptant surtout sur la leçon de réalisme du « terrain ».

J'emporte pour les longues heures de trajet ferroviaire le dernier numéro de juin des *Études* enfin trouvé. Ma feuille d'incorporation me destine vers l'Allemagne pour les trois mois de « classes * », au Centre d'instruction des divisions blindées de Trèves. J'aurais bien cru déchoir si je n'avais été « cavalier ». Pendant les vingt-quatre heures désœuvrées à Metz, en attendant le convoi pour les rives de la Moselle rhénane, je potasse la fin de l'article du père jésuite.

Ici est examiné le second type d'action psychologique, celui qui, en suppléant aux insuffisances de l'Éducation nationale et aux carences de l'information générale des citoyens, prétend renforcer le sens

* Formation de base par laquelle passent tous les appelés qui n'ont pas fait de préparation militaire avant leur incorporation.

national en formant le sens civique des recrues — ça me concerne ! —, et en leur expliquant la signification du combat en Algérie. Cette formation civique et morale que l'action psychologique entend développer s'appuie tout d'abord, et de façon juste, sur les vertus les plus traditionnelles : le sens du devoir, l'honneur militaire, la discipline, l'esprit d'équipe, le sens de la dignité personnelle, l'amour de la Patrie.

Elle fait appel explicitement et implicitement aux jeunes paysans, présentés comme moralement stables et attachés à la valeur de la terre qui concrétise aisément l'idée de patrie, et aux communautés naturelles comme source saine des forces morales de la nation. Question évidemment de l'auteur : « Méconnaîtrait-on l'apport moral propre des jeunes ouvriers et des étudiants ?... en privilégiant ce qui vient de la “ terre ” et de la “ nature ”, les éducateurs de l'armée ne risquent-ils pas de manquer de prise sur une partie de la jeunesse d'aujourd'hui ? La perspective d'un avenir commun à bâtir, d'un “ mieux-vivre-ensemble ” à instaurer, au sein d'une nation qui n'est pas seulement faite de nature, mais œuvre humaine orientée vers le bien de tous et de chacun, est partagée par les meilleurs éléments des milieux populaires et intellectuels[201]. »

Je lève le nez sur ma chambrée : la composition est clairement faite entre jeunes paysans et étudiants. Est-ce déjà une sélection « cavalerie » ? En tout cas, pour l'instant, en fait d'action psychologique sur les nouvelles recrues que nous sommes, je n'ai constaté qu'une gâterie de l'intendance au premier déjeuner avec un dessert de choux à la crème délicieux.

Un des efforts majeurs de l'action psychologique, poursuit l'auteur de l'article, porte aussi sur l'explication des raisons du combat, et là est précisée une distinction entre la justesse de la lutte et la justesse des arguments allégués : « Il ne faut pas confondre la justesse de la lutte — qui signifie que le bien de la France est menacé de telle façon que le recours aux armes est nécessaire pour la défendre — avec la justesse des arguments allégués, car ceux-ci répondent toujours plus ou moins à la conception particulière que l'on se fait de cette guerre, de ses origines et du rétablissement de la paix[202]. »

Quelles sont les raisons proposées aux jeunes mobilisés du contingent ? La thèse soutenue par les instructeurs est simple :

« L'Algérie fait partie intégrante du patrimoine national. La France, c'est 53 millions d'habitants de Dunkerque à Tamanrasset. La lutte s'exerce donc contre une minorité de rebelles qui rejette ses devoirs et les lois de la nation. »

Ladite thèse est alors « prouvée » par des arguments tels que ceux-ci :

« — L'Algérie est française de droit depuis la prise d'Alger en 1830,

» — la France n'a pas conquis un État puisque celui-ci n'existait pas,

» — la lutte en cours n'est pas une “ guerre ” mais une pacification, une remise en ordre du même type que la pacification de la Vendée sous la Révolution. »

Là je bondis et me retrouve pour la première fois de l'autre côté, celui des rebelles...

« — Le FLN est un mouvement non représentatif, peu nombreux et sans cohésion, qui se disqualifie moralement comme “ interlocuteur valable ” par l'usage du terrorisme sanglant. »

Là, ça fait tilt... pourtant s'il s'avérait, ce que je me refuse à croire, que nous sommes responsables moralement de contre-terrorisme, les deux ennemis se retrouveraient dos à dos.

« — La France, dans sa grande majorité, est résolue à garder l'Algérie comme partie intégrante de la Nation française : y faillir serait violer la Constitution. »

Cinq arguments pour les appelés. Le rédacteur des *Études* y oppose les suivants :

« — Les Musulmans d'Algérie ont des raisons de se plaindre des promesses non tenues.

» — Certes il faut des paliers de passage d'une condition quasi féodale à une démocratie moderne, mais toutes les mesures propres à favoriser la promotion musulmane ont été systématiquement rejetées par la communauté européenne minoritaire.

» — Les Musulmans algériens forment un groupe ethnique tellement différent du nôtre, de par leurs langues, leurs coutumes et leurs religions, qu'il est permis de se demander si la solution de l'intégration est aussi adéquate qu'on l'affirme.

» — La prise de conscience de sa personnalité par un peuple ne peut que l'éveiller au besoin d'être reconnu comme nationalité. Le “ nationalisme ” est une étape naturelle dans la genèse des nations. »

Je médite sur cette armée dont je suis membre à présent : elle est étrangère au monde du travail, à ses luttes et à ses aspirations et elle n'est pas moins coupée du monde intellectuel... On prétend que les « classes » réalisent une mixtion des milieux sociologiques, propre à casser les clivages, mais je sais très bien qu'après trois mois de « classes » bourgeois, classes moyennes et étudiants vont se retrouver majoritairement dans les préparations d'EOR.

« L'armée a besoin de vues nettes et simples. Elle a tendance à considérer les valeurs comme un " avoir " aussi stable qu'un territoire. Elle défend la liberté métaphysique de l'homme comme on défend un fort. Et cela est juste en son fond et fait sa grandeur : le soldat défend les valeurs au péril de sa vie, mais seulement en tant que celles-ci, dans leur incarnation et dans leur condition temporelle, requièrent protection contre toute force qui viendrait s'opposer à leur expression. Cependant, les intellectuels sont là pour le rappeler, les valeurs ont besoin d'être sans cesse éprouvées et comprises, car dans leur mouvement vers la prise de corps, elles peuvent se perdre. En leur nom on peut toujours faire exactement le contraire de ce qu'elles signifient[203]. »

Quelle est cette force hostile à laquelle il est fait allusion ? La subversion communiste. Mais l'auteur ne relève pas cet aspect des choses. Curieusement.

Ce qui inquiète le plus le jésuite, un peu plus d'un an après l'arrivée au pouvoir du général de Gaulle, c'est l'option politique de l'armée pour l'intégration qui pose notamment la question de savoir s'il s'agit là d'une position pédagogique à destination de la motivation des recrues ou bien d'une position de principe qu'elle entend faire aboutir par tous les moyens en son pouvoir. Beirnaert a vraiment l'air de craindre une opposition irréductible entre l'armée pour l'intégration et un de Gaulle qui s'avancerait vers une autre voie :

« Nous avancerions-nous trop en pensant que telle est la voie (l'autodétermination) vers laquelle se dirige le général de Gaulle, qui parle de " personnalité algérienne ", de l'" association " avec la France, de la mise en valeur des ressources algériennes, et du partenaire à venir avec lequel il faudra bien " faire le reste "[204] ? »

Je n'avais pas prêté jusqu'ici une attention particulière et exégétique aux subtilités du langage gaullien. Une fois encore c'est la désorientation. Je retiens le mot d'« autodétermination », quoique ne saisissant pas bien ce qu'il peut recouvrer.

Trèves. Centre d'instruction des divisions blindées (CIDB). Grandes casernes impeccables alignées sous le ciel bleu rhénan, stades, parcours du combattant, pistes pour chars : pendant un mois nous ne sortons pas de ce cadre strict puisque aucune permission en ville n'est accordée. Les levers dès l'aube ne me font plus peur depuis trois ans, pas plus que la vie collective — encore que la contrainte d'une chambrée, qui ne permet aucun isolement, pas plus pour la lecture que le silence personnel, est plus sévère qu'une chambre austère de séminaire —, mais le rythme des journées est délibérément harcelant : tous les déplacements en groupe s'opèrent au pas de course, il faut changer de tenue trois à quatre fois par jour en un temps record, les revues de paquetage, de chambrée avec lits « au carré », de sanitaires et inspection des armes sont démultipliées à loisir par les petits gradés (brigadiers et maréchaux des logis) qui développent constamment un sadisme obvie par vexations et punitions.

Pour l'instant, il n'y a aucun bourrage de crâne idéologique, mais une mise en condition physique assez implacable qui vise à briser les volontés, provoquer le réflexe instinctuel d'obéissance aux ordres, ne pas laisser un instant de répit et de réflexion individuelle. L'ordre serré avec maniement d'armes est un de ces exercices collectifs qu'affectionnent particulièrement les sous-officiers pour mater spécialement ceux qui ont des allures un peu « intellectuelles » ou estudiantines.

— T'es pas heureux ? aboient régulièrement tel et tel bricard hargneux.

Silence obligé de l'interpellé, figé au plus strict garde-à-vous.

— Vingt pompes !... et tout de suite !

Volonté d'humiliation ? mise en condition ? exercice d'un pouvoir arbitraire ? Il y a un peu de tout cela, mais, si les caractères fragiles résistent mal à ce régime (hospitalisations psy, tentatives de suicides...), il ne faut rien exagérer sur le caractère inhumain de cette discipline qui semble avoir surtout pour but de dégager au bout d'un mois un peloton de futurs EOR, autrement dit d'élèves gradés destinés à passer l'examen d'entrée à l'École d'application des officiers de réserve. Double sélection psychologique et sportive.

La première ne m'impressionne guère, et — surprise ! —, moi qui craignais la seconde, je découvre devant la répétition des exercices physiques — courses, marches forcées sac au dos, parcours du combattant — que ma résistance est tout à fait performante. Surtout, dans les fonctions de commandement, je me révèle une « gueule » qui assure une présence indiscutée.

Mon complexe, basé sur l'estimation insuffisante de ma musculature apparente, s'évanouit à la fois devant mes propres résultats satisfaisants et par comparaison avec les camarades « baraqués » qui « craquent » plus facilement que les « petits, secs et nerveux ».

Au bout d'un mois, nous sommes autorisés à déposer une demande de permission en ville pour le samedi soir. La première fois, à peine dix pour cent d'entre nous réussiront à franchir le poste de garde sous l'œil soupçonneux et inflexible d'un adjudant : un pli de travers, un salut estimé négligé, un regard critique, un mouchoir douteux... tout est prétexte à exclusion. Certains camarades en ont le moral complètement sapé pour toute la semaine. Ce genre de brimade est tellement « gros » que j'ai tendance à en sourire intérieurement.

Le samedi suivant tout le monde franchit le fameux poste de garde sans encombre et, au bout de plus d'un mois d'encasernement radical, c'est la joie d'un petit dîner dans un « gasthaus », arrosé d'un délicieux vin de Moselle. Mais les Forces françaises en Allemagne étant particulièrement surveillées, aucun écart ne doit attirer la vigilance de la police militaire qui patrouille dans toute la ville.

Au bout d'un mois, une trentaine d'entre nous, volontaires, est sélectionnée pour former un peloton d'élèves gradés aux EOR dont je fais partie. Cela veut dire qu'à l'entraînement antécédent s'ajoutent des cours de mécanique auto, d'armement, de topographie et des exercices pratiques de tactique. Dans le concours de passage pour être retenu comme candidat aux EOR, l'épreuve d'histoire a été la suivante : « La bataille de Lépante ». J'ai été le seul de la brigade à savoir de quoi il s'agissait — formation en histoire de l'Église oblige ! —, ce qui a compensé un carton plutôt décevant, à l'épreuve de tir. Depuis un mois, pas une seule nouvelle politique de l'extérieur n'est parvenue jusqu'à nous, aucun journal ni revue n'ayant le droit de pénétrer dans la caserne. C'est ce dont je souffre le plus avec l'incapacité à pouvoir s'isoler. Même pour le 14 Juillet nous avons été consignés.

Dans ces conditions le courrier postal est particulièrement attendu, et, pour ma part, ce sont les nouvelles directes d'Algérie qui me touchent le plus, tandis que, pour d'autres, il s'agit des lettres d'épouses ou de fiancées.

« Ksar-Sbahi, le 10 juillet. Je suis très découragé par ce que m'a fait le bataillon. Pendant un an j'ai talonné le fellagha, imaginé cent procédés de combat, d'observation, de dépistage. J'ai récupéré dix armes au combat, arrêté des collecteurs, des agents de liaison. J'ai transformé quarante demi-sauvages en harkis valables qui en trois occasions se sont bien conduits au feu — et la récompense a été une levée de boucliers unanime quand j'ai fait ma demande pour une troupe d'élite où je désire servir depuis mon enfance... Je continue à considérer que le marxisme-léninisme veut conquérir le monde et que nous, chrétiens (je ne parle pas des progressistes asexués), ne voulons pas le lui donner. Le problème a de multiples faces : aide aux pays sous-développés, détection de la subversion, etc. Pour moi, il en a une : le baroud. »

Un jeune officier appelé, chef de SAS, témoigne à la même époque au sujet de mon ami Laraison :

« L'amitié que nous nous portons a une histoire étrange. Lorsqu'il est arrivé à Ksar-Sbahi, nous nous sommes violemment heurtés. Son patriotisme intransigeant, sa poursuite des victoires totales, ses grandes ambitions — de celles des hommes auxquels rien ne doit résister — s'accordaient mal avec les jugements plus tempérés que m'avait appris une formation différente de la sienne. Ce qui nous rapprocha ensuite fut ce qu'il y avait en nous de meilleur : la jeunesse, l'enthousiasme, la foi en notre mission, l'amour de notre pays, la conviction qu'un saint-cyrien et un élève de l'ENA sont tous deux serviteurs de la France et, à Ksar-Sbahi, le sentiment que nos tâches se complétaient.

» Maintenant qu'il s'est dépouillé de ce que sa fougue initiale avait d'excessif, il m'apparaît comme le modèle de ces très bons et très rares jeunes officiers, élégants et intrépides, ardents et intègres, qui sont le meilleur espoir de notre pays[205]. »

Mon ancien chef de patrouille scoute à Nantes, dont j'étais le second effacé et qui demeure l'archétype inconscient du « héros », peut-être aujourd'hui n'aura-t-il pas honte de moi : au cœur de ce mois d'août, je deviens un bon militaire. Je le pressens à présent : je serai bientôt officier de l'armée française et choisirai, eu égard au respect premier de ma vocation ecclésiale peu compatible avec la rage du baroud, le corps des officiers des Affaires algériennes, détachés par l'autorité préfectorale dans les sections administratives spécialisées (SAS) pour aider au développement des administrations locales.

Autre lettre d'Algérie : celle de mon capitaine ex-mendésiste.

« Capitaine Jean P... — S.P. 86 249 — AFN.

» Les chaleurs d'Algérie qui vous poussent à la sieste, lorsqu'on ne court pas après le rebelle, ne sont pas faites pour mon tempérament qui désirerait pouvoir faire face à toutes ses obligations de l'esprit et du cœur. Je suis bien content de te savoir à Trèves pour préparer les EOR de cavalerie ! Tu feras comme cela ton service dans les meilleures conditions de formation pour toi et d'utilité pour le pays. J'approuve tout à fait tes projets d'aller dans une SAS ou dans les spahis à cheval, car cela correspondra tout à fait à tes goûts et aptitudes. Mais je préférerais pour toi les SAS, car le panache des spahis et leur excellent travail de patrouilles suffiraient moins à développer tous tes dons !

» Pour ma part je termine fin octobre deux ans de commandement d'un escadron qui m'ont procuré bien des joies et bien des peines. Pour celles-ci je n'ai pas toujours pu faire ce que j'aurais souhaité dans le domaine de la pacification, et j'ai perdu plusieurs de mes subordonnés au combat ou par mines... pour les premières, la confiance des hommes et celle de mes administrés m'ont souvent réconforté et le succès de quelques beaux combats a fortifié ma vocation militaire.

» Je ne sais pas ce que l'avenir nous réserve, mais depuis février 1958 je crois beaucoup en de Gaulle. Il incarne à mes yeux un certain nombre de mes aspirations... parfois contradictoires d'ailleurs : sens de la grandeur et de l'aristocratie, souci de la justice et de la dignité humaine, compréhension des hommes et des choses, le tout baignant dans un christianisme vivant et une pureté patriotique manifestes. Je crois qu'il " sent " l'Algérie, et que réellement lui seul peut faciliter la paix française dans ce pays, en tenant compte de tous les éléments de l'affaire. Je trouve ineptes ceux qui lui reprochent ou d'aller trop lentement, ou d'être trop imprécis : nous souffrons trop d'un " cartésianisme " trop abstrait ! »

La conversion du capitaine au gaullisme serait contagieuse si un coup de barre ne venait briser l'élan de ma carrière militaire : alors que je faisais partie du premier quart de tête sélectionné pour le peloton d'entrée à l'école des EOR à Saumur, une visite médicale ophtalmologique rend un verdict sans appel : inapte ! Tout cela après avoir passé sans problème mes permis chars EBR *, transport de troupes, jeep et moto. J'essaie de faire appel mais sans résultat... Notre officier instructeur est indifférent à ma déconvenue et je

* Engin blindé de reconnaissance.

demande à voir le colonel, lequel me reçoit avec compréhension et, sachant que je vise les SAS, me conseille de choisir le Train pour recommencer le peloton d'élèves candidats aux EOR :

— Si vous en avez le courage, car peut-être qu'ils vous referont faire vos « classes » et tout le tremblement d'initiation !

La perspective de tout reprendre à zéro m'ébranle le moral... Le lendemain je reçois mon affectation pour la Forêt-Noire : Horb, un petit bourg perdu dans la forêt avec une caserne lugubre qui fait office de Centre d'Instruction du train des équipages.

L'adieu au calot bleu ciel du cavalier que je ne deviendrai pas me fait prendre conscience de la blessure d'amour-propre et quelque peu de sa vanité. Dans le train, une conversation avec un autre Français me donne quelques nouvelles de l'extérieur : en Algérie d'abord, la deuxième quinzaine de juillet a vu se dérouler l'opération « Jumelles », action généralisée mettant en ligne plus de vingt mille hommes en Kabylie sous les ordres du général Challe. Et dans la deuxième quinzaine d'août, le général de Gaulle a fait une tournée des « popotes », notamment dans le secteur de Saïda, chez Bigeard.

Laraison, il me l'avait confié, à défaut de la Légion, aurait aimé travailler dans un commando chez Bigeard. J'imagine Saïda dont j'ignore tout et surtout ce qui venait de se passer au moment où je quittais la garnison de Trèves : le 27 août, de Gaulle est reçu à déjeuner par Bigeard et ses officiers, entre militaires, sans un civil. Le général écoute, boit de l'eau et se tait... Soudain, s'adressant à Bigeard :

— Colonel, j'apprécie votre réussite ici, mais vous disposez de cinq mille hommes, et de moyens matériels considérables ! Comment verriez-vous la poursuite de votre action si je relevais le contingent de cette guerre ?

— Eh bien, répond Bruno, nous reformerions une nouvelle armée d'Afrique qui réunirait toute la jeunesse de ce pays et qui devrait prendre en compte elle-même la liquidation de la rébellion. Nous recruterions des hommes neufs, voire d'anciens rebelles, prêts à prendre de vraies responsabilités dans l'armée mais aussi dans l'administration des communes, des cantons, des départements... Cet après-midi vous verrez une unité formée par le capitaine Grillot : ce commando est actuellement commandé sur le terrain par l'aspirant Youssef, un ancien rebelle responsable de l'OPA à l'échelon wilaya, il se présentera aux élections cantonales et a toutes les chances d'être élu, car son commando contrôle désormais, physiquement et politiquement, toute la ville de Saïda et les regroupements de la périphérie[206].

Le général demeure silencieux, n'encourage pas. Impénétrable.

Le capitaine Georges Grillot met les points sur les « i » au sujet des méthodes employées par son commando. Le général ne cille pas. Georges se rassure intérieurement en se disant qu'au moins il ne pourra jamais dire qu'il n'était pas au courant. Mais il ne pourra se rassurer par son approbation. Comment faire autrement ? Les héros sont flattés de cette visite historique.

Dans la caserne du Train, on me fait refaire effectivement mes classes, mais ici le style est complètement décontracté, ce qui me déçoit. Pendant un mois, je réussis à échapper à presque toute contrainte, avec une sorte de liberté morose qui sue l'ennui. Beaucoup moins coupé du monde extérieur, les perms en ville sont faciles et je me console avec quelques camarades dans les gasthaus qui cuisinent un gibier abondant. J'en profite aussi pour essayer de grappiller quelques informations ici ou là, puisque les foyers militaires ne nous donnent accès à aucun quotidien ou périodique de France.

Une nouvelle retient spécialement mon attention, parce que je pense toujours à la fonction d'officier SAS que j'ambitionne : le 16 septembre, de Gaulle proclame le droit des Algériens à l'autodétermination (après pacification), par voie de référendum dont l'objet serait : sécession, francisation ou association. J'imagine que l'organisation et la mise en œuvre de ce genre de scrutin dans le bled algérien doit revenir aux SAS.

Je trompe mal l'oisiveté et finis presque par souhaiter la formation du peloton d'élèves gradés candidats aux EOR pour éveiller une torpeur générale.

« Ksar-Sbahi, 20 septembre 1959. Phénomène nouveau : j'ai la trouille. Pas en accrochage, mais avant. Et je suis sur les nerfs, de vivre avec des bougnoules. J'en ai deux qui correspondent avec les rebelles depuis trois mois et ne les ai pas encore trouvés... Je suis noté en superlatifs, bons et mauvais. Fonceur, dynamique, gonflé (s'ils savaient mes sueurs froides !) d'un côté ; désordonné, impulsif et coléreux de l'autre. »

Quel mépris doit avoir Philippe pour le « tringlot » que je suis devenu !

Ici le bachotage recommence, ainsi que les crapahutages en forêt. Je ne doute pas de bien sortir, une fois encore, au concours pour l'entrée à l'École d'application du train, à Tours. La perspective de passer six mois sur les bords de Loire, non loin de Nantes, me redonne le sourire. Les nouvelles qui parviennent de Rome me laissent un peu indifférent : la cassure est assez radicale mais l'appel à long terme ne bronche pas.

Le 26 septembre, le GPRA *, en réponse au discours de De Gaulle proposant le référendum, se déclare « prêt à entrer en pourparlers afin de discuter des conditions politiques et militaires du cessez-le-feu, ainsi que des conditions et des garanties de l'application de l'autodétermination ». Avec mes camarades, nous ne parlons pratiquement jamais de politique et surtout pas sur l'Algérie : une sorte de consentement tacite a l'air de fonctionner en sorte que tous font comme s'ils étaient convaincus de l'intégration. Pour se faire bien voir des officiers et avoir une bonne note de « gueule ». Cette hypocrisie ambiante m'empêche de me lier à quiconque.

Depuis le discours du 16 septembre sur l'« autodétermination », par une manière de délégation de confiance envers le général, j'infléchis sérieusement mes positions sur l'Algérie française dans le sens d'une ouverture, tout en étant braqué contre l'idée de négocier avec des « interlocuteurs valables » : lesquels, grands dieux ?

Entre le 13 et le 15 octobre s'ouvre un débat de politique générale à l'Assemblée nationale avec une communication de Michel Debré donnant connaissance de la déclaration du gouvernement sur l'Algérie. Il confirme que la « paix des braves » reste valable, mais qu'il ne saurait être question de négociations politiques avec le FLN. La confiance est obtenue, le 15, par un vote de 441 voix contre 23. Mais Alger s'échauffe et Massu lance un appel au calme. A Paris d'étranges coups de feu sont tirés contre la voiture de François Mitterrand, avenue de l'Observatoire.

Si, à Trèves, avec d'autres séminaristes incorporés, nous avions eu quelques contacts sporadiques avec un aumônier militaire, ici rien de tel et pourtant l'Aumônerie militaire n'est pas inerte : un voyage officiel du cardinal Feltin en Algérie est en pleine préparation pour sa proche réalisation entre le 29 octobre et le 3 novembre. François de L'Espinay plaide en faveur de cette visite dont le projet paraît contesté et regrette vivement la position de Mgr Duval, se refusant à accueillir le cardinal-vicaire aux Armées, car, dit-il, « celui-ci lui aurait encore plus ouvert les yeux ».

Il s'agit, pour l'évêque de l'armée française, de voir, entendre et juger sur place. Venant après la publication du *Document vert,* qui a été comme une première réponse à la sollicitation de l'aumônerie d'Alger pour répondre aux cas de conscience, la tournée pastorale de Mgr Feltin rentre dans le cadre de cette clarification, certes la hiérarchie militaire et un certain nombre d'aumôniers cherchent dans cette présence officielle une caution à leur propre action et comme un

* Gouvernement provisoire de la République algérienne.

désaveu de la cause défendue par les nationalistes algériens, mais l'épiscopat d'Algérie, craignant de compromettre l'Église avec l'armée française, ne cache pas son désaccord avec ce voyage en boycottant les réceptions officielles.

« Ignoré des autorités diocésaines, le cardinal Feltin est tout au long de son périple algérien accompagné de hauts responsables civils et militaires. Au cours de son séjour, il peut s'entretenir avec les aumôniers. Il reçoit les séminaristes et des laïcs. Tous lui ouvrent leur cœur et exposent leurs déchirements. Ces conversations confirment la gravité des problèmes si souvent évoqués dans les rapports envoyés à Paris[207]. »

Nul écho ne nous parvient de ce petit événement, mais de Rome, un camarade prêtre, m'ayant précédé dans l'accomplissement de ses devoirs militaires tout en ayant refusé de faire les EOR, s'inquiète gentiment de mes tentations d'héroïcité.

« ... Je ne voudrais pas que tu sois volontaire pour risquer ta peau — je ne parle pas ici de l'utilité ou non-utilité d'une vie donnée à une cause dont on ne sait pas les tenants et aboutissants tellement il y a de politique avec —, je pense que tu n'as pas le droit de reprendre ta vie, tout en gardant dans le cœur le désir et la volonté ferme de servir dans le sacerdoce si tu y es appelé. Crois-tu par ailleurs que, en tombant au champ d'honneur non en victime maladroite (accident) mais en héros, tu apporteras un exemple au " planqué "?... Je ne pense pas que notre générosité doive être de l'imprudence. Il y a des vies qu'il importe de préserver plus que d'autres, de ne pas sacrifier à ce pour quoi elles ne sont pas faites. »

Dans ce mois de décembre, comme les jeux sont faits pour la sélection de ceux qui vont gagner l'École de Tours en janvier, le temps s'étire dans un hiver maussade et doux. Ce répit, je le prends pour lire un récit intitulé *Portrait d'un officier* de Pierre-Henri Simon dont j'avais déjà étudié l'essai paru en mars 1957 *Contre la torture.*

Nécessité de reconnaître le droit à l'existence du nationalisme algérien ? Comme j'avais besoin d'une réponse à cette question et que ce qui m'importait le plus c'était les réactions de quelqu'un, à la fois sur le terrain et capable d'un peu de recul, j'avais écrit à mon capitaine reconverti au gaullisme.

« Algérie, 13 décembre 1959. Bien sûr, j'ai lu, relu et médité le *Portrait d'un officier.* Il est toujours à mon chevet, car il me permet de penser ma vocation et partant de rester fidèle à moi-même. Je considère ce livre comme essentiel, mais je lui ferai une seule réserve d'importance : la réalité heureusement offre rarement des cas aussi extrêmes *.

* Allusion aux pages du livre de P.-H. Simon sur la torture.

» Ainsi en va-t-il pour le choix entre le métier de soldat et celui de policier ! Certes, le commandant de sous-quartier que j'ai été vingt-cinq mois n'a pu livrer que quelques rares et beaux combats et a dû le plus souvent mener une action inlassable sur son territoire pour déceler, suivre à la trace, noter les agents et agissements rebelles. Travail de patience, de fiches, d'observation, d'intelligence pour rassembler les indices et finir par avoir des certitudes... monter ensuite des coups de main et des embuscades pour se saisir des indésirables et les passer en jugement.

» Il y a certainement du policier dans cette sorte de travail, mais s'il n'y avait que du policier nous aurions échoué ici — et c'est bien ce qui a failli se passer les premières années de la rébellion où certains officiers ont cru devoir faire un métier qui n'était pas digne d'eux, qui n'était pas le leur.

» Notre mission de pacification ne peut se concevoir — et c'est depuis un an le leitmotiv de toutes les directives — que par les trois verbes : comprendre-convaincre-protéger. Et l'on commence à s'apercevoir de ce que j'ai toujours proclamé, c'est-à-dire que le renseignement vient de lui-même quand on a convaincu la population, lorsqu'on s'est fait aimer d'elle, et lorsqu'elle se sent protégée. Tu saisis la différence qu'il y a alors entre notre métier et celui d'un policier, même si par moment on est obligé de procéder à des arrestations.

» J'ai eu à souffrir beaucoup au début, parce que ma façon d'agir paraissait trop “ molle ”, pas assez “ radicale ”. Mais depuis un peu moins d'un an, depuis que l'impulsion donnée d'en haut a commencé à se faire sentir, depuis que l'apaisement arrive, alors je triomphe... tant et si bien d'ailleurs que je suis devenu l'“ adjoint-pacification ” de mon colonel et que mon action s'étend à tout le sous-secteur.

» Oh ! mes camarades et mes chefs n'ont jamais été des tortionnaires, ni des assassins. Mais le souci de la réussite visible, de paraître forts, les faisait parfois agir trop vite : pour ne pas avoir réfléchi à l'essentiel, ils ne comprenaient pas que la haine qu'ils risquaient de semer allait à l'encontre du but profond recherché. Et bien des drames auraient été évités, avec plus de réflexion, plus de sens de l'humain, plus d'autorité aussi de la part des grands chefs.

» Il faut dire que le problème n'est pas simple, car il y a des irréductibles, des ennemis qui le plus souvent n'ont aucun scrupule et qu'il faut empêcher de nuire, car ils tuent, ils égorgent ceux et celles qui, convaincus maintenant, marchent cœur à cœur avec nous. Et souvent alors se posent des cas particuliers.

» Bien sûr l'action entraîne obligatoirement des choix, des actes précis, donc parfois des erreurs... que ne connaissent pas les intellectuels (je leur en veux d'autant moins qu'ils nous sont nécessaires !).

» Mais quelle joie, quelle satisfaction profonde quand tu sens toute une population t'accorder sa confiance, son amitié et t'assurer qu'il ne se passerait rien contre tes hommes et toi... et t'aider de ses armes quand tu as pu la protéger et l'armer.

» Le policier est bien loin, tu le vois ! Allant jusqu'au fond des choses, je vais jusqu'à penser que pour avoir perdu de sa pureté d'acier (mais il y a plusieurs décades déjà !) le métier de soldat a gagné en profondeur, il a repris contact avec l'humain : l'officier n'a plus seulement à se battre, mais à construire, et à construire aussi bien spirituellement que matériellement.

» Notre travail est dur, patient, laborieux ; tout n'est pas que succès, et parfois l'on se demande si de Gaulle arrivera à entraîner tout le monde dans son sillage ; en tout cas, c'est un but à atteindre, et officiellement l'armée marche à fond même s'il y a quelques réticences.

» Je viens d'entendre de Gaulle à Saint-Louis, puis à Dakar *. Relis ses discours. Cet homme a touché au fond des problèmes, et je suis heureux de pouvoir me retrouver un peu en lui. Jamais ma vocation d'officier ne s'est autant épanouie dans ma conviction chrétienne.

» La France ici, j'en suis convaincu, combat pour la libération des Algériens. Cette guerre aura eu au moins le mérite de permettre de nous retrouver fidèles à nous-mêmes... et certains Européens d'Algérie le sentent bien qui craignent l'avenir où leur place ne sera plus que celle de leur mérite. »

L'enthousiasme de mon capitaine est plutôt communicant : j'ai hâte de me retrouver dans un peu plus de six mois en Algérie. Avec des officiers comme celui-ci ? Je doute un peu qu'ils soient légion et surtout qu'il y ait autant de gaullistes parmi eux.

Durant le même temps, en cette première quinzaine de décembre, Bigeard dont le commando Georges a inscrit sur son fanion « Chasser la misère », avec des méthodes différentes mais dans un même but, dresse aussi son bilan : les rebelles armés, « ils sont cassés à 98 %. La katiba n° 3 réduite à néant, le commando zonal réduit à néant[208] » et la katiba n° 2 n'a plus que dix-huit hommes. L'OPA est détruite. « Ce qui nous a permis d'aller vite : donner une devise et un esprit (croire

* De Gaulle préside les 11-12 décembre 1959, à Saint-Louis du Sénégal, la sixième session du conseil exécutif de la Communauté. Le 13, il annonce à Dakar l'évolution de la Communauté vers un groupement d'États indépendants.

et oser). Donner un complexe de supériorité à nos effectifs, en leur parlant, en les entraînant, en les engageant presque chaque fois avec des résultats et sans perte. La parfaite collaboration de la majeure partie des subordonnés qui ne demandaient qu'une chose : être commandés et gagner[209]. »

Deux ombres officielles au tableau : la perte de 50 % des effectifs des spahis pendant plus de trois mois et « quelques cadres absolument inadaptables à cette guerre qu'il a fallu éliminer progressivement[210] ».

Autres nouvelles du terrain par le sous-lieutenant Laraison :

« Ksar-Sbahi, 20 décembre 1959. Le moral de mes hommes est plutôt meilleur que le mien. Ils ne voient jamais très loin. Ce qui compte, c'est la bouffe (objectif immédiat) et la quille (objectif lointain). Le sort de l'Algérie, je crois qu'ils s'en tamponnent — mais ils aiment bien se battre quand l'occasion leur en est donnée et ils sont courageux. Il y a autant de fells qu'à mon arrivée il y a quinze mois ; pas plus, mais ils savent mieux se battre.

» Je me donne à mon métier, je ne me sens pas mesquin. Il ne devrait y avoir dans l'armée que des fanas, des durs — et ce n'est malheureusement pas le cas. J'ai quelquefois de gros découragements. L'aumônier de la division vient tout à l'heure et ça me fait réellement plaisir... »

Personnellement je n'ai pas l'esprit à n'attendre que la « quille », mais une première perm dans la poche — la première depuis six mois ! — fait chaud au cœur pour Noël. Quittant définitivement l'Allemagne, le prochain rendez-vous avec l'armée est à Tours pour le 3 janvier où je retrouverai une partie des camarades de peloton.

A Nantes, les derniers numéros de *Verbe* m'attendent, mais cette langue de bois ne m'intéresse plus ; en revanche, un ancien copain du collège me remet le dernier numéro d'*Esprit*[211] pour que j'y puisse lire un article censé m'intéresser : « Intégrisme et national-catholicisme » par Madeleine Garrigou-Lagrange. J'en diffère la lecture pour succomber, comme au temps estudiantin de mon année parisienne, aux charmes inquiétants de François Mauriac :

« *Bloc-Notes,* 20 décembre 1959. Je ne commenterai pas ici ce que *Le Monde* d'hier soir a publié sous ce titre : " Des cours sur une torture humaine sont donnés aux stagiaires du camp Jeanne-d'Arc ". Ces tortionnaires pédants, ces bourreaux raisonneurs, ces cartésiens de la gégène, je les regarde danser à la crête de la nouvelle vague. Cela m'aide à ne pas craindre la mort[212]. »

Je bondis. Quelle est la référence d'une telle information ? Dans son numéro du 20 décembre, le quotidien du soir a publié discrètement (en page 6) un court article sous le titre rappelé par François

Mauriac par lequel il reproduit un passage d'une déclaration faite à *Témoignage chrétien* par un officier de réserve qui fut rappelé en Algérie de l'été 1958 à la fin de l'été 1959.

Selon cet officier, un certain capitaine L., professeur au camp Jeanne-d'Arc, centre d'entraînement à la guerre subversive, enseignait à ses élèves durant la seconde quinzaine d'août 1958, qu'il y avait une « torture humaine ». Pour cela, selon ledit capitaine instructeur, « il faut : *1.* que la torture soit propre ; *2.* qu'elle ne se passe pas en présence de jeunes ; *3.* qu'elle ne se passe pas en présence de sadiques ; *4.* qu'elle soit faite par un officier ou par quelqu'un de responsable ; *5.* et surtout qu'elle soit " humaine ", c'est-à-dire qu'elle cesse dès que le type a parlé, et surtout qu'elle ne laisse pas de traces ».

Le Monde écrit en conclusion : « Selon des informations qui nous sont parvenues, ces cours sur la " torture humaine " continuent d'être professés au camp Jeanne-d'Arc. Un médecin militaire y assiste et précise sur le plan physiologique ce que sont les réactions de l'interrogé. »

Scandalisé, et intrigué de ce que le ministre des Armées, Guillaumat, n'élève pas une protestation indignée ou un démenti, un journaliste de *France-Observateur*[213], H. de Galard mène l'enquête.

« J'ai rencontré l'officier qui a fait cette révélation à *Témoignage chrétien*. Je sais que c'est un prêtre qui exerce son apostolat dans une commune de la banlieue. Je ne puis croire qu'il ait menti ou amplifié. Et pourtant, devant l'énormité de la chose, j'hésite. »

Moi, je n'hésite pas : je me refuse à y croire. Et puis... on ne peut se laisser envahir par de telles suspicions à la veille de Noël... Pourtant, un prêtre aurait-il pu aussi bien « arranger » la vérité et de façon publique ?

Que faisons-nous de ce qui nous gêne ? Nous l'oublions.

Mais Noël est aussi un mémorial et Mauriac y songe lorsqu'il écrit : « 25 décembre 1959. J'aurai passé la veillée de Noël avec un para. Qui pourrait le croire ? Et non pas avec un doux, s'il en existe de doux. Celui-là fut pourtant un soldat de Bollardière, et je crois son ami. N'empêche que dans la dernière lettre qu'il ait adressée à son père avant de tomber frappé par une balle en plein front, il avoue ne rien attendre en Algérie d'une politique de douceur. Et moi, pourtant, je veille avec lui : s'il y consent, c'est qu'il est mort, lui qui, j'imagine, devait avoir mon nom en exécration[214]. »

Cette nouvelle « veillée funèbre pour un aspirant tué * », le vieil

* Paraphrase du titre d'un texte de H. de Montherlant, *Lettre à un aspirant tué.*

écrivain la rédige en hommage paradoxal au petit-fils de Maurice Barrès, Claude, un baroudeur qui écrivait : « Être officier, c'est encore une concession. Chef de bande, voilà qui eût été idéal... Je doute que vous compreniez jamais mon côté aventurier. »

Comment ne penserai-je pas à mon ami, Philippe Laraison, dont soudain j'imagine une fin semblable ?... Sanglante et glorieuse, la mort du héros.

Mais ne sont-ils pas nombreux ces nouveaux « chefs de bande », ou mieux ces seigneurs de guerre en Algérie ? Sont-ils manipulés idéologiquement ? Y a-t-il notamment une influence de la pensée intégriste sur ce milieu ? Me souvenant de l'article d'*Esprit* mis de côté, je m'applique à sa lecture et y découvre beaucoup plus de choses que dans mes précédentes recherches auprès du petit groupe intrigant au Séminaire français de Rome *.

Je quitte Paris pour Nantes, en ruminant mes réticences renforcées contre les menées d'une certaine intransigeance catholique qui rêve encore de pouvoir politique.

Brève missive de Philippe Laraison :

« Ksar-Sbahi, 26 décembre 1959. J'ai été passer quarante-huit heures comme examinateur de combat (flatteur !) au peloton des élèves gradés. Comme d'habitude, Bretons et Alsaciens sont cons comme des balais. Les gars du Midi des petits Sioux. Mais au feu, c'est toujours le contraire.

» Le temps est effroyable. On patauge, les véhicules s'embourbent et hier il a neigé. On pouvait espérer que les fells se noieraient dans leurs trous, mais jusqu'ici je n'en ai pas vu redescendre les oueds, le ventre en l'air... Noël épatant avec mes hommes. Nous avons pu avoir une messe ! J'en ai profité pour me confesser et communier — ce qui ne m'était pas arrivé depuis des lustres ! Mais ces petites bricoles sont tellement insignifiantes, à côté de notre vie de " croisés "...

» Gros baroud, le 14 décembre, où je commandais la compagnie en opération. Nous avons tué un lieutenant fell et un adjudant-chef. Bagarre ouverte, sans cache à réduire, et assaut : l'un des beaux jours de ma vie. Ma grosse satisfaction c'est aussi la harka encadrée par des sergents du contingent, de première bourre. Ce sont de réels soldats de métier. »

Philippe en « croisé » ! Je ne suis pas étonné mais m'inquiète s'il venait à tomber sur un réseau du genre intégriste et conspirateur.

* Présentation et analyse critique de l'influence de l'intégrisme catholique sur l'armée en annexe 5, p. 355.

Quant aux « méthodes », aux « interrogatoires forcés », s'ils existent encore, depuis que de Gaulle est là, il n'est pas possible que... enfin, il ne peut que tenir les choses en main... les abus doivent être terminés... et si... enfin s'il sait quelque chose là-dessus, si son gouvernement est au courant, il ne peut pas être inactif : c'est impensable ! Je préfère chasser ces questions obsédantes.

Ce que je ne peux savoir, ce qu'aucun Français ne peut savoir, c'est que depuis au moins un an le gouvernement se préoccupe de cette pratique et cherche à y mettre fin.

Le général de Gaulle a fait publier le 17 décembre 1956 une Directive précise sur les conditions d'arrestation des suspects et Michel Debré, Premier ministre, s'inquiéta au début de 1959, en présence de M. Guillaumat, ministre des Armées, de M. Donnedieu de Vabre et de M. Pierre Racine, son chef de cabinet[215], de la responsabilité de l'odieuse pratique de la torture dont certains rapports affirmaient la continuité d'usage.

Pierre Racine demanda au Premier ministre de remettre lui-même une Directive interdisant formellement la torture au général Challe, commandant en chef en Algérie, ce que fit le Premier ministre. Le général Challe reçut cette Directive et, devant le Premier ministre, la « mit dans sa poche » — dans tous les sens du terme : elle ne fut pas répercutée par les soins de Challe aux échelons subalternes en Algérie, comme il venait d'en recevoir l'ordre —, ne laissant à celui-ci aucune illusion sur l'usage qu'il en ferait :

— Que voulez-vous, monsieur le Premier ministre, je fais la guerre !

Le 23 décembre 1959, dans une lettre de M. Guillaumat, ministre des Armées, au général d'armée aérienne, commandant en chef des Forces en Algérie, le général Challe, celui-ci peut lire notamment :

« ... Les conclusions du rapport déposé par le Comité international de la Croix-Rouge à la suite de l'inspection des lieux de détention d'Algérie qu'il a effectuée en octobre et novembre 1959, montrent qu'il est nécessaire d'opérer sans attendre divers redressements dans le comportement adopté par certaines autorités à l'égard des membres ou complices de la rébellion incarcérés.

En effet, selon le document rédigé par le CICR :

1. Dans de nombreuses localités existeraient, sous le contrôle des services de renseignements, des « centres d'interrogatoires » plus ou moins clandestins, où les personnes arrêtées demeurent parfois plusieurs mois, dans des conditions de détention difficilement admissibles.

...

6. Il semblerait enfin qu'au cours des interrogatoires de suspects des méthodes de coercition physique soient trop souvent employées.

Il est évident que ces errements, dans la mesure où s'y trouvent mêlés des éléments militaires, ne pourraient que compromettre l'honneur et la discipline de l'armée.

...

Je vous saurais gré... de donner les instructions nécessaires pour que :

a. en ce qui concerne les arrestations, celles-ci s'opèrent strictement dans le cadre défini par la Directive du général de Gaulle en date du 17 décembre 1958.

b. en ce qui concerne les méthodes d'interrogatoire, les procédés coercitifs tels que l'eau, l'électricité ou le palan soient rigoureusement prohibés.

Je désire que ces dernières prescriptions soient portées par la voie de l'ordre jusqu'à l'échelon du commandant de quartier et qu'il soit marqué que leur inobservation entraînera les sanctions les plus sévères. »

Une lettre en date du même jour, de Pierre Guillaumat au Premier ministre, l'informant des mesures qu'il venait de prendre et de transmettre au commandant en chef en Algérie, demande à « assumer la lourde tâche » du contrôle de ces instructions, à charge pour lui, « lorsque des fautes graves sont commises dans ce domaine », de saisir la Justice militaire.

Une lettre datée du 30 décembre 1959 de Michel Debré accorde son appui à Guillaumat et communique un exemplaire desdites instructions au délégué général du gouvernement en Algérie, M. Paul Delouvrier.

Le général de Gaulle lui-même ne reste pas insensible, informé qu'il est constamment par son Premier ministre et veut même aller plus loin. Dans une lettre à Michel Debré, en date du 31 décembre 1959, l'on peut lire :

« Mon cher Premier ministre,

Vous estimerez certainement comme moi-même que des conséquences doivent être tirées sans tarder du rapport établi par la dernière mission envoyée par le Comité international de la Croix-Rouge.

M. Guillaumat a déjà adressé au général commandant en chef des directives afin que cessent certaines erreurs. Mais les instructions du ministre des Armées se limitent à ce qui est de la compétence de celuici ; elles ne règlent pas l'ensemble de la question.

Des dispositions doivent être prises pour que les procédures d'arrestation soient réformées et régularisées. Il faut fixer strictement la liste des autorités qualifiées pour faire appréhender et retenir les individus. Il est, en outre, nécessaire que le respect de l'organisation qui aura été définie soit assuré par un contrôle efficace.

Je souhaite pouvoir examiner prochainement avec vous les dispositions que vous envisagerez d'arrêter. Ces mesures devront comporter des informations précises et constantes qui me seront adressées quant à l'exécution des instructions données et aux sanctions prises dans le cas de manquement aux ordres reçus.

Charles de Gaulle. »

Tours

1960

C'est propre, c'est neutre, plutôt ennuyeux : les bâtiments corrects, les chambrées, les amphis et les cours. Il n'y a que le ciel de Loire pour faire rêver un peu. Trente et un élèves gradés, futurs officiers de réserve, dont trois FSNA (Français de souche nord-africaine) algériens, huit binoclards recalés de l'ABC (arme blindée cavalerie) comme moi et deux séminaristes dont moi, composent notre brigade.

Celle-ci se constitue rapidement, sous l'autorité débonnaire d'un capitaine humain et intelligent, en élisant notamment son « président » de brigade. Je suis élu par la convergence que m'accordent globalement mes camarades et celle qu'ils ont pressenti m'être donnée par notre officier instructeur qui m'a « à la bonne ». Cette fonction me sort d'une routine que je sentais poindre à la fois pour l'intérêt très relatif que je porte aux matières enseignées et la médiocrité culturelle de l'environnement humain. Du coup je me sens responsable de l'ambiance de la brigade, des relations humaines articulant non seulement les élèves avec leurs cadres, mais eux-mêmes les uns par rapport aux autres.

Moins encasernés qu'en Allemagne, les perms en ville nous sont facilement accordées ainsi que celles de quarante-huit heures en week-end, et l'accès aux journaux est libre. C'est ainsi que je peux retrouver une lecture presque régulière, sinon quotidienne, du *Monde,* et que, le 5 janvier, je peux prendre connaissance du rapport de la Commission internationale de la Croix-Rouge sur les camps d'internement en Algérie. La prudence règne quant aux idées politiques : aucun d'entre nous ne se départit d'une grande réserve laquelle va bientôt s'ébrécher.

Pas de nouvelles du djebel constantinois par Laraison qui est en perm à Paris. A Saïda, Bigeard est nommé plus au sud, dans les secteurs d'Aïn-Sefra et de Géryville, dénommé secteur opérationnel des ksours. Au début du mois de janvier, il commence à installer son PC à Aïn-Sefra.

A Alger, la température monte : le 18 janvier, un journaliste allemand publie une interview du général Massu déclarant que l'armée,

« qui a la force » et « la fera intervenir si la situation le demande », ne comprend plus la politique algérienne du général de Gaulle. Démenti. Rappel de Massu à Paris. Le 22 janvier, il est remplacé par le général Crépin, comme commandant le corps d'armée d'Alger. Le 21, Georges Bidault se voit interdire l'entrée du territoire algérien. Le 24, une manifestation de quelque dix mille personnes conduites par Ortiz et Lagaillarde * se déploie dans les rues d'Alger et tourne à l'émeute.

Une fusillade sur le boulevard Laferrière fait vingt morts (quatorze gendarmes, dont deux officiers et six manifestants). Les émeutiers se retranchent dans deux « réduits », derrière des barricades, au centre de la ville blanche. L'état de siège est décrété. Le 28, le délégué général, Paul Delouvrier lance un appel émotif, dont il pense de bonne foi que le pathétisme touchera les pieds-noirs, demandant de faire confiance au général de Gaulle, puis, accompagné de Challe, quitte Alger pour Reghaïa.

A Tours, nous suivons ces événements avec une tension légèrement contenue parce qu'ils risquent de nous révéler les uns aux autres nos variations de sensibilité politique. L'un d'entre nous, d'origine russe, éclate et laisse deviner ses sympathies pour les insurgés, un autre sa fibre républicaine qui redoute les menées « fascistes »... Rien d'autre que des tressaillements. Notre capitaine instructeur paraît complètement indifférent.

Dès le 25 janvier, Mgr Duval, archevêque d'Alger, a refusé l'autorisation de célébrer une messe sur les barricades, et le lendemain un appel commun de l'archevêque, du président du Conseil supérieur rabbinique et du président des Églises réformées d'Algérie en accord avec le grand mufti Malékite, a été lancé.

Le 29 janvier, nous suivons attentivement une déclaration télévisée du général de Gaulle qui condamne fermement les insurgés et, s'adressant à l'armée, déclare : « Je dois être obéi de tous les soldats français. » Dans nos rangs personne ne bronche. Les sympathisants ont bien senti que c'était foutu. Les excités d'Alger me rendent pour la première fois réticent à la cause de l'« Algérie française », parce qu'ils ont fait couler le sang entre Français et qu'il n'y a eu aucun mouvement de foule musulmane pour marquer quelque solidarité que ce soit.

Le 31, un dimanche matin, Mgr Duval enregistre un radio-message : appel à « la compréhension réciproque » et « au respect de l'autorité légitime ». Le même jour, à midi, il fait une démarche

* Joseph Ortiz, cafetier pied-noir, et Pierre Lagaillarde, leader étudiant, sont des activistes ultra.

auprès du commandement militaire français et à 14 heures, nouveau radio-message : l'assurance est donnée que le bastion des facultés ne sera pas attaqué par l'armée. Appel au calme.

Le 1er février, reddition et abandon des barricades. Ortiz s'enfuit et Pierre Lagaillarde est transféré dans la nuit à Paris et incarcéré à la prison de la Santé.

Les troubles d'Alger sont suivis avec fièvre par l'entourage de Bigeard à Aïn-Sefra qui envoie son sergent-chef photographe prendre contact avec les leaders de la rébellion pied-noir ; retour rocambolesque de ce dernier, suivi d'une déclaration de Bigeard, reprise par la radio et par la presse :

« Je suis un homme seul, je ne fais partie d'aucun complot. Je pense, en toute bonne foi, que les hommes des barricades représentent effectivement le peuple d'Algérie et n'ont agi que par désespoir[216]. »

La réaction de Paris est rapide : accueilli par les CRS au Bourget, le célèbre Bruno est relevé illico de son commandement. La bataille des ksours s'engage sans son chef, et mal : une embuscade tendue contre un convoi du 8e RIM, le 30 janvier, fait seize tués et trente-six blessés de notre côté ; le 2 février, sur la route de Géryville à Bou-Alam, à 10 kilomètres de ce poste, en plein jour, un convoi escorté par des blindés du 23e spahis subit des pertes sévères : onze tués, deux blessés et trois disparus. Les fells incendient les véhicules après avoir placé les conducteurs sur les capots.

Les fells ont repris l'initiative et à ces échecs s'ajoutent quatre franchissements du barrage électrifié sur la frontière algéro-marocaine. La disgrâce de Bigeard n'arrange pas le moral des troupes.

Philippe Laraison écrit du Constantinois :

« Ksar-Sbahi, le 1er février. La France métropolitaine, aux exceptions près, s'est montrée sous son vrai jour : peureuse, monstrueusement égoïste et haineuse. Chez nous, les harkis sont nerveux. Il faut que j'y fasse gaffe, d'autant plus que les bougnoules dans mon coin deviennent arrogants et croient que c'est arrivé. J'ai su que Charles * ne décolérait pas que la 10e DP ** n'ait pas tout écrasé dans le sang le 24 janvier. Enfin, fort de ses syndicats, de sa presse, de la confiance universelle et du sens de l'histoire, il va pouvoir la fermer à l'armée, pour nous préparer une défaite sanglante et disciplinée... »

« Mon cher et vieux pays, nous voici donc ensemble encore une fois, face à une lourde épreuve... » Cette apostrophe du général du

* Charles de Gaulle.
** 10e division parachutiste.

29 janvier me reste en mémoire... « Qui a jamais parlé à la Nation sur ce ton-là, avec cette voix-là[217] ? »

Je crains pour Philippe Laraison, son avenir à lui, et quelques-uns des siens.

Les conséquences politiques immédiates de la semaine des barricades se font tout de suite sentir : un remaniement ministériel fait quitter le gouvernement à Jacques Soustelle, de plus en plus marqué du côté des ultras, et entrer Pierre Messmer pour remplacer Guillaumat au ministère des Armées. Trois jours plus tard, une autre personnalité proche des milieux activistes est inquiétée : Alain de Sérigny, directeur de *L'Écho d'Alger,* est arrêté et inculpé de complicité d'atteinte à la sûreté intérieure de l'État. Le colonel Godard, une des vedettes de l'Action psychologique, est mis sur la touche, et le 10 janvier, un conseil des ministres décide la réorganisation de la justice militaire et surtout la suppression des organismes psychologiques de l'armée.

Imperturbablement notre entraînement continue avec, à la mi-février, un séjour au camp du Ruchard enneigé : bivouacs, marches forcées, relais-choc, tirs et parcours du combattant... Les esprits sont apparemment détendus, ce qui ne semble pas le cas sur certains pitons du Constantinois :

« Ksar-Sbahi, 17 février. Regarde bien ce qui se passe : un socialiste, ministre de l'Armée ; celui-ci aux arrêts de forteresse ; celui-là, commandant le 1er REP remercié ; les nationalistes (dits d'extrême droite) inquiétés au nom d'une loi qui n'a jamais servi contre les communistes ; dans les secteurs, emprise totale des préfets*... Nous, l'armée, nous obéirons comme toujours, bien que, rappelle-toi, le premier à encourager l'armée à la désobéissance fut de Gaulle.

» Pourtant les harkis sont déchaînés et magnifiques. Quelle belle troupe à commander ! Si Charles faisait un effort de son côté, nous n'en aurions plus pour longtemps. Mais on croirait qu'il s'acharne à tout saboter : plus d'essence, plus de piles radio — c'est écœurant. On tient avec une volonté farouche et rien, rien ne vient de France nous aider à terminer.

» La semaine d'Alger : à vrai dire je n'ai tiré aucune leçon de cette mauvaise bagarre — sauf un dégoût profond pour la guerre civile. Si de Gaulle peut être aussi ferme avec les communistes et leurs courroies de transmission qu'il l'a été avec l'extrême droite, si l'occasion se présente, tout est très bien — mais je n'en suis pas sûr.

* Le 20 février 1960, un décret a rétabli les préfets dans leurs pouvoirs.

» Quant à l'issue de l'affaire algérienne, franchement, je ne la vois pas. Certes la rébellion armée, ne serait-ce que dans mon secteur, prend des coups très durs. Mais ce qui m'inquiète, c'est que la population musulmane, contrairement à ce qui s'était passé au moment du référendum *, a de moins en moins envie de s'engager.

» J'ai rarement la chance d'aller en opération. Si tu savais à quel point l'accrochage, et souvent le simple contact sont une récompense... Ma baraka baisse. Mieux : j'ai une condamnation à mort personnelle. Elle était épinglée sur un bougnoule truandé, parce que vaguement indicateur. »

Certes bien des esprits sont troublés dans l'armée, suite à la semaine des barricades et sans doute aussi parce que certains craignent que des négociations s'ouvrent, mais je supporte mal qu'un jeune officier de l'armée française continue à écrire « bougnoule » pour désigner son adversaire.

François Mauriac : « 13 février 1960. Nous comprenons mieux aujourd'hui ce qui retenait le FLN de répondre à l'appel de De Gaulle. Dès qu'eut éclaté la nouvelle de la venue à Paris des émissaires fellaghas, que se serait-il passé à Alger ? S'il a suffi de l'incident Massu pour que les barricades surgissent, qu'aurait-ce été devant l'imminence d'un cessez-le-feu négocié dans la métropole ? Nous aurions eu à affronter bien pire que ce qu'a dénoncé la fameuse litote du général de Gaulle : " l'incertitude complaisante de divers éléments militaires ".

» Rien ne peut faire qu'un million d'hommes dominent indéfiniment sur huit ou dix millions, résolus à ne plus le souffrir... " Algérie française " rythmé jour et nuit durant un an par cent mille klaxons, ne changerait rien à cet état de fait : deux communautés, étrangères de race et de religion et dont l'une est huit fois plus nombreuse que l'autre, sont condamnées à vivre côte à côte sur une terre dont leur commune folie a fait un charnier. Hé quoi ! cette intégration que pendant un siècle vous avez refusée à un peuple qui l'eût alors reçue avec joie, espérez-vous encore la lui imposer par la force [218] ? »

Dans les premiers jours de mars, de Gaulle accomplit une nouvelle « tournée des popotes » mais cette fois-ci, elle ne passe pas par Saïda. Bigeard en permission forcée ronge son frein en métropole. Au sud de Géryville, le commando Georges participe activement à la bataille contre les katibas des ksours. Le 30 mars, en apprenant que le général Challe est nommé commandant en chef du Centre-Europe de l'OTAN, des officiers interprètent cette mutation comme une dis-

* Allusion au précédent référendum du 28 octobre 1958.

grâce, retombée de la semaine insurrectionnelle de janvier. Ils oublient de souligner que Guillaumat a été remercié auparavant et l'on murmure contre une formule employée par de Gaulle dans sa récente tournée : « une Algérie algérienne liée à la France » !

En tant que président de brigade, mes camarades ne s'ouvrent guère à moi de leurs états d'âme politiques, s'ils en ont, mais je découvre par d'autres confidences, beaucoup plus personnelles, la fragilité psychologique de ceux qui sont en situation conjugale : leurs crises de moral sont fréquentes dès que les temps de permission s'espacent pour une raison ou pour une autre. La perspective d'un prochain stage en avril de trois semaines à Coëtquidan, qui me ravit, les plonge dans la désolation mais leur véritable angoisse, à peine avouée, est celle du départ de l'école, dans la deuxième quinzaine de juin, pour des affectations selon le rang de sortie en Allemagne, en France ou... en Algérie. De véritables volontaires pour l'Algérie je n'en connais pas un seul parmi eux, pas même l'unique pied-noir.

Pendant que nous séjournons sous la tente à Coëtquidan pour faire notamment des exercices de circulation routière, sous le regard goguenard des biffins * ou méprisant des cavaliers, j'apprends que le général Challe, faisant ses adieux au corps d'armée d'Oran, le 20 avril, vient de repousser une démarche de Georges qui réclame le rappel de Bigeard dans le Sud-Oranais :

— C'est moi qui ai relevé Bigeard et demandé son départ. Bien que je porte une grande estime à cet officier supérieur, je ne pouvais admettre la diffusion de son manifeste, considéré à Alger comme un message de soutien pour les insurgés des barricades. Cet événement a été pour moi et M. Delouvrier un véritable cauchemar, un des moments les plus difficiles de ma carrière car nous étions au seuil d'une guerre civile[219]...

Deux mois plus tôt, un autre lieutenant d'active, plus jeune, écrivait à son meilleur camarade officier de réserve, Robert Lion :

« Ksar-Sbahi, le 20 février. J'étais par hasard à Paris le 24 janvier et j'ai été écœuré par la bonne conscience de la presse de gauche et sa profonde délectation à voir la 10e DP plongée dans ce profond drame. Si l'ordre imbécile avait été donné à Alger, on aurait pris l'Université en pleurant. Tous les officiers que je connais auraient obéi, puis démissionné.

» Crois bien qu'à vingt-trois ans, avec vingt et un mois d'Algérie et pas mal d'expérience, j'ai une profonde aversion, un dégoût immense pour le putsch militaire ou civil et pour la guerre fratricide. Je suis un

* Appellation dérisoire pour désigner l'infanterie.

Nantes, 1955.
Alain Maillard de
La Morandais.

Saint-Cyr-Coëtquidan, juillet 1957.
Sous-lieutenant Philippe Laraison
(promotion Franchet d'Esperay).

Rome, 1956. A. Maillard de La Morandais,
étudiant au Séminaire pontifical français.

Saïda, 1961. Le général Ginestet, le sous-préfet Landouzy et le préfet Mokhdad.

Saïda, 1959. Opération Bigeard, le sous-lieutenant François Meyer.

Garde à l'étendard du 23e régiment de spahis.
Le lieutenant François Meyer porte l'étendard (juillet 1960).

Géryville, 1960. Peloton de spahis devant la Grande Redoute.

Mekmene El Mrir (Mecheria), 1961. Le sous-lieutenant SAS A. Maillard de La Morandais.

Djebel Amour, 1961.
Le sous-lieutenant SAS
A. Maillard de La Morandais.

Géryville, 1961.
Spahi et son cheval.

Bou-Alam (Ksours), 1961.
Sous-lieutenant Bernard
d'Agescy.

Géryville, 1960.
Brigadier Omar Abbou,
commando Griffon.

Bou-Alam, 1961. Le capitaine Denis Bogros, 23e régiment de spahis.

Commando Griffon en embuscade dans les monts des Ksours (1960).

Monts des Ksours (Sud-Oranais), 1960. Peloton du 23e régiment de spahis.

El Maïa, octobre 1961. Patrouille à cheval du commando Griffon.

Halte du commando Griffon dans un oued saharien.

Géryville, octobre 1961. Commando Griffon.

officier, non un policier. Parce que tu aimes la France autant que moi, j'espère que nos routes se croiseront à nouveau un jour.

» Je ne parle pas de De Gaulle, je ne le discute devant personne. Je crois que ce qui manque à son génie, c'est d'avoir étudié la guerre d'Indochine et de faire montre de cœur. L'armée a besoin d'être aimée. Philippe Laraison. »

A Coëtquidan, nous n'avons aucun contact avec les élèves officiers d'active qui nous regardent de haut ; je le regrette, en particulier parce que les landes et le cadre me font penser souvent à Philippe Laraison et que j'aurais aimé savoir si d'autres jeunes officiers de sa génération ont le même type de réactions que lui. Nous ne sommes que des « tringlots »... l'« armée française » m'apparaît de plus en plus comme une unité mythique.

Pourtant je n'ai qu'une hâte, celle de gagner l'autre rive de la Méditerranée et de prendre des risques — je ne sais guère lesquels ! —, de m'aventurer jusqu'au bout de moi-même. « Suis-je courageux ? » : peut-être est-ce la question que je n'ose me poser. Après dix mois de vie militaire, je n'ai plus de complexe au regard de ma stature physique et de sa capacité de résistance, et quant au moral, il n'a jamais été sérieusement ébranlé... alors ? le désir d'aller plus loin n'est-il pas le plus naturel ? L'héroïsme du quotidien, c'est cela : chercher toujours plus loin ses limites, se retrouver dans la situation telle qu'il est impossible de tricher avec soi-même.

Le printemps n'est pas tendre pour les rebelles dans le Sud-Oranais où, sous le commandement du général Ginestet, se déploient avec succès les opérations « Prométhée » 2, 3 et 4, brisant les tentatives par l'ALN de franchissement du barrage, anéantissant le 1er bataillon de la wilaya V et mettant en place le dispositif initial dont l'objectif est la destruction de la katiba 533 et du commando zonal. Georges est la pointe de la recherche du renseignement...

« Ksar-Sbahi. Ici, nous fonçons vers une indépendance déguisée de l'Algérie. On se demande pourquoi sont morts nos camarades ! Évidemment, la France est " généreuse " — surtout avec le sang de ses mercenaires. Du reste, c'est le seul aspect de mon métier qui me plaise actuellement. Je suis un homme de guerre et la couleur (aussi longtemps que ce n'est pas le rouge), je m'en moque.

» As-tu regardé le bouquin de Bigeard *Aucune bête au monde*[220] ? Il y a du destiné à l'exportation, mais aussi de magnifiques photos d'extrême fatigue et d'extrême amitié. Pourtant les émotions transparentes sont parfaitement déplacées dans nos vies.

» Je vis actuellement (les opérations mises à part) comme un petit fonctionnaire du Colonial Office paumé au bout de l'Empire... Je déroule : n'ai plus envie de me crever le cul pour des cons qui ne bougent pas de leur bureau. Et puis j'en ai marre de mon coin. Le connaissant trop, je n'ai plus d'imagination. »

Philippe n'a jamais lu *Verbe;* néanmoins cette idéologie laisse des traces :

« 20 mars. Je regrette qu'à Paris on refuse de considérer l'aspect marxiste de l'affaire d'Algérie. Il faut neutraliser les hiérarchies parallèles ennemies, détecter les policiers, les agents de liaison, les mouchards, les collecteurs, les propagandistes. Ça compte autant que la récupération des armes. La salade démocratique et le plan de Constantine ne suffisent pas à gagner la population. Il faut l'encadrer et, aux petits échelons, l'encadrement doit se faire par le type local le plus dégourdi. Il faut pouvoir lutter efficacement contre le gangrenage et le noyautage de l'organisation politico-administrative adverse.

» Si les pouvoirs administratifs ne nous mettent pas de bâtons dans les roues, si nos chefs militaires veulent prendre leurs responsabilités, on peut gagner le morceau. De toute façon, c'est un test pour notre civilisation chrétienne, car si ces masses arabes ne passent pas définitivement de notre côté, elles passeront de l'autre. »

Cette radicalisation — ou bien les communistes, ou bien nous ! — ne me convainc guère.

A Tours, les quinze premiers jours de juin se passent dans l'attente, de plus en plus nerveuse chez certains, des résultats du classement de sortie. Je pressens comme une petite heure de vérité quand viendra l'« amphi de sortie », car un bon nombre d'éléments feignent des sentiments « mili » et « Algérie française » pour se faire bien voir du commandement, mais je ne serais pas surpris qu'ils ne se précipitent pas sur les postes d'Algérie. En attendant, le capitaine nous reçoit tous, les uns après les autres, en « amphi confesse », sorte d'entretien assez direct qui nous donne le bilan de ces six mois. Le tout se traduit dans le dossier par une « note de gueule » qui est le résultat de l'appréciation morale et psychologique du patron de brigade. Je n'ai aucune surprise personnelle de ce côté-là, ayant gagné et conservé l'estime du capitaine, malgré mes mauvaises notes en tir.

La bataille des ksours continue avec la phase 3 de Prométhée, mais Georges va laisser la place à d'autres commandos de chasse qui viennent de se monter à l'instar de l'expérience efficace de Georges. C'est ainsi que le lieutenant François Meyer, du 23e spahis, s'est porté volontaire pour constituer avec des rebelles ralliés le commando Griffon *, commando de renseignement, dépendant du secteur de

* Le commando Griffon se forme en septembre-octobre 1960.

Géryville et qui a pour zone d'action les hauts plateaux d'Alfa et la région des monts présahariens, monts des ksours et du djebel Amour.

Griffon compte une centaine de combattants ; il est composé de deux ou trois officiers, d'une dizaine de sous-officiers — presque tous musulmans — et d'autant de jeunes appelés venant des quatre coins de France. Les jeunes volontaires indigènes viennent des tribus du Géryvillois — Alhouyakels et Rezeigats — tous ralliés après avoir servi dans les rangs du FLN. « Chargé essentiellement du renseignement, Griffon n'attaque pas les katibas de front ; ses équipes, largement dispersées sur la zone fixée, remontent les filières pour repérer le passage ou le stationnement des katibas 532, 533 et 534 et du commando zonal. Parfois l'accrochage est inévitable et c'est entre guetteurs un combat singulier, sans témoin, sans merci[221]... »

Griffon de Meyer est chargé de marquer les bandes armées adverses, ce qui l'oblige à éclater et à ne se déplacer que par petites unités.

« Pour mieux tromper leur adversaire, les Griffons s'habillent en bergers, galopent à cheval et conduisent de fausses caravanes de ravitaillement. Munis d'authentiques laissez-passer, ils se glissent sans bruit au cœur des postes militaires de liaison, tandis que des bergers complices mènent des troupeaux sur leurs traces. Ils s'infiltrent de nuit au plus près de leur adversaire pour s'embusquer auprès d'un point d'eau, d'un bivouac repéré ou pour marcher silencieusement sur les traces des sections des katibas. Dès qu'il le peut, le commando alerte par radio le PC du secteur de Géryville et, après quelques jours de remise en condition, d'exercices à tirs réels, ils repartent vers d'autres filières[222]... »

Le 15 juin, à l'École d'application du train, « amphi de sortie » de notre brigade : le major de promotion choisit un poste en Allemagne et les trois suivants de même, alors que chacun d'eux n'avait pas manqué de marquer sa détermination pour l'Algérie. Le cinquième, que je suis, choisit le seul poste de SAS proposé, ignorant complètement dans quel secteur géographique sera le point de chute réel. Dans le peloton de queue, l'épaulette d'officier convoitée n'est que celle d'aspirant, et les deux derniers, un Algérien qui n'avait aucune raison de vouloir briller dans les rangs de l'armée française, et un fils de général, sans talent pour la vocation militaire, se retrouvent sous-officiers. Photo de promo. Pots et adieux.

Algérie

1960

« S/s *La Ville de Tunis,* 22 juin 1960.

» Nous avons largué Marseille hier à 11 heures. A bord, différence presque scandaleuse entre notre condition et celle de la troupe. Salle à manger, repas et cabines de luxe... Mer lacéenne *... merveilleux lever de soleil ce matin à 5 h 30. Nostalgie des temps anciens de navigation transatlantique. Il faut venir à Alger par mer, c'est tellement plus reposant et offre de multiples charmes.

» Hier soir, 23 heures, nous vîmes clignoter Majorque. Arrivée à Oran prévue pour 11 h 45. Je resterais bien à bord pendant quinze jours. D'après d'autres confrères SAS, nous aurions un stage d'une huitaine à Arzew et puis un mois ou deux à Alger.

» La réponse FLN porte une vague d'espoir dans l'esprit commun, mais pour moi l'inquiétude ronge un peu tout. Je crains toujours l'optimisme en politique et nous souffrons tous d'un lourd passé récent. Dans ces perspectives nouvelles, notre défense en Algérie devient encore plus difficile à faire admettre, à expliquer et même pour soi-même à y croire tout à fait. Il faut se placer sur un tout autre plan, quasiment de l'invisible, pour que tout prenne un sens.

» Et que va dire Alger? j'entends l'Alger du 13 mai et des barricades ? On sait que, depuis janvier, l'opposition a été sérieusement démantelée et que les têtes sont au frais, mais qui peut dire l'énergie du désespoir, surtout des petites gens, des tâcherons " révolutionnaires ", des maladroits somme toute ?

» Enfin, je sens que cette période va devenir captivante à suivre, mais, cette fois, le carrefour ne sera peut-être plus Alger. De Gaulle se méfie d'Alger, qui ne l'a jamais aimé. »

Cette lettre est la première que j'envoie et qui sera postée de la terre d'Algérie. En accostant à Oran, je découvre avec stupéfaction une énorme inscription tracée en lettres blanches sur la grande jetée du port : « Ici la France ! » Spontanément, je murmure en mon for

* Mot inventé pour désigner une étendue aussi calme qu'un lac...

intérieur : « Donc ce n'est pas vrai ! » En ville, je n'entends parler qu'espagnol ou arabe.

Arzew : Centre d'instruction pacification contre-guérilla. Du 7 au 10 juillet.

« Ici, sept heures de conférences et autres TP d'organisation par jour. Un peu de tir au PM Mat 49* où je n'excelle guère. “ Un séminariste ne peut pas être un bon tueur ! ” me lance un sous-officier, ce que, malgré lui, je prends pour un compliment.

» Des petits chalets dispersés sur une pente qui coule vers la mer. La plage à 300 mètres. Avant le déjeuner, bain, et rebelote le soir. Relaxe et repos, mais conférences très intéressantes avec un certain souci d'objectivité. Conférenciers de valeur mais mieux vaut ne pas rentrer dans le détail : silence et secret nous sont en permanence recommandés ! Autant jouer le jeu pour l'instant.

» Optimisme mitigé quant aux actuelles tractations. Ici la zone d'Oran est parfaitement calme et pacifiée. Nous avons fait tout un périple à l'intérieur de la zone avec visites de villages regroupés en autodéfense, SAS, etc. Apparemment — on nous montre ce qu'on veut bien nous donner à voir ! — beau travail, très facilité par l'inactivité rebelle. On circule ici comme entre Nantes et La Baule. Paysage très Midi de la France : vignes à l'infini sur terre rouge, et champs de blé (bien ras, il est vrai). Par moments cela respire presque la France. »

La « réponse du FLN » et les « actuelles tractations » font allusion aux événements politiques concomitants : le 14 juin, le général de Gaulle a renouvelé, dans une allocution radiodiffusée, son offre de négociations aux « dirigeants de l'insurrection » pour trouver une fin honorable aux combats, régler la destination des armes, assurer le sort des combattants. Le 20 juin, le GPRA a accepté l'envoi d'une délégation présidée par Ferhat Abbas pour rencontrer le général de Gaulle.

Les ultras se sont rassemblés en constituant le Front de l'Algérie française (FAF) : on retrouve là des noms comme Jacques Isorni, ancien avocat du maréchal Pétain, Bernard Lafay et Me Jean-Louis Tixier-Vignancour qui fut compromis dans le gouvernement de Vichy.

Entre le 25 et le 29 juin, se sont déroulés des pourparlers secrets à Melun entre émissaires du GPRA et des représentants du gouvernement chargés de préparer la venue de la délégation présidée par Ferhat Abbas. Échec de ces préliminaires : ce dernier déclare depuis Tunis : « L'indépendance ne s'offre pas, elle s'arrache. »

* Pistolet mitrailleur qu'on utilisait beaucoup par tirs à la hanche.

Depuis un an, c'est-à-dire depuis que je suis sous les drapeaux, je ne lis plus *Le Monde* parce qu'un officier de la Sécurité militaire m'avait expliqué que les appelés aspirant à être élèves-officiers avaient un « dossier » sur lequel étaient relevées leurs lectures politiques connues et que celle du *Monde* n'était pas recommandée en toute prudence. Ici *L'Écho d'Oran* est primaire et déformant. A Alger, à nouveau j'achèterai *Le Monde.*

Missive de Philippe Laraison en arrivant à Alger :

« J'ai l'impression que ce quatrième été en Algérie va être le plus chaud!... Reçu un mot du capitaine X., qui me dit que mon affectation interviendra d'ici le 15 août pour le 1er REP (régiments étrangers parachutistes). »

A Robert Lion :

« Enfin, le 15 août, je pénétrerai sur la " Voie sacrée ", après vingt-cinq mois de purgatoire...

» Ton article est intéressant. Tout nationaliste que je sois, je pense que de Gaulle a bien œuvré pour la communauté. Mais, puisque nous pensons la même chose (nécessité de garder un calme complet actuellement, etc.), lutte autour de toi contre les partisans de " la paix à tout prix " car nous, qui la désirons ardemment pour avoir connu l'Algérie, nous savons que les pleurards et les baveux peuvent faire du mal, car ils peuvent renforcer l'intransigeance d'un FLN se sentant soutenu par une partie de la population française, qu'en d'autres temps j'aurais appelée l'" Élite "...

» Comment réagit la métropole aux pourparlers en vue du " cessez-le-feu " ? Est-ce que les syndicats, le PC, les étudiants vont s'agiter, ou non ? Toujours est-il que l'activité opérationnelle ne ralentit pas : je pense même qu'elle a tendance à s'accroître. Les premiers incendies de récoltes ont été allumés cette nuit par les fells. Un problème, c'est de savoir si les wilayas (je parle surtout pour celle de l'Aurès, la moins abîmée et la plus autonome) suivront l'ordre du cessez-le-feu. La partie qui se joue est lourde de conséquences, mais nous avons de bonnes cartes en main. Contrairement à ce que disent les pessimistes, la rébellion a durement morflé depuis un an. D'autre part, elle n'est peut-être pas encline à s'engager côté Chine... »

Dimanche 10 juillet 1960, à Alger, au Cercle des officiers. J'écris en France :

« Trois jours dans cette belle ville, active et bruyante. Atmosphère beaucoup plus tendue qu'à Oran. Je prends mes repas soit au Cercle, près de l'Opéra (centre Alger), dans un cadre du genre oasis, ou bien à El Kettani, à vingt minutes de là, au bord de mer (pointe parallèle à celle qui domine Notre-Dame-d'Afrique). Regardez un plan d'Alger.

» Le coucher est malheureusement à une dizaine de kilomètres dans la banlieue, à Maison Carrée. On descend le matin avec un car et on remonte de même après dîner. A El Kettani, c'est ravissant : mess au-dessus de la mer, et piscines !...

» Sans pourtant les connaître, je ne sais trop pourquoi les pieds-noirs ne m'apparaissent pas sympathiques... Oh ! ce n'est qu'une impression sans doute fausse ! Mais ils semblent beaucoup plus préoccupés d'argent et de sexe que d'inquiétudes morales ou spirituelles, ou simplement réellement patriotiques. Je ne crois pas qu'on puisse bâtir une Algérie française avec une foi qui ne repose que sur des conceptions tout à fait matérielles. Nos ennemis du Front marxiste ont une " foi " idéologique, qui ne craint pas une certaine austérité et un ascétisme.

» Qu'on déclare ouvertement défendre ici les valeurs chrétiennes de l'Occident — mais il faudrait le faire sans les pieds-noirs — et ce combat aura un sens, mais tel qu'il est mené ici, avec ce libéralisme laïc qu'on a semé au lieu de christianiser, ce combat est vain et nous fournissons nous-mêmes les armes à nos ennemis.

» Heureusement que j'ai des raisons spirituelles pour remplir ma mission sinon... Enfin, dans mes solitudes du Sud — puisque, vous le savez, je suis affecté dans le secteur de Saïda —, j'aurai bientôt tout le loisir de méditer cela et bien d'autres choses... Je suis enchanté de fuir le monde et de rentrer au plus tôt en contact avec des nomades " primitifs " que nous n'avons pas encore avilis.

» A l'Aumônerie militaire, je pense rester à déjeuner avec le père de L'Espinay, patron pour toute l'Algérie de l'Aumônerie militaire.

» Hier, aux Affaires algériennes, dont je dépends à présent comme officier SAS, j'ai rencontré un capitaine SAS très remarquable qui déplorait grandement que nous n'ayons pas suivi les conseils des " Africains " Foucauld, Laperrine, Lavigerie et autres : christianiser l'Afrique. »

Du 11 au 13 juillet, une occasion se présente par l'Aumônerie militaire de descendre jusqu'à Bou-Saada, au sud d'Alger, à peu près à la même latitude que Saïda, au pied des monts Zab. Je dois y rencontrer un sous-lieutenant de ma promo.

De retour à Alger, j'écris à un ami à Rome :

« Alger, Cercle des officiers, 12 juillet 1960. En revenant de Bou-Saada à travers la Grande Kabylie, par Palestro, je recopie pour toi la page de carnet de bord que j'écrivais, hier soir, au bordj de l'Aumônerie, à la nuit tombée sur la chaleur saharienne :

» Bou-Saada ! et cela veut dire " Cité du Bonheur " ! La nuit a maintenant couvert le vent de sable. Il fait moins chaud. J'entends des chiens qui hurlent, ou peut-être des chacals et cela me donne peur. Peur à mon âme. J'ai su aujourd'hui qu'il y avait là, tout près de moi, de ces chiens prêts à se jeter, à mordre et à tailler en pièces des hommes. Et ce sont d'autres hommes, des soldats, de mes frères soldats et de mes frères officiers, se prenant peut-être par ailleurs pour des héros, qui lâchent ces chiens. Et le nerf de bœuf, appelé gentiment “ scoubidou * ”, qui fait gicler le sang, et la “ gégène ** ” qui laisse intègre physiquement (!), et le bain, et la simple bastonnade pour obtenir... obtenir quoi ? un sourire ! “ Un sourire et je ne te tuerai pas ! ” *On torture !*

» L'armée — oh ! non, je ne peux pas dire l'armée, pas encore mais des soldats, des officiers, oui ! — s'avilit à torturer. Et cela est vrai. J'en ai les témoignages directs. Malheureusement — et c'est là le point ! — ce n'est pas exceptionnel. Je ne parlerai même pas de la souffrance ignoble du patient (au BT 584 à 70 kilomètres d'ici, un séminariste me raconte avoir vu un prisonnier se traîner dans sa cellule, aux pieds de l'officier de renseignements, hurlant de la douleur de la soif : un jour avant, on lui avait fait manger des excréments humains assaisonnés de piment violent, et on l'avait abandonné à sa torture, gisant dans sa cellule), — et les exemples abondent —, mais seulement du bourreau, de celui qui torture, de celui-là qui perd sa conscience, qui trahit son honneur de soldat, peut-être de chrétien. Celui-là qui n'est plus fidèle à lui-même, à ce qu'il avait choisi d'être : un homme digne.

» Cette “ ouverture ” m'arrache. Je n'ai pas honte de dire que, ce soir, j'en pleure. Et ce n'est pas fini. »

Le coup est rude, décisif... Qu'est-ce que j'attends pour ?... Mais pour quoi ? Je pense à Philippe Laraison : est-il possible qu'un officier comme lui ?... Tout à son rêve de gagner la Légion le prochain 15 août, ne se rend-il pas compte que ses galons d'officier sont déshonorés par de tels actes de ses camarades ?... Et les miens ? Je me promets vigilance et fermeté à Saïda.

Un capitaine a « pistonné » Philippe pour la Légion :

« Le sous-lieutenant Laraison a souvent manifesté son désir de servir dans les troupes aéroportées, et plus particulièrement à la Légion. Rien à dire, et avis favorable, malgré la perte pour l'unité de cet excellent officier, plus attiré par les actes de guerre pure que par les missions plus nuancées qui sont les nôtres. »

* Nom populaire donné alors à un petit gadget que l'on tressait soi-même avec des fils multicolores de plastique, souvent en forme de cravache minuscule.

** Nom populaire désignant le procédé d'interrogatoire par électricité.

On torture en Algérie ! Les ondes du choc ne sont pas épuisées. Que fait Paris ? Est-on au courant au gouvernement ? Il y a moins d'un mois, Michel Debré réitère ses instructions relatives aux méthodes d'interrogatoire de telle sorte qu'on peut comprendre que les directives précédentes sont restées lettre morte :

« Paris, le 20 juin 1960

Le Premier ministre à
Monsieur le délégué général du gouvernement en Algérie.

Par lettre du 24 mai 1960, et comme suite aux décisions prises au cours du Comité des Affaires algériennes, le 10 mai 1960, par le président de la République, je vous ai confirmé de précédentes instructions relatives aux méthodes d'interrogatoire.

Je tiens à souligner que le gouvernement, au moment où viennent d'être mises en place en Algérie des structures judiciaires permettant d'assurer dans la légalité la répression efficace des crimes de la rébellion, attache une importance essentielle à ce que cette réforme ait pour corollaire l'application en toutes circonstances d'un traitement humain aux personnes appréhendées et la disparition totale du recours, pendant leurs interrogatoires, à des méthodes de coercition physique quelles qu'elles soient.

Le gouvernement est fermement décidé, au cas où elles ne seraient pas observées, à prendre les sanctions les plus sévères. Persuadé d'ailleurs que toutes les autorités responsables comprennent que l'emploi de méthodes inhumaines dans la répression compromet l'œuvre de pacification, est incompatible avec l'honneur de ceux qui y recourent et nuit au renom de la France ; il compte que celles-ci s'attacheront à faire entièrement disparaître ces pratiques.

Michel Debré[223]. »

Je débarque à Saïda le 13 juillet, dans l'après-midi, mais il n'y a aucune chambre dans le seul hôtel de la ville, l'hôtel d'Orient. C'est le moment ou jamais de faire jouer l'« internationale » de la gens ecclésiastique en allant frapper à la porte du curé. « De toute manière, me dis-je, il faudra bien que je m'oblige à cette visite ! »

Le petit curé ventripotent parle vite et sans articuler. Fort hospitalier, il m'offre une chambre : « Tout le temps qu'il vous est nécessaire. » La gouvernante est bavarde et geignarde ; elle souffre de la chaleur et s'éponge en soufflant tous les quatre pas : « Ah ! Dame ! c'est pas la Bretagne ici ! Mais vous, vous êtes tout juste breton...

Nantes, c'est bien la limite... » Cette inévitable remarque, quant à l'appartenance bretonne de ma ville, provoque chaque fois de la part du Nantais que je suis une vive repartie bretonnante, fondée sur des arguments de l'histoire et de la géographie. Je m'attache chaque fois à démontrer cette thèse comme si elle me tenait fort à cœur, quand, en réalité, cela me laisse relativement indifférent... sauf sur une terre étrangère.

Ma famille se frottant depuis quelques siècles à la Bretagne, j'ai accepté ce caractère celtique dans l'héritage ancestral sans rechigner, mais j'aurais plutôt gardé quelque rancune à mes ancêtres directs d'avoir perdu leur fortune dans quelques niaises opérations de finances ou de nouvelle industrie — la « Belle Époque » où ces aristocrates n'avaient pas encore senti la nécessité de « chercher une situation » et où ils offraient ingénument leurs capitaux au premier trafiquant venu de belle prestance ou sachant simplement flatter leurs beaux sentiments.

Quels niaiseux ! Ou bien leurs fils sauraient, sans le sou, tirer la leçon de l'histoire et la pauvreté nouvelle leur rendra les qualités morales et la volonté que leurs pères avaient perdues, ou bien l'épreuve leur serait mortelle et tant mieux pour la société qui n'a que faire de décadents traîne-titres et tire-misères, pétris de prétention et sans savoir-faire !... L'impossibilité de s'adapter à une situation nouvelle, sans concession traîtresse à l'honneur, me paraît vraiment le signe même d'une faiblesse de l'intelligence. Je pressens quelque chose de cette analyse chez certains pieds-noirs d'Algérie.

Comme je m'y attendais, le curé me prie aimablement à dîner. Ayant une petite heure de liberté avant le repas, je me rends au bureau des Affaires algériennes pour savoir quand j'aurais à me présenter au colonel, chef de l'échelon de liaison départemental de Saïda, qui doit me désigner mon affectation dans une des SAS du département. « Demain, me dis-je, c'est le 14 Juillet : défilé, surboum et tra la la... sans doute le 15 seulement. » Je chasse l'appréhension de cette future affectation à laquelle j'ai déjà trop pensé dans le train du matin.

Je traverse la ville — une bien petite ville pour une préfecture ! mais un si grand département avec ses trois sous-préfectures de Mecheria, Géryville et Aïn-Sefra ! —, pas tout à fait en flâneur : il eût fallu être en civil pour cela, et je suis bien trop fier de mon képi bleu, brillant neuf, pour sitôt l'abandonner. J'ai l'orgueil naïf de mes jeunes galons d'officier, et le képi bleu, rêvé pendant six mois de classes et six mois d'école, est le signe visible de ma « noble mission sociale » en Algérie, dont je suis pénétré comme d'une conquête apostolique. Et cet azur et ces ors discrets, soutenus par ces épaulettes écarlates, n'ont-ils pas unc beauté particulière ? Une élégance toute cavalière, quoi ? Je suis si sensible aux couleurs et aux formes qu'il suffit d'une harmonie ou d'une discordance sous mon regard pour me rasséréner à l'extrême ou me rembrunir.

Saïda descend en pente douce par deux grand-rues de pénétration et de circulation principales depuis la redoute, ancien fort militaire dont les murailles renferment en particulier l'hôpital et le quartier de la Légion, jusqu'à un oued qui sépare la ville du « village nègre ». Saïda me déçoit car je n'y trouve rien du Sud que j'attends, et nul caractère qui peut retenir l'attention.

L'abside de l'église fait face à l'entrée de la redoute. De là s'en va une rue ombragée qui, faisant un brusque crochet pour innerver la ville, lèche au passage un pompeux monument aux morts, se peuple durant sa descente citadine de nombreux arbres, de cafés à terrasses, de quelques boutiques et d'un cinéma. Elle s'arrête sur un rond-point qui débouche principalement sur la place de la Mairie et sur un boulevard ombragé qui mène jusqu'à l'oued et se trouve presque dans le prolongement de la rue précédente.

Le grand bâtiment de la mairie retient mon attention par son ordonnance presque classique qui semble une silhouette baroque dans un décor de palmiers. Les toits sont élevés et, chose singulière, couverts d'ardoises. Des cigognes y ont fait leurs nids, et sur le faîte les fientes blanches des volatiles ont dessiné une large frange guenillée. L'ombre élégante de ces oiseaux planeurs forme un incessant et silencieux tournoiement.

— T'as vu la D.Z. * des cigognes ? Z'ont pas de trouffions pour faire la corvée là-haut ! C'est dégueulasse ! s'esclaffe un bidasse rampant.

Je remarque aussi sur cette place un cadran solaire monumental. En considérant la mairie, je pense à quelque pied-noir qui a voulu peut-être faire revivre un bout de France avec ces ardoises onéreuses. Ne seraient-ce les formes-blanches-à-l'œil-unique des femmes musulmanes enveloppées dans leurs voiles, les burnous, gandouras et djellabas des hommes, la ville ne présente aucun aspect islamique apparent. Petites maisons basses aux toits de tuiles roses qui auraient pu se trouver à Barcelone, Nîmes ou Gênes.

Ayant vite épuisé ces délices, je m'avance sur le boulevard — bd Gambetta — dont je reconnais vite le caractère unique et exclusif de « paseo » des Saïdéens. Deux pâtisseries-salons de thé, la librairie-

* Droping zone.

marchand de journaux et surtout le grand café « Chez Léon » sanctionnent impitoyablement cette honorable qualité. Les chaises et les tables de Léon mordillent le trottoir. Suant et m'épongeant — une cloche à sueur ce képi ! —, j'y pénètre. Les petits cireurs insolents se faufilent entre les tables et les consommateurs, tenaces comme des taons. De guerre lasse, je leur abandonne mes pieds. Avec son juke-box tonitruant, son bar reluisant de toutes ses couleurs cruelles, son ruissellement de néons sans nuance et barbares, le « vrai », le seul café de Saïda, « Chez Léon » !

Je détaille la clientèle, presque exclusivement militaire, et note aussitôt la première espèce, bien voyante et remuante, en tenue camouflée : les commandos. Sur les écussons des manches on peut lire ou bien « Georges » sur fond noir, ou bien « Cobra » sur fond rouge. Chez « Georges » rien que des Musulmans : minces, élancés, moulés dans leurs treillis léopard, un long poignard sur la hanche, ils sont mâles d'assurance, ils sont beaux, inquiétants ; ils doivent faire frissonner les filles et les petits-bourgeois. Leur devise : « Croire et oser ». J'imagine en souriant le député qui ferait campagne en étalant un tel programme, et le bourgeois effrayé lui refusant son bulletin de vote. Mais demain, au défilé, ce bourgeois se fera mal aux mains à force d'applaudir les commandos. Que sait-il celui-là, dans sa médiocrité, de la gloire et de la misère de ce guerrier, de ce rallié ?

Je vois sur un mur une grande photographie sous-verre, dédicacée, représentant un beau profil d'homme mûr, la pipe à la bouche, les traits droits et énergiques, coiffé de la casquette Bigeard. « C'est lui ! c'est sûrement Bigeard !... », me dis-je, retrouvant les caractéristiques de cette physionomie que reproduisirent tant les magazines. Et sans me tromper, je pense avoir sous les yeux quelques disciples du légendaire colonel, dont Saïda garde fidèlement bonne mémoire. Bigeard ! La gloire de ce héros est un peu voilée dans mon esprit par le souvenir de campagnes de journaux « progressistes » qui clamaient contre des méthodes sanguinaires et dénonçaient d'affreux sévices... L'appartenance de gauche de ces libelles, parfois chrétiens, m'avait laissé très méfiant sur la valeur de ce genre d'informations.

Ayant toujours eu peu de goût pour la fête du 14 Juillet, que je qualifie d' « escroquerie de l'histoire », je m'enferme pour lire.

Le lendemain, en me rendant à la convocation du lieutenant-colonel des Affaires algériennes, je me souviens avec précision des conseils d'un sous-lieutenant SAS du Bureau des études des Affaires algériennes avec lequel j'ai fait connaissance à Alger.

— Saïda, c'était mon département ! Tu as bien fait de le choisir.

Moi, j'étais à Bou-Alam, dans le djebel Amour. Ah ! si tu as la chance d'avoir ce coin-là !... Ce n'est pas le plus au sud du département, mais c'est la frontière saharienne, entre Laghouat et Géryville.

Je notais soigneusement ce nom de Bou-Alam et mon imagination pétillait à l'évocation des noms de nomades, d'oasis, de dromadaires, de makhzen monté à cheval dont mon camarade avait parsemé son topo. Il paraissait ému et sincère en disant regretter cette région. Bou-Alam devint pour moi dans l'ordre des SAS ce qu'avaient été ces SAS durant mon temps des EOR : le haut lieu de mes espérances.

— Ce qu'il faut, c'est éviter la région des hauts plateaux, c'est le bled pas marrant. Donc j'espère que tu ne tomberas ni sur l arrondissement de Saïda, ni sur celui de Mecheria, surtout pas ce dernier. Débrouille-toi pour Géryville ou bien Aïn-Sefra.

Mais me voici dans le bureau du colonel. Celui-ci bredouille quelques paroles inaudibles en rentrant et me fait signe de m'asseoir, tout en se mettant à compulser des papiers dactylographiés, sans avoir l'air de se soucier de son visiteur. « Voilà mon patron ! », c'est ce que je murmure, dépité, en considérant cette grosse tête rouge, dodelinante. Le crâne chauve, cramoisi et luisant, le visage écarlate, deux gros yeux globuleux et inertes de batracien derrière des lunettes ; des lueurs éthyliques brillent dans ces yeux, sans arriver à allumer quelque étincelle de vivacité ou d'énergie.

J'imagine avoir l'intuition divinatrice des premiers contacts et de celui-là je n'augure rien de bon... Sans chaleur humaine, fonctionnaire anonyme, mou et indécis, cet homme-là boit, j'en suis convaincu : cela se voit comme le nez au milieu de la figure ! Pourvu qu'il m'envoie quand même dans le Sud ! Je vais le lui demander...

L'officier « supérieur » se remue légèrement sur sa chaise pour rappeler son existence. J'entends sa voix prononcer des noms de lieux et de personnes, qu'il entremêle, confronte, entrechoque avec embarras :

— Je ne sais trop où vous envoyer... Oum-Djerane... Géryville...

Je bondis à ce nom :

— Mon colonel, j'aimerais beaucoup aller dans le Sud. Même s'il faut y rester plus longtemps, même...

— Non ! Le Sud, c'est trop dur pour quelqu'un qui arrive. Vous n'avez pas fait de stage, n'est-ce pas ?

— Non, mon colonel, mais ce qui compte c'est la foi dans notre mission, c'est...

Je plaide avec une ardeur convaincue mais le colonel n'écoute pas ; il se lève pour examiner les tableaux d'effectifs. Des petits cartons changèrent de crans.

— Oum-Djerane, oui, vous monterez à Oum-Djerane dès que possible... Heu... il doit y avoir une liaison demain matin... Venez demain matin ici, à l'échelon, entre 9 heures et 10 heures.

— Oum-Djerane, c'est sur les hauts plateaux ?

— Oui, c'est à une trentaine de kilomètres de Saïda. Vous serez avec le capitaine Poujol. Le bordj sera bientôt fini... Bon, alors, demain matin.

— Mes respects, mon colonel.

Mon salut militaire n'a pas la raideur d'un respect hiérarchique mais celui d'une déception courroucée. Il a une gueule qui ne me revient pas ! Si je n'ai pas un minimum d'admiration pour un chef, finis le respect et l'estime.

Oum-Djerane, 16 juillet.

La SAS est maigrement logée dans les locaux de l'école, en bordure d'une petite route goudronnée, celle qui monte depuis Saïda. De l'autre côté de la route, s'étale, recroquevillé entre les barbelés, le « regroupement ». Une piste bordée de petits arbres monte légèrement jusqu'à une ferme, à huit cents mètres de là, où le 8ᵉ RIM a installé le poste d'une section commandée par un sous-lieutenant de réserve, Basile.

Le capitaine chef de SAS et son sous-lieutenant adjoint, le secrétaire et le radio occupent les quatre chambres de ce qui formait autrefois l'appartement de l'instituteur. Ni eau courante ni électricité. La salle de classe sert de dortoir au makhzen *. Une petite cour, où l'on range les véhicules, avec quelques guitounes qui servent de magasins, de cuisine aux mokhazni ou de poste de garde ; enfin deux baraques en parpaings, l'une AMG (assistance médicale gratuite), l'autre bureau et école côte à côte complètent l'installation de la SAS. Le sergent et l'instituteur logent au poste militaire, dans la ferme du haut.

Je suis arrivé pour le déjeuner. Toute la SAS fait popote commune avec le poste, dans la ferme. Une table réunit les officiers et M. Janin, le secrétaire. Une autre table les sous-officiers et l'instituteur, table bruyante et gamine. Le capitaine Poujol est grand, d'une épaisse corpulence mais agile. De sa tête ronde, soutenue par un double menton et une large nuque, jaillissent deux gros yeux exorbités qui mirent net et franc. Il paraît las, et marque plus d'intérêt au départ de son ancien adjoint, Descamps, qu'à l'arrivée du nouveau. Au cours du repas je comprends que mon prédécesseur, ingénieur des Ponts dans le civil, est un aide technique apprécié par son patron dans la

* Groupe armé de supplétifs musulmans assurant la garde d'une SAS.

construction d'une cité makhzen qui jouxte le futur bordj, lui-même en voie d'achèvement.

— Vous avez tort de nous quitter, Descamps ! Vous regretterez Oum-Djerane. C'est le merdier, Géryville !

— Dans quelques mois, vous ne serez plus là, mon capitaine...

— Justement, gros malin, vous auriez pris la tête de la boutique... Jean-Jacques, t'es un con ! conclut le capitaine, attendri et renfrogné tout à la fois.

M. Janin fait chorus aux regrets. Il est sincèrement navré de ce départ et veut cacher son émotion en se moquant :

— Ah ! tu veux jouer les chefs de SAS, tu as soif de responsabilités, et tu nous laisses tomber !

— Toi, la Marine, rétorque Descamps, sers-nous le champagne. Nom de Dieu, le Marab faut qu'y boive ! Eh ! Basile de mes deux, l'opé-à-la-plume-au-cul, passe-moi son verre !

« La Marine », c'est M. Janin, ancien marin et, quant au nouvel arrivant que je suis, me voici baptisé « le Marab * ». Le sous-lieutenant Basile avait reçu le sobriquet de « l'opé-à-la-plume-au-cul » parce qu'il se piquait beaucoup d'être opérationnel, se donnait des airs méchants et « rouleur de mécaniques » avec son treillis camouflé et son « pétrole ** » de combattant. Il voyait partout du « fellouze », prenait des airs secrets et mystérieux lorsqu'il parlait de ses « info » et chérissait sa Mat dont il admirait fort le poli de l'usage. « Pas une Mat de SAS, celle-là ! » Instituteur dans le civil, fidèle débiteur d'une idéologie laïque humanitaire et délétère, tolérant, ouvert et nullement anticlérical. Moi, le Marab, tout en souriant ironiquement de la déformation « opérationnelle » un peu tapageuse de mon camarade, je sympathise de suite avec lui.

— Bon appétit à tous !

Trois civils européens viennent d'entrer dans la popote. Leurs vêtements de travail, mouillés de sueur, leur collent aux membres et des brindilles de paille, çà et là, s'accrochent dans leurs chevelures. Ils payent la tournée d'anisette. Ce sont les fermiers, propriétaires de cette ferme. Depuis « les événements » — expression consacrée, régulièrement prononcée avec componction —, ils habitent à Saïda et font le déplacement, matin et soir, au temps des labours, des semailles et des moissons. Le soir, lorsque c'est possible, comme ici, ils rentrent leur outillage dans le poste militaire. Avant « les événements », ces

* Abréviation de marabout, médiateur religieux dans ce monde musulman algérien.
** Expression populaire pour désigner le dynamisme d'une personne.

colons vivaient dans leurs fermes, dans le bled. Les fellaghas les avaient toutes incendiées et détruites, l'armée achevant souvent le pillage. Certaines, comme celle-ci, avaient été rebâties pour loger un poste militaire.

Avec un intérêt sans préjugé, je les questionne et les écoute...

— Ah ! si vous aviez connu le secteur de Saïda avant Bigeard ! Ce qu'on fait aujourd'hui, venir seuls de Saïda jusqu'à la ferme pour travailler, on ne le pouvait pas. Il a vidé l'abcès, il y a pas d'autre mot... C'était pourri, mauvais, Saïda. Imaginez-vous que les fells sont venus, plusieurs fois, en traction *, mitrailler les terrasses de café ! En pleine ville, le soir, il y avait des patrouilles de fells en armes ! Couvre-feu tous les soirs à 20 heures ! Depuis Bigeard, il est à minuit et tout est calme. Tenez, les Hassasnas... oui, dans votre quartier, les monts que vous apercevez là, à l'est, c'était le sale coin. Maintenant vous y allez, avec une petite escorte, bien sûr, par prudence, mais vous n'êtes plus les lapins, c'est eux. Quelques petits groupes de passage, insaisissables, khlass ! ** Et Georges achève de nettoyer le secteur : ça ne traîne pas !

— Georges ?

— Oui, le capitaine Georges Grillot, ancien adjoint de Bigeard. Il a formé un commando d'une centaine de types, tous des fells ralliés. Un commando extraordinaire : il se tape ses quinze à vingt fells dans la semaine ! Un vrai patron ! Jeune, dynamique, courageux, audacieux même, sans arrêt sur la brèche. On lui doit tout après Bigeard. Ah ! Bigeard ! « Mieux vaut sueur que sang », c'était sa devise. Pas fier, et connaissant ses hommes hein ! D'ailleurs il partait avec eux en crapahut, le sac sur le dos et bouffait la même ration que le voltigeur de pointe. Tout pareil que les hommes. Il savait ménager les forces de ses gus et quand il fallait mettre le paquet, il savait qu'il pouvait compter sur le maximum. Les Musulmans lui accordaient la « baraka ».

— Et ses méthodes ?

Le fermier paraît scandalisé de ma question insidieuse et me regarde, moi le « fiziane jdid *** », comme m'appellent déjà les mokhazni, avec un sourire méprisant, le mépris pour la faiblesse :

— Faut savoir ce qu'on veut ! Bah ! vous apprendrez à les connaître. La force y a que ça qu'ils respectent.

— La douceur, la persuasion, les belles paroles et les sourires ? dit

* Expression populaire pour désigner la 11 CV Citroën à traction avant.

** Expression dialectale pour signifier : « C'est tout ! rien de plus ! »

*** Dialectal : officier neuf !

Descamps, tu parles si j'ai essayé au début. Toi aussi, tu tomberas dans le panneau... et puis tu auras vite pigé.

— Ouais, le gars Descamps, j'étais même obligé de le calmer à la fin, s'esclaffa le capitaine. T'en fais pas, le Marab, tu seras comme les autres !

— Je ne discute pas sur la valeur respective des méthodes douces ou fermes. La question posée, pour moi, est celle de la torture, et, comme vous le savez, quand on parle de méthodes, on finit toujours par en arriver là. Puisque le problème est posé, je vais savoir ce que vous en pensez.

Je suis profondément affligé de leur approbation de cette violence, et encore plus du fait que pratiquement le problème de sa légitimité morale ne se pose même pas, ou si peu !... Une gêne très particulière s'établit entre nous, et je perçois avec acuité que cette division s'accentuerait certainement peu à peu... jusqu'à devenir grave, lourde, peut-être un jour insoutenable.

Jamais je ne céderai sur un point aussi important pour moi, cela je le sais. Pour cette première fois, je n'insiste pas et me suis forcé à ne pas laisser exploser une réprobation ardente qu'il me faut savoir contenir. Il ne s'agit pas pour moi d'une modération quelconque d'un principe intangible, ou de quelque transigeance future. Dans l'exigence de mon esprit, qui n'a pas encore acquis cette souplesse nécessaire que donnent la connaissance et la pratique des hommes, transiger et trahir ont une commune résonance.

A la nuit, le repas achevé, j'accompagne Basile dans sa ronde de garde. Nous faisons le tour de la ferme, sommant les sentinelles au passage.

Nuit chaude, nuit algérienne où les astres vivent avec une luminescence inconnue de l'Europe. Cris étranges des cigognes dans les champs de blé. Hurlements des chiens dans le douar où des lumières clignotent à intervalles réguliers... comme des signaux. Je me laisse gagner à la contemplation nocturne, mais Basile fixe le douar avec une fébrilité anxieuse qu'il brise en sourdes imprécations :

— Toute lumière est interdite, Bon Dieu ! Un de ces jours la colère va m'emporter et je tirerai dedans !... Et ces chiens, ces saloperies de chiens arabes ! Tu entends ce concert ? Y a du monde qui passe, c'est sûr. Qu'est-ce que je peux y faire, moi ? Y aller ? A cinq cents mètres d'approche, les clebs* vont se déchaîner et cela sera foutu : les fellouzes n'auront pas loin pour se cacher. Et puis, tiens une fois, on y est allé... il y avait une lumière ! C'était une femme qui accouchait...

* Dialectal : chiens.

Hier, au soir, je faisais ma ronde... et là, à trente mètres, une forme surgit dans le champ de blé. J'ai sorti mon PA *, j'allais tirer... et j'ai reconnu un cheval ! Ils le savent bien pourtant qu'ils ne doivent pas allumer de feux la nuit, qu'ils ne doivent pas laisser leur bétail en vadrouille. Un beau jour, il arrivera une histoire, la belle chikaya **, et comme ça, à juger sans le contexte, c'est nous les salauds !

Je note avec satisfaction que si Basile se met ainsi dans la position de l'accusé, sur la défensive, je pourrais peut-être éveiller en lui des scrupules plus importants sur le problème de la torture qui nous a divisés tout à l'heure. J'apprécie chez ce camarade sa conscience du devoir militaire, son souci de sécurité et de prudence, son dynamisme guerrier, et je souhaite la disparition d'un différent sérieux qui compromettrait une bonne entente. Sinon... il y a une loi supérieure à toute camaraderie. Je me pris à réfléchir au même conflit dans le cas de l'amitié — pensant à Philippe Laraison —, et conclus à l'impossibilité d'un tel conflit car, dans un semblable cas, l'amitié n'aurait pu naître.

Nous rentrons à la popote et buvons une bière.

— Je sortirai avec toi en embuscade.

— Affirmatif ! fit-il, enthousiaste, tu verras qu'on l'aime bien, cette bougre de terre d'Algérie, quand on respire avec elle, la nuit.

Les derniers jours de juillet se passent à faire connaissance des hommes et du coin.

Avec retard, courrier de Philippe Laraison :

« Ksar-Sbahi, 17 juillet 1960. Que penses-tu de ces pourparlers ? Ce qui m'inquiète, c'est l'attitude d'une France métropolitaine désirant par-dessus tout une paix à tout prix. Quand je vois que le syndicat des instituteurs écrit dans un manifeste que l'interlocuteur primordial est évidemment le FLN, mais que des représentants des harkis pourraient être admis à une table ronde, il y a de quoi se rafaler, ou tirer l'échelle... Je ne pense pas qu'il y ait d'accommodement possible entre la France que nous représentons et celle de l'abdication. Mais ce n'est évidemment pas moi qui vais aller m'agiter. Puisque je serai légionnaire, je n'aurai qu'à obéir. Mais j'ai peur pour les 180000 harkis ou appelés musulmans.

» Il y a des gens qui ne peuvent pas comprendre que c'est notre cœur et notre honneur qui sont engagés là ; que jamais nous n'abandonnerons les Musulmans des harkas, des autodéfenses, des makhzens, qui ont coupé les ponts avec la rébellion, nous ont donné

* PA : pistolet automatique, arme de l'officier.
** Dialectal : dispute avec palabres.

d'immenses preuves de fidélité et seraient brûlés en place publique par le FLN si nous partions.

» Si tu trouves le livre de Pierre Lyautey : *Barrès, héros révolté,* achète-le. Il s'agit du petit-fils de Barrès, officier au 9e RCP, tué en opération et dont on disait : « C'était un seigneur, mais il était temps qu'il se fasse tuer. » Il a été un réel héros, mais semble avoir cherché toute sa vie à se faire tuer. Je crois qu'il cherchait un absolu qu'on ne trouve que dans la musique ou la sainteté. »

Je découvre avec satisfaction que M. Janin s'occupait des paperasses et le radio des laissez-passer. Le sergent, Pointet, un pied-noir parlant couramment l'arabe dialectal, est responsable du douar. Pour le moment, il fait la razzia des chiens à coups de chevrotine, ce qui provoque des scènes pénibles qui me mettent en fureur. Gouailleur et sarcastique, Pointet me lance :

— Vous en faites pas, mon lieutenant, vous verrez, on rigolera bien plus quand ce sera le tour des bonshommes. Faut se faire la main en attendant !

Même en faisant la part de la crânerie et de la provocation, le sergent présente incontestablement des signes de faiblesse pour aimer avoir le doigt sur la détente et pour les coups de trique. En parlant des Arabes, sa maxime favorite se résume à : « Ils ne connaissent que la trique ! » Il se vante, lors de son passage dans un commando, de nombreux sévices et de tortures, dont le sadisme ne semble pas exclu :

— Un jour, on les a passés tout vivants à la scie électrique ! Coupés en deux !

A table, plusieurs fois, la conversation porte sur la torture, que je condamne chaque fois, inébranlablement, seul contre les assauts que tous me donnent tour à tour. Mes interlocuteurs ne se tiennent pas pour battus :

— Dans quelques mois vous aurez déjà changé, vous comprendrez !

Je deviens gênant. De pénibles silences s'établissent de plus en plus fréquemment.

Récits odieux d'atrocités, torture propre et torture « malpropre » (!), justice expéditive, DOP, info, magnéto, bain, balle dans la tête, testicules et membres en sang, gorges tranchées, expositions de cadavres... Tout cela m'érode peu à peu dans un tourbillon obsédant qui me revient sans cesse douloureusement. Ce terrible état de fait, que je n'avais pas voulu admettre en l'ayant mis sur le compte de la propagande antimilitariste ou de je ne sais quelle politique « progressiste », se présente chaque jour devant moi avec plus de force et de terrible netteté. Le fait est là et je suis à présent contraint de l'admettre. Ce déshonneur de l'armée me trouble infiniment, et j'en porte déjà la honte coupable.

Je trouve assez désagréable que le capitaine ne me mette jamais au fait de son activité, et ne me confie rien de spécial à faire. Je passe mes journées dans le douar, cette plaie vive des kheïmas * misérables aux enfants sous-alimentés. Tous ces habitants — quelque 2 500 personnes regroupées tente contre tente — sont des semi-nomades, mi-pasteurs, mi-cultivateurs. La guerre a décimé peu à peu leurs troupeaux de moutons et de petites vaches squelettiques, et la plupart de leurs pauvres terres à blé se trouvent peu ou prou en zone interdite, ce qui les empêche de les cultiver.

Ceux qui peuvent travailler leurs champs ont des méthodes d'exploitation si archaïques — même en leur donnant les moyens, il faudrait les forcer pour en changer ! — et la terre est si ingrate qu'ils ne tirent pas plus de 4 à 5 quintaux l'hectare **.

Je parcours inlassablement le douar, pénétrant sous les kheïmas, buvant le thé offert, essayant d'apporter avec un sourire et quelque chaleur humaine ce qui leur manque peut-être plus que la farine et le sucre : le respect de leur dignité d'homme. Je m'efforce aussi de secourir les « meskine *** », et cela est tellement difficile tant cette population, éduquée dans la mendicité, a appris la fraude, le vol et le mensonge.

Véritable signe d'abaissement économique, les kheïmas s'effilochent en franges lamentables sur les bords, et l'on voit maintenant des bouts de sacs, de vieux chiffons, de tôles ou de cartons masquer ces trous. Une kheïma est faite de plusieurs bandes, longues et étroites — les flij — tissées en poil de chameau et en laine par les femmes. Ces flij s'usent et se remplacent périodiquement. Mais combien de tentes aujourd'hui sont trop misérables pour avoir la laine nécessaire au tissage !

De la population du douar, on ne voit que les hommes, les vieilles femmes et les enfants ; de pauvres femmes usées, cassées, sales et hideuses. Lorsqu'on veut rentrer sous une kheïma, il faut relever un des pans battants de l'ouverture et se pencher à angle droit pour pénétrer à l'intérieur, où l'on ne peut stationner qu'assis, accroupi ou courbé en deux. Les femmes âgées sont physiquement déformées par cette attitude. Les jeunes vieillissent extrêmement rapidement : il n'est pas rare de voir des visages ridés et marqués avouer la trentaine.

* Tentes, en arabe dialectal.
** A l'époque, un quintal se vend 39 F.
*** Pauvres, en arabe dialectal.

Les jeunes filles, les jeunes femmes sont jalousement cachées à tout œil masculin ou étranger.

Ainsi l'espace interne de la tente est séparé en côté-hommes, réservé aux visiteurs, et au côté-femmes duquel on n'entend que les chuchotements, si les bêlements des moutons ou le caquettement des poules le permettent.

Les enfants, plus encore que tout le reste, témoignent de cette misère : maigres, rachitiques, très sales, souvent infirmes, ils sont vêtus de petites djellabas ou gandouras légères et loqueteuses. La plupart ignorent tout à fait les chaussures, et leurs pieds, enveloppés de chiffons, quasiment nus, s'enfoncent l'hiver dans la neige et dans la boue. Enfants si émouvants parfois dans la beauté de leur race ! mais quand je les observe, je vois bien que leurs grands yeux, qui ne savent pas encore trop le mensonge et la trahison, sont troublés par la peur qui gît dans leurs profondeurs.

Je distribue des vêtements, la farine du Secours catholique, envoyée du Canada en quantités importantes, et je m'efforce de connaître les souffrances et de les atténuer. Ne sachant pas l'arabe dialectal, je déplore beaucoup dans ces contacts de dépendre de l'interprète, encore que ce truchement ait l'avantage, dans les chikayas, de donner le temps de la réflexion avant d'avancer une réponse. Moutons et femmes sont les motifs principaux des conflits ordinaires et ceux-ci, en sus d'être ma distraction favorite obligée, sont de la part des plaignants un moyen habile pour éprouver et connaître le nouvel officier. Il me faut une longue patience et dans mes paroles, je n'omets jamais de tout subordonner, comme eux, « à la puissance de Dieu », ce qui me donne l'illusion d'une considération certaine : « Tiens ! un roumi * qui connaît Dieu ! » J'ai entendu cette réflexion de la bouche d'un chibani ** qui, peu de temps après, à la suite d'un discours pompeux d'un colonel d'Action psychologique, avait craché à terre, en laissant tomber : « Rien que de la salive ! Il ne connaît pas Dieu. »

Ce colonel, flatté par les applaudissements de circonstance, avait pris un air vaniteux et naïf à la fois qui semblait dire : « N'ai-je pas bien parlé ? » Ce même officier dirait peut-être quelques jours plus tard à son général, pour le rassurer sur la situation : « Mon général, rien à craindre : je leur ai parlé ! » Sous prétexte d'action psychologique, nombre d'officiers avaient en Algérie une prétention, malhabile et peu connaisseuse de la mentalité musulmane, à s'épancher en vains

* Terme méprisant, en arabe dialectal, pour désigner un non-musulman.
** Vieux.

discours. A Oum-Djerane même, j'ai entendu un colonel répéter et affirmer au douar rassemblé : « L'armée est là pour vous protéger. Elle vous protège ! » J'avais envie de lui crier : « Mon colonel, vous le savez bien que l'armée ne les protège pas, ces pauvres bougres ! »

L'armée ne les protégeait pas. Ici même, j'ai tout le loisir d'examiner la question, m'étant vu confier les fonctions d'OR* de sous-quartier par le capitaine Poujol, commandant du sous-quartier. Oui, la population est bien le terrain majeur de cette guerre et la victoire serait bien à celui qui resterait le dernier sur le terrain. Les fellaghas en armes étaient à présent peu nombreux dans le sous-quartier : une dizaine. Ils sont connus et fichés. Ils n'ont pratiquement aucun moyen d'action pour s'attaquer de quelque façon que ce soit aux forces de l'ordre, mais ils suffisaient bien à tenir la population dans l'inquiétude.

La population nous est hostile : elle est sans cesse réticente à la moindre coopération, elle fuit toute compromission avec nous. Attentiste par définition, elle cède à la pression la plus violente, tantôt, et le plus souvent, aux ordres de l'OPA et sous le couteau FLN, tantôt sous la menace et les coups de nos commandos. Aucun renseignement ne vient et ne peut venir du regroupement : ceux qui ont parlé ont été égorgés. Trois ou six mois au CTT** ou l'égorgement ? Il n'y a vraiment pas à hésiter.

Tant que nous n'arriverons pas à les protéger efficacement, nous perdrons notre temps. A vingt mètres de nous, toutes les nuits s'ils le veulent, les fellaghas viennent coucher et se ravitailler dans le regroupement. L'OPA du douar, que nous ne pouvons réduire définitivement, donne ses consignes librement. Nous connaissons les chefs et responsables de l'OPA : ils sont dans mon fichier. Plusieurs ont déjà été arrêtés, de nombreuses fois : quelques mois en CTT et les voici prêts de nouveau à recommencer.

Jour après jour, je découvre ainsi la quasi-impuissance qui nous accable tous, minant progressivement les énergies, éteignant les enthousiasmes. Je déplore tout à la fois une faiblesse lamentable, qui donne toutes ses chances à l'implantation politique ennemie, et des excès de violence de nos forces, tolérées de façon inadmissible, qui détruisent pour longtemps les effets qui auraient pu être positifs de notre pacification. Les efforts des SAS, en particulier, trop sporadiques, discontinus pour avoir l'efficacité de la terreur adverse, ne faisaient, au bout du compte, que souligner davantage, par contre-

* Officier de renseignement.
** Centre de tri et de transit.

point, notre faiblesse générale plutôt que d'y pallier. Mais le nœud de toutes mes pensées me ramène invariablement à l'inexorable torture.

A la fin du mois de juillet, le sous-lieutenant Basile quitte la ferme avec sa section pour s'établir à quelque 10 kilomètres de là, dans une autre ferme du sous-quartier. L'officier artilleur, qui se trouve là-bas, fait échange avec Basile qui râle contre ce déménagement. Il proteste avec raison car l'utilité de ce mouvement, décidé par le secteur, n'apparaît à personne et tout le monde prévoit le mouvement inverse dans quelques mois. Il en coûte bien des fatigues, peu nécessaires à une vie déjà aussi rude. Le commandement s'en soucie-t-il vraiment ?

Bien que les discussions sur la torture nous eussent âprement séparés, au point d'une sensible tension à la popote, je regrette celui que j'ai baptisé « l'instit' rallié ». La popote y gagne néanmoins en sérénité.

Le capitaine commence à parler de son départ définitif, qui aurait déjà dû avoir lieu depuis plus de deux mois. Étant originaire de la « Coloniale », il doit prendre son « congé colonial »... Après avoir été rebuté par sa grossièreté, son penchant aux lectures pornographiques, son esprit primaire et si peu intellectuel — aucune discussion sérieuse et suivie n'était possible ! —, son cynisme brutal, j'apprécie aujourd'hui en lui un gros travailleur, méthodique et honnêtement administratif, recherchant la perfection de ses réalisations qu'il préparait avec soin ; il connaissait bien sa population, il était ferme et juste, jamais violent dans ses actes, ce qui ne l'empêchait pas de savoir donner le bon coup de pied au cul du mokhazni roublard ou du « maquereau » qui le méritait. Il avait des vues saines et précises sur la situation de son sous-quartier, avait longtemps soumis des projets judicieux que l'échelon ou la préfecture n'avaient pas su utiliser.

Ses supérieurs le craignaient, car il avait son franc parler et possédait une obstination toute paysanne qui finissait toujours par l'emporter quand il désirait quelque chose. Dans le travail, il connaissait « ses gens » : ceux-ci, après avoir passé sur son caractère difficile qui éclatait en coups de gueule et se laissait difficilement arracher des accords aux demandes les plus minimes, l'avaient en bonne estime. Je n'étais pas le dernier à l'apprécier, en dépit des coups de boutoir amicalement provocateurs dont je subissais parfois les assauts, et le prenais pour bien meilleur bougre que l'image qu'il voulait bien présenter :

— Mon portefeuille et mon PA, voilà ma messe !... Les religions c'est pour vous soutirer du fric. Y a quelque chose Là-Haut, d'accord ! Chacun s'arrange avec : saura bien s'y retrouver, Lui !

Auprès du bordj, qu'une entreprise de travaux civils achevait, le capitaine avait bâti, sur ses propres plans et selon ses directives, une cité makhzen de vingt habitations permettant de loger chaque mokhazni marié et sa famille. Pour l'instant, les mokhazni, mariés ou non, vivaient tous à la SAS en célibataires. Avant son départ, le capitaine faisait donc porter tous ses efforts sur l'achèvement de ce chantier, sachant bien qu'il valait peut-être mieux ne pas commencer une œuvre si c'était pour la laisser inachevée. Il est vrai que, par sotte vanité ou désir de s'imposer, on voyait souvent des successeurs dans une fonction de commandement s'empresser de faire l'inverse de leurs prédécesseurs.

Aussi, tard dans la nuit, on voyait le capitaine penché sur ses plans, mesurant les dimensions, calculant le prix des madriers, des parpaings ou des tuiles, rognant une porte ici, une ouverture là, en comptant ses journées de maçons qu'il faisait travailler « à la tâche ». Sitôt qu'il s'agissait pour un chef de SAS de réaliser un ouvrage, pour lequel aucun crédit officiel n'avait été prévu, il lui fallait réaliser quelques exercices de souplesse financière dont le plus pratiqué était celui des mokhazni fictifs : si l'on avait droit, par exemple, à un effectif de trente mokhazni, il suffisait d'indiquer trente noms sur les feuilles de soldes, quitte à ce que trois ou cinq d'entre eux ne soient pas, en réalité, à la charge de la SAS, ce qui permettait à celle-ci d'encaisser l'intégralité de leurs soldes. Entre des mains honnêtes et laborieuses, cette « caisse noire » permettait d'utiles réalisations : le capitaine Poujol pouvait payer de la sorte ses maçons. Avec d'autres mains moins scrupuleuses...

Cette nuit-là, une nuit chaude et pesante que les vents frais du haut plateau n'ont pas encore soulevée de sa torpeur accablante, le capitaine, dans sa chambre-bureau, vêtu d'un short de nylon bleu qui disparaît presque sous la masse du ventre et du thorax puissant, travaille sur les plans d'une fosse septique pour la cité makhzen. L'après-midi avait été brûlante en ce début du mois d'août — 42 à 43° à l'ombre — et telle que tous prolongent tardivement la sieste, parce que l'on sait qu'on travaille mieux la nuit.

Dans ma chambre, je relis une lettre d'un camarade d'école, servant maintenant dans un bataillon de marche du Train. Et ces lignes, que je relis pour la deuxième fois, accentuent le désespoir quotidien dont je suis saisi depuis mon arrivée en Algérie. Témoin direct de tortures, il me lance cette tragique apostrophe :

« Nous sommes en train de nous déshonorer.

» Nous sommes en train d'accumuler contre nous des haines inimaginables qui prévaudront sur l'aspect positif de notre travail. Nous sommes en train de corrompre un contingent de jeunes qui rentreront déboussolés. Quelle lâcheté de participer à cette conspiration du silence et de vouloir nous donner bonne conscience sous prétexte que nous ne participons pas directement ! Nous sommes solidairement responsables de ce qui se fait ici. Bou-Saada, sous-lieutenant Alain Jacheet. »

Toutes ces idées sur les « méthodes », que je ressassais dans ma tête, reviennent cette nuit, tumultueuses compagnes de ma solitude.

Je me suis d'abord heurté à la simple question de méthode dans le travail courant avec les populations, question disputée plutôt psychologiquement que moralement. Pour une quantité de petits problèmes pratiques et quotidiens, l'officier a à faire face à des résistances à peine croyables, qu'il faut réduire. Comment les vaincre ? Cela va depuis la nature de la sanction à infliger au nomade qui laisse par négligence ses bourricots ou ses moutons saccager les champs de blé, jusqu'au problème essentiel de l'hygiène et de la propreté minimale du douar.

Quoi qu'il m'en ait coûté, j'ai bien dû admettre et appliquer moi-même la méthode « bessif * » ou du « volontariat obligatoire », seule apparemment efficace pour des peuplades qui nous semblent primitives et qui donnent elles-mêmes le premier exemple, entre elles, de ne respecter que la force et de mépriser la douceur, la bonté qu'elles prennent pour de la faiblesse.

Il est évident qu'à strictement parler, légalement, un chef de SAS n'a aucun pouvoir de police sur ses populations, ce qui n'empêche pas qu'on exige de lui des résultats qui supposent de fait des moyens qui ne lui sont normalement pas accordés. Ainsi, en principe, il n'a aucun droit à infliger des amendes, à punir par des journées de travail ou d'emprisonnement, ce qui est admis dans les faits.

Autrement dit, nécessité fait loi, en face de la carence ou de la faiblesse de la loi. La matière de la transgression morale étant légère, le problème moral ne se pose pas avec une gravité particulière, mais, à tout bien raisonner, je reconnais en moi-même que si, de fait, cette méthode pouvait et même, d'une certaine façon, devait être appliquée, mal appliquée, elle pouvait vite donner lieu à des abus ; et que, d'autre part — conséquence lointaine plus importante ! —, elle créait un état d'esprit qui inclinait chaque responsable à s'instituer en législateur par déficience pratique de la loi ; enfin, à partir de ces données psychologiques et de ces faits, une sorte de « morale de situation » finit par s'ériger dans les esprits, se substituant à une

* De force, en arabe dialectal.

morale objective, ce qui pouvait et hélas ! devait avoir des conséquences graves.

A partir de cette analyse d'une expérience journalière que je faisais sur le terrain, je peux m'expliquer comment un semblable climat finit par inhiber toutes les mentalités et en vient à déformer même les meilleures. Bouleversé par ce que j'avais d'abord cru être du ressort de quelques égarés, la multiplicité des témoignages dignes de foi a fini par me convaincre de la réalité d'un fait qui n'est ni exceptionnel, ni limité, mais sinon général, du moins fort répandu : des officiers de l'armée française deviennent des tortionnaires !

Cette vérité désastreuse touche en moi les fibres les plus profondes : le cœur de ma religion d'abord et donc de ma vocation, la morale chrétienne, la Patrie, l'idéal très élevé que j'ai toujours eu de l'officier et que certains de mes amis incarnent magnifiquement — du moins je continue à vouloir le croire ! —, l'éducation avec son héritage de valeurs, le rang social. Tout est compromis, sali, trahi !

A mon tour, je suis au point de départ de l'aveuglement. Je suis lucide. Je tressaille parce que je sais qu'engagé déjà par mon action, j'ai saisi un fil entraînant, qui, tout à l'heure, pourra me conduire jusqu'en un lieu de ténèbres... De ténèbres ? Non, l'image classique est ridicule. L'homme qui se trompe, l'homme qui suit son erreur, le pécheur qui persévère dans son vice, avance, est en mouvement... Et les ténèbres arrêtent le mouvement. Oui, le pécheur poursuit sa route, fasciné par de fausses lumières. Bernanos a raison : « Le soleil de Satan » ! Le vivant va toujours vers la « lumière ».

La nuit est chaude. Un chien hurle dans le douar.

Sarcastiques et prophétiques, les paroles premières du capitaine voletaient autour de moi : « Vous verrez, vous aussi, vous deviendrez comme les autres ! Comme les autres !

— Oh ! le Marab, pas couché ?

Le capitaine vient d'entrer dans ma chambre, un peu brusquement, mais jovial et détendu. Surpris dans ma méditation, je sursaute, avec un creux d'angoisse me contractant l'estomac, comme si l'inquiétude d'un péril inconnu m'envahit. Je me repris rapidement. L'officier ne saisit pas mon trouble.

— A partir de demain, vous prendrez en main le chantier de l'Habitat rural. J'ai fait la liste des volontaires.

— Il y a des volontaires ?

— Du con, va ! C'est bessif !

Devinant ma réticence, il ajoute :

— Oh ! mais, le Marab, vas-y ! trouve-les, tes vrais volontaires ! Je vous donne la journée de demain pour faire la liste. Et la première équipe de travail commence après-demain. Faudra vous grouiller, hein !

Je sais tout de même que si le capitaine a fait la liste « bessif », ce n'est pas faute d'avoir essayé autrement. Je ne tiens pas à jouer au plus malin :

— Donnez-moi la liste. Je sais très bien qu'il n'y a pas d'autre moyen.

Le capitaine me la donne :

— Vous arrangez vos équipes de boulot comme vous l'entendez. Demain, vous baratinez la première, et mardi, en avant !

Le capitaine sorti, je me lève et fais quelques pas dans ma chambre. Une grande fenêtre grillagée ouvre sur la route, sur le regroupement. Chaleur ! J'éteins la lampe à gaz, afin de pouvoir ouvrir le volet métallique pour donner de l'air. Je me souviens du premier soir, dans cette chambre, où j'avais allumé la lampe et laissé grand ouvert le volet. Le capitaine avait surgi : « Vous êtes pas cinglé, non ? Vous allez vous faire flinguer. Fermez ce volet ou éteignez la lampe. »

Je sors. La porte qui donne sur la route est séparée de celle-ci par un petit fortin de pierres entassées grossièrement et qui sert de poste de garde et de poste de combat. De l'autre côté de la route, en face de la porte, un réseau de barbelés marque le regroupement. La voie goudronnée est elle-même barrée à ses deux extrémités par un concertina* qu'on déroule à la tombée du jour. Ainsi le périmètre SAS est tout enclos durant la nuit.

Le mokhazni de garde somnole. Je lui décoche une bourrade au passage. Il fait lune. Le chien a cessé de hurler. C'est curieux, inhabituel : pas un bruit dans le douar. Quelque cent vingt pas sur la route séparent les deux concertinas de barbelés. Chaque soir, j'arpente cette promenade du prisonnier. Je pense à ma nouvelle responsabilité et en suis tout heureux : depuis une huitaine, je commençais à trouver menues mes occupations et l'ennui me guettait. Je vois tout de suite les difficultés qui m'attendent avec ces « volontaires ». Cette dernière qualité me fait même sourire, et je me trouve tout à coup bien ridicule de m'être fait tout à l'heure autant de scrupules sur des méthodes aussi bénignes. Pourquoi l'ombre de la torture sur des affaires aussi simples ? Quel rapport peut-il bien y avoir ?

Un chien jappe, suivi de toute une meute, aboyante. Stoppant ma déambulation, je perçois un grondement sourd, montant la route,

* Réseau de barbelés déroulés en accordéon.

emplissant les vallons, débordant la campagne. J'écoute le bruit jusqu'à son amplitude extrême qui le faisait bien définir. Je hèle la sentinelle pour ouvrir les barbelés sur la route :

— Aya ! les camions, fissa * !

Cinq GMC ** pénètrent, laissent échapper les derniers râles de leurs moteurs, en se rangeant le long de la SAS. Aussitôt déroulés en longues files silencieuses, les commandos se coulent dans la nuit. Comme les rayons de lune, que la course des nuages fait paraître courir, décrochant les ombres de leurs replis, arrachant les grottes de leur masse rocheuse, dévoilant les formes de l'obscurité, l'infiltration multiple des commandos glisse dans les oueds, fouille des défilements, rase les pierres sèches des mechtas, se tapit, se terre, bondit et se détend comme une peur immense.

La parfaite impression de force et d'efficacité que donne le passage des commandos, et sa multiprésence secrète m'emplit d'une sensation nouvelle de sécurité et de domination : « “ ils ” n'ont plus qu'à bien se tenir : demain matin, ça va barder ! »

Voilà ce que soudain je murmure en pensant à mes « volontaires », les assimilant tout à coup, de manière presque inconsciente, avec les « fellouzes » ennemis que traquent les commandos. Je rentre me coucher et regarde ma mitraillette et mes grenades avec plus de bienveillance qu'à l'accoutumée. Je m'endors, serrant les poings, et me surprends à espérer un beau « bilan » le lendemain matin, tout en me reprochant cette poussée intérieure de violence.

Cette nuit-là, la guerre a enfoui mon cœur loin de la peur des autres.

Je me lève avant l'aube et, conformément aux ordres reçus dans la nuit, je bloque toutes les issues du regroupement avec mon makhzen. Personne ne doit sortir avant l'arrivée du commando qui cernera le douar et fouillera toutes les kheïmas pour contrôler les hommes un par un.

L'opération prend toute la matinée. Des responsables OPA sont arrêtés et embarqués dans les camions, ce qui m'oblige, moi qui remplis les fonctions d'OR du sous-quartier — oh ! cela s'était réduit jusqu'ici à tenir à jour le fichier des suspects ! —, à annoter mes fiches et à consigner les noms des dernières personnes arrêtées ; je suis d'abord ému de tous ces visages fermés par la peur, hostiles, et je reconnais avec peine quelques-uns de ces visages amis que j'ai connus souriants et détendus derrière un verre de thé brûlant.

* Vite, rapidement ! en dialectal.
** Camions militaires bâchés d'origine américaine.

Je voudrais leur faire un signe d'amitié, de compréhension, qui ne les laisse pas humiliés et méprisés dans cette masse accroupie et parquée, de laquelle un commando extrait chaque individu avec une interjection plus ou moins brutale. Mais ma simple présence physique aux côtés des hommes camouflés m'établit dans une complicité, une fraternité de guerre qui me sépare irrémédiablement des autres, des suspects peut-être, qui sait ? des complices, des « fellouzes », de l'*ennemi*.

Ah ! comme cette guerre est bien peu faite pour les naïfs et les tendres, pour ceux qui s'embarrassent des arguties de la morale ou de la conscience pure ! La conscience pure qui pouvait laisser massacrer les innocents par les tueurs fellaghas. Où commençait-il, où s'arrêtait-il l'ennemi ? On arrêtait Kada, l'épicier du douar et M. Sartre fumait tranquillement sa pipe aux « Deux Magots ». Ainsi est en train de me parler l'officier commando. Et moi, le SAS, je m'imprègne peu à peu du climat de guerre qui pourrait bien peut-être me déposséder peu à peu de mes réactions propres.

Pendant le déjeuner, au poste, un des officiers du commando, que le capitaine Poujol avait invité, émet quelques propos laudatifs sur leurs méthodes de renseignements. Le sous-lieutenant Hachard, qui, avec sa section d'artilleurs, avait remplacé Basile comme chef de poste, regarde aussitôt son camarade SAS dont il avait maintes fois apprécié les réactions sur un tel sujet, est surpris de mon indifférence, tout à fait inhabituelle. N'avais-je pas entendu ou bien ?...

L'après-midi, je passe de longues heures au douar pour remplir ma nouvelle responsabilité du chantier de l'Habitat rural. Le regroupement devait bientôt faire place à un village tout neuf, dans le cadre du plan de Constantine. La mairie et le dispensaire, qui étaient commencés, avaient leur chantier propre dont s'occupait le syndicat intercommunal, mais la première tranche des quarante-quatre maisons était à charge d'un organisme dit « Habitat rural ». A charge principale, mais pas entière, puisque fournissant tous les matériaux et moyens techniques, les contremaîtres et les maçons spécialisés, il restait que chacun des attributaires volontaires devait contribuer par des journées de travail à la construction des habitations. Chaque attributaire, par ce volontariat de manœuvre, deviendrait gratuitement propriétaire.

La liste des quarante-quatre attributaires avait été dressée par le capitaine, qui était le mieux à même de connaître les meilleurs bénéficiaires. Ceux-ci étaient en général, outre quelques chefs de douar peu fortunés, les plus « meskine » et ceux qui avaient leurs terres les plus proches. Pourquoi cette dernière catégorie ? Parce que l'on pensait que lorsque les événements permettraient un retour au mode de vie qui siérait à chacun, c'est-à-dire le jour où le regroupement ne serait plus obligatoire, certes beaucoup de ces semi-nomades reprendraient leur vie ancienne et traditionnelle de déplacements périodiques avec les troupeaux, mais l'on pensait, non sans raison, que parmi ceux qui possédaient quelques terres cultivables, nombreux seraient peut-être ceux qui se fixeraient dans ce nouveau village et transformeraient de la sorte leur mode de vie ancestral.

En principe, la désignation d'un attributaire, de l'heureux bénéficiaire d'une formule aussi avantageuse, — aurions-nous imaginé avec notre mentalité européenne — supposait l'accord libre et volontaire de celui-ci. Il n'y avait de fait aucun volontaire.

Je passe les premières heures de mon après-midi en palabres, en discussions et vaines confrontations d'arguments, en misérables efforts de persuasion. J'expose le plan du nouveau village, et les nombreux avantages d'une maison solide et économique, et me heurte à l'affirmation butée :

— On préfère vivre sous la kheïma !

— Mais l'hiver, avec la neige, le froid, la pluie, ce n'est pas bien la kheïma. Il fait plus chaud dans la maison. La pluie ne coule pas dedans... Moins de maladies, moins de morts !

— Oua ?... oua ??

— ... et au printemps, vous pourriez même quitter la maison et reprendre la kheïma pour partir avec les moutons.

— Oui, mais l'hiver, les moutons, ils vont crever dehors. On aimerait mieux que tu construises des mechtas pour les moutons !...

Un instant perplexe devant l'objection, je crois couper court ainsi aux ratiocinations incessantes :

— Les moutons... oui, les moutons. Eh bien ! si je mets les moutons dans ta maison et que toi, tu restes sous la kheïma, le mouton, il crèvera pas, mais toi, inch'Allah ! le froid va te tuer !... Alors, à quoi cela te servira d'avoir de beaux moutons vivants ?

Mais, imperturbable, l'interlocuteur me répond :

— Oui, mais si je suis vivant dans ma maison et que le mouton, il est mort dehors, je mourrai de faim.

C'est agaçant, à la fin ! Heureusement, la réplique me vient, définitive :

— Bon ! si tu viens habiter ta maison, ta kheïma elle est vide. Tu mettras tes moutons dedans, comme ça, toi et le mouton, inch'Allah ! personne crèvera !

Un murmure admiratif remue l'assistance des burnous et des chibanis barbus hochent la tête. Une jubilation, légèrement contractée, commence à m'cnvahir : « Ça y est ! j'ai gagné, j'aurai mes vrais volontaires ! »

Par fractions, j'appelle les noms des vingt-deux qui sont choisis pour constituer la première équipe de travail, chaque équipe pouvant travailler ainsi à tour de rôle, et leur demande leur accord. Les chefs de douar, fermés et hostiles, me le refusent. Je crois comprendre.

Certes, l'œuvre de « civilisation » sera lente et difficile ; il faudra beaucoup de temps et de patience, et de fermeté aussi, pour renverser des habitudes et toute cette récurrence millénaire, mais cette condition au progrès du développement n'est pas particulière à cette population : tout pays sous-développé, selon ses mœurs et ses coutumes, se trouve dans une semblable situation.

Il y a ici, à chaque instant du jour et de la nuit, derrière tous les actes et toutes les pensées, sur chaque visage, à la racine de toute intention, l'état de guerre qui transforme les esprits, assombrit les clartés du regard, brise les purs élans, purifie l'impur et attire chacun, s'il ne s'en défend, dans une logique irréversible de la violence.

Ayant quitté la djemaa* après le refus des chefs, je réapparais, ceint de mon PA, flanqué de deux mokhazni en armes, le menton carré, le regard sans aménité, la bouche serrée, privée de mon habituel sourire ; je suis en état de guerre contre les consignes de l'OPA du regroupement qui interdit tout « volontaire » pour les maisons. Un ordre bref et dur jaillit de mes lèvres : tous les ci-nommés de la liste devraient être présents demain matin, à 8 heures, sous la responsabilité de leurs chefs de fractions, pour commencer le chantier !

Revenu à la SAS, j'appelle mon ordonnance :

— Aya ! Guendouzi, Papillon, fissa !

Comme chaque soir, une heure ou deux avant le dîner, je monte à cheval, cavalier seul.

Quoique ayant peu monté en France, je me suis toujours senti, comme répondant à une aspiration d'antique mémoire terrienne, attiré par les chevaux, et ma première joie, les nouveaux jours de mon arrivée, avait été d'aller caresser la robe des six chevaux de la SAS, six « barbes** » que le capitaine n'avait gardés uniquement que parce que leurs soldes mensuelles lui permettaient quelques bénéfices... Il y avait une corvée quotidienne des mokhazni pour les nourrir, nettoyer les écuries et faire le pansage***, mais ils y mettaient l'application et

* L'assemblée.
** Petits chevaux arabes.
*** Action d'étriller, nettoyer le cheval.

le soin qu'un bidasse moyen, sans surveillance, peut mettre à l'entretien du matériel de l'État.

Sans savoir, ni théorique ni pratique, et en la fatale absence de maître, je me suis fait tout seul cavalier, y trouvant là ma plus grande joie qui me console de tous les déboires, les désillusions, les angoisses morales ou le simple ennui. Je monte, selon les jours, ou bien à l'aurore, allant saluer le petit lever du soleil, ou bien au crépuscule, assistant au coucher magnifique.

Ah ! les premiers jours, quelle sanglante ascèse ! Je m'en moque, au souvenir, tout en gageant que ce ne fut pas sans mérite. Après avoir, trois jours durant, découvert les lois essentielles de l'équilibre sur une brave jument, docile et peu craintive — la jument du « visiteur », un cheval d'aspirant ou de demoiselle ! —, j'avais jeté mon dévolu sur un petit alezan nerveux, à peine dressé : Papillon.

Avec celui-là, la perspective de bagarre m'a plu... Le premier jour où j'ai monté Papillon, à peine en selle avais-je chaussé l'étrier droit, que l'animal, bondissant en avant pour sauter le fossé, m'avait envoyé rudement bouler. Les deux cavaliers mokhazni qui m'accompagnaient, galopèrent après mon cheval en fuite. Quelques instants plus tard, lorsque ému et commotionné, je remontai en selle, il y eut le même bond violent que j'encaissai dans mes jambes serrées, la main gauche étreignant le pommeau de la selle arabe, ce qui n'était pas régulier mais efficace. Je fus emporté, à ce moment-là, dans un galop effréné et débridé.

Mon premier soin, après avoir ressaisi les rênes que la secousse m'avait laissé échapper, fut d'assurer la direction, puis d'essayer, par effets de rênes de ramener la bête à une allure modérée. Ce fut bien en vain, et la galopade n'eut point de cesse. J'essayai alors de circonscrire la trajectoire de l'animal par des voltes de plus en plus serrées et rapprochées qui l'obligeaient naturellement à rompre son allure. Toujours en vain. En effet, comme j'étais peu sûr de mon équilibre, les voltes me déportaient tant à l'extérieur que je manquais de chuter à tout instant.

Il me fallut user d'un stratagème, extérieur à mes propres forces, pour arrêter le petit barbe étincelant : je conduisis son galop dans un grand champ de terre labouré, aux sillons mous, larges et profonds. La bête vite s'y essouffla.

Quand je suis rentré plus tard, la chaleur de la lutte s'étant apaisée, je perçus douloureusement les contractions de la fatigue musculaire : les mollets durs, les cuisses et les avant-bras raides, et de façon plus aiguë, une brûlure acide, à la base de la colonne vertébrale, qui m'empêchait de m'asseoir bien en selle. Le mal fut si blessant que je fus bien tenté de mettre pied à terre, pour rentrer pédestrement. L'orgueil tendit la volonté : un cavalier qui rentrait à pied? C'eût été déchoir!

Peu à peu, j'avais imposé ses allures à Papillon, les montant et les rétrogradant avec régularité. Tout d'instinct naturel, j'avais appris le trot enlevé, que les mokhazni, comme tous les cavaliers arabes, détestaient : ils restaient perchés droit sur leurs larges étriers, les fesses bien au-dessus de la selle, ne sachant pas s'accorder au rythme cadencé du cheval.

Au bout d'un mois, il n'y avait pas de compagnons plus fidèles et unis que Papillon et moi.

— Mon lieutenant, ça y est, y en a le Papillon : il est prêt!

— Sahah * ! J'arrive.

J'achève d'enfiler mes bottes noires, me coiffe de mon képi bleu ciel et saisis ma cravache. A ce moment déjà j'entre dans une joie très simple qui évoque toutes les chevauchées futures : petit matin, couchers de soleil poursuivis dans les terres rouges qu'on fait fumer sous les sabots lancés...

Je caresse Papillon entre les deux oreilles, fouillant ses crins dorés qui lui tombent sur les yeux. La monture frémit en hennissant. Le mokhazni sourit. Posément, avant la tension du corps tout entier dans une dépense vigoureuse, avant le sain plaisir qui donne sueur et soif, je chauffe mon cheval à petits pas, sur la piste bordée d'arbres, puis un trot régulier me porte à travers les champs de blés coupés sur la ligne de crête qui me conduit au coucher du soleil.

Les rayons de l'astre au déclin projettent derrière moi ma silhouette en ombre chevaleresque et grandiose sur les chaumes dorés. Avec un clin d'œil au soleil, je joue sur cette ombre... Selon que je fais face ou non au soleil, il y a le jeu de l' « ombre poursuivante » ou celui de l' « ombre poursuivie ».

Ce soir-là, je joue à l'« ombre poursuivie », avec une fougue si belle que ma cravache noire au moulinet scintillant tue l'ombre d'un seul coup. Le soleil avait disparu, comme je lui tournais le dos, sans le respect que j'accordais aux couchers ordinaires. Alors, d'accoutumée, je m'arrêtais : monture et cavalier immobiles, face aux splendeurs rougeoyantes et antiques de l'apothéose solaire, je communiais au recueillement vespéral.

Surpris dans ma poursuite victorieuse et stérile, la nuit bruissante et constellée me ravit aux couleurs du jour.

Le dîner est animé de nombreuses discussions ; toujours les mêmes sujets qui reviennent avec régularité.

* Merci.

— Alors, Marab ? fait le capitaine, sarcastique, ton joli topo les a tous conquis ?

— Ben… c'est-à-dire que…

— C'est-à-dire que t'as quand même pigé que devant les consignes de l'OPA, t'avais l'air un peu con !

— Oui, ils viennent bessif demain matin.

— Bon, tu commences à être moins con ! Faudra me les visser dès le premier jour, hein ? autrement t'es foutu !

— Ne vous en faites pas : je les aurai !

M. Janin revient à son refrain habituel :

— Vous voyez bien : ils ne veulent pas évoluer.

— Il y a l'OPA d'abord.

— C'est une affaire entendue, il y a les mots d'ordre. Mais supposez même qu'il n'y ait pas cette pression, vous n'arriverez à les faire évoluer que par la force !

— Peut-être pas : avec le temps, la patience…

— Bah ! mais regardez : ils ne veulent pas quitter leur kheïma, même s'ils sont plus aisés et qu'ils ne transhument plus. Ils préfèrent crever de faim plutôt que de travailler, laisser couler l'eau de pluie sous la kheïma plutôt que de creuser une rigole, abandonner le cadavre du chien crevé à la porte de la kheïma plutôt que de l'enterrer. Et les excréments de toutes sortes qui traînent partout, et le gosse qu'on laisse mourir plutôt que de l'emmener chez le toubib qui le soignera gratis !

— Oui, je sais et la persuasion n'y fait rien.

— Alors ? Ou bien vous les obligez à évoluer, malgré eux, ou bien vous les laissez croupir dans leur crasse ? Ce sera le sous-développement complet. Si nous voulons atteindre quelque progrès, vous conviendrez qu'il faut employer la méthode de force.

— Oui, j'admets qu'il puisse y avoir contrainte. Mais, vous voyez, dans ce climat de guerre auquel nous sommes soumis, cette force est trop souvent employée de manière violente, haineuse. Ainsi, sans parler des conséquences morales d'un tel climat, qui commence par des bricoles, il est à craindre qu'une évolution forcée, à coups de trique, comme nous le faisons trop, ne provoque, un jour, une réaction de rétrogradation, qui peut rendre caduc tout ce qu'il y aura eu de positif et de bon dans notre travail. La nature humaine ne peut évoluer que selon les lois propres à son milieu, où le rôle du temps et des générations est tel qu'on ne peut forcer sans aller contre la nature même. On ne peut réaliser en une génération ce qui, chez n'importe quel autre peuple et dans quelque civilisation que ce soit, se réalise en deux ou trois générations. Sinon l'enfant grandit trop vite, à coups de doses chimiques, qui lui répugnent, et il devient une sorte de faux adulte au déséquilibre permanent. N'est-ce pas ce que nous préparons ?

— Le drame c'est que nous n'avons pas le temps nécessaire pour réaliser cette évolution.

— Vous en faites pas, coupe le capitaine, on est tous des cons, nous les Français, à nous faire des scrupules pour les faire évoluer. Y en a qui réussiront bien mieux que nous, avec une grande trique, et qui leur demanderont pas leur avis. Vous verrez, avec les cocos, si ça bardera l'évolution ! Et z'auront peut-être bien raison ! Nous, on fait tout à moitié : un coup de pied dans le cul, ici, et un bonbon à côté ! un coup de gégène par-ci, et un petit tour au CTT à l'eau de rose par-là !

C'est vrai : un mélange de faiblesse coupable et d'accès de violence incontrôlée.

Le lendemain matin, je suis à 8 heures au centre du regroupement, là où doit commencer le chantier. J'avais fait dresser une tente militaire pour loger le chef de chantier, ses maçons et remiser les outils et les matériaux à l'abri.

Évidemment il n'y a personne au rendez-vous. Seuls quelques groupes assis non loin guettent mes réactions. Quelques minutes plus tard, je parcours le douar avec le 4 × 4 et six mokhazni en armes. Kheïma par kheïma je cherche les attributaires et les oblige à monter dans le camion. Au bout d'une heure de réquisition, sur les vingt-deux prévenus, il y a huit absents que je remplace par huit autres hommes, requis de force. Je lâche mon chargement d'« ouvriers » sur le chantier et annonce que les huit absents payeront chacun six cents francs d'amende.

Le chef de chantier distribue le travail et, pioche en main, ils commencent à creuser les fondations. Je reste avec eux à peu près constamment jusqu'à midi, heure à laquelle je les renvoie, en leur fixant rendez-vous au même lieu à 14 heures. Puis je me rends chez les absents, leur fais payer l'amende avec laquelle je rétribue ceux qui les avaient remplacés.

A 14 heures, il y a vingt et un hommes rassemblés. Je fais l'appel, pointe les noms qui correspondent à peu près tous aux noms des attributaires. Certains se sont fait remplacer. Les visages sont détendus, et le boulot commence dans une aimable ambiance. Délivrés vis-à-vis de l'OPA des mots d'ordre d'abstention par l'obligation matérielle dans laquelle je les ai placés, ils ne rechignent point trop à travailler. Quant à moi, je pense que j'ai presque gagné la première manche, presque... il manque le vingt-deuxième attributaire, qui est précisément le responsable OPA qui a donné les consignes : Drissi Mostefa, chef des Idersa. Absent, on me dit qu'il est descendu à Saïda pour toute la journée.

Tout l'après-midi, je suis sur le chantier, encourageant, amical, faisant aller chercher la boisson, distribuant les cigarettes. Je me promets, après un départ ferme, de les conduire à s'intéresser peu à peu à cet ouvrage collectif, à ce qui serait bientôt leurs maisons, à eux... Je voulais non seulement vaincre un vieux préjugé hostile à la maison, mais aussi les éduquer par ce travail d'équipe au sens de la vie communautaire, aux responsabilités mutuelles, à ce qui serait un jour leur vie de village. De cela ils sont complètement ignorants.

A 18 heures, à la fin du travail, je les remercie, me réjouissant de voir qu'ils avaient compris où était leur intérêt en travaillant pour eux-mêmes, et je me déclare confiant dans les relations à venir pour la bonne marche du chantier :

— Ainsi, cet hiver, si Dieu veut ! vous serez tous sous des toits, au chaud, les toits de vos maisons, pendant que la pluie et la neige tomberont.

Comme tous se dispersent, apparaît Drissi Mostefa. Sans douceur, je lui demande pourquoi il n'est pas venu au rendez-vous. Toute sa réponse est un jet d'injures. Cinq minutes plus tard, ayant donné mes ordres, la jeep du poste descend dans le douar avec des soldats en armes et emmène Drissi Mostefa en taule. Avant de regagner le poste, le 4 × 4 SAS précédant la Jeep, nous faisons lentement le tour du douar, montrant le prisonnier, « afin que nul n'en ignore ! »

En arrivant à la SAS, je croise le sergent :

— Ah ! c'est bien, mon lieutenant, fait-il, ironique, c'est votre premier prisonnier ! Vous faites des progrès. Bientôt, je pourrai vous passer mon « téléphone * » !

— Je ne regrette qu'une chose, c'est de ne pas pouvoir vous mettre en taule avec !

Ce pied-noir m'horripile. Les altercations étaient nombreuses avec lui.

« Connaissent que la force, ces ratons ! C'est dans leur sang ! On n'en a pas tué assez ! », était le refrain odieux que je ne pouvais jamais laisser passer.

Le sergent, le jeune instituteur, le radio, trois pieds-noirs. Chaque jour, je les vois, dans leurs paroles, leurs gestes et leurs regards, humilier, mépriser, rejeter ces Arabes misérables, mortifiés par nos

* Téléphone : allusion au téléphone de campagne, ou gégène, qui pouvait servir à faire passer des décharges électriques dans le corps d'un suspect interrogé.

tracasseries administratives. Les laissez-passer qu'il leur fallait attendre en longues files serviles. Les noms, les prénoms, leurs âges ? Ils ne savaient guère tout cela. Alors, l'impatience du bureaucrate suffisant éclatait en imprécations, en injures :

« Putain de sa race ! Tous des cons ! On perd notre temps avec ces ratons... ! Aya, fissa !... Dégage ! gredoua *... oui, demain, tu reviendras ! »

La plus élémentaire des justices, celle qui fait l'homme dans sa dignité, leur est chaque jour refusée ! Et ceux-là mêmes, ces semi-nomades des hauts plateaux, que nous n'avions pu encore humilier puisque nous ne les connaissions même pas ! — ah ! qu'ils sont encore fiers et nobles, ces patriarches barbus ! — avec nos barbelés et nos distributions de vivres, nous leur avons appris les gestes de la crainte, de la soumission, de la mendicité et de la bassesse... Nous les avons avilis !

Les pieds-noirs, je ne les connaissais pas et m'étais toujours refusé à admettre l'image facile du « gros-colon-faisant-suer-le-burnous ». J'avais vu les fermiers au travail, dans le grand appareil des batteuses, dans la voltige de poussière du blé battu, et à 40° à l'ombre, je trouvais qu'ils ne mangeaient pas le pain des autres. Pas même celui de leurs ouvriers musulmans qui étaient payés selon les lois.

Je ne les connaissais guère mais, en regardant vivre ceux-là, je savais déjà une grande vérité : la justice n'était pas seulement dans les payes ou dans les signes extérieurs d'aisance, elle était dans le cœur de l'homme en face de son frère. Ni héros ni ennemis, pour nous comme pour les Arabes, les pieds-noirs ne se conduisent pas en frères.

Oh ! je m'efforce de ne pas les condamner ces pieds-noirs, dans leur racisme. Je pense hélas ! que n'importe lequel des métropolitains, installé ici quelque temps, deviendrait comme eux, sinon pire. Nous n'avons aucun droit, nous, les « métro » qui les appelons « norafs » avec une pitié commisérative, nous n'avons pas le droit de mépriser les pieds-noirs.

Les soldats, appelés ou volontaires, mus par les ressorts de guerre, comme ils avaient tôt fait de malmener, d'injurier, de parquer comme du bétail, de rire et de se moquer des burnous loqueteux, des visages maigres aux yeux apeurés. Comme il fallait se protéger pour garder en soi la fraternité ! La fraternité ne devenait-elle pas suspecte ?

« Nous devenons peu à peu, nous aussi, les instruments de l'injustice. » Je me fais souvent ce reproche. Et je veux m'en défendre, me garder de toutes les violences, celle de l'ennemi, celle

* Demain.

des miens, la mienne propre, celle qui gronde toujours dans chaque homme. Est-ce possible ? Seul et sans frères ?

La fraternité que je désire le plus, celle des Arabes du regroupement, est sans cesse repoussée, éloignée par le soupçon qu'on respire comme le vent de sable. Un instant, devant le verre de thé, sachant la souffrance commune dans un même malheur, les regards pouvaient se fondre dans un face-à-face, d'homme à homme, mais les nécessités du combat les séparaient brutalement, rendus suspects l'un à l'autre.

A cause de la pire des injustices — la torture ! —, de mes propres frères d'armes, même quand ils sont des héros, je suis gravement séparé. Dans ce sacrifice, est-ce que je perds avec des frères toute la jeunesse de mes espérances : Dieu, l'honneur, l'armée, le pays de France ?

Je ne puis le croire. Il n'y a pas désespérance, car je sais, je crois que le chant de la flûte sera entendu dans le fracas des combats... je sais que l'espérance ne peut décevoir, qu'espérer c'est être fidèle. C'est la voie de l'honneur. L'honneur, cette fidélité à ce que l'on a choisi d'être.

Sachant la force de cette exigence de justice dans la communauté arabe, et persuadé que le seul espoir de paix prenait le chemin de la fraternité, j'avais un peu cru aux élans « fraternels » du 13 mai, qui avaient paru de loin soulever la masse musulmane. La nuit était vite retombée.

La fête terminée, on avait trouvé dans le ruisseau « frères » et « honneur », drapeaux piétinés et déchirés. Des colonels les avaient recueillis — reliques ou pièces à conviction ? — et continuaient à les brandir, les uns, menteurs et cyniques, les autres, pathétiques. Inutiles.

Nous nous méfions à présent des porteurs de drapeaux. Et la fraternité est devenue clandestine !...

Le chantier des maisons de l'Habitat rural, après le début un peu rude, prend bonne tournure, régulière et laborieuse. Alliant tour à tour la fermeté au sourire fraternel, je fais l'appel matin et soir, sanctionne lorsqu'il est nécessaire, exhorte, persuade, connaissant chacun par son nom, stimulant les énergies, sachant « donner le coup de main », ni condescendant ni démagogue... L'ouvrage avance. Gagné à cette euphorie, j'en viens même à ridiculiser mes premiers scrupules :

« Comment, diable, peut-il y avoir un lien entre cela et la torture ? »

Pourtant je me souviens de l'instant où, accueilli par la bordée d'injures, j'ai arrêté Drissi Mostefa : j'avais retenu à grand-peine un flot de violence qui m'avait secoué tout entier, excédé, prêt à jeter mon poing dans la figure « ennemie ». Brutale prise de conscience : il est là ce lien ténu « de cela à la torture ». Une fissure, une faiblesse et la violence se rue... Elle nous échappe si aisément... et jusqu'où peut-elle nous entraîner ?

A partir de là, je conçois à la fois une sérieuse mise en garde contre moi-même, et une pensée toute pleine d'excuses et de compréhension pour ces « faiblesses » dont j'entends parler : « Oui, bien sûr, ils avaient tort... c'était une erreur, oui, une erreur regrettable ! »

Une erreur regrettable : je concède encore cela parce qu'il y a toujours le vieux principe « la fin ne justifie pas les moyens » qui s'agite, qui proteste, comme une voix lointaine au fond d'un puits. Mais j'accumule les excuses : la fatigue physique des opérations, la tension nerveuse du climat terroriste, le devoir de protéger les populations.

Dans de telles conditions concrètes, sur le terrain, comment répondre au choix impossible : la souffrance de ce « salopard », que j'ai entre les mains, ou la vie de plusieurs innocents ? Quand un bras avait la gangrène, n'est-ce pas ? on le coupait pour sauver le corps tout entier ! C'était bien puisque c'était pour l'intérêt général, n'est-il pas vrai ? On sacrifie des intérêts particuliers pour le bien commun. C'est bien cela ? C'est même un devoir.

Tous ces mauvais sophismes — que la voix-du-fond-du-puits repousse —, encombrants et sournois, occupent l'avant-scène. Ils créent une mentalité d'excuse d'abord, puis de compréhension, de tolérance, voire presque de bienveillance indulgente. C'est soulageant d'espérer pouvoir encore admirer des officiers : l'idéal qu'on s'était fait devait se réaliser ! L'armée était propre, elle incarnait la droiture, l'honneur, le devoir. Qui avait mis cela en doute ? Des politiciens, probablement.

A blanchir les siens, on se sentait plus propre soi-même. Qui nous accusait par nos galons de nous compromettre, d'être des témoins tacites et conciliants ?

Peu à peu imprégné par cette « morale de situation » constamment développée, mes réactions s'estompent, ma rectitude se fond. La solitude et le sentiment permanent d'être le témoin à charge me poussent à me dégager de mon intransigeance pour caresser l'arrangement et la conciliation.

Comme tous le prétendent autour de moi, le caractère unique de certaine situation n'autorise-t-il pas à passer outre ? Sur ce problème ou bien même sur d'autres — ainsi la morale sexuelle est très libre : il y a des BMC* et le jeune instituteur d'ici avec ses dix-huit ans, lorsqu'il descend à Saïda pour faire sa tournée « au 16** », jouit de l'encouragement complice et gaillard du capitaine et de tous les autres ! —, on ne mettait pas directement en cause la valeur de tout cadre moral ou même de toute loi d'Église. C'était plutôt la portée véritable de ces lois et leur prétention à ne souffrir aucune exception qui étaient mises en question.

Dans tel cas concret — et la guerre, le bled, la solitude, le vent de sable, la chaleur, tout y passait ! —, la loi morale était-elle possible et obligatoire ? Il y avait des préceptes. Certes, cela faisait partie de l'ordre. Personne n'était contre cet ordre général. Mais ces préceptes donnaient simplement une ligne de conduite générale. Le jugement définitif, sur le terrain, appartenait à l'individu qui était seul juge devant Dieu de la situation donnée. Juge et responsable. D'ailleurs sa « bonne foi » ne le justifiait-elle pas ? On était sincère, loyal : cela seul comptait en définitive.

Et puis — ah ! je m'en souvenais bien de la réaction du capitaine lorsque j'avais argué de la Lettre pastorale du cardinal-vicaire aux Armées, qui condamnait la torture : « Ah ! je voudrais le voir ton cardinal, dans le djebel et dans la merde avec ses bas rouges et ses traînes de soie ! » —, l'impression d'une incompétence de l'Église pour juger des cas concrets. Alors ? à quoi bon leur soumettre ? On était assez grand pour prendre ses responsabilités devant Dieu, non ?

« L'Église, elle nous prêche toujours des Idées, des Idées en soi, désincarnées. Nous, le nez dans notre touffe d'alfa et serrant notre mitraillette, nous réagissons à partir d'un fait. Et à partir de ce fait, on réfléchit sur l'action à mener. » C'était le discours habituel du capitaine.

L'ordre moral traditionnel était cul par-dessus tête : l'impératif de l'événement s'imposait à la conscience et lui montrait la volonté de Dieu.

En fin de matinée, satisfait de mon chantier dont les murs commencent à s'élever, je rentre dans ma chambre. La liaison sur Saïda a rapporté le courrier. Feuilletant un hebdomadaire, dont je viens d'arracher la bande, ces quelques lignes d'un article de Mauriac me rassérènent :

« Si j'étais responsable de l'ordre public, je considérerais comme un devoir impératif de parer à cette menace, fût-ce au prix du déplacement de quelques suspects. Je ne prétends pas que j'aurais raison dans

* Bordel militaire de campagne.
** Bordel connu des militaires à Saïda.

l'absolu. J'admets qu'aux yeux de mes camarades, il vaille mieux courir le risque de nouveaux attentats que de commettre une seule injustice. Je ne trouve rien à répondre à cela. Mais enfin, je ne suis pas kantien le moins du monde, je ne me nourris pas d'idées si sublimes, non pas parce que je suis dur, mais plutôt parce que je suis tendre, et qu'il me semble que la charité vraie envers un peuple consiste à empêcher le meurtre d'être le plus fort et de dominer par lui[224]. »

Je souris, trouvant là de quoi consolider ma nouvelle position d'esprit : Ah ! le petit père Mauriac, lui-même, descend enfin de son fauteuil ! Sur le terrain, ce n'était pas si facile, hein ? « Je ne suis pas kantien... », dit-il. Kant, c'est la Terreur mise en pratique : qui a dit cela ? Comment prévenir cette terreur ? Dans l'absolu... et il y a en fait : « La charité vraie consiste à empêcher le meurtre d'être le plus fort. » N'est-ce pas ce que nous faisons ici, nous, les officiers ? Dans l'absolu, nous n'avions peut-être pas toujours raison, mais dans les faits ?

Mauriac, Mauriac attention ! Tu commences par déplacer des suspects, et tu sais que tu n'as peut-être pas raison dans l'absolu. Cela commence comme ça et... Balek * ! Pensant à mes petits camarades officiers, je me dis qu'il ne faut surtout pas que je leur montre cet article.

Avec l'hebdo, il y avait encore trois lettres. Sans les examiner, je prends la première du paquet. C'est Alain Jacheet, le camarade d'école, en poste à Bou-Saada. Me souvenant des justes indignations de sa précédente lettre, j'ouvre celle-ci, mal à l'aise, comme coupable.

« Ça y est, il va encore rouvrir la plaie ! », me dis-je en commençant la lecture :

« Tu sembles passionné par ce chantier que tu as organisé, par ton travail en général. C'est normal. Mais j'ai remarqué que si l'on ne conservait pas une certaine dose de scepticisme et qu'on désirait trop un résultat, on devenait de moins en moins exigeant sur le choix et qualité des moyens pour y parvenir.

» Une parenthèse : je n'aime pas qu'on dise " fell " ou " fellouze ". Je ne veux absolument pas mettre l'adversaire sur un piédestal. Mais il n'est pas bon de dévaloriser, même inconsciemment, ceux qui sont en face, car on est déjà disposé alors à les traiter moins humainement. »

Je fais une pause, agacé.

« Celui que j'ai pris sur le fait de son crime, je puis le punir, le châtier, cela est justice ? Non. Nous ne sommes pas des justiciers.

* Attention !

Nous sommes trop engagés dans l'action, avec les nerfs trop à fleur de peau pour avoir la sérénité nécessaire. Inconsciemment, si tu t'ériges en justicier, tu te vengeras sur celui que tu as pu prendre, de toutes les marches épuisantes et vaines, de la mort de tel camarade. Il vaut mieux une efficacité moindre qu'un péché mortel d'injustice. »

En vérité, en voilà un qui parlait comme un séminariste, alors qu'il n'en était pas un. Je suis las, irrité : remettre « cela » en question, encore, toujours ! Par devoir, en me contraignant, je termine la lettre qui se poursuit par une citation :

« " La torture est un moyen intrinsèquement mauvais, car elle constitue par définition même un attentat à la personne, à la personne du tortionnaire, à la personne du torturé... Il faut prendre en pitié le premier au moins autant que le second... surtout, nous, chrétiens, dont les pères ont été si souvent dans l'histoire du côté des torturés et qui ne se sont jamais rencontrés du côté des tortionnaires qu'en perdant leur authenticité chrétienne. "

» Concrètement que faire ? D'abord ne pas se laisser embrigader. Pour cela, maintenir une correspondance sincère, et dans un esprit de justice et de vérité, avec ceux-là qui sont en France pour essayer de les éveiller à ces choses qu'ils ignorent souvent. Réfléchir, méditer, prier, déterminer dans le calme les limites qu'on ne devra pas dépasser. Revenir constamment sur son action et l'examiner dans le détail pour voir si l'on ne déraille pas. Savoir manifester nettement, fermement, sa désapprobation sur tel fait précis dans une conversation... Ne pas se laisser trop absorber par un désir d'efficacité. »

Je relègue la lettre dans le fond d'un tiroir, en maugréant : « Manifester fermement sa désapprobation... ouais ! mais qu'est-ce que je fous ici, depuis le temps, si ce n'est cela ? Je n'ai pas attendu ses conseils... Et puis, cela m'a avancé à quoi ? »

— Oh ! la Marine, le Marab... à la soupe ! gueule dehors le capitaine, en donnant des petits coups d'accélérateur à la Jeep.

Le sergent, vantard et maladroit, avait parié un méchoui qu'avec quinze cartouches de carabine US, il abattrait cinq chiens dans le douar. Pari tenu et perdu... Ce jour donc, un savoureux mouton rôti précède le déjeuner.

Il y a deux invités : le capitaine Minck, accompagné d'un jeune sous-lieutenant d'active. Ce capitaine commande la 2e compagnie du 8e RIM et tient poste à Tamesna, dans le sous-quartier d'Oum-Djerane, à 8 kilomètres de là.

Avec force lazzi et moqueries sur l'adresse du sergent, le groupe des convives entoure le méchoui, empalé sur sa longue perche de bois vert. Deux mokhazni, salués par nos applaudissements, viennent de l'apporter sur leurs épaules. Aussitôt le silence des bons restaurants s'établit... La tendre peau craquante et dorée, juteuse, riche de goûts d'herbes fortes et d'épices... De longues rasades de bière ou d'anisette, puis c'est la chair chaude, brûlante, que tous fouaillent avec les doigts jusqu'à laisser nue la carcasse.

Dessous la bête, un chat lèche la sauce rouge et parfumée qui goutte comme du sang.

Après les ablutions des mains grasses et pourléchées, tous s'attablent avec entrain autour d'un couscous aux raisins secs. Le capitaine Minck, un Vendéen aux yeux malicieux et à la langue vive comme une « saeta * », mène d'abord une ronde de pointes et de plaisanteries, puis, après l'échange des nouvelles et des impressions sur la situation, la conversation se fait plus âpre, plus sourde. Il s'agit des prisonniers fellaghas.

— Des prisonniers ? On en fera plus, maugrée Minck.

— Pourquoi ?

— Eh bien ! vous ne savez pas qu'un combattant FLN qui se rallie avec son arme est soit intégré dans un commando, s'il le désire, soit envoyé dans un centre de transit (CTT) pendant trois mois ? me réplique le capitaine.

— Il s'agit donc des ralliés seulement ?

— Oui, des ralliés.

— Mais ceux qui sont envoyés au CTT... au bout de trois mois ?

— Au bout de trois mois ? Ils sont libres ! s'écrie-t-il indigné. Libre ! même si c'est le pire assassin, convaincu, preuves en main ! Tranquille comme Baptiste avec son certificat de ralliement.

— Georges a beaucoup de ralliés, je crois ?

— Oui. Ah ! mais des ralliés qui intègrent un commando, surtout Georges, c'est des gus bien !

— Ce sont pourtant d'anciens tueurs. On m'a cité tel adjudant coupable de nombreux attentats à la grenade et même d'avoir achevé des blessés français...

— Ouais... mais ceux-là se sont rachetés amplement. Vous savez le travail qu'ils font ! Tandis que les autres... ils ont pigé la combine : quand il y en a un, civil ou vrai combattant, qui sent que ça va mal tourner, il se rend avec son arme : « Je suis combattant ! Je me rallie. » Et le tour est joué !... Quelques mois plus tard, on les retrouve, regonflés, en face de nous.

— Évidemment..., suis-je obligé d'opiner, ne sachant trop que dire.

* Chant populaire espagnol lancé spontanément, comme une « flèche ».

— Allez donc faire des prisonniers avec ces égorgeurs qui passeront trois mois de bulles *, pour être libres de reprendre ensuite le maquis.

Avec l'écœurement étalé, la conversation languit, s'effiloche. La question de l'évolution sociale des Musulmans ayant été remise sur le tapis par M. Janin, le sous-lieutenant d'active, qui accompagne Minck, développe une thèse favorite chez certains officiers chrétiens :

— N'est-il pas inouï de penser que, depuis 1830, ce sont les « laïcs » et les athées qui se sont toujours faits les défenseurs de la religion musulmane ?

— C'est-à-dire défenseurs, avec tous les libéraux et progressistes, soutient M. Janin, défenseurs du maintien des inégalités choquantes que stipule cette religion entre les hommes et les femmes.

— Au nom sans doute des droits de l'homme ! s'esclaffe Poujol.

— Et qui libérera les jeunes générations musulmanes des entraves résultant d'un mode de vie archaïque pour adopter les règles d'une vie moderne ? continue le sous-lieutenant, qui ? mais le communisme athée, aidé aujourd'hui par ces mêmes athées et libéraux.

— N'est-ce pas le christianisme qui eût dû jouer ce rôle en Algérie ? Je pose la question.

— Sans doute ! mais souvenez-vous qu'il y a cent cinquante ans, le gouvernement français s'opposa rigoureusement à toute christianisation de l'Algérie.

Il n'y avait plus que le sous-lieutenant et moi à nous donner la réplique.

— Oui, cette christianisation eût apporté, comme elle a su le faire en Afrique noire, avec ses propres valeurs spirituelles, une saine évolution dans la civilisation sociale et matérielle du monde moderne.

— Mais de là, n'allez pas dire, vous, le Marab, comme le font certains, qu'on aurait dû tous les baptiser « bessif », manière d'asservir la religion à leurs idées... En tout cas, si nous abandonnons l'Algérie et cette œuvre de civilisation commencée, ce sera le matérialisme athée qui se chargera de la suite.

Je me prends à penser à cette lettre du père de Foucauld, écrite en 1909 :

« Depuis quatre-vingts ans qu'Alger est à nous, on s'est si peu occupé du salut des âmes des Musulmans, qu'on peut dire qu'on ne s'en est pas occupé. Si les chrétiens de France ne comprennent pas qu'il est de leur devoir d'évangéliser leurs colonies, c'est une grande faute dont ils rendront compte, et ce sera la cause de la perte d'une foule d'âmes qui auraient pu être sauvées. Si la France n'administre

* De l'expression militaire populaire « coincer la bulle », ou ne rien faire.

pas mieux les indigènes de sa colonie qu'elle ne l'a fait, elle la perdra, et ce sera un recul de ces peuples vers la barbarie, avec perte d'espoir de christianisation pour longtemps. »

Je fais une dernière objection :

— Plutôt que de dénoncer le marxisme comme la source de tous nos maux, il serait d'abord plus exact de nous poser comme cause première : c'est notre apathie, notre inertie, notre affadissement qui ont empêché la christianisation de l'Algérie. Et même en face des dangers d'aujourd'hui, il ne suffit pas de conjurer l'ennemi en criant « au loup ! », et de manquer de lucidité sur notre propre faiblesse !

Cette évidence ennuie... L'échange de paroles devient morne, superficiel. Au terme du repas, il se ravive sur la vocation militaire. Outre l'habituelle constatation de crise, il est souligné qu'à présent même les parents en viennent à s'opposer à la vocation militaire de leur fils.

— Moi, j'aurais des gosses, fait Poujol, je ferais bien tout pour qu'ils ne soient pas militaires !

Il en vient jusqu'à contester l'existence même d'une vocation militaire, ce qui me fait bondir. Pensant à plusieurs exemples que j'ai connus, je cite avec flamme un tout premier ami d'enfance, Philippe Laraison, aujourd'hui lieutenant dans le Constantinois :

— Depuis son plus jeune âge, il a toujours affirmé sa vocation des armes. Dès les classes enfantines jusqu'au bachot et à Coët', nous ne nous sommes jamais quittés, et j'ai pu admirer la constance de son appel. Fils de riches industriels, sans précédents militaires dans sa famille, il aurait pu prendre bourgeoisement la succession de papa. Mais non ! il « y croyait » et il est pour moi le premier bel exemple courageux de « foi », de vocation.

— Et après son temps d'Algérie, et ses illusions passées, sa foi est toujours la même ?

— Plus que jamais : il va être muté dans la Légion, à sa demande, dans quelques jours. Un officier, c'est cela !

— Ouais... ça lui passera, et à vous aussi... Moi, je gagne ma croûte et un point c'est tout.

J'aimerais ajouter que s'il me reste encore quelque estime pour l'armée, c'est grâce à des figures d'officiers comme celle que je viens de citer mais que, parmi eux, je n'en avais pas encore découvert une seule à admirer. Soldes, primes et avancement étaient les mobiles premiers de la majorité des actes que je vois s'accomplir par les officiers depuis mon arrivée en Algérie. Pour certains même, il n'est pas exagéré de dire que cette guerre est après tout « une bonne affaire ».

Plus on aime une personne, plus on est exigeant sur ce qu'on attend d'elle. Aussi pour ne point m'abandonner à la déception, je fais vivre devant moi les belles figures d'officiers que je connais. Elles rachètent... Je crois encore à l'armée, comme en ma patrie, malgré les contre-exemples trop multipliés, et je pense que tant qu'il y aura des hommes comme ceux-là dont j'entretiens l'image, tout peut être sauvé. Ce n'est pas la masse, la quantité qui compte. Il y a toujours au principe de l'ordre et du mouvement des masses, des volontés uniques, personnelles. Y a-t-il une égalité de rapports entre les personnes, alors que l'ordre naturel et le plus simple bon sens n'enseignent que des rapports d'infériorité et de supériorité réciproques ?

Placer l'acte dans un ordre qui dépasse les limites de l'événement : c'est à cela que j'essaie toujours de m'efforcer. Condition de lucidité, et de liberté.

L'après-midi, après avoir contrôlé mon chantier, je descends faire des courses à Saïda : des vitres pour la cité makhzen, des joints pour les conduites d'eau qui ont sauté, etc. Ces liaisons sont rarement une détente : il y a si peu de temps à perdre entre les fournisseurs, si l'on veut remonter avant la tombée de la nuit. Le capitaine est impératif sur les heures limites du retour. Suant et m'épongeant dans cette course, je n'arrive pas toujours a savourer une bière glacée « Chez Léon ».

La paperasserie administrative à prendre à l'échelon de liaison des Affaires algériennes, le courrier à la poste, et la Jeep regrimpe rapidement les lacets de la petite route jusqu'au col... Jusque-là, l'hypothèse de l'embuscade sous-tend toujours un peu les esprits ! Après, le routin devenu plus droit et plus plat le terrain, le conducteur, détendu, se cale d'un coup de reins dans le fond du siège : « Pas pour cette fois ! » se murmure-t-il.

Après le dîner, la Jeep ayant ramené tout son monde à la SAS, je ne rentre pas de suite dans ma chambre. La nuit est chaude. Nous sommes le 6 août. J'ôte ma veste de treillis, et torse nu, les mains calées dans les poches du pantalon de treillis, je commence l'habituelle promenade sur le petit périmètre goudronné.

Le douar se meut dans sa silencieuse vie nocturne... inquiétante... Je ne sais pourquoi, je suis inquiet... Comme cela, pour rien... les bruits des ténèbres : le grondement sourd d'un chien, là, tout proche dans le fossé. N'y a-t-il pas une ombre, là ?... Je m'arrête, troublé et tressaute au soudain cri tragique d'un bourricot dont les entrailles semblent se déchirer... Et ces feux qui s'agitent sous les kheïmas... Dominant le regroupement, le bordj neuf appuie sa masse claire sur le fond noir des nuages orageux. « Ah ! si l'orage pouvait rafraîchir cette nuit ! »

Je rentre dans ma chambre. Après avoir craqué les deux allumettes rituelles et inutiles — celle qui brûle les doigts et qu'on laisse tomber, et celle qui s'éteint seule avant d'avoir pu allumer le manchon de la lampe —, la clarté sifflante et crue de la lampe à gaz éclaire mon antre. La fenêtre et les volets métalliques étaient fermés : seul moyen de lutter contre la chaleur et les mouches dans la journée. J'ouvre la fenêtre pour aspirer un peu de fraîcheur. C'est alors qu'avec un mouvement de joie j'aperçois les deux lettres non lues qui sont restées sur ma table depuis la fin de la matinée.

Sans examiner l'écriture et le tampon des PTT, comme je le fais souvent pour connaître l'identité du correspondant, j'ouvre la première avec mon coupe-papier. Soigneusement, sans déchirer : j'attache une certaine importance à ce geste, connu de moi seul, par marque de respect et de gratitude vis-à-vis de la personne qui m'écrit.

« Nantes, le 4 août 1960 », lis-je sur le haut du premier feuillet. Comme cette écriture m'est inconnue, je cours au dernier feuillet pour déchiffrer la signature. C'est la mère de Philippe Laraison que j'ai cité avec chaleur pendant le déjeuner.

A peine ai-je lu les premières lignes que, lâchant la lettre, je tombe à genoux en pleurant. Je me suis accoudé sur la chaise, la tête entre les mains. Je demeure longtemps ainsi, inconscient du temps et de mes propres gémissements qui s'échappent avec les pleurs, secoué par la violence des larmes. Mes lèvres murmurent le nom de l'ami disparu et reprennent en douloureuse complainte les termes louangeurs que j'ai employés pendant le repas.

Au terme d'un temps fort long, je me lève en titubant, épuisé par cette dépense nerveuse, et me couche sur le lit, enfouissant mon visage mouillé. A la vivacité de la douleur, qui ne contient ni révolte ni tristesse, fait place maintenant une sérénité, une joie des profondeurs, joie grave, sans allégresse légère, joie d'une certitude calme qui sait l'éternel. « Ah ! cette mort n'est pas absurde ! »

Apaisé, je continue la lecture de la lettre qui reproduit le texte de la citation :

« Jeune officier ardent et dynamique d'un courage à toute épreuve. Commandant de compagnie, s'est imposé par l'action et le mépris du danger, faisant preuve à la tête de sa troupe des plus belles qualités de chef aimé de ses hommes et craint de l'adversaire.

» Déjà cité à deux reprises pour son magnifique comportement dans le secteur d'Aïn-Beida, a été très grièvement blessé le 29 juillet 1960 en opération de maintien de l'ordre à l'assaut d'un groupe de rebelles retranchés dans l'oued Cherf, décédé des suites de ses blessures. »

Derrière ces phrases toutes faites, au vocabulaire conventionnel et inexpressif, je vois se dessiner la belle figure du guerrier, du chef. Je reprends d'anciennes lettres de Philippe, que j'ai conservées avec moi jusqu'ici :

« ... Je suis terriblement fana... Je sens que je réalise petit à petit, dans une tâche de tous les instants, mon idéal et que j'apprends lentement à devenir un chef... Les militaires ne sont pas stupides originellement, mais ils placent la bêtise si haut qu'ils en oublient d'être intelligents... Evidemment ces types (des sous-offs) savent démonter une mitrailleuse, mais, bon Dieu ! je le saurai un jour et je crois que je commanderai mieux qu'eux. J'en prendrai peut-être deux ou trois dans le ventre à vingt-quatre ou vingt-cinq ans. »

Avec la conscience de jeter sa vie comme enjeu dans la mêlée, il participe dignement, avec cette qualité d'anxiété fière, que les autres prennent pour de l'orgueil, il croit participer, encore plus immédiatement que le prêtre, à la tragique liturgie de la vie et de la mort. A la fois artisan du sacrifice et victime, comme dans le Suprême Sacrifice qui vivifie les chrétiens par la mort.

Je range soigneusement ces lettres et j'ouvre la dernière qui est d'un camarade, qui a connu et travaillé avec le lieutenant Laraison à Ksar-Sbahi. Mon admiration pour Philippe s'accroît encore, dans la joie, en lisant cette missive :

« De notre guerre d'Algérie, nous nous faisions une image différente. Philippe voulait mener la guerre à l'image de ceux qu'il admirait par-dessus tout, les héros d'Indochine, les paras de Bigeard, mais cette guerre lui était bien avare de ce qu'il demandait. Enfin, nos missions nous opposaient puisque mon métier de chef de SAS, moins brillant, exigeant moins de courage, consistait plus à rechercher l'amitié que l'accrochage...

» J'ajoute aux valeurs qui nous rapprochaient l'estime que m'inspiraient sa ferveur, sa grande droiture, la discipline avec laquelle il consacrait ses énergies à des travaux si décevants pour lui. Son courage surtout était admirable. Il était presque légendaire dans notre secteur.

» Au printemps 1959, contre nos supérieurs, il lançait sa harka à cheval et remportait à sa tête de beaux succès, tandis que j'armais un village en autodéfense. Et je me rappelle ce matin de Pâques, après une nuit sanglante, où nous descendîmes ensemble au secteur demander des renforts et proposer un plan d'opérations ; nous avions trouvé le temps, ce matin-là, d'aller ensemble à la messe...

» Il pensait que le plus beau commandement était celui de lieutenant ; et il regardait avec un certain désarroi la perspective de ces grades plus élevés où se perdent le contact des hommes et les occasions de les mener au feu.

» Je crois bien que Dieu l'aura rappelé auprès de Lui, car il était juste et généreux. »

Lorsque j'avais découvert la réalité de la torture en Algérie, je ne m'étais jamais posé l'affreuse question : « Est-ce que Philippe aussi ?... » Je n'ai jamais douté en regardant devant moi ce « modèle de ces très bons et très rares jeunes officiers », parce que dans la fidélité que je voue à cette amitié si ancienne, il y a dans ce mot même de fidélité la certitude d'une foi qui expulse le doute, la transcendance du temps, gage de l'éternité... Mort, cette fidélité demeure plus que jamais et toujours.

Je réponds de suite au camarade de Philippe :

« Pour moi, le lieutenant Philippe Laraison, mort au champ d'honneur, a été un premier ami, de la toute petite enfance jusqu'à la philosophie. Séparés ensuite, nous étions restés très unis. Il m'appelait “ le fidèle ”. Au collège, il fut le plus batailleur et boute-en-train, le plus bouillant des élèves, mais non le moins travailleur. Je me souviens très clairement que, dans les petites classes, il n'y avait pas une récréation sans un pugilat Laraison. Nous étions même organisés en deux bandes : les “ royalistes ” et les “ républicains ”. Et c'était des combats plein de fougue et d'une passion qui nous faisait totalement sortir hors de l'enfance. Ce n'était pas “ pour rire ”.

» Il y eut même une sanglante affaire : un traître à l'un des deux camps avait été saisi par ses anciens compagnons d'armes et fort malmené... Les pactes et les serments se scellaient d'un peu de sang, qui coulait d'une taillade au bras gauche, celui du cœur !

» Ces signes de l'enfance ne nous désignaient pas pour de futurs tricheurs. Nous sentions déjà en nous le besoin d'un idéal, d'un combat pour un dépassement. Nous avions l'impudeur discrète de nos mouvements d'âme. »

Avant de m'endormir, me reviennent les vers du poète :

« J'ai lavé ton front, tête vide,
Défait les cuirs sur tes reins étroits,
Défait le col sur ton sein aride.
Pauvre corps, qu'a-t-on fait de toi !

Frère du choix plus fort que le sang,
Qu'avais-tu fait pour qu'on te punisse ?

Tu en as fini que l'on te punisse,
Tu en as fini, misérable enfant.
Dépassés la croix et le cilice,
Entré dans le Rien éblouissant.

Avec ses noms de régulatrices,
Descendra la guerre à son tour.
Je reste pour juger un jour
Quels bonheurs valaient que tu périsses[225]. »

— Salut, bande de cons ! gueule Poujol en arrivant.

Ils sont là, une quinzaine, accroupis, assis sur les mollets, entortillés dans leurs djellabas sales et déchirées. L'odeur âcre du mâle, de la crasse et du suin rend encore plus dense cet agrégat humain. Au milieu d'eux, un beau vieillard des temps bibliques : sa djellaba est blanche, propre et soignée. Son allure est souveraine. Chèche blanc, de serge fine, noué en plis réguliers sur la tête. Jeté sur l'épaule, le grand chapeau de paille, dont on ne voit que les larges revers aux triangles de couleurs vives, piqués en velours. C'est le maire de Tamesna, deuxième commune des Hassasnas-Cheraga et deuxième regroupement sous l'administration de la SAS d'Oum-Djerane.

La 7e Cie du 8e RIM est implantée au poste de Tamesna : elle a délégation de juridiction de la SAS pour s'occuper du regroupement. Ainsi le capitaine Poujol n'y vient que rarement. Le maire et son secrétaire règlent les affaires administratives en s'arrêtant à Oum-Djerane au passage.

A l'arrivée du capitaine Poujol, le maire se lève, et tous les autres avec.

— Kirak ?

— Labes ? labes ?

— Labes !

— El'hammdoul'ah * ! »

Les salutations sont toujours longues, compliquées, rituelles. Importantes. Un homme sans politesse est un homme sans religion.

Comme le capitaine s'assoit sur le sol, en tailleur, tous ensemble s'assoient dans le brasillement de poussière et de soleil. L'après-midi est en son milieu, mais le soleil est ardent. Je m'assois au côté du capitaine. Après la sieste, celui-ci m'a demandé de l'accompagner. De quoi s'agit-il ? Je ne le sais pas : comme à l'accoutumée, je ne suis jamais informé des activités, projetées ou même présentes, de mon

* Formule d'action de grâces à Dieu.

chef. Très vexé au début, j'avais essayé de me soumettre à cette façon d'agir. En vérité, je n'y ai jamais réussi.

Les visages burinés et broussailleux, aux yeux très vifs, se lèvent vers le capitaine :

— Vous voulez me faire perdre le visage, oui ou non ? Faudrait pas me prendre pour un con, merde alors ! Je me suis engagé, moi !... Si dans dix jours — dix jours, vous entendez ? — si dans dix jours vous n'avez rien versé, j'arrive et je vide toutes les matmoras *, j'emporte les moutons et je fous le feu aux kheïmas ! Dix jours, hein ! bande de cons ! Ah ! vous voulez vous foutre de ma gueule ?

— Quinze jours, mon capitaine !

— Oualou ! oualou ! si vous aviez déjà commencé à verser, ce serait autre chose, mais jusqu'ici, hein ? oualou !

Engueulades et implorations s'alternant ainsi pendant une demi-heure, je finis par comprendre de quoi il s'agit : le capitaine avait obtenu de la SAP (Société agricole de prévoyance) à Saïda un prêt de 1 000 quintaux de semences de blé pour les agriculteurs du regroupement de Tamesna. Eux, s'engageaient à rembourser le prêt après les moissons. Et jusqu'à présent — les moissons étaient finies depuis un mois ! —, ils s'étaient tous tenus cois, omettant le remboursement promis.

Après la moisson, le fellah a l'habitude d'engranger sa récolte dans les matmoras, sortes de silos souterrains, creusés à même le sol. L'ouverture est très étroite et s'évase largement à l'intérieur, à la manière d'une énorme amphore : un homme y tient debout. Afin d'éviter des fuites de ravitaillement vers les HLL (hors-la-loi), la SAS contrôle les récoltes. Et le capitaine, à Oum-Djerane même, avait fait creuser les matmoras à l'intérieur du regroupement, devant le bordj : de la sorte, chaque propriétaire avait sa quantité de blé, déclarée et contrôlable aisément. Tout blé découvert ailleurs pouvait être saisi. Autour des fermes, ou des simples mechtas, dans la campagne, une quantité de matmoras formaient ainsi un sous-sol caché et mystérieux. Les rebelles s'en servaient souvent comme caches de ravitaillement de toutes sortes : nourriture, habillement, munitions, médicaments. Il arrivait même que ces excavations fussent superposées : ainsi on murait la première qui était vide. En réalité, une autre s'ouvrait en dessous, invisible lors d'une première fouille.

— Vous voulez me faire perdre le visage, oui ou non ?

— Non, mon cap'tane.

Après une heure de palabres, où les mêmes choses étaient

* Silos à blé creusés dans le sol.

insatiablement répétées et commentées, le « sahah* » final est prononcé par le maire, qui se lève et entraîne le capitaine et son adjoint sous sa tente, pour boire le thé et manger les fines galettes cuites sous la braise. Dorées et croustillantes, elles ont l'odeur fine de cannelle.

Tous les bords de la tente sont légèrement relevés à ras du sol, créant une légère ventilation. Assis sur les tapis de laine aux longs poils rouges et noirs, calés par des petits coussins au point noué, les hôtes silencieux, goûtant la fraîcheur et le repos, contemplent les gestes cérémonieux de la préparation du thé traditionnel.

Le rite se décompose en gestes précis et immuables, selon des temps proportionnés, dont toute la mesure est développée devant les visiteurs. Sur le plateau de cuivre, simple, sans ciselures ni martelages, la théière d'étain, brillante, basse et ventrue, est entourée des petits verres habituels, hauts et cylindriques, et de la boîte de fer-blanc, décorée d'arabesques multicolores conventionnelles, qui renferme le thé vert.

Près du plateau, un couffin d'alfa tressé, aux dessins puniques rouges et noirs, contient le pain de sucre, obus de cristal étincelant, et le marteau rustique qui sert à briser le pain en morceaux. Une bouilloire, toute noircie par le feu de bois, verse l'eau bouillante dans la théière. Le creux de la main jette le thé vert au milieu des vapeurs fumantes. Par les petits coups secs du marteau de cuivre, le sucre est débité en éclats qui viennent remplir complètement la théière, jusqu'à en soulever le couvercle, si on avait voulu le fermer tout à fait. Des petites feuilles fraîches de menthe verte sont enfoncées dans le liquide brûlant où le sucre se dissout lentement.

Sans attendre, l'officiant saisit la théière, bien élevée au-dessus du premier verre, et laisse couler un long jet parfumé, qui s'écrase avec précision dans le verre, malgré la hauteur de laquelle il est projeté. Tout le temps qu'il faut pour remplir ce verre, la théière prend un mouvement ascendant et descendant, en stricte verticale, qui ressemble à quelque encensement énigmatique. Une fois ce verre plein, son contenu, un peu clairet et troublé par le sucre mal dissous et les déchets de thé, est reversé d'un coup dans la théière. La même opération est répétée lentement de trois à quatre fois, jusqu'à ce que la boisson prenne sa chaude couleur d'ambre, aux reflets de bronze ancien.

Pour servir le thé fait, jamais on ne remplit complètement un verre, puis l'autre. Non ! car de la sorte le premier verre eût été moins sucré

* Un merci qui signifie un accord.

que le dernier. Le jet de la théière garnit les verres de façon successive, progressive et proportionnée, avec les mouvements d'encensoir à la verticale, répétés pour chacun. Une fois les verres pleins, il ne faut pas se servir soi-même, mais attendre que l'hôte tende le verre à chaque invité. Alors, avant de porter le verre à ses lèvres, il convient de murmurer les grâces du « Bismillah * ». Chacun sirote avec des petites aspirations bruyantes, qui doivent marquer la satisfaction. La menthe donne à ce breuvage chaud une vertu incomparable de fraîcheur désaltérante.

Bercé par cette quiétude pacifique, en pensant à la parole du Prophète, je rêve de réconciliation : unir les vérités de chacun... Lumière d'Allah !

« Peut-être un jour, Dieu fera-t-il régner la confiance, ô musulmans, entre vous et vos ennemis ** ! »

— Bonnetier 11, Bonnetier 11 de Québec 71, me recevez-vous ? parlez... Bonnetier 11, Bonnetier 11 de Québec 71...

Devant la SAS, l'escorte s'affaire dans la nuit. Un 4×4 du poste avec C9 (poste radio) et FM (fusil-mitrailleur), ouvre la marche. Derrière, la Jeep SAS avec le capitaine, moi et deux mokhazni, puis le 4×4 Renault SAS avec un groupe de mokhazni. Un GMC portant quinze artilleurs ferme le convoi.

La veille au soir, pendant le dîner, le capitaine a décidé une tournée dans le sud de la circonscription, immense steppe d'alfa où les semi-nomades ont planté leurs tentes en trois regroupements libres et sans surveillance. Des zones autorisées pour le pacage des troupeaux ont été réparties. En zone non autorisée, l'aviation « straffe *** » à vue et les troupes opérationnelles y considèrent tout individu comme suspect et en voie d'irrégularité.

L'aube est froide. Engoncé dans un anorak bleu pâle au col de fourrure, le capitaine ressemble à un poussah. Serré dans une djellaba de grosse laine, le cou entouré d'un chèche kaki, je cale ma Mat entre mes genoux. Je vérifie la présence des porte-chargeurs : avant de gagner la zone rase de l'alfa, il faut traverser une petite région vallonnée, rocheuse et boisée de maquis de genévriers, les monts de Hassasnas. Du temps de Bigeard, ce lieu avait été le théâtre de nombreux combats, où des bandes implantées avaient été décimées. Il restait toujours quelques rebelles, fluides et inaccessibles, qui

* Formule d'action de grâces.
** Sourate du Coran.
*** Tir à vue.

n'avaient pas de rôle proprement offensif mais servaient de relais pour les éléments de passage. Ils suffisaient à maintenir la terreur sur la population : mots d'ordre, impôts, ravitaillement. Un ou deux égorgements, de temps à autre, ramenaient à la raison les récalcitrants.

La petite route tournoie encore pendant quelques kilomètres entre les terres à blé avant de se couler dans les monts des Hassasnas. L'albâtre du jour naissant se teinte de rose, au soleil proche. Un rose mat, comme le bois d'okoumé. Les buissons noirs commencent à se séparer des rochers luisants. La menace des accidents du terrain, de générale et confuse qu'elle était dans les ténèbres, se cache sous un arbuste, un buisson, un éperon rocheux, un éboulis pierreux...

A l'approche des véhicules, les perdreaux s'envolent dans le soleil rouge.

Au sommet d'une petite grimpette, un grand rectangle noir macule le bas-côté de la route :

— C'est là qu'ils ont brûlé le taxi de Brahim ! me confie le capitaine.

— Quand ?

— Un peu avant votre arrivée.

— Et les occupants ?

— Oh ! égorgés !

— Terrorisme aveugle ou bien un type spécialement visé ?

— Visé. Il ne payait pas assez. Tous les taxis que nous contrôlons à Oum-Djerane, vous pensez bien qu'ils payent tous. Autrement il y a belle lurette qu'ils seraient tous cramés !...

Le 4 × 4 de tête quitte bientôt la route, pour s'engager sur une piste. Un énorme panache de poussière l'absorbe complètement. La Jeep SAS ralentit pour laisser suffisamment de distance entre la nuée suffocante et elle-même. La végétation décroît. Quelques pauvres champs de blé coupé, arrachés aux cailloux, entourent une ferme en ruine. Les pyramides basses et sombres des tentes s'éparpillent au-delà sur le plateau alfatier. La colonne automobile s'avance jusqu'au milieu des kheïmas et s'immobilise.

L'horizon de la steppe aride est infiniment rectiligne et plat, basculant aux limites de la terre et du ciel.

Un groupe d'artilleurs d'un côté, un groupe de mokhazni de l'autre, autour du cercle des tentes : la reconnaissance et la protection sont faciles.

Un à un les burnous surgissent de kheïmas et viennent entourer le capitaine. Pendant ce temps, les femmes — toujours les vieilles ! — et les enfants se groupent autour de l'infirmier qui commence à distribuer pilules et cachets, à badigeonner, à faire des piqûres. Il y a, parmi ces Arabes, un extraordinaire engouement pour les piqûres, à tel point que les toubibs d'AMG (assistance médicale gratuite) les font souvent sans utilité, par guerre lasse, pour avoir la paix et faire plaisir au « malade ». Dans leur esprit, la piqûre est la thérapeutique souveraine contre n'importe quoi.

Salutations et salamalecs.

Lorsqu'ils sont suffisamment nombreux, toute l'assemblée s'assoit par terre autour du capitaine. Le plateau de thé arrive, portant les parfums de l'Orient. Et la djemaa improvisée se déroule. Commencée par des plaintes et des gémissements, immuablement

— Meskine... meskine...

— Ki oualou, mon cap'tane *.

Le capitaine promet une distribution de farine et d'habits, car il est vrai que ce douar des Ouled Ben Hadj a particulièrement souffert de la rébellion : pillages, impôts, troupeaux volés, etc. Il faut vraiment connaître chaque individu pour apprécier l'objectivité de ses récriminations. Par principe — de suite, sur la défensive — le plus riche gémira sur sa misère imaginaire : il semble y avoir comme dans leur tempérament un souci constant d'extorquer et de « rouler » l'interlocuteur.

— Tous des maquereaux ! grogne le capitaine.

En vérité, il est toujours difficile de discerner le vrai du faux, le demi-vrai du vrai faux ou le demi-faux du réellement vrai.

Le débat se porte alors sur la récolte de blé, la semence qu'il faudra rembourser, la quantité de grain autorisée à stocker. Et chacun de poser une question, ou une condition particulière pour tenter d'échapper à la règle générale. Suit l'éternelle question des cartes d'identité, qui doivent être présentées à chaque réquisition, sous peine d'ennuis plus ou moins graves selon l'humeur du militaire ou du gendarme requérant.

— Toutes les femmes, nekoua ** bessif ! Hein ? crie Poujol.

Alors, de leurs ceintures, de leurs chèches noués sur la tête, ou de petites bourses rustiques en basane ou en carton, qui pendillent au bout d'une cordelette de laine, les hommes extraient des papiers crasseux, souvent illisibles, imperméabilisés par la graisse. Une mêlée confuse s'ensuit pour tendre chaque papier, chaque carte vers le capitaine.

* Je ne possède rien !
** Carte d'identité.

Celui-ci commence par pousser sa gueulante pour rétablir l'ordre. Il examine chaque papier.

— Non, ce n'est pas la nekoua ça ! C'est ton certificat de recensement. Viens avec ça à la SAS et deux photos...

Je l'aide de mon côté, en expliquant à chacun la marche à suivre pour être en règle.

— Non, ça c'est ta carte de troupeaux... Ça, oui, c'est ta nekoua. Bon, qu'est-ce que tu veux de plus ?

— Ana meskine... meskine * !

Il fallait bien couper court aux jérémiades pour continuer la vérification des cartes d'identité. De temps à autre, il y avait une offensive FLN sur les cartes d'identité. On voyait arriver dix à quinze types le même jour à la SAS, avec le même refrain :

— J'ai perdu la nekoua !

— Ah ! ouine ?... où cela ?

— Eh... en prenant de l'eau dans le puits, je me suis penché... elle est tombée !

Au bout du troisième individu qui racontait la même sornette, ou une semblable, la chose était évidente :

— Si tu n'as pas ta carte, tant pis pour toi : tu pourras pas bouger d'ici.

Malgré les supplications apitoyantes, et pitoyables, malgré les instances pressantes et apeurées, l'administration devait demeurer inflexible dans le refus de renouveler toute pièce d'identité. Courbé par sa peur, le misérable s'en retournait, partagé entre la crainte de circuler sans papier s'il le donnait au fellagha, et la terreur des représailles s'il n'obéissait pas au mot d'ordre. Il s'essaierait alors vainement de s'en tirer avec l'OPA, en racontant que le SAS lui avait confisqué sa carte parce qu'il n'avait pas payé ses impôts, ou bien parce qu'il avait un cheval qui circulait sans les entraves réglementaires... L'OPA serait encore moins dupe que le SAS, car elle n'ignorait rien de ce que faisait la SAS... Tant d'yeux invisibles, de sous les ombres des tentes, des capuches rêches des burnous marmottant, des taillis, des fossés, des mechtas abandonnées ! Le petit berger poussant ses chèvres et ses moutons dans la poussière du crépuscule, le vieillard trottinant sur son bourricot flanqué de ballots d'alfa tremblant, l'aïk ** mystérieux des femmes à l'œil unique, le haut chapeau berbère sur la barbe du taleb *** murmurant les noms du Très Haut : tout regardait et rapportait.

* « Je suis pauvre !... »
** Grand voile blanc dont s'enveloppe la femme arabe.
*** Enseignant l'arabe coranique.

Poursuivant plus avant leur course dans la mer d'alfa, que le soleil embrase, le convoi SAS et militaire visite de la sorte les deux derniers regroupements qui avaient fixé leur transhumance en plaques lépreuses sur le plateau désertique.

Au début de l'après-midi, le capitaine donne l'ordre du retour. Dans les véhicules cahotant sur les touffes sèches et rongées, les têtes dodelinent pesamment, les armes cliquettent... les yeux blessés par le soleil, les paupières tombent sur les pupilles en fentes obscures, la peau du visage brûlée, desséchée par la poussière ardente, dessine les rides des coureurs de pistes.

Le nez pincé, les lèvres serrées sur une gorge douloureuse, chacun, dans ses suffocations, rêve à de la glace ou à des boissons frappées. Saisissant son bidon, tout en conduisant, le capitaine lampe quelques gorgées d'eau chaude en faisant la grimace. Il me dit :

— Faudra me refaire le recensement de tout ce monde-là !... C'est vous qui le ferez. Après que j'aurai donné de nouvelles zones de parcours. Faudra les déménager...

Dans ma chambre, je termine une lettre, éteins la lampe et ouvre les volets de fer sur la nuit. Je me déshabille dans l'obscurité et m'étends sur les draps du lit, de tout mon long, déployé en rose des vents, cherchant un peu de fraîcheur. Malgré la chaleur, le sommeil vite m'emporte.

Alors que l'aube soulève à peine les ténèbres, je suis à moitié réveillé par des coups secs et saccadés. Je pense d'abord aux sabots de Matelot, le petit bouc apprivoisé de M. Janin, qui galope parfois sur le carrelage du couloir. Mais des voix se font entendre au-dehors, celles du capitaine et de M. Janin. « Des coups de feu, des coups de mitraillette ! » C'est à quoi je pense en surgissant de mon lit. J'enfile mon treillis, noue mes « pataugas » et sors.

— Ça venait du côté de Bedrane... Des coups de mitraillette... peut-être de FM aussi... Oui, j'ai bien entendu, je ne dormais pas, disait M. Janin tout ému.

— Bon Dieu ! C'est la Légion ! s'écrie le capitaine en se ruant dans le dortoir des mokhazni. Debout, bande de cons ! Les fusils, fissa !

M. Janin et moi-même avions saisi nos Mat.

— Toi, la Marine, tu restes ici. Faut garder la boutique.

— En principe, Georges, qui était dans le coin depuis deux jours, est rentré. La Légion devait venir par là cette nuit... elle sera tombée nez à nez avec Georges ! grogne le capitaine.

M. Janin et moi en tenions plutôt pour le sous-lieutenant Lachard qui, la veille au soir, au dîner, avait parlé d'une patrouille à Bedrane, avec embuscade aux aurores.

— Peut-être qu'il a accroché?... hasarde M. Janin, n'osant y croire.

Un soldat du poste survient, tout haletant :

— Ils sont une quinzaine... ils sont une quinzaine ! répète-t-il avec effroi.

— Mais qui, nom de Dieu ? Qui ?... hurle le capitaine.

— Une quinzaine !... une quinzaine ! répète l'autre, essoufflé, et ahuri.

— Espèce de con, comment tu le sais ? Tu y étais pas?

— Non, mon capitaine... c'est des rescapés... ils sont venus en courant nous alerter... pour le renfort.

Branle-bas de combat. Le capitaine lance un groupe de mokhazni en direction de Bedrane.

— Oh ! le Marab, suivez avec l'autre groupe, la Jeep et le 4 × 4 !

Nous n'avons pas fait quelques centaines de mètres que le sous-lieutenant Lachard apparaît, marchant à grandes enjambées sur la route. Calme, légèrement ému, seul.

— C'est Georges, dit-il, et les salauds, ils raffalaient ! FM 24 × 29, PM et fusils...

— Et vos gus ? demande le capitaine.

— Pftt !... Sitôt que ça a ferraillé, ils se sont taillés... Voilà, on marchait... lorsque au lever de la crête, à vingt-cinq mètres, je vois un type surgir, mitraillette à la hanche, et tout autour, une dizaine d'autres, tapis... J'entends quelques mots de français, une brève palabre. Comprenant, je gueule à mes gars : « Tirez pas ! » Au même moment, vient d'en face une gueulante : « A l'assaut ! »... Ça crépitait de partout... Je m'aplatis, je m'époumone sur mes types qui vidaient leurs chargeurs : « Cessez le feu ! Cessez le feu ! » Et, tout à coup, mes gus se mettent à courir à toute vitesse... Ça courait ! Bref, je me suis retrouvé seul. Voyant que les gars d'en face n'avaient pas encore l'air de piger, je pose ma Mat par terre, et je me redresse, en levant les bras... Un type, en djellaba, le chèche noué en turban, s'est avancé sur moi, en armant son PM et le pointant sur ma poitrine. Là, on s'est expliqué.

— C'est très joli avec Georges, mais on ne sait jamais où il est ! explose le capitaine. Cette bande de cons d'officiers d'état-major du secteur, nom de Dieu, sont même pas foutus de faire leur boulot ! On envoie des prévisions et à quoi ça sert ? Putain ! C'est pourtant le moins qu'on puisse leur demander : prévenir les quartiers des mouvements opérationnels ! Et voilà, parce que ces messieurs s'en branlent, on a manqué vous relever percé de balles ! Pour une connerie !

— Enfin, y a pas eu de casse... Heureusement...

— Cela ne change rien au problème, dans un sens... La faute du commandement est aussi grave ainsi que s'il y avait eu des morts ou des blessés. Putain ! je descends à Saïda et le colonel va m'entendre gueuler. Allez, venez prendre un kaoua.

Peu de temps après, à l'aurore, le commando Georges boucle le regroupement. Le lieutenant Youssef, adjoint musulman du capitaine G., accompagné de deux sous-officiers, chefs de sticks, arrive à la SAS pour voir le capitaine. Ensemble ils gagnent le douar. Fouille du regroupement. Parquage des hommes. Contrôle d'identités. Arrestations. Les hommes-léopards font leur besogne.

Cette fois, je ne veux point reconnaître des visages amis dans ces files de suspects, questionnés, pointés et fouillés. La peur s'est glissée dans leurs cœurs : elle a noué leurs gorges et brisé leurs regards.

Je grommelle : « Mon chantier est foutu pour la journée avec ça ! Et le reste... ? Ah ! la " conquête des cœurs "... le joli baratin pour les discours officiels. Et des cons comme moi pour y croire ! Mais, bon Dieu ! c'est moi qui ai raison : il n'y a qu'un moyen de les faire basculer vers nous, ces populations : par la fraternité ! Contre la peur, la peur qui résume tout. Les fellaghas terrorisent les populations, et parce que notre terreur n'égale point la leur, elles penchent de leur côté. Alors vient l'horrible tentation d'oublier un instant, oh un instant ! provisoirement, exceptionnellement, notre morale, pour délivrer les foules de leur peur... La peur !... el khouf ! Libérer de la peur. »

Je regarde les hommes camouflés et me prends à les envier, secrètement, honteusement. Eux, ces hommes, étaient tous musulmans, tous des ralliés. Le problème n'existait pas pour eux : pas de morale à transgresser... Millénairement, entre eux, ils réglaient leur compte avec la loi du talion : antique tradition locale de guerres de tribus. Mais leur chef, le capitaine Georges G., un chrétien, avait-il cédé à la tentation qui déracinait un ordre spirituel auquel tout l'Occident était lié vitalement ? Avait-il choisi entre plusieurs devoirs ?

Je téléphone à Lachard qui est remonté au poste, et je rejoins le capitaine :

— Mon capitaine, avez-vous besoin de moi, ce matin ?

— Non, pourquoi ?

— Puis-je descendre à Saïda avec Lachard ? C'est le 15 août : nous allons à la messe.

— Revenez pour midi. Pas de retard, hein ?

De retour pour le déjeuner, le capitaine est à la popote. Je m'enquiers de la matinée :

— Alors, résultats de ce matin ?

— Un des ouvriers du bordj a remis un fusil de chasse que lui avait donné Stitni... Cinq suspects arrêtés et descendus à Saïda.

Pendant le repas, je me sens nerveux, inquiet, sans savoir pourquoi. Les discussions éclatent, passionnées, coupées de lourds silences. Les membres de l'OPA du regroupement viennent d'abord en scène :

— Ce salopard de Kadda, l'épicier. Le Kadda qui se précipite pour vous enjôler, vous inviter à boire le thé, maugrée le capitaine. Avec les grandes protestations hypocrites d'amour pour la France !

— Putain ! j'aimerais l'avoir au bout de ma mitraillette, ricane le sergent. La mort de ses os !

— La mitraillette... le doigt sur la détente, c'est tout ce que vous avez appris ? lui dis-je, exaspéré.

De crainte de m'emporter, j'en reviens à Kadda, l'épicier :

— Que faire contre lui ?

— Deux fois arrêté déjà. Deux mois de CTT. Il est revenu et il continue de plus belle, répond Poujol. Alors ? On va l'arrêter encore une fois ? A quoi bon ? Il n'y aurait qu'une solution : le descendre, lui, et bien d'autres.

— Nous n'avons pas pouvoirs de justiciers !

— Et que font-ils, eux ? Ah ! ils sont moins cons que nous. Et nous allons les laisser gagner, en étant plus stupides qu'eux ?

— Si vous refusez leurs atrocités, n'acceptez pas de vous battre sur ce même terrain. De toute façon, là aussi, ils seront plus forts que nous dans l'horreur. Et quel droit aurions-nous ensuite à prétendre à la réconciliation et au pardon ? Quelle Algérie nouvelle pourrait-on construire sur tant de cadavres ? Ne comprenez-vous pas que chaque nouvelle mort d'un innocent augmente la haine ? La voilà la grande arme de notre adversaire : la haine. Si vous acceptez la terreur, vous acceptez de nourrir la haine. C'est eux que vous servez, et ils n'ont pas de plus grande joie que nous voir tomber dans cette erreur. Les bandes armées, c'est secondaire cela, mais les populations perdues, refoulées dans le désespoir de la haine !

— Le bêlement du mouton n'a jamais empêché le chacal de le bouffer, laisse tomber le capitaine. Soyons pratiques : imaginez que, cette nuit, du douar on nous canarde. Qu'est-ce que vous faites ? Moi, je sors la MG * et je tire dans le tas !

— Je ne crois pas que je tirerais sur le regroupement : il y a le

* Mitrailleuse allemande, en dotation d'armement à la SAS.

risque de massacrer tant d'innocents, et d'éloigner pour si longtemps de nous tous ces gens-là !

— Vous êtes un con ! Vous n'avez rien compris ! Pour eux, ce ne sera qu'une preuve de faiblesse de votre part. Et, pas de problème, le sang de cinquante de ces gars-là ne vaut pas le mien et celui de mes hommes !

Je rengaine mon indignation. Silencieux. Le vieux conflit lancinant m'habite à nouveau... Cette nouvelle prise de conscience m'inquiète sur moi-même : à nouveau le débat intérieur me possède. L'avais-je donc oublié ? Avais-je cessé de lutter ? N'était-ce pas le premier pas vers le recul, vers la faiblesse, celle de s'endurcir ? Les phrases d'une lettre me reviennent en mémoire, comme des lambeaux de nuées inquiètes :

« Revenir constamment sur son action... Savoir manifester nettement, fermement sa désapprobation... Nous, chrétiens, dont les pères ont été si souvent du côté des torturés !... mieux vaut une efficacité moindre qu'un péché mortel d'injustice ! »

Après le café, personne ne s'attarde à la popote. La chaleur est particulièrement pesante : en sortant, elle frappe d'un coup sur la nuque. Les champs de blé coupé, infini d'ocre douce et de paille, tremblent dans l'air chaud. Chacun se retire dans une sieste longue et accablante. Le thermomètre indique 45° à l'ombre. Les tentes brunes du douar, écrasées par le soleil, s'entrebâillent au ras du sol pour capter le moindre souffle d'air. Un aboiement furieux s'étrangle dans la gorge d'un sloughi * famélique. Et la pesanteur brûlante retombe...

« Mieux vaut une efficacité moindre qu'un péché mortel d'injustice... » Je peine à m'endormir.

En fin d'après-midi, le sifflement d'une Alouette ** réveille la SAS. Dans un tourbillon de poussière rouge l'hélicoptère se pose adroitement, juste devant la SAS, entre les deux poteaux métalliques qui tendent les câbles radio.

— Ce maquereau-là va encore me bousiller mes câbles, bougonne le capitaine, les mains posées sur son gros ventre qui fait disparaître à moitié le petit short de nylon bleu.

Le pilote du « ventilateur », un capitaine, vêtu d'une veste camouflée, d'un short kaki et coiffé du béret amarante à l'insigne des parachutistes, saute lestement de la machine brillante dont les pales tournent encore. De sa démarche souple et puissante, qui semble

* Lévrier saharien au poil ras.
** Hélicoptère.

rythmée par la cadence des fortes épaules, le capitaine Georges G., ancien adjoint de Bigeard, chef prestigieux du célèbre commando qui porte son prénom, se dirige vers la SAS et s'enferme avec Poujol dans son bureau.

Quelques instants plus tard, mon capitaine m'appelle. Je salue le chef du commando, qui me tend une main large, serrant avec une franche énergie. « Un vrai chef !... un chef ! et sympathique... mais... » Je repousse le « mais », pour ne pas gâcher la joie d'une impression qui me confirme subjectivement une telle renommée... « Un chef comme celui-ci, combien y en a-t-il en Algérie ? »

— Un stick du commando va s'implanter à Oum-Djerane, annonce Poujol. Deux GMC vont arriver incessamment : vous les conduirez au poste. Lachard leur indiquera leur cantonnement dans la ferme.

Cette nouvelle me remplit à la fois d'une certaine satisfaction et d'une inquiétude quasi personnelle, qui me menace, moi. Satisfaction de penser que la présence du stick allait assez rapidement en terminer avec les cinq ou six fells du coin... Stitni * n'a plus qu'à se terrer comme un chacal galeux, en attendant que d'être pris au piège ! La peur pourrait-elle enfin desserrer son emprise ? Reverrait-on les hommes questionnés faire l'horrible signe de l'index passé lentement sur la gorge ?... « El khouf... la peur, tu comprends... les autres ! » Inquiétude indéfinissable... appréhension d'un affrontement tout proche. Il faudra quitter le terrain abstrait du raisonnement, de la condamnation verbale et tranquille. Le silence deviendra coupable d'une passivité complice. Le silence, ce serait une approbation, un lâche acquiescement qui n'aurait même pas le courage de se tacher du sang des autres. Aussi peu courageux que les quiets anathèmes prononcés confortablement par les « consciences pures » des intellectuels parisiens « qui ne s'indignent que dans un sens », comme disait le capitaine, « dans le sens de l'histoire » !

L'insecte mécanique, au nez globuleux et miroitant comme des yeux à facettes, et à la longue queue de libellule, s'envole dans une nuée rouge que dore le soleil couchant.

Le capitaine me rappelle dans son bureau :

— Demain matin, vous partirez à cinq heures avec la Jeep et le 4 × 4. Quinze goumiers **. Vous les choisirez et les préviendrez après le dîner. Vous emmènerez aussi le sergent et l'instit'. Lachard vous accompagnera avec son 4 × 4, le FM et le C9. A la bifurcation Tamesna-Maamora, le capitaine Minck vous attendra avec ses pelo-

* Membre local de l'OPA.
** Goumiers en mokhazni : supplétifs musulmans.

tons. Il vous escortera jusqu'à Redjem Ben Aouali. Là, il vous quittera pour grenouiller dans le coin. Les nomades de Maamora arriveront les uns après les autres. Vous les alignerez le long de la piste, par douar et vous ferez le recensement. Il faut mettre à jour les fiches de feux. Vous savez ?

— Oui, mon capitaine. Les gens, les bêtes et tout le coulchi * !

— Vous arrêterez ce travail vers onze heures et demie ou midi moins le quart, et rentrerez sans tarder, seuls. Vous n'attendrez pas Minck. Vu ?

— Bien pris.

— Kissemouk ? comment t'appelles-tu ?

— Mohamed.

— Ould men ? fils de qui ?

— Ould Djillali.

— Mohamed Zohor ould Djillali ! Moutchachou... shall ? les enfants, combien ?

— Manarf !... je ne sais pas !

— Tu ne sais pas !... Tu ne sais pas combien tu as d'enfants ?

— Manarf... je ne sais pas !

— Et ces deux-là ? c'est toi le père ?

— Oua.

— Alors ? Tu as donc des enfants ! Deux ? c'est tout ?

— Non...

Le travail de recensement est un labeur de patience, long et ennuyeux qui met les nerf à l'épreuve. Non seulement il faut un certain temps pour obtenir des réponses cohérentes aux questions les plus simples, mais lorsque étaient atteintes les filiations au deuxième ou troisième degré, l'affaire prenait l'aspect d'une irritante énigme qui, par ses répétitions, rendait l'enquêteur irascible et excédé.

Et encore ! ces « fiches de feux » ne recensaient pas seulement les personnes vivant sous la même tente ! Il fallait indiquer les chiffres du cheptel : moutons, chèvres, bovidés, équidés, bourricots, dromadaires. Les petites cases des feuilles imprimées de l'administration prévoyaient même les engins aratoires et comportaient les appréciations synthétiques du niveau de vie. Les critères, sur ce dernier point, étant d'ailleurs laissés à l'appréciation de l'enquêteur.

Les questions de troupeaux étaient encore plus complexes et malaisées à tirer au clair, à traduire en chiffres simples et précis. A l'arriéré de quelques siècles de recul, à la prudence notoire de ces

* Terme générique pour désigner « tout... et le reste ».

vieux ruraux, il faut ajouter le désir de paraître toujours plus pauvre que nécessaire, par atavique réaction défensive de tribus oppressées, par l'habitude et le plaisir du marchandage et l'espoir de truander ; à rajouter aussi la crainte de voir un jour la feuille d'impôts qui serait établie d'après ces déclarations. Les chiffres concédés sont donc automatiquement rétrécis, coupés, diminués... parfois jusqu'à l'invraisemblable.

Ainsi lorsqu'un propriétaire prétend ne posséder que cent moutons, mais nourrit et paye au moins quatre bergers. Il essaie alors de camoufler la criante disproportion en racontant une histoire : il paye quatre bergers, oui, parce qu'ils gardent aussi les moutons de son frère et ceux de son oncle, moyennant quoi un quart des jeunes agneaux de chaque année lui revient. C'est cette combinaison, ou une autre du même genre, qui est alléguée. Le plus élémentaire calcul des proportions la révèle évidemment fausse, mais la main lasse de l'enquêteur inscrit les chiffres écornés et repousse toutes les palabres d'un geste las.

— Ah ! karbi ! je te jure !

— Ouais, bon ! Ça va !... soixante moutons. Et les chèvres ?

— Arba... quatre !

— Haoud ?... cheval ?

— Oualou * !

— Et ça ? Chouf ** !

— Oh ! y en a petit cheval... petit !

— Et alors ? y sera pas grand un jour ?

— Inch'Allah !

Lorsque la fiche de feux est ainsi remplie laborieusement, il ne reste plus qu'à indiquer un numéro composé de deux lettres et un chiffre : la première indique l'une des deux communes — Hassasnas Cheraga ou Hassasnas Gheraba — et la deuxième précise le douar : Selamat, Rezagha, etc. L'ensemble lettres-chiffres est peint en grandes dimensions dessus la tente, afin que l'inscription soit lisible à vue aérienne.

Je constitue trois équipes de recensement, fiches et doubles de fiches en main, l'une avec le sergent, l'autre avec l'instit' — les deux parlent arabe — et la troisième, moi-même aidé de l'interprète mokhazni. Deux autres équipes tracent lettres et numéros à la peinture blanche. Le chef de tente reçoit un double de la fiche de feux, qui permettra un meilleur contrôle par voie de comparaison avec la prochaine opération

* Littéralement : zéro !

** Regarde !

Une autre équipe enfin, avec le sous-lieutenant Lachard, indique leurs emplacements aux arrivants, les classe par douar et les aligne du mieux qu'il est possible.

Je suis exaspéré par l'attitude des deux pieds-noirs, le sergent et l'instituteur : en faisant leur travail, ils se montrent avec les nomades d'une suffisance rageuse et méprisante, les injuriant s'ils ne répondent pas assez vite à leurs questions, les malmenant par des paroles grossières et des insultes. Ce manque de respect élémentaire envers ces malheureux m'indigne plus que toute autre chose : il y a là, à vif, un racisme passionnel et haineux.

J'interviens fermement contre les deux pieds-noirs :

— Vous ne voyez donc pas que ces pauvres types sont effrayés par notre déploiement militaire ? Respectez-les, bon Dieu ! Ils sont des hommes, comme vous ! Jamais vous ne supporteriez le dixième de ce que vous leur infligez !...

— Bah ! des ratons... ils sont habitués ! Moi, je vais pas leur faire des sourires : je peux pas les blairer !

— Ah ! c'est donc cela ! Vous avouez votre haine... Et vous n'avez pas encore compris que cela, plus qu'autre chose, ils le sentent avec une sensibilité que vous avez exacerbée depuis des générations. La voilà cette injustice qui en a poussé beaucoup d'entre eux à la rébellion ! Mais, nom de nom, qu'est-ce que vous foutez dans les SAS ?

— Moi ? rétorque le sergent, avec un cynisme amusé, mais pour gagner 97 000 francs par mois sans me casser ! Au commando Cobra, je gagnais pas ça, et on en bavait !

Avant que le convoi SAS ne reparte, en fin de matinée, un des chefs de douar réunit les équipes sous sa vaste kheïma pour un méchoui de remerciement. Rangers et pataugas s'entassent à l'entrée de la tente, et lorsque tous sont assis en cercle sur l'épais tapis de haute laine, le mouton doré et fumant est déposé sur le grand plateau de cuivre blond.

J'arrache le premier un lambeau de peau brune, donnant le signal pour toutes les mains avides, tendues, fouillant la chair rose comme une bande de chats affamés, prudents et délicats, déchiquetant à petits coups ce qui ne sera bientôt qu'une carcasse ridicule.

Comme la steppe stérile atteint le paroxysme des incendies solaires, le convoi s'ébranle dans ce brasier douloureux. Petite halte dans les décombres de la ferme de Maamora où la compagnie du capitaine Minck déchire ses boîtes de rations. A la demande du capitaine, je lui laisse le sergent comme interprète.

Je passe le reste de l'après-midi sur « mon » chantier de l'Habitat rural, puis monte Papillon comme à l'ordinaire, jusqu'au coucher du soleil.

Comme j'ôtais mes bottes dans ma chambre, la sonnerie du téléphone de campagne, qui relie la SAS au poste, m'oblige à saisir l'écouteur. Lachard me donne des nouvelles de l'opération :

— La 7e avec Minck a capturé deux fells avec armes et documents.

— Où ?... allô !... à quel endroit ?

— Au sud de Maamora, un peu plus bas que où nous étions... Un piper et un hélico viennent de passer... vers cette direction.

Un peu plus tard, la 7e fait la pause à Oum-Djerane pour ramener le sergent. Le capitaine Minck confirme la nouvelle :

— Ces cons-là étaient planqués dans l'alfa. Quand ils nous ont vus passer tout près d'eux, ils ont dû avoir la trouille : ils ont tiré et se sont enfuis. S'ils n'avaient pas bougé, nous ne les aurions sans doute pas vus !

Pendant le dîner, le sergent raconte avec une excitation amusée, et beaucoup de complaisance :

— Si vous aviez vu ce qu'ils ont dégusté les deux fellouzes ! Coups de pied dans le visage et dans le bas-ventre. Tous les harkis étaient dessus, et les soldats aussi... Oreilles coupées ! parties transpercées... la gueule tout enflée et de travers !

Je sens monter en moi une sourde colère, un écœurement qui m'accable et j'interroge :

— Et le capitaine Minck a laissé faire ?

— Que vouliez-vous qu'il fasse ? Qu'il chiale sur ces pauvres petits agneaux ?

— Arrêtez ! Vous me dégoûtez !

— Bah ! C'est rien ça, mon lieutenant. Vous avez jamais vu d'égorgé, les couilles pendantes dans la bouche ? S'ils vous chopent un jour, ils vous feront pas de cadeau !

— Leurs horreurs ne sont jamais une excuse aux nôtres !

— Vous dites ça... jusqu'au jour où vous en aurez vu ! Alors là ! la colère surgira en vous pour crier vengeance. Comme les autres !

— Ce jour-là ne viendra pas... Ou s'il venait par malheur, je le dis aujourd'hui que je suis lucide, sans violence, sans vengeance, sans haine, ce jour-là je serai dans l'erreur. Comme vous, aujourd'hui !

Je relis les dernières lignes de la lettre que j'écris à ce camarade d'école, Alain Jacheet, qui m'a apostrophé si pathétiquement... A vrai dire, un peu lâchement, je ne parle guère de ce sujet. Ma lettre porte la date du 24 août 1960, soit dix jours après la rafle du commando Georges dans le douar :

« ... Bonne semaine opérationnelle. Le lieutenant Youssef, de chez Georges, a arrêté cinq-six suspects intéressants au regroupement, le 15 août. Quelques jours après, découverte d'armes, et hier, d'une part un lieutenant fell de la zone VI, avec PM et 9 chargeurs, a été coincé, et d'autre part, la 7e Cie du 8e RIM a débusqué quatre HLL. Et aujourd'hui encore deux autres avec armes et un lot de douze treillis. C'est le renfort qui arrivait du Sud. Tu vois, ça se remue follement dans le quartier, et toute la semaine n'a été qu'un grenouillage permanent. Un stick du commando Georges est à présent installé au poste. But opérationnel, bien sûr, mais il s'agit aussi de prendre en main la population. Un commissaire politique est là à cet effet. Idée de départ : les commandos sont tous des fellaghas ralliés. Ils se sont mouillés pour nous. A nous de tout faire pour les aider. A eux de prendre en main désormais la population musulmane pour préparer les futures élections... et notre départ progressif. »

— Oh ! le Marab, à la bouffe ! hurle joyeusement le capitaine dans la Jeep dont le moteur ronfle doucement.

Le chef du stick de Georges, l'adjudant Mohamed, et son adjoint et commissaire politique, le sergent Saïd, offrent la tournée d'apéritifs, et boivent eux-mêmes, sans détours, de larges anisettes. Mohamed est un jeune homme, grand, mince et souple comme une baguette d'osier. Moulé dans sa tenue camouflée, la casquette Bigeard protégeant ses yeux brûlants... Je le considère longuement, à la fois séduit et inquiet : « Brrr... ! dans un interrogatoire, je n'aimerais pas être le pauvre type qui serait entre ses serres ! »

Les deux hommes-léopards quittent la popote car ils mangent avec leurs hommes.

Le déjeuner est brusquement le théâtre d'un incident entre le capitaine et moi. Origine : le sergent déclare qu'il ne mange jamais de viande le vendredi et demande un œuf à la place du bifteck. Je lui rétorque que, moi, je mange de la viande le vendredi, ce qui m'attire la remarque sifflante de Poujol :

— Je suis choqué de vous voir manger de la viande le vendredi !

Je le regarde, un peu interloqué, pensant à une boutade ironique... mais non, il dit cela sérieusement. Je réponds :

— J'espère être davantage dans l'esprit du christianisme en m'opposant à la torture, laquelle semble ne pas vous faire sourciller, qu'en m'abstenant de manger de la viande le vendredi. D'ailleurs les militaires ont le droit de manger de la viande le vendredi.

— Oualou ! Pas permis du tout !

— Mais si !

— Oualou... oualou !

Cette obstination ignorante et butée m'énerve singulièrement et je lance :

— Ce serait le cardinal-archevêque de Paris, vicaire aux Armées, qui serait en face de vous pour vous en assurer, vous continueriez à répondre : « Oualou... oualou ! » Il est inutile de discuter.

Pour toute réponse, je reçois une bordée de grossièretés sur le cardinal, qui « peut bien aller se mettre des plumes au cul » ! Le pittoresque inattendu de cette image grotesque manque un instant de me détourner de ma colère, mais la vue du rouge — c'est le cas de le dire ! — m'emporte. Je laisse tomber sèchement, comme à distance entretenue :

— Je ne vous demande pas de croire à ce que nous croyons, mais au moins de le respecter. Simple question de politesse.

Je me lève, saisis mon képi, l'enfonce légèrement en avant du front et m'apprête à sortir, lorsque le capitaine m'arrête :

— Oh ! le Marab, faut pas te chromer ! Réservez vos colères et vos indignations pour des choses plus graves... autrement vous serez usé avant l'heure ! Durer, il faut durer dans ce pays.

Je me retourne et lui souris.

— ... et puis, vous sauvez pas ! J'ai du travail pour vous.

Le capitaine se lève et m'entraîne par le bras vers la chambre-bureau du sous-lieutenant Lachard.

— Oh ! Lachard, on s'installe deux minutes chez vous.

— Je vous en prie, mon capitaine, faites.

Poujol me parle lentement, avec application, d'une voix basse :

— Vous savez que le 15 août, Georges a arrêté six suspects dans le regroupement... Cela semble intéressant. On remonte la chaîne... Il y en a quatre autres à arrêter dont j'ai les noms, je vous passerai le B.R. * en descendant. Vous mettrez vos fiches à jour et vous ferez le nécessaire cet après-midi, enfin... dans la soirée, plutôt. Vous monterez les prisonniers au poste, en attendant de les descendre au secteur. Si nous les tenons, nous enverrons un message : le 2e bureau les enverra chercher ici... Ah ! vous pouvez les montrer à Saïd : ça peut l'intéresser, puisqu'il a commencé à « travailler » le regroupement. Faites discrètement... je n'aime guère que ce soit la SAS qui fasse ce boulot-là.

Après la sieste, je passe une heure sur le chantier, où je fais apporter des « gazouzes ** » pour que les ouvriers puissent s'abreuver.

* Bulletin de renseignement.

** Boissons gazeuses.

J'entre dans ma chambre pour « éplucher » le BR et rédiger de nouvelles fiches de suspects. A l'heure où les troupeaux rentrent dans un poudroiement poussiéreux et doré de brume vespérale, je fais convoquer les deux premiers suspects que le 4 × 4 du poste vient chercher immédiatement. Le troisième est absent. Le quatrième, qui porte le nom de Rezgani Khalfallah, après avoir noté le numéro de sa kheïma et de son douar dans le fichier, je décide d'aller l'arrêter à la nuit.

Après souper, un petit groupe formé de moi, du sergent et de trois mokhazni en armes, traverse le regroupement, ombres claires sur les masses noires des tentes. Heurtant les brebis entassées les unes contre les autres dans les travées de séparation, déchaînant les aboiements furieux de tous les chiens, nous cherchons parmi toutes ces kheïmas qui se ressemblent dans la nuit.

« — G23, G23... c'est pourtant par ici, j'en suis sûr... G23... ah ! par ici. Aya fissa !

J'écarte la flij d'entrée et pénètre sous la tente avec le sergent. Quatre hommes, assis en tailleur sur des nattes, mangent le couscous à la lueur d'un pauvre lumignon. Selon la coutume, la kheïma est séparée en deux par de longues couvertures tissées qui tendent gaiement leurs rayures larges aux couleurs vives ; de l'autre côté, dans l'ombre, les femmes chuchotent.

— Kissemouk enta ?... enta ?... enta ? Comment t'appelles-tu ?... toi ?... Djeb el nekoua !... donne ta carte d'identité : Rezgani Khalfallah ! Arrouah ! Viens !

Il était bien inutile de lui donner l'ordre de suivre : le visage refermé, durci par les maxillaires serrés l'un contre l'autre, l'homme s'est levé. Une femme lui glisse sa djellaba. La peur se palpe comme un brouillard épais. Je ressens si fort cette crainte que je m'en viens à penser : « Le coup doit être bon. Ce Rezgani n'est sûrement pas un " tissal " ordinaire. Le BR portait : " serait raïs nahia* ". Intéressant. »

Avant d'emmener le prisonnier au poste, je fais halte à la SAS. Assailli brutalement par l'impossible question, qui m'avait tant rongé, et qui réapparaît avec une soudaineté toute nouvelle, je suis obligé maintenant d'agir, de choisir, ne pouvant plus me contenter des protestations verbales et des refus rigides. J'ai là, sous la main, l'occasion proche d'un fait, un fait brut qui pourrait être le point de départ, la preuve, la démonstration par une expérience vécue personnellement de ce que l'exaction condamnée, qui brise l'ordre

* Chef de nahia (région, dans l'organisation rebelle).

surnaturel qui est dans l'homme comme la présence même du Divin, n'est pas du seul ressort imaginatif des journalistes et des intellectuels « de gauche ».

Je sais — oh ! que d'officiers « prudents » me l'ont répété ! —, je sais que là-dessus il ne faut jamais attaquer sans preuves, sans faits authentiques et certains dont l'évidence du témoignage direct ne pouvait être refusée.

« Vous parlez, vous parlez de tortures... toujours des " on-dit ", des paroles, des " j'ai entendu dire que... " ! Des faits, donnez-moi des faits précis et certifiés. » Voilà ce qu'on m'avait souvent rabâché. Et toujours, il semblait s'établir une conspiration du silence... Et la plus grande lâcheté du plus grand nombre d'officiers voulait que le silence prévale sur la vérité. On niait tout simplement. Alors, qui oserait apporter un fait, une preuve ? Qui ?

Lorsque, de si nombreuses fois, j'avais soulevé cette question avec tous les officiers que j'avais pu rencontrer jusqu'ici, les réactions se répartissaient en général en deux catégories : la plus large comprenait tous les « prudents », les tièdes, que j'appelais « lâches » un peu trop vite, et qui intérieurement réprouvaient la méthode extrême, mais qui, publiquement, n'auraient jamais laissé échapper un mot, une allusion pouvant la condamner. Je me souvenais avec dégoût de ce commandant des Affaires algériennes, surnommé délicatement « Pignon fixe » en raison du déploiement excessif de ses activités (?). Poussé de bottes en bottes jusqu'au dernier retranchement de la morale chrétienne, qu'il ne pouvait plus qu'approuver ou renier, l'officier m'avait concédé : « Moralement, oui... en chrétien, oui... on ne peut pas, vous avez raison... » ; et comme effaré de son aveu, il avait ajouté : « Mais, vous comprenez... enfin... un bon conseil : ne parlez jamais de cela ! Vous auriez des ennuis... de sérieux ennuis. Et cela n'y changerait rien, rien du tout. »

Pignon fixe craignait les ennuis ! Il ne voulait pas se mouiller ! Cinquième ficelle * avant la retraite ? Je n'ai pas à le juger. Mais moi, bon Dieu ! je n'ai pas de famille à faire vivre ni de retraite à assurer. Je les accepte ces ennuis, tous les ennuis à venir, tous les emmerdements ! « Ils » peuvent me casser, si cela leur plaît, mais moi, je leur crierai la vérité ! « Cela n'y changera rien », dit Pignon fixe... ? Évidemment, si tout le monde tient le même langage, rien ne changera à rien. Jamais. Pourtant, je sais qu'une personne, une seule personne, si elle le veut, peut arriver à faire tomber une avalanche du haut de la montagne. Est-ce que la loi du plus grand nombre nous a

* Grade du lieutenant-colonel.

tellement réduits à la mentalité grégaire pour que nous ne sachions plus réagir en personne individuelle contre le groupe ?

Oh ! je sais, mon geste n'aura peut-être aucune portée efficace, aucun effet pratique... Apparemment, il n'y aura peut-être rien de changé. Mais qui sait ce qui pourra naître à partir de là, dans le secret silencieux d'autres consciences ? Et, de toute manière, si nul homme ne le voit, ne le reçoit, ce geste moral a une portée supérieure, dans l'ordre même qu'il veut servir, invisiblement, sans efficace humaine : Dieu le voit. Il suffit.

Je conclus ma méditation sur les « tièdes » en me remémorant précisément la redoutable parole de l'Apocalypse :

« Tu n'es ni froid, ni chaud — que n'es-tu l'un ou l'autre ! — ainsi, puisque te voilà tiède, ni chaud, ni froid, je vais te vomir de ma bouche *. »

A côté du troupeau des tièdes, la deuxième catégorie ne tremblait pas : elle avait choisi, froidement, et courageusement. Et quoiqu'elle se trompât, je la trouvais, en quelque sorte, plus sympathique parce que plus courageuse, en tant que son option était plus franche et décidée, et plus dangereuse aussi : ces hommes-là s'exposaient au moins autant que leurs victimes. Il importait autant d'arracher leurs victimes de leurs mains, que de les arracher eux-mêmes du sournois engrenage de la violence froide, qui les briserait à leur tour, en cette intime profondeur qu'ils essayaient en vain d'atteindre par la force dans la chair des suppliciés.

Quant aux « chauds » de la vérité, je les cherche encore dans mon entourage, au cours de mes rencontres, ne serait-ce que dans une seule personne... Je sais aussi qu'il ne me faut pas attendre passivement cette personne, ce relais-témoin. Il me faut commencer à agir, à me tremper seul. Tout n'a été qu'en paroles jusqu'ici, en principes posés inlassablement, en refus de compromission morale qui avaient fini par me démarquer, m'isoler dans une solitude parfois lourde et douloureuse.

Avec ceux que je côtoie chaque jour, avec lesquels je suis amené à vivre, à la popote, dans les conversations, il y a sans cesse au fond de mon cœur cette veillée ardente et perpétuelle, qui me condamne à l'obsession d'aguets épuisants. Après les premières passes d'armes, qui avaient comme tracé le champ clos du combat, il en était maintenant, chacun de notre côté, comme de ces familles divisées par un drame secret dont on ne parle jamais mais qui rôde sous chaque parole, sous chaque phrase, chaque nom, chaque expression du visage, chaque regard, chaque silence.

* Apocalypse, 3,16.

A table, on s'attardait à l'évocation des travaux du jour, aux soucis dérisoires, aux banalités rassurantes, qui finissaient par agacer. Une allusion innocente ou inoffensive prenait vite couleur de guerre : alors pesaient d'insupportables silences... J'accueillais la fin du repas avec un soulagement, presque physique, qui me libérait de l'oppressante tension.

Tout cela ne suffisait-il donc pas ?

Ce soir, je sais qu'il me faut entrer dans l'engagement décisif : crever la tension. Il me faut saisir cette occasion, cette pénible occasion redoutée, mais qui va me servir d'arme pour cette lutte.

Je repousse vivement la vieille mêlée de raisonnements qui tentaient depuis longtemps d'extorquer une justification qui eût satisfait aux droits de la morale pour rendre licite — exceptionnellement ! — l'arme interdite. Non ! Plutôt que d'accepter la joute insidieuse des syllogismes et des arguties d'une mauvaise casuistique, qui pourraient un instant leurrer et détourner de la saine réaction morale, il me faut agir, agir droit parce que je « sais »... Je sais que dans l'instant présent, où l'action commande d'urgence, je sais par un instinct supérieur, impérieux et intime, quasi surnaturel, que c'est l'Ordre divin dans l'Homme qui est outragé : Dieu est atteint. C'est Lui-même qu'on nie en voulant dépasser l'Ordre.

En sortant de la SAS pour remonter dans la Jeep, je souffle sur une dernière objection, dont la volonté de ma décision efface l'importance : « En livrant ce prisonnier au commando Georges, dans le but de devenir témoin de la torture plus que probable, n'est-ce point moi qui ordonne cette torture, qui en deviens le responsable ? Même dans un but louable, ai-je droit de me servir de ce moyen mauvais ? »

Ma réponse est : « De toute manière, avant d'être descendu au secteur, ce prisonnier sera " questionné " par le commando. Je ne fais qu'avancer l'heure de ce fait afin d'en pouvoir témoigner. »

Le moteur de la Jeep rage sous le coup de démarreur et le véhicule cahotant fait défiler dans ses phares les petits amandiers qui bordent la piste jusqu'au poste.

Mohamed, le chef du stick, avec deux de ses hommes, et Saïdi, le commissaire politique, emmènent Rezgani dans un lieu reculé du poste, derrière les granges qui servent de dortoirs, dans une sorte d'étable basse.

Le prisonnier s'accroupit contre le mur de pierres, dans l'angle. Une bougie, collée contre la pierre noire, éclaire ce coin d'étable. Les ombres démesurées couvrent les murs et la toiture.

« Doucement ! », avais-je dit à Mohamed, suppliant au fond de moi-même : « Pourvu qu'ils ne le torturent pas ! » Un espoir insensé s'empare de moi : « Et si c'était faux que ceux-là torturent ? Ne vais-je pas, au contraire, assister à un interrogatoire normal ?... J'ai dit à Mohamed : " Questionne-le ! " et c'est tout... Si... Si ? »

En même temps, je pressens très sûrement comment cela va se dérouler. J'ai murmuré « Doucement ! », sans y croire, mais comme voulant me laver les mains de ce qui va se produire, dont j'ai peur. Chaque geste prévisible, que je prévois confusément, va davantage me serrer le ventre en une étoile de contractions et me déchire déjà la gorge avec des sillons de sécheresse vive. J'ai peur pour cet homme, pour les souffrances qu'il va subir, peur pour cet « homme-avec-lequel-je-suis »... plus qu'avec les hommes bariolés du commando, et j'ai peur pour moi-même, pour cette blessure qui va sceller mon âme d'une douleur intérieure qu'il me faut accepter.

L'homme assis sur ses jarrets, Mohamed et Saïd le pressent de questions, sans brutalité, sans violence, le serrant par la voix, par leurs yeux brillants fixés dans ses yeux apeurés et fuyants, par les gestes des mains qui ponctuent l'interrogatoire de tapotements de persuasion sur ses genoux repliés, qui tremblent imperceptiblement.

J'ai un souffle d'espoir, qu'au fond de moi-même je viens à démentir : « Ils le questionnent seulement... Peut-être ne vont-ils pas ?... »

L'homme nie, le regard fixe, obstiné, devant lui. Je vois à ce moment, entre les mains de Saïd, une boîte en bois de laquelle sortent des fils électriques avec de petites cosses, comme des pincettes aux dents fines. Je détourne instinctivement la tête, en frissonnant : « Il est foutu ! »

Je m'oblige à ramener mon regard vers la scène.

Les bras tendus devant lui, les gardes lui attachent les poignets avec son chèche. Il est assis, les jambes repliées l'une contre l'autre, les genoux ramassés sur le ventre, presque à la hauteur du menton. Les deux bras, aux poignets liés, encadrent maintenant les genoux et une barre de fer lui est glissée entre les bras et l'angle interne fermé dessous les genoux, afin de l'immobiliser complètement, et cela, dans une position de déséquilibre. Un coup de pied, et il bascule sur le côté.

Deux cosses des conducteurs électriques viennent pincer les lobes des oreilles, et deux autres l'extrémité de la verge.

L'homme commence à hurler d'une voix rauque, sauvage, quasi inhumaine, étouffée à demi par le pied d'un garde qui appuie sur sa tête. Il rejette la tête en arrière sous l'effet des secousses électriques, et ses membres attachés se crispent à l'extrême des possibilités des contractions musculaires. Son ventre nu est soulevé de spasmes convulsifs. Il vomit à plusieurs reprises quelques aliments, du liquide, puis du sang filtre lentement des commissures des lèvres entrouvertes.

Les bourreaux arrêtent quelques instants les décharges de courant.

— Manarf !... oualou... manarf ! Je ne sais rien !

Et les hurlements reprennent, se prolongeant en cris haletants.

Je serre les dents et me contrains violemment pour continuer à voir et ne point crier : « Arrêtez ! Arrêtez ! »

Le traitement électrique se prolonge durant dix minutes. La victime ne lâchant rien, ils lui déploient un chèche sur le visage, pincent le nez afin que la bouche reste ouverte, et commencent à faire couler de l'eau abondamment par l'orifice buccal jusqu'à l'étouffement qui survient rapidement.

Les bourreaux opèrent froidement, sans haine et sans sadisme : une technique, un outil habituel et sûr entre les mains.

L'homme essaie de se tordre, de se débattre désespérément et vainement. Il se met à hoqueter bruyamment, il halète, vomit, laisse échapper dans ses râles quelques paroles qui répondent aux questions. L'eau recommence à couler, imposant un silence lourd. Une odeur âcre, mélange d'acides, de féculents, de sang et d'ozone m'oppresse. L'eau cessant d'être versée, au cri révolté des premiers coups portés dans la chair vive, suit maintenant un gémissement animal, une plainte qui monte brutalement à l'aigu, à un tel enflement qu'elle semble se briser. Sur le visage, les yeux fixes, dans le vide, paraissent échoués sur un rivage d'épouvante.

Je vois ce regard extasié dans l'horreur immobile, dont ses propres plaintes ne peuvent le distraire, et je me retourne vers le sergent, proche de moi : les pupilles brillantes, il sourit.

Me jetant dehors pour respirer, j'ai l'envie brutale d'arracher mes galons.

— Vous partez déjà ? ricane le sergent.

— Cela me suffit !

Ma voix est sèche et j'appuie sur le démarreur.

— Oh ! vous n'avez rien vu...

Je l'entends à peine ; mon esprit chavire dans les scènes dont le sergent se vantait d'avoir été le témoin : des prisonniers fellaghas passés à la scie électrique, découpés en morceaux... Je n'ai même pas envie de crier mon indignation. Non, je suis rageusement désespéré, je me sens trompé par les officiers que j'ai estimés et qui ne m'avaient rien révélé ; je me sens trahi par de fausses exaltations d'honneur, de Patrie, de cause française, voire, hélas ! de cause chrétienne. Cela !

C'est donc cela ! La honte pèse sur moi, sur ces épaules qui portent encore les marques de l'officier français.

Je voudrais me mépriser, mais il me faudrait beaucoup d'humilité pour le savoir bien faire.

Parvenu à la SAS, je me précipite au téléphone pour donner l'ordre de remettre le prisonnier tout de suite dans sa geôle. Je ferme ma porte, ne voulant voir personne, surtout pas un officier. Je désire avec violence écrire de nombreuses lettres pour crier à tous la vérité, pour protester avec passion et véhémence, pour reprocher, m'indigner, enfin laisser couler mon écœurement.

Las, je me sens encore plus seul qu'avant, seul à porter la pesante mémoire de ce témoignage, si seul pour ouvrir la lutte qu'il me faut engager.

En m'endormant plus tard, beaucoup plus tard, après avoir chassé et repoussé, en vain, l'obsédant souvenir, l'odeur, la nausée et les cris de la torture demeurent dans mon sommeil.

Les jours qui suivent cette scène, au lendemain donc du 25 août 1960, me voient raidi dans la décision affermie de dénoncer les faits dont je viens d'être le témoin direct, tout en me trouvant soudain affronté à une question nouvelle : comment me faire entendre ?

A la première liaison venue avec Saïda je suis descendu, en pensant qu'il convenait de suivre d'abord la voie hiérarchique, et c'est ainsi que je raconte les faits, encore frémissant et indigné, au commandant Pignon fixe, chef de l'échelon pour l'arrondissement. Celui-ci, me rappelant les conseils de « prudence » qu'il m'avait déjà prodigués, se met sur une position d'inertie complète sur laquelle s'émousse mon exaspération. Même coup d'épée dans l'eau avec le lieutenant-colonel Varnoux, à l'échelon au-dessus : ses yeux globuleux sur une face rubiconde et vineuse semblèrent toutefois s'émouvoir d'une démarche aussi périlleuse pour sa tranquillité que « suspecte » de mauvais esprit et de publicité antimilitariste de ma part.

Ce premier échec, escompté, mais dont le pressentiment n'arrivait pas même à atténuer ma déception qui tourne au mépris, me contraint à une résolution encore plus assurée : je « sais » que la vérité sera connue, ici, au secteur ! Je rumine : « On ne veut pas savoir et lorsqu'on est forcé par l'évidence c'est la feinte des surprises consternées, des ignorances... Mais je les forcerai à prendre position ! »

La voie hiérarchique épuisée, il me reste à trouver un moyen de me faire entendre.

J'attends d'abord avec une confiance patiente, puis je m'en viens à m'inquiéter : le temps menace d'oubli, ronge les déterminations, brise à la longue les beaux sursauts véhéments au service de la Vérité. N'est-ce pas comme cela qu'on devient vieux ?

Pour alimenter l'enthousiasme et vomir le découragement, je suscite en mon esprit les solutions les plus déraisonnables, les moins sages : « Rendre mes galons ? Démissionner ? Sous une apparence héroïque alléchante, c'est trop facile !... Je me dégage du " milieu ", en le condamnant et je retire ma responsabilité, alors que je ne me sens pas le droit ni le désir de " juger " mes frères officiers. Trop négatif ! Qui resterait parmi eux pour être la " voix de la conscience ", pour faire aimer la Vérité ?... L'acte individuel est-il efficace ?... Une herbe qui brûle toute seule au milieu du pré, qui peut la voir ?... Faut-il que j'envisage une action de masse ? Une proposition publique à d'autres officiers de réserve de démission collective ? Une lettre d'une centaine d'entre nous s'émouvant et refusant, proposant leur démission si des mesures énergiques n'étaient pas prises ? » Cette dernière hypothèse me fait quelque temps tournoyer dans un rêve grandiose, puis de nombreuses oppositions viennent souffler ce songe : en premier lieu, il est en dehors de toute probabilité de trouver cent jeunes officiers appelés aussi moralement touchés d'abord par le fait, puis assez déterminés et courageux pour faire un tel geste. Ensuite une démarche collective, au sein d'une hiérarchie nécessaire, me paraît contraire au bien de l'Autorité : si celle-ci ne doit agir que forcée par une somme d'inférieurs, ou bien cette autorité renie sa fonction propre qui est de prévoir et d'obliger, ou bien elle reconnaît une nouvelle origine à son pouvoir : l'autorité militaire, dans cette dernière hypothèse, ne détiendrait plus son pouvoir de l'État, mais directement de chaque soldat qui la compose. Et là aussi, la nature même de la hiérarchie et de la discipline serait remise en question, de manière grave.

Il me faut donc revenir à l'action personnelle : Écrire une lettre pertinente au *Monde* à fin de publication ? Dans ce cas, ou bien la signature figurait, et le règlement du service armé était enfreint, ce qui me répugne, ou bien il n'y avait pas de signature, et c'était fort peu courageux. En outre, un tel acte prenait un caractère de publicité, qui me déplaît et qui risquerait d'être exploité, comme c'était souvent le cas dans quelques journaux, à des fins qui ne concernaient guère la morale et l'honneur des officiers français.

Il me reste à trouver un moyen d'action individuel dans un cadre qui, à la fois ne lui fasse pas déborder un ordre que j'ai librement choisi, et qui néanmoins lui permette de passer par-dessus la voie normale inefficace pour atteindre à coup sûr le chef local dont il dépend qu'il prenne ses responsabilités. Autrement dit, comment toucher le colonel commandant le secteur d'une manière qui ne soit ni contraire à la discipline ni promise à l'insuccès ?

Les jours passent, et je cherche la solution du problème avec une espérance tenace, que chaque jour semble rendre folle et illusoire.

Ce jour-là, je descends à Saïda en liaison avec le 4 × 4 pour rapporter du matériel : dix tables pour l'école, un lot de vêtements, des fournitures scolaires et des dons de lait condensé du comité de jumelage. Je suis particulièrement heureux de trouver, parmi le tas de friperies pour enfants, un blue-jeans pour un petit bonhomme qui voulait arrêter de suivre l'école pour travailler afin de s'acheter un pantalon. Je souris en pensant à la joie du gosse !

Dès le retour à la SAS, je me rends à l'école pour faire essayer et distribuer à chaque petite fille, effarouchée, un tablier, une robe et une écharpe. L'instituteur les fait chanter *Frère Jacques.*

— Fais-les chanter en arabe aussi ! Tu n'en es plus à *nos ancêtres, les Gaulois ?*

Les fillettes sortent une à une, les bras croisés, jusqu'à former un rang immobile devant l'école. Au signal du maître, c'est l'envol piailleur de tous les petits écoliers du monde.

Aux garçonnets, c'est la remise d'un pantalon et d'un chandail. L'instit les fait passer d'abord tous à la douche pour frotter les petits corps bruns au savon de Marseille. Il est nécessaire de leur montrer comment se servir d'un savon, comment se rincer. Chacun enfile alors les vêtements neufs, et la bande bruyante est tout de suite lâchée sur le terrain poussiéreux dans une partie de foot acharnée. De la sorte les habits sont rapidement salis. Quel est le but de l'opération ? C'est le seul moyen qui a été trouvé afin que, lorsqu'on remet des vêtements neufs à des enfants, ils puissent les garder. En effet, l'usage avait appris que le jour qui suivait une distribution voyait arriver les écoliers avec les souquenilles déchirées habituelles, et le souk de Saïda offrait à la vente les pantalons, les pull-overs, les jupes, les petites djellabas qui avaient été remis aux gamins. Pour être sûr que les parents ne puissent les vendre, ils étaient usés sur-le-champ. A la fin de la sieste, la liaison de la 7e Cie qui remonte de Saïda sur Tamesna, fait halte à la SAS, comme c'est souvent son habitude. Le capitaine Minck parle avec Poujol dans sa chambre. Je quitte ma piaule pour aller le saluer.

— Alors, il paraît que vous n'avez pas apprécié les gentillesses que mes harkis ont faites l'autre jour aux fellouzes ?

— Je ne plaisante pas avec ces choses-là, mon capitaine ! C'est trop grave.

— C'est rien ça. Vous vous y ferez,... répond-il, mi-vexé, mi-conciliant.

— Je ne m'y ferai certainement pas. Vous avez laissé commettre des sévices inqualifiables sur des prisonniers. Vous êtes responsable de cette barbarie, et je n'aurais jamais assez de mots pour le réprouver.

Une courte algarade s'ensuit, aussi peu amène que possible. En remontant dans sa Jeep, Minck lance à Poujol une boutade qui suinte l'acide :

— C'est le genre progressiste chrétien votre sous-bite * ?

L'humeur maugréante, je regagne mon chantier. De loin, je vois les attributaires assis par petits groupes paisibles et inactifs, les outils abandonnés un peu partout... Seuls deux jeunes gâchent du ciment avec des gestes lents, et les maçons cimentent les parpaings à coups de truelle nonchalants. Je m'apprête à secouer tout ce petit monde quand le chef de chantier s'avance vers moi :

— Mon lieutenant, si on ne trouve pas une solution pour avoir de l'eau, je vais être obligé d'arrêter le chantier demain peut-être, ou après-demain... Le capitaine, y veut pas qu'on prenne de l'eau à la SAS, vous savez.

Alors que nous sommes presque à la fin de l'été, la sécheresse se fait de plus en plus aiguë. La pompe de la SAS ne débite que deux heures par jour, ce qui est insuffisant pour toute la population du regroupement. Le puits du poste est à un niveau si bas qu'il ne permet pas d'aspirer de l'eau plus d'une heure par jour. Quant au puits que l'on a commencé de creuser depuis deux mois et où je vais quotidiennement porter détonateurs et mèche lente aux puisatiers, à trente-cinq mètres, il n'y a encore aucun indice de liquide. Le capitaine voue le géologue responsable au cinq cents diables !

« C'est la journée des emmerdes ! me mets-je à grogner intérieurement. Et bessif ! il faut continuer le chantier ! Que faire ? Un seul moyen : apporter de l'eau par citerne. »

— Bon ! Travaillez demain. Continuez. Après-demain, un camion-citerne vous montera de la flotte. Labes ? Je vais voir demain matin le patron de l'Habitat rural et le syndicat communal. Pas de problème : j'aurai de l'eau !

— Inch' Allah !

— Inch' Allah ! Les madriers, les tuiles, les cadres de fenêtres, tout ça est arrivé ?... Balek ! Attention au matériel !

Une Jeep klaxonne sur la route et je me retourne. Un officier au képi amarante me fait de grands signes.

« Qu'est-ce qu'il me veut ce toubib ? » et j'accours à petites foulées.

* Appellation familière aux militaires pour désigner un sous-lieutenant.

Je salue le jeune médecin-commandant et me présente. Un courant de sympathie, que chacun perçoit à des signes imperceptibles, s'établit rapidement entre nous deux.

— Il n'est pas là, votre patron ?

— Non. Le capitaine est descendu chez notre colonel pour essayer de lui extorquer un groupe électrogène pour le bordj.

— Pas encore habité le bordj ? Il est pourtant fini, non ?

— Ah ! Il est fini, mais il doit y avoir auparavant une commission qui viendra pour la visite de réception administrative. De toute manière, j'ai l'impression que le capitaine n'a guère envie d'aller y habiter.

— Tiens ! Pourquoi ? C'est sûrement plus confortable que votre bicoque. Vous aurez au moins l'eau courante et l'électricité.

— Oh ! Vous savez, la SAS installée et bourgeoise, barricadée en blockhaus, ça n'est pas son genre. Et je le comprends. N'oubliez pas qu'il a connu le temps héroïque, ici, où la SAS campait sous des tentes, gelant et pataugeant dans la boue, l'hiver, et, l'été, avec le vent de sable s'engouffrant par toutes les ouvertures... Et les Hassasnas, c'était le sale coin avant Bigeard ! L'équipe SAS devait se serrer les coudes devant les emmerdements communs, et le danger ! Encore aujourd'hui, dans notre baraque, nous vivons chacun à portée de l'autre, c'est sympa. Quand nous serons tous disséminés dans la forteresse, là ! chacun de son bord, dans ces vastes appartements vides et sonores, avec pour tout spectacle devant chaque fenêtre, la muraille d'enceinte ne laissant échapper qu'une petite bande de ciel !...

— Oui, bien sûr, cela fait un peu prison, à l'intérieur.

— Dans ma piaule, en ce moment, le plafond est craquelé, le mur bouffi par le moisi, pas de flotte et pas de courant, mais de ma fenêtre, j'ai tout le ciel à moi, au-dessus des kheïmas du douar, et le drapeau qui flotte dans le bleu...

— Ah ! Vous êtes cocardier, vous ?

— Bah ! Je sais que ce n'est plus à la mode, mais je suis toujours ému par les trois couleurs de mon pays ! J'aime les symboles. Surtout ici, j'y vois la présence « intelligente » (?) de notre pacification, en civilisant ces peuplades bibliques. « La civilisation cesse quand le militarisme commence. » C'est Pierre-Henri Simon qui a écrit cela. Que faisons-nous d'autre que de civiliser, nous, militaires, avec nos travaux de constructions, d'assistance médicale, d'éducation scolaire, d'implantation sociale et administrative ?

— Oh ! Vous m'amusez, vous ! Vous voulez sortir les Arabes de leur crasse, et vous-même, à cause de ce morceau libre de ciel que vous laisse votre casemate, vous préférez y rester dans l'inconfort que de jouir des avantages modernes du bordj !

— Dans un sens, c'est vrai ce que vous dites, nous les forçons à un « bonheur » (?) dont ils n'ont pas envie. L'homme moderne n'obtient un confort grandissant que par le sacrifice volontaire et progressif de sa liberté. Plus il en perd l'usage naturel, plus il est sensibilisé maladivement à cette notion qui devient abstraite.

— Si bien qu'en refusant instinctivement vos maisons, vos gens protègent l'avenir de leur liberté ?

— Oui. L'aspiration intime et profonde de leur nature penche toujours vers le rythme primitif des anciens âges, projeté à la valeur exemplaire du rêve doré d'un paradis perdu derrière nos barbelés sordides.

— Vous les comprenez si bien... et pourtant leur imposez l'ordre nouveau !

— Mon commandant, il y a bien sûr le problème moral de savoir si on peut forcer les gens à faire leur bonheur malgré eux, mais laissons-le, pour l'instant. Il y en a un autre, plus grave et plus urgent !...

Le toubib me coupe :

— Je crois savoir ce dont vous voulez parler, et nous en reparlerons certainement. Continuez.

Je le scrute, perplexe, interdit... Ami ou ennemi ? Pourquoi cet entendement à demi-mot ? Provocation ou perche tendue ? Je continue :

— Je disais que je comprenais leurs craintes. De là à les approuver de continuer à vivre comme des bêtes dans leurs tanières !... Par le regroupement, nous avons arrêté chez eux un rythme de vie, qui, pour primitif qu'il nous paraît, était quand même une forme d'équilibre. Et si nous ne parvenons pas à les installer dans l'équilibre nouveau du village sédentaire et de son économie communautaire, nous porterons devant eux l'échec d'une responsabilité importante, celle d'avoir détruit leur stabilité traditionnelle et de n'avoir point satisfait au droit qu'ils avaient de recevoir de nos mains l'harmonie nouvelle. C'est bien cela la pacification ?

— Affirmatif ! En principe. Si nos SAS, nos AMG, nos écoles, nos chantiers devaient rester dans l'immobilisme des palliatifs de conscience, vains paragraphes pompeux de rapports administratifs consolateurs, il s'agirait précisément d'une escroquerie. Bon, mon petit vieux, c'est intéressant vos discussions, mais je n'ai pas beaucoup de temps aujourd'hui. Et je n'ai pas vu votre patron ! Écoutez : c'est toujours au sujet d'un infirmier militaire qu'il me réclame depuis longtemps pour votre AMG. Vous lui direz qu'un gars formé, je n'en ai pas, je ne peux pas lui en donner. En ce moment, vous avez toujours le jeune Maraf, civil que vous payez comme mokhazni fictif ?

— C'est cela, mais il veut partir. On lui offre une place plus intéressante à l'hôpital. Le capitaine ne veut pas l'empêcher de partir, au contraire ! mais il nous faut le remplacer.

— Oui, je comprends. Écoutez : dites-lui que je pense lui envoyer, dès qu'il voudra, un jeune infirmier militaire mais non formé. Il se formera avec le toubib ! Maraf, il n'en savait pas lourd en arrivant ici et il a bien appris.

— Je transmettrai au capitaine.

— Allez, je mets les bouts * ! J'ai encore une visite à l'hôpital. Mais il faudra qu'on se revoie, hein ? Vous ne descendez jamais à Saïda ?

— Oh ! Rarement et toujours en coup de vent.

— Ah ! J'y pense... je vais sans doute remonter ici la semaine prochaine avec la commission de réception du bordj. Nous aurons le temps de parler. Adieu ! A bientôt !

— Mes respects, mon commandant.

Je prends plaisir à saluer impeccablement l'officier supérieur et me retire songeur et joyeux dans ma cellule. « Esprit ouvert... moral, certainement, moral ! » Je me murmure ces appréciations en me remémorant la conversation. « Et cette allusion ? Est-il possible que j'aie trouvé ? C'est dit : la prochaine fois, je l'entame là-dessus. » Je souris à des espérances réveillées et fais seller Papillon.

Je commence tout juste à détendre mon cheval sur la piste du poste qu'une Alouette vient se poser en sifflant devant la SAS. Je reviens à contrecœur pour accueillir le capitaine Georges — béret rouge, veste camouflée, short kaki et rangers noires —, qui saute de la bulle de plexiglas. Poujol n'est pas encore remonté de Saïda. Il me faut faire attendre le visiteur. Je salue strictement, taille cambrée, la main légèrement en arrière des oreilles, avec la déformation snob des cavaliers. Je prends plaisir à bien saluer, pour marquer une certaine forme d'estime et d'admiration que je porte au jeune chef du commando. Sa poignée de main est franche et vigoureuse comme le regard, qui s'appuie droit dans les yeux. Il y en avait tant de ces officiers en Algérie, qui se barricadaient derrière leurs barbelés en comptant les mois de solde et les primes, supputant les chances de l'avancement, que la rare personnalité d'un chef audacieux et intelligent, entraîneur et dynamique, s'impose naturellement à tout soldat désireux de poser enfin son admiration sur un exemple. « Ça

* Expression courante chez les militaires — originaire de la marine — pour indiquer son départ.

c'est un patron ! » peut dire Bidasse, en levant un pouce énergique qui signifie : « Ça va ! Devant celui-là, je râle pas. Tout ce qu'y dit, je le fais. Ça ne sera pas perdu. » Ce geste se concrétisait aussi par l'exclamation à laquelle aucun militaire n'échappait : « Chapeau ! ». Le ton seul y mettait la nuance d'admiration ou d'indignation dégoûtée.

Toutefois il y a une ombre sur cette estime que j'aimerais porter lumineusement… une ombre fort sombre ! L'homme-léopard parle. Il est venu voir le capitaine SAS pour le persuader de faire crapahuter de temps à autre quelques mokhazni avec le stick du commando implanté ici. Toujours la même idée : il faut préparer l'avenir, pour le jour où nous partirons, et « mouiller » dès maintenant le plus possible de Musulmans qui prendront alors notre relève pour bâtir, dans la dignité et la liberté, une République algérienne indépendante ! Outre les opérations, telle est la tâche psychologique — et donc politique ! — du commando qui résume sa devise par : « Chasser la misère ! ».

Il s'agit bien pour Georges de faire participer les Algériens eux-mêmes à la prise en main de leur propre destin en bâtissant une « Algérie algérienne », sociale, populaire, sans concessions pour les grands propriétaires ni compromis avec les idéologies racistes, mais sans le FLN récusé pour son terrorisme aveugle et odieux. Programme certes séduisant, à ceci près qu'il ressemblait à celui d'un « seigneur de la guerre » tout à fait local, c'est-à-dire indépendant d'un État français qui a la responsabilité d'une situation d'ensemble, en métropole, sur la terre algérienne et surtout au point de vue international où cela paraissait une vue de l'esprit que de gommer d'un coup les appuis internationaux que le gouvernement provisoire algérien s'était acquis à l'Est comme à l'Ouest. Programme attirant à ceci près aussi que la légitimité morale de ce nouveau pouvoir est tout de même entachée — même si ce n'est pas à un semblable degré d'atrocité que le terrorisme FLN ! — par des méthodes inadmissibles.

Pour ce qui concerne les mokhazni j'ai tendance à approuver largement ce projet de Georges : ces « employés administratifs », qui ne prennent le fusil que la nuit, en sommeillant — comment les appeler soldats ? —, qui rechignent à faire une patrouille en armes, qui font un travail de manœuvres, ont une situation presque confortable, au fixe mensuel assuré, avec la perspective toute proche d'un bon logement pour la famille. Ils s'engraissent et, au bout du compte, ne se compromettent pas trop de notre côté, guère plus que certains petits fonctionnaires, ou même que l'épicier de Saïda qui fournit les popotes militaires en légumes frais ou en bières. Les Français les payent ? Bien sûr, mais il suffit d'en reverser un peu de l'autre côté, et l'on peut vivre. On vit en gardant toutes ses chances pour l'hypothétique vainqueur.

Le capitaine Poujol, lui, va certainement refuser : « Les mokhazni ne sont pas des militaires mais des civils ! » Je me suis déjà cassé le nez là-dessus lorsque j'ai proposé qu'on double le nombre des chevaux afin de pouvoir faire de longues patrouilles avec tout le makhzen. Pas plus de succès pour des projets d'opérations à pied. J'ai tout juste obtenu quelques patrouilles de nuit, avec embuscades, autour du regroupement.

Je me garde bien de laisser entrevoir à Georges un refus de mon patron. Cela ne me revient pas.

J'approuve chaleureusement ses paroles, en me préparant à poser LA question qui me « travaille » depuis le début de l'entretien. La question vient à son temps, et la réponse avec, telle que je l'attendais, bien ancrée dans le réel, et rebelle ensuite à toute abstraction de principe plus général :

— A choisir entre un type qui va lancer des grenades pour tuer les membres d'une population que je suis chargé de protéger, à choisir entre la souffrance d'une heure de cet assassin et la vie de plusieurs innocents, j'ai choisi ! Car, dans la pratique, pour moi, c'est de cela qu'il s'agit !

Là-dessus Georges tourne les talons.

A nouveau je rentre dans ma chambre ; j'ouvre mon journal de bord, commencé depuis le 18 juillet, j'y relate l'entretien que je viens d'avoir avec Georges, en concluant :

« Sa méthode n'est-elle pas un pis-aller nécessaire qui évite beaucoup plus grave ? Toujours l'argument du bras coupé à cause de la gangrène… »

« Lundi 21 août 1960. Méchoui offert par le sergent pour son anniversaire. Mais il est d'une humeur verte. Nous invitons Mohamed, le chef du stick de Georges, et son adjoint, le commissaire politique Saïdi à mêler leurs mains aux nôtres dans la chaude chair du mouton grillé, odorant.

» L'après-midi, j'accompagne le sous-lieutenant Lachard en escorte d'une Jeep avec un contre-expert de la préfecture : contre-expertise des fermes incendiées par le FLN. Toutes les fermes de la commune des Hassasnas, ou presque, ont été détruites par les fellaghas. Ne pas oublier qu'il y a un an il y avait deux katibas ici ! Oum-Djerane garde encore mauvaise réputation. Et maintenant nous partons faire notre escorte avec un gros complexe de supériorité : ce n'est plus nous qui sommes traqués ! »

Le 22 août, nous apprenons par la radio que le GPRA demande un référendum en Algérie sous le contrôle de l'ONU. Ici, les militaires opérationnels « rouleurs de mécaniques », — pas les gus de Georges ! — nous appellent, nous, les SAS, les « casques bleus » avec dérision.

Le même jour, j'écris à quelqu'un de proche, en France, qui n'a pas compris qu'à la nouvelle de la mort de mon ami Philippe Laraison j'aie pu souhaiter pour moi la même chose :

« ... Le mouvement naturel de deux amours, c'est d'aller l'un vers l'autre pour être unis. Ainsi en est-il de celui qui aime son Dieu et désire Le trouver toujours par la mort. C'est la première, et à elle seule, la raison suffisante de ce désir que j'ai eu tort d'avouer.

» Il n'y a peut-être nul orgueil là-dessous : cela participe de l'essence du mouvement amoureux. Et nécessairement le plus vite sera le mieux, si réellement il aspire. Rien de plus... le reste est regard sur soi ou risque d'orgueil. Avant, non.

» Quant à la douleur... bien sûr ! Mais vous aviez écrit " tristesse ", ce qui est bien différent. Il reste, comme fondement, que seule Sa Volonté nous plaît. *Fiat.* »

Mardi 30. Avec toutes ces arrestations qu'opère Mohamed, mon travail d'OR commence à devenir sérieux. Je collecte les renseignements : fichiers et BR. Le chantier, les renseignements, le contact avec le douar, la synthèse des fiches de feux à dactylographier pour préparer une nouvelle tournée de recensement dans le Sud.

Mercredi 31. Nous avons touché pour le poste du personnel pour mettre en place l'équipe de pacification, et pour le renseignement, j'ai deux aides qui vont bien me servir pour constituer et tenir à jour dossiers et fichiers. Il y a deux jours, un certain Tarhamou, informateur que le capitaine payait 5 000 francs par mois, avait été contacté par Mohamed. Il livra quatre noms à celui-ci, dont deux raïs nahia. Mohamed les fit prisonniers et se mit à les « travailler ». Ils ne donnèrent rien. Alors Youssef, le lieutenant du commando Georges, demanda, ce matin, de « passer à la moulinette » le nommé Tarhamou. Ce dernier a vite avoué qu'il avait menti : les dénoncés n'étaient pour rien dans l'affaire ! Par ailleurs, il avait « donné » soixante-dix moutons et quarante sacs de blé comme étant aux HLL, et maintenant il avoue qu'il possède, lui, sept vaches et vingt moutons aux fellouzes, mais que le reste n'est pas à eux. « Ce maquereau de Tarhamou ! » gueule Poujol. Et Mohamed qui l'avait déjà engagé dans le commando, hier !

J'ai vu ce Tarhamou, dans la même étable qu'à la première séance à laquelle je me suis contraint, pieds et mains liés, la corde au cou, la « boîte » auprès de lui. Il se roulait aux pieds de Mohamed pour crier grâce et lui embrasser les genoux. A cause de lui, deux hommes ont beaucoup souffert, pour rien! Hier soir, j'ai vu l'un d'eux étendu, entièrement nu, sur le dos, haletant par saccades et la bouche mousseuse comme un goulot de bouteille pleine de bière. Il était à cette place où est à présent Tarhamou. Il a souffert à cause de lui... à cause de nous aussi. Quand je l'ai vu, hier, j'ai surmonté ma pitié, mon dégoût, ce sentiment d'horreur en pensant : « C'est un raïs nahia. Ces heures de souffrance vont éviter des morts, des innocents. Il paye et c'est justice! » Et voici que j'apprends qu'il était innocent!... Ensuite j'ai été complètement estomaqué car ces deux hommes, torturés hier à faux par Mohamed et qu'il relâche présentement, ces deux hommes conversaient amicalement avec Mohamed, comme s'il n'y avait rien eu... et ils se sont quittés apparemment dans les meilleurs termes.

Dois-je penser qu'il ne faut pas juger cette méthode de force avec notre mentalité? Il paraît certain qu'eux la comprennent beaucoup mieux que nous, parce que, entre eux, le seul critère semble la force. C'est le fondement de l'autorité patriarcale et de leur mode de vie.

Dans l'après-midi, j'emmène tous les chefs de douars du regroupement avec les conseillers municipaux. Avec Mohamed et Saïd, nous nous sommes réunis au mess pour boire, et surtout pour que Mohamed leur fasse un peu d'action psychologique afin de les convaincre que c'est à eux de nous aider et que les fellaghas ne leur apportent que meurtres et misère... En tant qu'anciens fellaghas, ils parlent en connaissance de cause. Je suis impressionné par la souplesse avec laquelle ce stick de Georges sait allier la force inébranlable et la persuasion de l'action psychologique. J'ai plus confiance dans celle-ci que dans celle des colonels activistes d'Alger. Et réellement, je me sens soudain écœuré à la pensée qu'on puisse un jour lâcher ces gens-là : ceux du douar qui tomberaient sous l'oppression FLN — pire que la nôtre! — et dans l'abandon au sous-développement, et eux, ces Musulmans « mouillés » irréversiblement pour nous.

« Jeudi 1er septembre 1960, Saïda, hôtel d'Isly, 22 h 30. En fin d'après-midi, le capitaine m'a descendu en Jeep à Saïda où je couche ce soir. Je dois partir demain matin de bonne heure pour Aïn-Sefra où a lieu chez les pères blancs la récollection * des séminaristes-soldats. Je me suis promis d'épiques discussions avec le père de L'Espinay, qui anime la rencontre, sur la torture... comme il y a bientôt deux mois lorsque je l'avais accompagné à Bou-Saada avant de gagner Saïda pour la première fois. C'était alors mon premier contact par ouï-dire

* Temps de retraite pour se recueillir, méditer, partager et prier.

et de témoignage indirect sur le fait de la torture. Je relis ce que j'en avais écrit, alors bouleversé, mais je le déchiffre cette fois presque comme si c'était le texte d'un autre que moi... J'en conclus que, si on veut aller au fond des choses, c'est alors le seul fait de la guerre, le seul fait de la force et de la violence qui est une infidélité à Celui qui est " doux et humble de cœur ". Ce n'est plus tellement de la torture en tant que telle qu'il s'agit. »

A Aïn-Sefra, au cours de cette récollection, il a suffi de quelques paroles du père François de L'Espinay pour tout rouvrir... d'une façon angoissante sous l'apparence des bourrades et des plaisanteries. Je ne sais plus... j'erre... Où est La vérité ? C'est facile à lui de dire : « Rends tes galons ! » Sans compter que, dans le concret, cela ne résoudra rien, ici, en Algérie. Car c'est sur le terrain qu'est la minute de vérité. C'est bien beau tous ces raisonnements quand on est le nez sur sa motte de terre !

Au fond des choses, encore une fois, c'est la guerre elle-même qui est en question, car la torture est elle-même dans ce fait de violence nue. Elle n'en est qu'un aspect, cette torture, dans nos mains, un moyen de défense, un moyen de... légitime défense ! Moyen qu'emploie n'importe quelle société pour se défendre de ses gangsters : nul ne se scandalise, à Paris, de ce que la police risque de commettre des injustices pour protéger la vie de paisibles citoyens. Il en est de même ici.

La vraie question est de savoir quel moyen de défense sera le nôtre, à nous, chrétiens. Nous sommes sur le front de la guerre révolutionnaire marxiste qui nous attaque. Il faut partir de là. Et nous pouvons apporter deux réponses à cela :

— la réponse de la force, de la guerre, moyen de légitime défense,

— et cette réponse nouvelle, séduisante : le refus de l'efficacité humaine. Opposer au matérialisme athée la puissance spirituelle de l'amour, de la non-violence. Opposer l'essence du christianisme, qui est l'amour, au risque de se laisser envahir et dominer par ce matérialisme. Si notre réponse au matérialisme est un autre matérialisme, plus timoré, nous renions la valeur transcendante de l'Esprit et nous préparons notre défaite avec les moyens mêmes que nous prétendons combattre.

Il est vrai que si notre réponse à la force matérialiste est celle du refus de la force, nous nous préparons très rapidement à être apparemment vaincus par cette première, et nous acceptons délibérément l'énorme danger de l'imprégnation forcée des esprits par le marxisme (par des méthodes très au point !). Et je ne suis pas loin de penser que la réponse de la foi, de l'amour et de l'espérance est peut-être d'accepter pareil danger. Mais que recommande la vertu de prudence ?

Dans les conférences du père de L'Espinay, je trouve avec un certain soulagement ces idées chères, auxquelles je reviens souvent :

— homme de Dieu, question d'amour,

— notre génération a bien le sens de l'homme, fort peu celui de Dieu ; celui de l'efficacité et du rendement (— « Ça paye ! »), jusque dans les méthodes apostoliques, et fort peu celui de l'inutile apparent, bref du visible et non de l'invisible,

— l'idée de communauté est à la mode, mais l'homme de Dieu doit se préparer à une grande solitude,

— nous sommes d'un Dieu vainqueur. Avec une spiritualité d'échec, nous avons la certitude de la victoire finale, c'est-à-dire de la rédemption et de la Résurrection. Trop de nos officiers souffrent d'être une armée de vaincus, depuis l'Indochine. Nous, nous avons la certitude de notre victoire. La fin, c'est un Christ en Gloire. Le moyen : le signe de l'échec, la Croix,

— sauver sa vie pour la perdre, la perdre pour la sauver. Croix, symbole d'échec, Croix, symbole de victoire. Paradoxes nombreux et non pas contradictions,

— la leçon du moine, la leçon de contemplation, si nécessaire à notre génération. Si utile surtout à notre vie militaire.

Mais je suis hanté par une réponse à apporter à la question de notre défense ; car, dans la pratique, c'est cela : refuser la guerre, c'est refuser de servir. Serait-ce le vrai courage, le véritable héroïsme ? Dois-je croire que la vérité pourrait se trouver dans un tel acte, scandaleux, qui semble contredire beaucoup de valeurs que je vénère ?... Acte précurseur, dans le seul but d'alerter les consciences sur ce qui sera peut-être un jour notre vérité, reconnue de tous ? La possibilité d'accomplir cet acte est tout à fait chimérique. Je perds pied en pensant à toutes les conséquences... En aurai-je d'ailleurs le droit ? Ce « refus de servir » serait-il dans cette même ligne d'abnégation, de sacrifice héroïque que celle de mes ancêtres et de mes pères qui, dans leur temps, ont su servir ?

Par la presse locale j'apprends, à Aïn-Sefra, que dans une conférence de presse le général de Gaulle vient de préciser, le 5 septembre, sa pensée sur la structure de l' « Algérie algérienne » et de condamner toute intervention de l'ONU dans la question algérienne. J'ai comme l'impression que cette « Algérie algérienne » gaullienne n'a pas grand-chose à voir avec celle dont rêve généreusement Georges, et que des négociations sont inévitables avec le FLN.

Bloqué à l'hôpital militaire d'Aïn-Sefra par une angine, je bénéficie, pour une fois, d'une actualité venant de métropole beaucoup plus directe. Le 5 septembre, s'est ouvert le procès du « réseau Jeanson » qui me révèle, à mon grand effarement scandalisé, que le FLN a des complicités parmi des « Français de France » qui vont jusqu'à collecter des fonds pour les fellaghas et assurer leur transfert vers des banques étrangères.

Francis Jeanson, collaborateur de Jean-Paul Sartre aux *Temps modernes,* avait déjà publié en 1956 un livre assez sectaire, *L'Algérie hors la loi*[226], mais qui constituait un des premiers essais d'explication de la rébellion nationaliste algérienne. En 1957, un véritable réseau clandestin s'était formé autour du couple Jeanson dans lequel se mêlaient des catholiques « progressistes », et même des prêtres-ouvriers comme l'abbé Davezies, avec des intellectuels communistes pour assurer des tâches d'hébergement, de transport et d'assistance au bénéfice de militants FLN : on les appela plus tard les « porteurs de valises[227] ».

A la suite de l'ouverture de ce procès, qui fournit une tribune publique rêvée aux adversaires de cette guerre, cent vingt et un intellectuels ou artistes signent un manifeste sur le « droit à l'insoumission » dans lequel ils condamnent cette guerre et l'usage de la torture. Ces deux points-là m'obligent à ne pas oublier les propos que je viens de consigner dans mon journal de bord au cours de la retraite avec le père de L'Espinay, mais je suis très choqué de ce que le Manifeste invite à soutenir l'action des réseaux clandestins d'aide au FLN et encourage les jeunes appelés à la désertion !

Dans la liste des signataires je découvre pêle-mêle des noms tels que ceux de Sartre, Simone de Beauvoir, Marguerite Duras, André Breton, Françoise Sagan, Vercors, des professeurs comme André Mandouze, Pierre Vidal-Naquet, des journalistes comme Robert Barrat ou des artistes comme François Truffaut, Danièle Delorme et Simone Signoret. Cela signifie-t-il que « la France » proteste contre cette guerre ? Si j'entends bien les propos des bidasses et ce qu'en pensent leurs parents ou copains, le Français moyen s'en fout et par conséquent souhaite la fin de cette guerre pour des raisons qui n'ont pas grand-chose à voir avec des joutes idéologiques.

9 septembre, à la SAS d'Oum-Djerane : ce soir, j'ai revêtu la djellaba — les écarts de température sont de 15° — et je me suis enroulé le cou d'un long chèche blanc. Des lueurs d'incendies éclairent les monts des Hassasnas, là-bas, vers l'est. Le douar est silencieux. Pas de lune.

10 septembre. Avec le capitaine, que je commence à apprécier de mieux en mieux, nous sommes depuis deux jours transformés en

cartographes : zone de la SAS avec implantation passée, actuelle et future des populations regroupées, zones de cultures et de pacage, ressources, etc. Pour Alger et ses bureaux !

Je retrouve Papillon avec plaisir : grandes galopades à souffle coupé dans les vastes terres labourées ou les champs de chaumes, où des centaines d'oiseaux s'envolent presque sous les sabots du cheval.

Le chantier avance. Heureusement. Les murs de la première maison attendent leur charpente. Le bordj de la SAS va être réceptionné la semaine prochaine, mais comme il n'y a toujours pas d'eau au bout de dix-sept mètres de puits, il n'est pas question de l'habiter encore.

11 septembre. Dimanche paisible, presque « bourgeois », civil en tout cas. Couscous et méchoui offerts par un riche fermier musulman que nous avons mis en autodéfense (trois fusils Lebel, deux grenades et deux fusées d'alerte). Dans la soirée, longues chevauchées.

Le lendemain, dans la pesanteur d'un lundi : paperasses et paperasses administratives. Tête vide. Somnolence spirituelle.

14 septembre. Par la radio nous apprenons que le général Salan prend position à Alger contre la politique algérienne du chef de l'État. Je lis dans Jean Guitton : « On a l'espoir, si on livre une bataille, qu'on la gagnera. On a l'espoir que le monde continuera, qu'on évitera la catastrophe, mais on a l'espérance qu'aucun effort de bonne volonté ne sera perdu. La différence est que l'espoir court un risque : l'espoir peut décevoir, tandis que l'espérance ne trompe pas, l'espérance ne confond pas. »

Je vois bien ce que la Foi ajoute à l'espoir, et c'est l'espérance. Je voudrais bien que ce soit l'espérance qui nous guide, quand il n'y a que l'espoir.

15 septembre. Méthode un peu particulière du stick de Georges : pour faire déménager les gens, lors des déplacements de regroupements des semi-nomades, il fait embarquer tout le coulchi * démonté dans son GMC : kheïma roulée, coffres fourre-tout en bois, bidons, tapis, coussins, poules, etc. « Ah ! j'y fais payer 2000 francs ! », me glisse Saïd. Je mets un peu le holà, en vérifiant qu'il ne fait banquer que les riches et que les meskine sont déménagés gratis. « Faut bien qu'on vive nous aussi ! », affirme Saïd, et il est vrai que les hommes du commando n'ont que des soldes de supplétifs, ce qui les contraint pratiquement à faire main basse sur les moutons ou sur le blé de quelques malheureux plus ou moins suspects, ce qui est inadmissible.

* Un ensemble de choses mêlées, en arabe dialectal.

Le lendemain, je reçois de Rome une longue lettre d'un professeur du Séminaire français qui me répond sur le problème moral de l'usage de la torture :

« On peut la considérer :
1. en soi,
2. par rapport à celui qui la subit,
3. par rapport à celui qui l'inflige.

Elle pourrait être ainsi définie : douleur physique ou morale, non naturelle et non petite, infligée par l'homme à un animal (brute ou rationnel) avec l'intention de lui infliger cette douleur.

1. en soi : elle est en dehors de l'ordre moral ;
2. par rapport à celui qui la subit : elle est méritée ou imméritée :
— *a.* méritée lorsqu'elle venge un tort, un mal fait par celui à qui elle est infligée ;
— *b.* imméritée, dans le cas contraire.

Il est évident qu'on ne peut sans pécher torturer un innocent. De même, on ne peut torturer quelqu'un dont la culpabilité n'est pas établie de façon certaine. Pourquoi ? pour ne pas s'exposer au péché. Il s'agit d'une certitude morale. Il faut qu'il y ait proportion entre la gravité de la faute et la peine qui est grave.

On ne peut prouver qu'il est immoral d'infliger une torture méritée. Qui peut juger que la torture est méritée ? Seule la société, l'État, peut infliger, après jugement régulier, les peines majeures telles que la mort, la torture et l'emprisonnement. Donc la torture peut être infligée à condition :
— qu'elle soit méritée,
— qu'elle soit objet d'une décision judiciaire portée justement, en chaque cas, par l'autorité légitime ayant établi des preuves certaines de culpabilité.

Elle ne peut avoir raison que de peine juste.

Ne saurait-elle être en aucun cas un moyen pour obtenir des aveux, parce que le moyen n'est pas proportionné à la fin ? Il y a là matière à discuter, en certains cas particuliers.

3. par rapport à celui qui l'inflige :
— ou bien il est mandaté par l'autorité légitime ayant jugé : bourreau.
— ou bien il ne l'est pas : et il pèche, car il s'arroge un droit qu'il n'a pas sur son prochain.

La torture ne peut être employée dans un but légitime que dans la mesure où elle est elle-même légitime. »

Cette note théologique me laisse sur ma faim et j'écris de suite pour que me soit envoyée la démonstration du principe selon lequel « la fin ne justifie pas les moyens ».

Je ne vois pas un seul journal de la droite chrétienne qui proteste contre la torture et je vois une gauche chrétienne qui se glisse dans l'erreur, en risquant d'être le jouet du marxisme. Alors ? Prendre chaque vérité de chaque, et rester au-dessus de la mêlée ?

Quant aux pieds-noirs, « Français » d'Algérie, prêts à mourir sur la terre qui abrite leurs ancêtres — à combien de générations ? —, à considérer leurs réactions, cela me paraît déjà dans les oubliettes de l'histoire.

J'avais également consulté ce professeur à Rome sur les idées qui m'avaient couru dans la tête au sujet de la non-violence, ce à quoi il me répond :

« Il est faux (contrairement à ce que pensent, au moins pratiquement, tant de chrétiens !) qu'on ne puisse pas mettre la force au service du droit et du bien. Même, on le doit ! Vous entendez ce sophisme : " Ce n'est pas par la force qu'on éteindra le communisme. " Il faut répondre : " Ce n'est pas par la force seulement ! " Il faut s'opposer au communisme par tous les moyens légitimes : et la force et l'amour.

» C'est aux États qu'il appartient d'opposer la force et ils en ont le devoir. Notre-Seigneur peut dire à un particulier : " Si on vous enlève 100 francs, abandonnez-en 200. " Il ne peut pas dire à un père de famille : " Si on vous enlève un fils, livrez aussi la fille. " Ni à l'État : " Si on vous enlève l'Alsace et la Lorraine, abandonnez aussi la Champagne et la Franche-Comté. " Aussi la politique dite de non-violence à l'égard du communisme est-elle d'inspiration infernale ! »

Bien sûr, je sais que le loup peut se déguiser en mouton et que le diable peut s'habiller de couleurs de sainteté, mais tout de même, j'ai du mal à lire cette dernière ligne !... Pendant trois années romaines, il m'est arrivé plusieurs fois de me cabrer contre cette rigueur, cette intransigeance romaine, mais jamais à ce point-là.

Radio : le 17 septembre, Salan est convoqué à Paris par le ministre des Armées. Intransigeance gaullienne.

Le lendemain, le capitaine prononce un jugement à la Salomon : une bagarre a éclaté entre un homme du douar Rezagua et un homme des Idersa. Une volée de coups de bâton et des grosses têtes ! La chikaya est portée devant Poujol et celui-ci les condamne, l'un à offrir le couscous, et l'autre le méchoui. A midi, les deux plats nous sont apportés et la réconciliation se fait la bouche pleine.

Le soir, au dîner, le sergent a recommencé à sortir des âneries sur la torture et autres sarcasmes racistes sur le peu de valeur de la vie d'un Arabe... Cet individu me met à rebrousse-poil et je m'engueule sèchement avec lui. Pour s'amuser et me faire monter, le capitaine rajoute du sel, mais, pour la première fois, ayant vu que plaisanter sur un tel sujet me met hors de moi, il vient par la suite me trouver dans ma chambre et me confie bien volontiers qu'il n'est pas du tout d'accord pour voir la torture entre les mains des militaires ; cependant, il fait une restriction pour le commando Georges, parce qu'ils sont des supplétifs musulmans et qu'il faut les laisser agir comme ils l'entendent avec leurs propres compatriotes, où l'usage de la force est la règle entre eux et admise des deux côtés. A cette restriction près, qui est discutable, ô combien ! je suis soulagé de voir l'honnêteté de ses vues.

En tout cas, je me félicite de n'avoir jamais cédé.

17 septembre. Nouvelle matinée dans le sud pour le recensement et le marquage des kheïmas. Méchoui sous la tente : un riche propriétaire musulman, qui possède ici de nombreuses terres, homme intelligent et évolué, partage le mouton avec nous. En le considérant, avec à son côté le maire de la commune, mahométan analphabète et chikayeur professionnel, je suis un instant tenté de me dire : « Mais pourquoi n'est-ce point le premier que nous avons comme maire ? » La réponse est évidente : sans doute, ne l'a-t-il pas voulu. Pas fou !

Cependant, si la réelle élite musulmane s'esquive — et comment ne pas la comprendre ? Nous avons appris hier que le maire de Géryville, conseiller général de Saïda, a été assassiné à la sortie de la mosquée ! —, je ne vois pas bien comment nous pourrons nous en sortir avant d'avoir formé une génération nouvelle... Pour la première fois, je m'avoue avec une froide acuité : il est trop tard ! Ce que nous n'avons pas su faire en fait de développement et de formation d'une élite locale responsable depuis cinquante ans, le FLN le fait et le fera demain.

23 septembre 1960. A 8 h 30, arrivée de la commission chargée de la première visite de réception administrative du bordj de la SAS. Le commandant Gautier, remplaçant le colonel Varnoux absent, un ingénieur des Ponts, le médecin-commandant Hertz, et l'entrepreneur. Selon le contrat, le bordj aurait dû être terminé depuis le mois de février, mais le commandant Gautier et l'entrepreneur sont des copains de bistrot assidus. Mon étonnement est donc modéré lorsque avant de monter jusqu'au bordj pour la visite où nous attend déjà l'entrepreneur, le commandant Gautier déclare benoîtement qu'il ne

faudrait pas chikayer et faire les difficiles durant la visite... Il y a à peine dix jours, lors d'une inspection préparatoire accomplie par le capitaine et moi sous les yeux de l'entrepreneur, nous avions souligné un certain nombre de défectuosités auxquelles il s'engagea à porter remède. Rien n'a été fait.

Le capitaine, rendu de mauvaise humeur par les précautions oratoires de Gautier, n'a pas à forcer son talent pour relever les erreurs et demander réparation. Chaque fois, Gautier tente de pallier et d'atténuer. Demeuré légèrement en arrière avec le médecin-commandant Hertz, pour qui, depuis notre dernière rencontre, j'ai la plus grande estime, nous nous amusons gentiment de cette scène. Après la visite administrative, un en-cas de charcuteries et de fromages réunit les membres de la commission, et ravive quelque peu l'humeur du capitaine. Puis, d'un ton anodin, le commandant Gautier nous propose de ne pas tenir compte des huit mois de retard... Selon le contrat, il y a 2000 francs d'astreinte à payer par jour ouvrable de retard, soit quelque 400000 francs pour les huit mois. Nul ne s'émeut car chacun l'attendait. Calme refus du capitaine, du médecin-commandant et de moi-même, bien décidés que nous sommes à faire payer à l'entrepreneur au moins quatre à six mois de retard. Là-dessus, Gautier tourne court en proposant de se réunir tous ici, dimanche prochain, autour d'un méchoui !...

Et maintenant, voici qui me réjouit infiniment : depuis que j'ai fait connaissance du commandant Hertz et apprécié sa haute valeur d'officier chrétien, j'ai eu plusieurs fois d'utiles conversations de confiance avec lui, au cours desquelles j'ai pu soulever le problème de la torture, qui demeure comme une « épine dans la chair ». Nous étions en plein accord, y compris sur notre rôle à nous, chrétiens et officiers, qui devions non pas démissionner mais plutôt rester dans la place pour nous faire entendre, protester, gêner les consciences. Cela nous le faisons le plus que nous pouvons et avec tout le cœur, l'esprit de foi et de vérité que nous avons, mais il est des moments où nous sommes tentés de nous dire que ces efforts sont bien vains à côté de gens si avides d'efficacité et de résultats (qu'ils obtiennent d'ailleurs !).

Et voici qu'aujourd'hui, le médecin-commandant Hertz m'apprend avec satisfaction qu'à la suite d'une nouvelle et vigoureuse protestation auprès des hautes autorités militaires celles-ci se seraient émues, déclarant ne pas être au courant (?) ; en particulier, le capitaine Georges G., chef du commando Georges, aurait reçu des instructions et des ordres précis pour modifier ses méthodes et tendre à faire de son commando une arme psychologique sur la population musulmane.

Enfin des réactions ! « Une note est sortie. Je vous la montrerai, vous verrez ! Oh ! dans le secteur de Saïda, il ne faut pas encore trop se plaindre pour cette question-là. Il y a du progrès... Il faut continuer à nous faire entendre. Vous voyez que votre concours n'a pas été inutile. »

Le dimanche suivant, à Saïda, au sortir de la messe de 9 h 30, je rencontre le médecin-commandant Hertz qui m'emmène dans son bureau pour me faire lire la note de service dont il m'a parlé vendredi. Je la recopie avec jubilation :

« Note confidentielle à l'attention des commandants de quartier.

Il m'est revenu par plusieurs témoignages, que des militaires non qualifiés pour mener des interrogatoires s'étaient rendus coupables de sévices inadmissibles sur des prisonniers ou suspects.

Je suis décidé à sanctionner d'une manière brutale de pareils manquements aux ordres maintes fois rappelés. Je précise une dernière fois aux commandants de quartiers leur responsabilité en la matière :

— seul l'officier de renseignements a qualité pour interroger un prisonnier et mener l'interrogatoire selon les règles. Il est responsable des prisonniers ;

— les interrogatoires doivent se faire dans un local approprié, autant que possible isolé et ne pas constituer un spectacle pour une troupe désœuvrée ;

— les sticks du commando Georges ne doivent pas agir à leur guise, mais se soumettre à la règle commune pour les interrogatoires.

Il n'échappe à personne que l'emploi de telles méthodes, à l'initiative de subalternes irresponsables, ne peut conduire qu'à un nouveau repli de la population sur elle-même et léser gravement notre œuvre de pacification.

En conséquence, toutes mesures seront prises immédiatement par les commandants de quartiers pour que les officiers de renseignements puissent contrôler tous les interrogatoires, en s'assurant par la même occasion de la personne des prisonniers.

Le colonel Brunet
commandant le secteur opérationnel de Saïda

13e div. d'inf. et ZSO
SOS état-major 2e bureau
n° 2 338/SOS/ 2B/SC. SP, 88 723, le 18/9/1960. »

Journal de bord : « 27 septembre. Le métier militaire tend par trop à l'acte immédiat, pressé par la réaction devant l'événement nouveau, qui écarte de la liberté, du pouvoir de penser, c'est-à-dire de placer l'acte dans un ordre qui dépasse les limites de l'événement. »

On nous laisse entendre, dans la presse métropolitaine, que de nombreuses personnalités ont signé le Manifeste des 121, davantage pour protester contre l'absence de sanctions officielles contre les responsables de la torture que pour encourager à la désertion... Ils n'ont pourtant pas l'excuse de l'urgence et, comme nous, des réactions immédiates que nous devons avoir sur le terrain. Le 1er octobre, un verdict est rendu au procès Jeanson : quinze accusés sont condamnés à dix ans de prison. Le 3 octobre, à Paris, une manifestation rassemble des anciens combattants à l'Étoile pour protester contre le Manifeste des 121. Quant à Salan il s'est vu interdire l'accès au territoire algérien.

8 octobre. Liaison galopade à Saïda. Je perçois des poutres, des chevrons, des clous, des madriers, des sacs de ciment. En bref, je charge deux camions de 5 tonnes avec les mokhazni.

L'après-midi, alors qu'il est de passage, j'ai un accrochage assez sec avec le capitaine Minck, de la 3e Cie du 8e RIM. Depuis... depuis un certain jour où j'ai protesté contre les sévices que ses hommes ont perpétrés sur des prisonniers. Depuis... et sachant bien que j'ai fait rapport de ces faits au médecin-commandant Hertz — de ceux-là et d'autres ! — lors de ma campagne contre la torture qui aboutit à la note de service signalée, depuis ses saluts sont coupés d'allusions significatives, et aujourd'hui l'algarade est encore plus acide. J'ai comme l'impression qu'on va me faire payer mon engagement ?...

Le jour suivant, dimanche, à la messe à Saïda, j'ai le souvenir ému de l'anniversaire de la mort de Pie XII auquel je voue des sentiments particuliers de gratitude à cause des textes qu'il publia pour condamner l'usage de la torture.

Quand je me prends à penser à cette évolution « forcée » par laquelle nous obligeons ces populations semi-nomades au mode de vie patriarcal, je me demande parfois si c'est nous qui avons raison ou bien eux.

« Tu veux me forcer à travailler, quand j'ai bien assez pour manger. J'ai assez aujourd'hui, je suis bien comme cela, et demain... inch'Allah ! »

« Tu veux me faire habiter dans une maison et moi, j'aime mieux la kheïma... »

Une évolution civilisatrice est affaire de digestion et d'assimilation, pendant des générations... Que n'a-t-on commencé plus tôt ? Dans ce domaine, rien ne se rattrape sans dommages. Nous sommes bien sots et naïfs de nous impatienter devant leur lenteur, ou ce que nous appelons leur maladresse dans la voie d'évolution. Gageons que si les tares et les verrues de notre « progrès » les disgracient et l'emportent sur les bienfaits, nous leur aurons appris à devenir malheureux.

Dimanche 16 octobre. Au mémento des morts, à la messe : « Portons dans nos prières tous nos défunts, et parce que nous sommes mêmes frères en Église, parce que nous sommes mêmes fils de France, parce que nous sommes tous, ici, compagnons d'armes, prions spécialement pour François de France, prince d'Orléans, qui vient d'être rappelé dans la Maison du Père. »

La radio de France nous fait savoir que l'Assemblée des cardinaux et archevêques vient de publier une déclaration[228] dans laquelle elle dénonce l'insoumission et les atteintes à la dignité de l'homme en Algérie : « Les actes de terrorisme, les outrages à la personne humaine, les procédés violents pour arracher les aveux, les exécutions sommaires, les mesures de représailles atteignant des innocents sont condamnés par Dieu. »

Je relève dans *Les Mémoires d'un lion* de Jacques Bourbon-Busset : « Nous étions seuls avec la grande voix qu'on entend sans qu'elle parle, si on ne parle pas soi-même... ce qui ne se compte pas et qui seul compte... être en accord permanent avec tout ce qui nous entoure... il ne calcule pas, il regarde... il ne prouve pas, il éprouve... »

Lundi 24 octobre. L'administration nous entrave par sa médiocrité, son insuffisance, son incapacité et sa mesquinerie. Voici une guerre que des politiques nous imposent sans assurance, au nom d'une cause incertaine : qu'est-ce que « l'Algérie algérienne » ? L'origine des SAS vient bien de la sous-administration, qui est responsable de quelques-uns des maux de l'Algérie. La fonction publique ne fournissant pas les renforts nécessaires, les cadres militaires ont suppléé. Sous l'impulsion de Soustelle, le général Parlange a d'abord renforcé les communes des Aurès par des officiers des AI *, anciens du Maroc ou des Affaires sahariennes. Les Sections administratives spécialisées naissaient : cela remonte à 1955. Aujourd'hui, il y a plus de 700 SAS, mais n'est-ce pas trop tard ?

On me contraint à faire des distributions de farine aux attributaires du chantier de l'Habitat rural : un sac de 50 kilos pour quatre, mais je suis contre ces gratuités : elles sont antiéducatives pour le sens du travail et de la dignité.

La SAS ne s'intègre à aucun mode administratif, mais obéit à des règles propres, complexes, tiraillée entre les civils et les militaires. Et

* Affaires indigènes.

de fait, son statut nous semble imprécis puisqu'elle relève d'une triple hiérarchie. Pour la gestion, elle ressort des Affaires algériennes. Pour l'utilisation, elle s'applique dans le cadre traditionnel de l'administration civile. Et enfin, elle rend sans cesse des comptes à l'autorité militaire : ici, au commandant de quartier.

28 octobre. Je marque une surprise pessimiste à la nouvelle que m'apprend le capitaine : « On me donne un sous-lieutenant intérimaire pour me remplacer ! » Aussitôt je me souviens de quelques paroles du colonel Varnoux à mon arrivée à Saïda, m'expliquant l'incompatibilité qu'il y avait à faire vivre ensemble deux sous-lieutenants dans une même SAS. Le respect de l'ancienneté et de l'expérience ne pouvant guère jouer, il est en effet à craindre que les relations humaines ne soient pas nécessairement harmonieuses.

Le 30 octobre. Le FLN écrit : « La puissance ennemie est partie de ce principe : s'acquérir le peuple politiquement. Nous avons dit qu'elle a appris la leçon en Indochine ; elle connaît certainement ce principe de Mao Tsé-toung : “ Si la guérilla est dépourvue d'un objectif politique, elle échouera. ” Il s'agira donc pour elle de détruire, de dénigrer, d'écraser notre but politique, ayant résonance au sein du peuple, pour le remplacer par un autre à son avantage *... »

Leur objectif politique est connu, précis et clair.

Le nôtre, celui qui doit remplacer le précédent, est tout à fait imprécis et flou pour la masse musulmane. D'où l'attentisme de l'ensemble. Autodétermination ? Algérie algérienne ? Qu'est-ce que cela peut signifier pour ces populations primaires qu'on va appeler à voter ? Pour elles, il y a les fellaghas et nous : « Tu restes ou tu discutes avec les fellaghas ? »

Oh ! je sais bien que notre gouvernement est à la recherche d'une solution médiane qui favorise une accession à l'autonomie et à l'indépendance d'un pays algérien, dans la coopération harmonieuse des communautés, sans céder au chantage du couteau et de la grenade. Mais que cela semble loin de notre abrupt quotidien, du réel du bled et du djebel qui s'embarrasse assez peu de nuances et simplifie si brutalement les choses !

Bruits alarmants sur une menace d'internationalisation du problème algérien. On attend un discours de Ferhat Abbas annonçant l'aide matérielle de la Chine et de la Russie. Nous accueillons ces nouvelles graves avec une apparente légèreté et la repartie plaisante propres à l'esprit français, mais, dans le fond du cœur, l'angoisse et l'amertume se lisent à travers ces réflexions désinvoltes : « Ah ! des

* Tract distribué dans le douar.

petits commandos chinois ! Enfin on aura du monde en face de nous !... » « Ah ! enfin ce sera de la guerre ! »

Le soir, les informations radiodiffusées nous apprennent qu'à Tunis Ferhat Abbas a condamné le principe de « l'Algérie algérienne » du général de Gaulle et refuse un référendum sous le contrôle de l'armée.

Premier novembre : anniversaire de la rébellion. Nous craignions quelques petites réactions du douar. Mais non, rien ! Toute mon équipe d'attributaires est au complet, ce matin, sur le chantier. Savent-ils que c'est l'anniversaire ? Le capitaine croit que non, mais qu'en revanche ils savent très bien que, la semaine dernière, à quelques kilomètres d'ici, le commando Georges a capturé le capitaine commandant la zone VI, Ahmed Saadoun, et que, ce matin, son remplaçant a été tué dans une embuscade près de Mascara.

Hélas pour nous ! la solution n'est pas militaire. Elle est politique. Les militaires se consoleront-ils en estimant qu'ils n'ont pas « perdu » militairement cette guerre ?

Le 3 novembre s'ouvre le procès des barricades qui va raviver des tensions chez les ultras, et le lendemain, tandis que de Gaulle réaffirme sa volonté de « poursuivre le marche vers l'Algérie algérienne », se déclare prêt à « recourir au pays par la voie du référendum » pour « avancer de manière décisive la solution algérienne », le capitaine Poujol nous fait un méchoui d'adieu, son remplaçant, le sous-lieutenant Fournier, étant arrivé la veille. Et moi, je lis dans *Les SAS,* brochure éditée par le commandement général de la wilaya d'Oran : « Une manière radicale de parvenir est justement d'amener l'ennemi lui-même à employer la force contre le peuple, c'est-à-dire d'attaquer la SAS... Lyautey disait, et à juste titre, car il a eu tout le temps de l'expérimenter au Maroc avec succès : “ Il n'y a de fait plus solidement établi que l'efficacité du médecin comme agent de pacification. ” Pourquoi précisément le médecin est-il un agent de pacification efficace ? Il semble parce qu'il n'utilise jamais la force. »

Georges devrait méditer sur les publications de ses ennemis.

Et je lis dans la Lettre pastorale de novembre[229] du cardinal Feltin, vicaire aux Armées : « La grande victoire de ceux qui ne croient ni à Dieu ni à diable, c'est d'amener ceux qui les combattent à user pour se défendre des mêmes moyens pervers, de les abaisser à leur niveau. »

Le 5 novembre, à 7 heures du matin, à mon commandement, tous les mokhazni présentent les armes au capitaine Poujol qui sort du bordj au volant de sa voiture pour gagner Alger. Comme le nouveau chef de SAS ne connaît guère la situation, il va me falloir surveiller spécialement le makhzen, afin que certains n'aient pas de mauvaises idées... Ici, nous n'oublions jamais que l'an dernier deux mokhazni, dont l'un était l'ordonnance de confiance du capitaine, ont déserté par une belle nuit avec leurs armes. Cela ne leur a pas réussi, car ils sont tombés dès le lendemain dans une embuscade.

Dimanche 6. La messe à Saïda me donne un bol d'air... Ah ! ces dimanches que la seule ingéniosité de chacun doit suffire à remplir. Entre la lecture, le courrier et le cheval, je ne connais jamais l'ennui mais l'ennui des autres me pèse, et le fait même qu'ils s'ennuient, seuls — et encore plus maintenant que nous avons emménagé au bordj —, loin de m'en rapprocher, m'en éloigne.

A mon avis, un officier adjoint dans cette SAS fait double emploi, et les autres confrères, également adjoints dans d'autres SAS du secteur, m'ont avoué la même chose. Avec le départ du capitaine Poujol, c'est le capitaine Minck qui devient commandant de sous-quartier, et de ce fait, je me décharge avec un grand soulagement de ma fonction d'officier de renseignements sur un sous-lieutenant de la 3e Cie du 8e RIM.

Qu'est-ce qu'une SAS ? Un produit de remplacement de l'administration défaillante ? Où sont aujourd'hui, en Algérie, les serviteurs de l'État ? Au gouvernement général à Alger ? Dans les nouvelles sous-préfectures ? Dans ces bureaux si pesants ? Le sens de l'État a été retrouvé, comme par instinct — ils ne sont ni techniciens ni fonctionnaires de par leur formation ! —, par ces officiers qui l'incarnent dans les douars. Mais sont-ce encore bien des militaires ?

Quelle est cette « guerre » qui fait du soldat un policier, un maçon, un instituteur, un fonctionnaire ? L'armée à qui l'on donne tâche pour remplacer toutes les défaillances ne devra jamais prétendre à la gratitude du pays. On rejettera même sur elle tous les échecs qui s'annoncent !... Lorsque le capitaine nous a quittés, il nous a simplement dit : « Je viens de faire cinq ans en Algérie, trois ans opérationnel, et deux ans de SAS... », puis dans un long silence, son air de lassitude a semblé nous dire : « Aurais-je à me demander bientôt pourquoi ? »

Des rumeurs courent : Krim Belkacem * vient d'annoncer que l'indépendance ne suffisait pas, mais qu'il faudrait que tous les Français quittent l'Algérie. Il en est vraiment qui ne tiennent pas à la fraternité des deux communautés ! Comment concevoir un avenir politique à ce pays sans une coopération étroite entre Européens et

* Krim Belkacem, un des six chefs historiques du MTLD en 1954, il devient le chef de la 3e wilaya.

Musulmans ? L'indépendance — je ne rejette nullement la perspective d'une indépendance ! — avec la France ? Est-ce encore possible ?

11 novembre 1960. Le sous-lieutenant Basile défile à Saïda avec sa section. Il reçoit aujourd'hui la croix de la valeur militaire, avec un « clou ». Une « banane * » méritée ! Basile s'est beaucoup donné pour sa section, et je constate, avec plaisir, que cette décoration récompense un effort plus qu'un résultat, plus qu'une efficacité. En effet, Basile n'a pas de chance : il a toujours manqué ses « coups » !

A Alger, les partisans de l'Algérie française ont très mal réagi au dernier discours du 4 novembre du général de Gaulle. Celui-ci avait précisé son concept d'« Algérie algérienne » : « Cela veut dire une Algérie émancipée... où les responsabilités seront aux mains des Algériens... Une Algérie qui aura son gouvernement, ses institutions, ses lois... La République algérienne existera un jour. » A l'occasion des cérémonies officielles du 11 novembre, Delouvrier est insulté publiquement et des heurts violents ont lieu entre manifestants et police algéroise. Le maréchal Juin rompt avec de Gaulle.

En montant, vers 19 heures, au poste pour dîner et sabler le champagne en l'honneur de Basile, nous remarquons des signaux lumineux qui se répondent dans la nuit. Il y a toutes sortes de feux dans les ténèbres, quand on observe, et ce ne sont souvent que des petits incendies de chaumes qu'allument les bergers... Mais non, ce soir, il semble qu'il ne s'agisse pas de ces lumières-là. Étrange. Basile nous dit que d'après ses « infos », les quelques fellaghas du coin — Stitni et compagnie — allaient tenter des égorgements dans le regroupement.

Le lendemain, j'apprends au déjeuner que Hamdane Benouis, fermier voisin que nous avons mis en autodéfense à sa demande, a déjoué, hier soir, une tentative d'approche de trois fellaghas en lançant ses deux fusées SOS. Mais nul n'a vu ces signaux dans la nuit, mis à part les feux précédemment signalés, d'ailleurs dans la même direction. Le matin, Basile, alerté par Benouis, encore tremblant, est venu sur les lieux et a arrêté un suspect dont il connaissait très bien le nom, alors que celui-ci passait en taxi : Sakrane, tel est son nom.

Soudain je comprends, pendant le repas, que Basile l'a questionné en le « travaillant » : Sakrane, au bout d'une heure d'interrogatoire forcé, a avoué que Stitni et deux tissals avaient voulu égorger Benouis et sa famille hier soir. Je suis attristé et violemment écœuré de savoir comment Basile a obtenu ses renseignements. Violente discussion au dîner... Une fois encore, je suis seul.

* Appellation familière pour désigner une décoration.

Peu après je découvre que le stick de Georges s'est mis de la partie avec Basile pour torturer les suspects. Cela prend de l'ampleur... Au déjeuner du 13 novembre, le même sujet sera latent dans toutes les discussions. Voulant éviter de m'échauffer vainement là-dessus, je garde une froideur concertée... et d'autant plus que la « gégène » devient matière à rire et à plaisanter : en plein dîner, l'adjoint de Mohamed vient demander le « téléphone » au brigadier-chef du magasin et comme celui-ci, ne saisissant pas très bien de quoi il s'agissait, se met à fouiller ses poches, c'est un fou rire généralisé qui éclate, auquel je me dérobe.

Je repense, un peu désabusé, à cette note de service, que j'avais prise pour mon bulletin de victoire : comment pouvais-je être assez naïf pour m'imaginer qu'elle serait jamais respectée ? Et à présent que faire ? Déjà je suis tenté de succomber à la tentation de me taire, d'oublier, de fermer les yeux... Mon intransigeance me vaut d'être si seul ici que la lassitude, le scepticisme peuvent me gagner. Et pourtant non ! je regimbe, je me ressaisis intérieurement : « Il faut que cette voix demeure qui les gêne, car je vois bien qu'elle les trouble... et cela est bon... cela prouve qu'ils n'ont pas toute leur conscience pour eux, quoi qu'ils puissent en dire... »

Le lendemain, un vent de tentation de désertion secoue le Makhzen, qui semble ne pas faire confiance au nouveau sous-lieutenant chef de la SAS. Descendu, le jour suivant, à Saïda et de passage à la mairie pour une affaire sociale à dépanner, je croise par hasard le lieutenant de la chancellerie des Affaires algériennes qui me salue et me dit avec quelque gêne :

— Ah ! vous savez que vous partez à la SAS nomade n° 1 ?

Violent étonnement que je m'efforce de ne pas manifester. L'officier ne répond pas ou ne veut pas répondre quand je lui demande les raisons de ce départ précipité.

— Votre nouveau chef de SAS, le sous-lieutenant Fournier, est descendu hier... Ça s'est réglé alors... Vous partez jeudi, et votre remplaçant est là : vous le remontez.

Je demande à voir le colonel. Il est absent.

— Mais qui a pris cette décision en l'absence du colonel ?

— Le secrétaire général de la préfecture, mais le colonel a été joint à Alger et a donné son accord. Passez prendre votre ordre de mission à la préfecture.

Quelque chose m'attire vers le bas pour me désespérer et m'abattre, et un mouvement contraire me fait murmurer : « Cela est bon. Cela est bien. Tout prendra son sens... Le sous-lieutenant est descendu hier : est-ce lui qui me chasse comme un voleur ? Il aurait pu au moins me prévenir, s'expliquer... Non, il y a autre chose, que je sais, mais que l'on ne veut pas me dire... Effectuer le rétablissement intérieur, au-delà du coup porté... rentrer dans l'acte, dans le sens secret de ma vie en assumant entièrement ce présent, sans regret du passé, sans crainte d'un futur... »

Il reste cependant comme un trop-plein physique à déverser pour que tout soit en harmonie avec l'acceptation intérieure. Aussi, une fois remonté à Oum-Djerane avec mon successeur, je refuse brièvement le déjeuner, enfourche mon cheval et me rue dans l'épuisement d'une dernière chevauchée.

A mon retour, en tout début d'après-midi, je vais accomplir la distribution de blé aux travailleurs du chantier, comme prévu et comme si de rien n'était. Je remonte au bordj pour voir le sous-lieutenant Fournier : il faut s'expliquer. Et ceci s'opère calmement.

— Non, ce n'est pas moi qui ai demandé votre départ... La vérité c'est que... enfin... les méthodes que vous dénoncez... la torture, ils veulent que vous vous écrasiez... Vous les gênez.

C'est donc bien cela ! Dominant mon amertume révoltée, j'éprouve une certaine jubilation en profondeur : voilà une bonne raison ! Si j'avais eu besoin de croire à nouveau que je suis dans la vérité, cette épreuve vient à point me redonner le goût du combat.

16 novembre 1960. En quittant Oum-Djerane définitivement, j'apprends qu'au poste les « interrogatoires » continuent.

Saïda. Nouvelles de France : le général de Gaulle annonce au Conseil des ministres son intention de procéder à un référendum sur l'organisation des pouvoirs publics en Algérie et le principe de l'autodétermination. Le tribunal des Forces armées met en liberté Pierre Lagaillarde, le pseudo-héros des barricades d'Alger.

A la chancellerie des Affaires algériennes, je demande une permission de trois jours pour Alger : j'ai l'intention de faire mon rapport à l'échelon le plus haut des Affaires algériennes pour continuer à dénoncer des méthodes détestables. Je ne sais qu'une chose sur ma nouvelle affectation, que je rejoindrai le 21 : c'est une SAS située à l'ouest de Mecheria, le long du barrage électrifié algéro-marocain, qui n'a de nomade que le nom et surtout la réputation d'être le coin le plus « paumé » des quatre départements (Saïda, Mecheria, Aïn-Sefra et Géryville). En clair : une pénitence !

Seul dans ma chambre d'hôtel, j'évoque la soirée d'hier, la dernière à Oum-Djerane : Mohamed, le chef du stick de Georges, offre un méchoui en l'honneur (?) de mon départ. Une très heureuse et irréelle ambiance de fraternisation franco-musulmane lie les jeunes officiers français à ces anciens fellaghas, et je me prends à rêver à ce jour où nous pourrions trinquer ensemble avec les fellaghas d'aujourd'hui : « A la nouvelle Algérie ! A son indépendance ! A son amitié avec la France ! » Champagne dû à la délicatesse de M. Janin... De grosses bûches lançaient leurs flammes chaudes dans la vaste cheminée. *Ce n'est qu'un au revoir, mes frères !* Tous, en chantant, nous nous sommes levés, main dans la main.

Cette terre d'Afrique blanche est décidément romantique. Une fois encore un rêve passe au cœur de cette guerre civile dont on ne sait jamais si les passions vont faire naître des embrassements ou couler le sang.

A Alger, je manque le père de L'Espinay de peu. Par téléphone il me conseille de lui faire un rapport détaillé des événements dont j'ai été le témoin afin qu'il puisse mettre au courant le général Partiot, le grand patron des Affaires algériennes. Quant à mes propres démarches au Palais-Carnot* et les rendez-vous formels qui s'ensuivent, tout cela me fait songer à des coups de fronde contre un Goliath en bronze.

Suite du journal de bord d'un officier SAS, « perdu » dans la mer d'alfa.

« 25 novembre 1960, Abd El Moula, SAS nomade n° 1 (Mecheria). La SAS a deux regroupements de nomades en charge : l'un, ici, à Abd El Moula, et l'autre à Ben-Amar, à 30 kilomètres d'ici.

» Afin de prendre contact, je vais petit à petit vérifier le recensement de toutes les kheïmas. *Grosso modo,* il y a trois douars distincts, ce qui représente quelque deux mille personnes. Les kheïmas sont plus grandes et plus belles qu'à Oum-Djerane. Il y a de gros propriétaires de troupeaux. Les beaux tapis sont fréquents à l'intérieur des tentes, et les bandes de soutien, qui servent de jointure entre les parties principales de la tente et d'appui aux piquets, sont tissées de couleurs vives et gaies avec des dessins géométriques. Thés et palabres.

» A Ben-Amar, où je me rends l'après-midi, une éolienne et une station de pompage puisent de l'eau pour les nombreux troupeaux qui arrivent des zones de pacage pour boire. Le poste militaire est tenu par des artilleurs du 403. Un sous-lieutenant et un sergent, tous deux appelés du contingent, mettent toute leur foi et leur dévouement au service du douar. Ils y “ croient ”, comme moi-même j'y croyais il y a quelques mois, et j'ai un peu honte, à côté d'eux, d'avoir perdu de la flamme.

* Siège, à Alger, de l'administration des Affaires algériennes.

» Effet efficace de la propagande réelle : la population locale croit fermement que les volontaires russes et chinois sont là, de l'autre côté du barrage, prêts à lancer l'assaut, et que le FLN l'emportera. Je suis un peu stupéfait qu'ils osent le dire ainsi : ils croient à la victoire finale du FLN, et je ne suis pas loin de penser comme eux.

» 26 novembre. Avec le capitaine commandant la SAS, je descends en liaison à Mecheria pour être présenté au commandant de l'échelon des Affaires algériennes et au sous-préfet. Mecheria est un groupuscule de petite ville artificielle, siège d'une sous-préfecture et de la résidence du général, au pied du djebel Antar : mechtas misérables et baraquements militaires de la Redoute. Intérêt nul. La grande route de Colomb-Béchar coupe la mer d'alfa et se dirige au sud vers les ksours. A 2 ou 3 kilomètres au sud de Mecheria, une route à droite, celle d'El Haricha, la nôtre, rectiligne à l'infini. Le barrage la longe et rejoint la route de Béchar pour l'accompagner fidèlement jusqu'au bout, au sud d'Aïn-Sefra.

» Après-midi, balade à cheval. Les deux ou trois montures de la SAS ne valent rien. Je vais me mettre au dressage. Comme beaucoup de barbes montés par des Arabes, le mien ne sait pas trotter : ce ne sont que soubresauts à mi-chemin entre le trot enlevé et le galop. Comme le terrain de parcours n'offre absolument aucun point de repère sur des centaines de kilomètres, il faut marcher à la montre pour se fixer un but dans le temps si ce n'est dans l'espace.

» Dans notre secteur, le terrain étant trop plat, il n'y a pratiquement jamais de tentative de franchissement du barrage par les forces du FLN massées passivement au Maroc. Il faut remonter beaucoup plus au nord pour signaler quelques harcèlements au mortier, heureusement très mal réglés. Entre le barrage proprement dit et la frontière algéro-marocaine, s'étale une zone interdite dont certaines pistes sont fréquemment minées par les rebelles. Nous avons des renseignements selon lesquels il y aurait un sérieux renforcement du potentiel ennemi dans la zone marocaine. A la veille du débat à l'ONU sur l'Algérie, il est à craindre quelques tentatives de franchissement.

» Dans les populations, il paraît certain que l'évolution politique récente du problème algérien (Algérie algérienne, République algérienne, référendum...) favorise de plus en plus l'attentisme, voire la sympathie envers le FLN, dont la position politique s'affirme et se renforce.

» 30 novembre. Nouvelle liaison sur Mecheria pour laquelle je prends au passage les deux responsables du poste militaire de Ben-Amar, le sous-lieutenant Constance, qui se transforme souvent en infirmier et même en accoucheur sous les kheïmas, et son sergent, surnommé " monsieur Chef ". Ensemble nous parlons du problème algérien et soudain je m'aperçois, à mes propres paroles, qu'il est là le résultat de mes cinq mois de présence sur cette terre, à forcc d'avoir cherché à comprendre la population musulmane :

» Qu'on le veuille ou non, il faut se mettre devant une réalité : l'Algérie sera indépendante, et il est bon qu'elle le soit. Qu'elle le soit, on peut l'espérer, avec la France. Et pour cela, il faut bien compter avec le FLN. Je sais combien c'est difficile, mais précisément la mise en place d'un exécutif algérien, que vient d'annoncer de Gaulle, n'est-elle pas destinée à ce que cet exécutif négocie avec le FLN ? La politique Algérie française ? Sa chance est passée depuis mai 58 : il ne faut plus s'y attarder. Il y a encore en face de nous une force politique relativement modérée avec Ferhat Abbas... Pour combien de temps ?... Le péril marxiste ? S'il n'est pas forcément un leurre, des gens comme Bourguiba en sont plus conscients que nous. Ne confondons pas nationalisme légitime avec marxisme. »

Le premier jour de décembre réunit à la SAS d'El Biod tous les officiers SAS de l'arrondissement de Mecheria. Se sont joints à nous un capitaine chef du 2ᵉ bureau et deux autres capitaines de la coloniale. Avant le déjeuner, le chef d'échelon des Affaires algériennes à Mecheria, le capitaine Breteau, nous rassemble dans son bureau pour un tour d'horizon, puis le chef du 2ᵉ bureau prend la parole. Ce qu'il nous dit est très clair : les SAS n'ont rien compris jusqu'ici au 2ᵉ bureau — chargé du renseignement ! — et lui mettent parfois des bâtons dans les roues, ou ne veulent pas suffisamment coopérer. Petit speech pour nous inviter à travailler la main dans la main : « C'est pour votre bien... Et pour nous le seul moyen d'y arriver, il faut avoir la franchise de le dire, c'est l'électricité ! »

Légère pause. Je suis tendu comme un ressort. Suit une déclaration du même capitaine sur la nécessité de l'efficacité, si déplaisants que soient les moyens... Et après avoir tenté de les justifier, il cherche à en atténuer les conséquences morales et psychologiques : « On ne se fait pas toujours des ennemis. Nos meilleurs " infos " sont des types qui y sont " passés " !... » Silence de l'auditoire... Je regarde la dizaine d'officiers présents : non ? personne ? aucun ne va parler ? Et d'un coup, oubliant les conseils de prudence que je me donnais à moi-même il y a un instant : « Reste tranquille. Tu vas encore avoir des histoires... Attention à ta prochaine perm pour Noël ! Ils vont te la sucrer... Après la perm tu verras... »

Je n'ai pas le droit de me taire. Et j'entends ma voix, toute seule, contenant à peine la violence de son indignation.

C'en est fini. Silence épais dans le bureau enfumé. Il fait chaud. Le capitaine du 2e bureau est contracté. Va-t-il exploser ? Il se contient.

— Dans ces conditions, je ne sais pas pourquoi vous avez choisi d'être officier ?

— Ce n'est pas moi, c'est vous qui trahissez votre vocation d'officier, si vous savez encore ce que cela veut dire ! Vous n'êtes plus soldat, vous êtes policier !

Courte passe d'armes sous le regard de mon chef hiérarchique médusé. Le 2e bureau est troublé :

— Je pourrais vous dire que ma conscience... », mais il ne termine pas.

Publiquement mieux vaut en rester là. Pour moi, ma position est maintenant connue et nettement déclarée. A la fin de la réunion, je m'approche de mon capitaine chef de SAS :

— Mon capitaine, si vous ne voulez pas d'ennuis, mieux vaudra ne plus m'emmener aux réunions.

2 décembre 1960. Comme j'étais à Ben-Amar, le deuxième regroupement, avec le sous-lieutenant Constance et « monsieur Chef », nous avons eu la visite d'un lieutenant OR, successeur d'un sous-lieutenant qui s'était distingué par le sadisme de ses méthodes d'interrogatoire. En voilà un exemple : sur dénonciation, il a arrêté récemment un épicier, mais il s'avère qu'il n'a rien eu à retenir contre lui. « Malheureusement, ajoute le lieutenant OR, il a été tellement " travaillé " qu'il est à moitié mort ! C'est ennuyeux : on ne peut pas le remettre en circulation dans cet état. Alors, on trouvera quelque chose contre lui, juste de quoi le retenir au centre de transit jusqu'au référendum. Après on le relâchera. » *Sic.*

Voilà comment on prépare un référendum ! Une injustice révoltante... parmi bien d'autres ! Je me suis désolidarisé publiquement de ces méthodes... je les ai refusées, combattues, condamnées... Que puis-je faire encore ?

Un chef de SAS rédige par écrit un rapport hebdomadaire qu'il envoie à son sous-préfet, et chaque semaine un « TO de renseignements psychologiques » que mon capitaine chef de SAS me demande de rédiger et d'envoyer par radio. Cela donne ceci

« Pacification et ambiance générale :

Le manque d'eau généralisé compromet sérieusement l'équilibre de la vie des nomades : tous les esprits sont inquiets sur ce point capital.

État d'esprit et ambiance générale :

Les soudaines arrestations de cette semaine conduisent à une dérobade de la population à notre égard : de nombreuses et inhabituelles demandes de laissez-passer pour les zones de pacage permettent de saisir ce désir de se soustraire à de futures opérations policières. Le contact est ainsi perdu pour un temps, l'œuvre passée remise en question et rendue beaucoup plus difficile la préparation du terrain psychologique nécessaire aux élections proches.

Propagande rebelle :

La propagande FLN fait porter son effort sur la révélation d'une aide étrangère puissante qui permettra prochainement une victoire du FLN. La proximité d'un débat à l'ONU à ce sujet n'est pas ignorée.

Conclusions générales :

La fourniture par M. le sous-préfet de Mecheria d'un train moutonnier* va peut-être résoudre en partie et pour un temps le grave problème de l'eau, en décongestionnant Ben-Amar, dernier recours, mais qui se révèle insuffisant devant l'affluence des troupeaux. Il reste néanmoins que cette solution de transport d'eau nous sera à charge onéreuse et pour l'entretien mécanique et pour les servitudes de personnel et de sécurité. Comme il n'y a plus de point d'eau dans la zone de pacage de la 12e DI, que le débit d'eau d'Abd El Moula suffit à peine aux besoins des unités militaires et de la population, que le barrage de Mechra El Alam est à sec, que l'éolienne de Bou Lakhsene ne fonctionne pas et que les troupeaux ont déjà été refoulés d'El Haricha, seul le poste de Ben-Amar restait un recours ultime et précaire.

La récente solution apportée par M. le sous-préfet de Mecheria va soulager heureusement Ben-Amar mais sa difficulté d'application en souligne assez le caractère provisoire.

SAS nomade n° 1, Abd El Moula, 3 décembre 1960. »

Journal de bord : « 6 décembre 1960. Une fois n'est pas coutume : aujourd'hui je reste “ à la maison ”, c'est-à-dire dans la petite piaule de mon baraquement en bois. Il fait un vent glacial. Blotti contre un poêle à butagaz branlant, j'écris et je médite sur la dernière réponse envoyée par Rome à ma question sur “ la fin et les moyens ”.

» “ La fin ne justifie pas les moyens ”, argument le plus couramment employé contre la torture. De fait, ceux qui l'acceptent pour argent comptant, ne sont pas tellement difficiles car cet axiome n'est pas une vérité évidente par elle-même. Comment la démontrer ?

» La lettre romaine dit : Première question : d'où les actes tirent-ils leur espèce morale, première, fondamentale et essentielle ? De leur

* Citerne mobile avec système d'abreuvoirs pour le bétail.

objet. Ainsi, peu importe si la fin accidentelle d'un acte est bonne, si la fin essentielle qui le motive est mauvaise. Par exemple, si je vole pour faire l'aumône, la fin essentielle de mon acte, qui est de vouloir voler, est mauvaise, et l'intention de la fin accidentelle que j'ajoute *(qui accidit)* et qui est bonne ne détruit pas mon intention de voler. En effet, nous ne sommes pas dans le domaine des qualités sensibles où le chaud peut compenser et tempérer le froid. Une intention n'en détruit pas une autre — à moins bien sûr qu'elle ne lui soit contradictoire.

» Donc, comme l'acte est spécifié par l'objet *(actus specificatur per objecta),* il suffit que la volonté se porte sur un mauvais moyen pour être mauvaise.

» La morale, la vraie, ne se fonde pas sur l'efficacité, ou sur le souci du bien-être physique. Elle reflète l'ordre divin. Cependant : " du mal ne peut sortir le bien " est une proposition fausse. En effet, du mal physique peut dériver, *per accidens* *, quelque bien physique ou même moral. Mais le mal moral est tellement contre l'ordre que Dieu lui-même ne peut l'ordonner au bien, car le mal moral est le péché et le péché est contre Dieu, et Dieu Lui-même ne peut pas faire que ce qui est contre Dieu soit pour Dieu, cela est impossible. »

Grâce aux grandes lignes de la philosophie thomiste que j'ai apprises à l'Université grégorienne de Rome, il m'est relativement aisé de suivre encore les développements du texte précédent mais je souligne surtout que son rédacteur, lui-même philosophe, tient à faire remarquer que l'axiome selon lequel « la fin ne justifie pas les moyens » n'est pas une vérité de soi évidente. Dans la pratique de la guerre révolutionnaire dont je suis le témoin — et l'acteur ! —, selon ses conditions physiques et psychologiques bien particulières, j'ai observé qu'un tel axiome n'était apte à convaincre des consciences morales que dans deux cas, ou bien lorsqu'il s'agissait de chrétiens sérieux, conséquents et convaincus — tel le médecin-commandant Hertz ! —, mais dans ce cas le contenu philosophique dudit axiome ne jouait guère, ou bien lorsqu'il s'agissait d'esprits, plutôt « laïcs » et formés à une morale de type kantien, auquel cas l'axiome faisait fonction d'impératif catégorique, d'*a priori* indiscutable.

Autrement dit, dans le premier cas, la crédibilité va plutôt à la personne proférant l'axiome, sachant que c'est une référence à sa compétence — séminariste étudiant en théologie, dans ma personne — et à sa fonction morale — prêtre, aumônier, professeur d'Université ou directeur de séminaire —, ou à la valeur humaine et spirituelle du proférant, plutôt qu'à la rigueur logique de l'axiome.

* Par accident.

Dans le deuxième cas, chez les esprits peu ou prou imprégnés de Kant, alors que le bien moral reste la notion de base de la morale thomiste, l'impératif catégorique devient le « primum cognitum » de l'ordre moral, sachant que chez Kant, la notion de moralité exclut la considération du bien et se définit par l'obligation ou par l'impératif catégorique.

De mes cours de philo à Rome, je garde le souvenir que l'impératif catégorique et le devoir kantiens donnaient à l'ensemble une raideur qui tient peut-être aussi à la nécessité à laquelle Kant se voit contraint de donner à l'impératif catégorique toute la force qu'il enlève au bien. Raideur, caractère impérieux, austérité, autant de traits qui conviennent parfois assez bien à la psychologie militaire, qui, par nécessité de structures, valorise les notions de devoir et la forme impérative. Même alliance psychologique entre les militaires parfois et les mentalités intégrisantes.

Je relève, dans une autre lettre, une citation suggestive d'Emmanuel Mounier : « L'homme n'a pas à s'accomplir à tout prix, mais à toute force. A tout prix, c'est-à-dire en faisant fi des vraies valeurs et donc de l'homme. Il doit au contraire s'accomplir à toute force, c'est-à-dire en faisant tout ce qui est conforme aux exigences de la morale et est en son pouvoir[230]. »

Le même correspondant me signale que *Esprit* a publié un supplément à son numéro de novembre sous forme d'une plaquette de 16 pages[231] dont le titre est : « Appel où il est fait état des principes de la République et de l'honneur de la France », et qui s'exclame : « On a osé torturer. Cela, dans l'armée française. En dépit de la devise de la République. Au mépris de toute convention internationale ; de la dignité ; de l'honneur[232]. » Ces mouvements de menton d'intellectuels me laissent assez indifférent.

Le 8 décembre, le Conseil des ministres approuve le décret sur l'organisation d'un référendum le 8 janvier 1961. Celui-ci recherchera l'approbation des électeurs sur deux articles ; l'un consacrant le principe de l'autodétermination de l'Algérie et l'autre définissant les principes généraux d'une nouvelle organisation des pouvoirs publics sur la terre algérienne. Entre le 9 et le 13, un voyage du général de Gaulle en Algérie est le prétexte à Alger même et à Oran de violentes manifestations européennes, puis musulmanes. On parle de cent vingt morts dans la capitale algéroise, et de tués à Bône et à Oran. Le 15 décembre, la radio nous apprend que le Conseil des ministres annonce des sanctions disciplinaires contre Salan, décide la dissolution du regroupement des ultras dans le FAF (Front Algérie française) et révoque une quarantaine de fonctionnaires qui ont fait grève à Alger.

Enfin, le 20 décembre commence la campagne du référendum : de Gaulle demande « un oui franc et massif ». Ma permission de Noël me conduit à Nantes où je redécouvre une presse plus élargie qu'à Saïda où *L'Écho d'Oran* ne satisfaisait guère ma curiosité politique. Les partisans de l'Algérie française prônent le *Non,* ainsi que le PSU, le PCF et la CGT. Soutiennent le *Oui* gaullien : l'UNR, le MRP, la SFIO et des radicaux et des indépendants. Je voterai *Oui.*

1961

Quand je quitte Nantes, le 3 janvier 1961, au matin, *L'Aurore* titre grandement et grassement : « Prochaine attaque massive sur le barrage marocain » ! Le 6 janvier, à la SAS d'Abd El Moula, j'apprends que toute la ligne de défense du barrage est d'un calme absolu.

Le samedi 7 janvier commence la participation au référendum : elle est ici libre, spontanée, importante et il n'y a pas même de militaires pour protéger les bureaux de vote. Les mots d'ordre du FLN en vue d'une abstention auraient-ils été vains ? Dans la commune proche de Kasdir, sur 485 inscrits, il n'y en a que 17 à s'abstenir. Aucune propagande spéciale n'a précédé le scrutin. « J'ai simplement réuni une ou deux fois les chefs de douars pour leur expliquer le sens de la consultation », me dit le capitaine SAS. Les résultats dans les villes, et même dans d'autres secteurs du bled, risquent d'être assez différents.

Dans la nuit du 7 au 8, à 23 heures, le mokhazni de garde frappe à ma porte :

— Mon lieutenant, des signaux ! Des signaux !

Je sors sans hâte et observe le barrage : vers le nord des lumières inhabituelles oscillent.

— Y en avait aussi des fusées !

C'est très souvent que nous remarquons ces phénomènes pendant la nuit. Les premières fois, je m'inquiétais, surtout que les signaux se répondaient depuis la zone interdite, au-delà du barrage, en direction du Maroc, vers la zone de pacage algérienne. Je rendais compte mais les militaires ne s'en inquiétaient pas : « On avait l'habitude ! »

Hier, au bureau de vote, en discutant avec un chef de poste au nord du barrage, j'ai tout de même eu la stupéfaction d'apprendre par sa bouche qu'il avait souvent repéré au radar des avions qui seraient FLN et qui passaient en Algérie (?) : « J'ai demandé la permission de tirer dessus et on me l'a refusée ! » Il râlait.

Lorsque en revenant de métropole, après Noël, j'ai annoncé aux militaires que la presse parisienne pronostiquait une attaque massive du barrage, ils se sont écriés : « Ah ! si seulement c'était vrai ! » Ils sont longs et monotones ces jours qui guettent le néant. La herse *, le radar, le canon. La herse, le radar, et puis jour et nuit, la herse et le radar. Rien.

Dimanche 8 janvier 1961. La France et les grandes villes d'Algérie votent. Ce soir, la radio nous donnera quelque idée. La plupart des militaires et des civils européens autour de nous ont glissé un *oui* résigné. Le capitaine Girard, chef de la SAS, observe un mutisme total ; je le soupçonne d'avoir voté *non*. Toute discussion qui impliquerait quelque résonance politique, ou simplement idéologique, est impossible avec lui.

Tard dans la nuit, nous apprenons que la politique algérienne du général de Gaulle est approuvée à 75 % globalement des suffrages exprimés en métropole, et 69 % en Algérie.

Journal de bord : « 9 janvier 1961. Elle est là. Son propriétaire me l'a conduite. Et je suis heureux d'une joie toute naïve et enfantine... Voilà mon cheval, ma monture rêvée ! C'est à Ben-Amar que j'avais déniché cette jument blanche — pardon ! grise, puisque pour les vrais cavaliers il n'y a pas de robe blanche ! — avant ma permission. Chellali Hadj, son maître, me la prête tout le temps qu'il me plaît, à charge pour moi de la nourrir et de la soigner. L'accord fut difficile : moi, je ne voulais pas lui forcer la main et ne fis aucune pression, et lui, il préférait la vendre cher ou bien la garder. Soudain il acquiesce avec la meilleure grâce. Il est un « hadj », c'est-à-dire le « saint » qui a fait le pèlerinage de La Mecque, et moi je suis toujours surnommé « le Marab », sorte de médiateur des puissances divines. Pour le remercier en seigneur, je lui offre une montre de gousset, ancienne, en or.

» Habituée à rester entravée dehors, dans le douar, l'haouda ** n'a rien voulu savoir pour rentrer dans son box. Avec quelque vieille couverture sur le dos, elle passera la nuit dehors. Elle est belle la jument blanche, toute d'argent sous la lune. »

13 janvier. Au matin, couvert de givre, avec la Jeep décapotée, je vais repérer et jalonner la nouvelle zone de pacage ; cahotant pendant des heures sur de rases touffes de chikh ***, nous nous enfonçons lentement dans des immensités où nul repère visuel n'est possible. C'est tout l'Infini qui me transporte dans cette nature si dépouillée !

De temps à autre nous levons un lapin qui court se réfugier en zigzag dans les touffes d'alfa.

* Passage régulier de half-tracks de surveillance.
** Jument, en arabe dialectal.
*** Sorte d'épineux très ras.

— Mon lieutenant ! mon lieutenant, chouf * ! Là-bas : les gazelles !

Les mokhazni sont très excités. A première vue, je scrute vainement l'horizon. Penaud, je ne vois rien. Et puis, à force d'accommodation :

— Oui, ça y est ! Je les vois !

Un troupeau de quinze gazelles coupe la steppe vertigineusement. Elles sont à 4 ou 5 kilomètres. Nous n'avons pas le temps de les poursuivre, et puis notre malheureuse Jeep y laisserait sa peau. Je regrette cette chasse.

14 janvier 1961. Un projet de nomadisation réelle est en cours et qui me serait confié. Je viens d'aller reconnaître une nouvelle zone de pacage, car avec un groupe de mokhazni à cheval et des tentes, nous partirions accompagner les douars pour transhumer avec leurs troupeaux. Rêves de longues chevauchées, de veillées près de la tente sous les étoiles… un feu tout proche et chaud, ronronnant comme un chat, glapissements des chacals, silences des méditations nocturnes... L'adjudant vient me trouver :

— Mon lieutenant, le capitaine vous demande.

Celui-ci me tend un télégramme :

« Expéditeur : sous-préfet Mecheria
Destinataire : capitaine Cdt SAS nomade n° 1.

Le sous-lieutenant de La Morandais se rendra demain samedi à El Harchaïa pour y prendre le commandement de la SAS de Mekmene El Mrir — stop — le lieutenant Cuenca lui passera les consignes nécessaires — stop et fin. »

Obéir d'abord et protester ensuite. Adieu aux beaux rêves de nomadisation !

21 janvier 1961. J'oublie l'anniversaire de la mort de Louis XVI qui se fêtait traditionnellement à la cathédrale à Nantes. De la SAS de Mekmene El Mrir, implantée à El Harchaïa, le long de la route de Mecheria à Colomb-Béchar, dont j'ai pris le commandement, j'écris au colonel Varnoux, mon supérieur direct à Saïda, car je flaire une entourloupe dans cette mutation brutale :

« Mon colonel,

J'ai l'honneur de vous rendre compte que M. le sous-préfet de Mecheria vient de me muter à la SAS de Mekmene El Mrir à El

* Regarde ! en arabe dialectal.

Harchaïa pour y prendre la succession du lieutenant Cuenca sortant. Ne paraît-il pas ressortir de ce fait que M. le sous-préfet de Mecheria ait outrepassé ses droits, se substituant au chef de corps du personnel militaire des Affaires algériennes, en faisant perdre à l'officier des AA le bénéfice de son statut militaire, comme il appert à la lecture du premier paragraphe de la cinquième partie et du premier paragraphe de la sixième partie de la Directive n° 39 du 18 mai 1959 de l'Inspection générale des Affaires algériennes ?

A seule fin de clarifier cette situation ambiguë, j'ai, sur ce sujet, mon colonel, l'honneur et le devoir de demander votre rapport.

En espérant,... »

Le passage à la SAS nomade n° 1 aura duré à peine un mois. J'ai une pensée émue pour l'adjudant de cette SAS, un sous-officier doux et courtois, ferme et consciencieux dans son travail, scrupuleusement honnête et passablement écœuré de l'inertie de son capitaine chef de SAS dont il disait ironiquement : « Pas de problème ! La guerre est gagnée. » Reconnaissance et admiration pour l'équipe de Ben-Amar : j'ai suivi les efforts du sous-lieutenant Constance et de « monsieur chef », pas à pas sous chaque kheïma, du matin jusqu'au soir, inlassablement dévoués avec le sourire, pansant un nouveau-né qu'on réchauffe sur la flamme, faisant les biberons, secourant de pauvres vieillards infirmes, signant les laissez-passer, écoutant patiemment les chikayas autour d'un verre de thé, disant leur foi dans la future indépendance d'un pays qu'ils avaient appris à découvrir et à aimer.

Hélas ! dans la nouvelle SAS dont j'hérite, il en va tout autrement. Le lieutenant qui me précédait, un pied-noir, ayant refusé de participer à l'organisation du référendum, a été muté sur la côte oranaise, au bord de la mer, dans une SAS confortable. Ici je découvre qu'il n'a jamais mis les pieds dans l'immense regroupement des semi-nomades. La nuit même de mon arrivée, le responsable du makhzen a organisé une pseudo-fusillade dans le douar pour m'impressionner mais je n'ai rien entendu... Les mokhazni sont laissés à eux-mêmes. Le personnel civil — tous des pieds-noirs — s'est entretenu sous mon nez en espagnol pendant tout le premier repas : je les ai laissés faire, comprenant parfaitement leur conversation, peu amène et semée de propos racistes antiarabes. A la fin, je me suis levé et les ai brièvement remerciés en langue espagnole de leur accueil. Les épluchages administratifs des comptes financiers me révèlent dans les jours suivants de graves malversations : soldes de mokhazni fictifs qui ont disparu dans la poche du lieutenant sortant.

Je signe le 27 janvier un procès-verbal de passations de consignes :

dans le personnel à charge, outre un sous-officier, il y a trois attachés civils, une PFAT * et trois militaires appelés détachés comme instituteurs et infirmier. Le dossier de comptabilité est absent, mais l'armement est complet. Sans que cela me soit clairement dit, je devine que je ne suis là qu'en situation de transition.

Vingt-quatre jours plus tard, j'écris en France :

« SAS de Mekmene El Mrir, 19 février 1961.

» Un mois, c'est à peu près le temps que je prévoyais : le chef SAS définitif est arrivé et nous avons signé le procès-verbal de passation de consignes le 16 février dernier. C'est un capitaine, ancien des AI du Maroc. Il est sympathique et semble vouloir continuer dans la ligne que j'avais tracée. Quant à moi, maintenant, je ne sais absolument pas ce que je vais devenir : en allant à Saïda, lundi dernier, pour la présentation des corps constitués au nouveau préfet — un Musulman ! —, j'ai vu le colonel Varnoux qui m'a paru encore plus en dessous de tout que d'habitude. Il voulait m'envoyer encore faire un remplacement dans une SAS foireuse...

» Ici, j'ai fait du vide dans le personnel pied-noir incompétent ; j'ai renoué le contact quotidien avec les populations du regroupement et défini clairement une politique d'association dans l'indépendance : *oui* à de Gaulle ! Résultat apparent : une pétition du maire, des conseillers et des chefs de douars au préfet et au colonel pour que je reste ici. Cela me fait très plaisir, non pas tant par amour-propre (?) que pour imaginer la tête du colonel et du sous-préfet, pour qui je suis visiblement la “ bête noire ”.

» Il y a beaucoup de mutations en ce moment dans les hauts échelons : le sous-préfet Brunel, de Mecheria, et le colonel Varnoux sont donnés comme sortants. Tant mieux ! car tous ces gens-là en sont encore à l'Algérie française, mettant des bâtons dans les roues de tous ceux qui veulent appliquer loyalement la politique officielle du général de Gaulle. C'est la dernière carte : si nous ne réussissons pas cette fois à négocier et à nous entendre avec les éléments les moins durs du FLN, c'en est fini.

» 20 février 1961. Visite officielle de M. le préfet Mokhdad. Nous avons bien préparé les choses avec nos petits moyens : badigeonnage à la chaux des bâtiments, trottoirs et bordures blanchis... et puis, outre le petit gravier répandu dans l'allée centrale du bordj, j'ai fait disposer un long chemin de tapis de grandes tentes jusqu'au centre de la cour. Effet superbe ! L'entourage de M. le préfet a bien voulu nous faire savoir que de toutes les SAS visitées, c'était la nôtre qui avait fait

* Personnel féminin de l'armée de terre.

le mieux du côté présentation. J'y tenais beaucoup parce que ce nouveau préfet représente l'orientation ouverte de la politique gaullienne.

» Le préfet m'a posé, sous le regard attentif de son directeur de cabinet, du sous-préfet Brunel et du général, de nombreuses questions pendant un bon moment. Je ne lui ai pas caché la vérité quant à la situation trouvée à mon arrivée, en expliquant les raisons. Politique d'association dans l'indépendance avec de Gaulle : il m'a fermement soutenu et approuvé. Le sous-préfet était visiblement furieux et le général maussade. »

Le pot qui a suivi m'a permis une conversation amicale avec le jeune directeur de cabinet, Bernard Landouzy, énarque en poste à la préfecture de Saïda depuis le mois de mai dernier. Il semble ravi d'accueillir son nouveau patron.

Le lendemain, conforté par cette visite, je rédige, à la demande de mon successeur, mon premier — et dernier ! — rapport mensuel, appelé « Compte rendu d'activités et de renseignements SAS » et destiné hiérarchiquement au sous-préfet Brunel. Je ne fais rien d'autre que de mettre noir sur blanc, dans un style pas trop conventionnel, ce que j'ai dit de vive voix au préfet. J'y relève :

« Généralités : ce mois de février semble avoir été caractérisé par une rupture sensible avec un passé dont les incidences multiples se faisaient sentir sur de nombreux plans : orientation politique générale, rapports avec les populations et les responsables locaux (chefs de douars, conseillers et municipalité), hygiène du regroupement, entraînement et discipline du makhzen, etc.

» État d'esprit : à notre arrivée, l'état d'esprit général des populations du regroupement semblait se partager, au premier contact, entre l'inquiétude réservée, la méfiance et l'indifférence méprisante ou résignée. Visiblement la SAS était coupée du regroupement. Petit à petit, les chefs de douars et autres hôtes manifestèrent leur satisfaction d'accueillir quotidiennement le chef de SAS sous les kheïmas. Le contact fut renoué et maintenu régulièrement avec l'aide de l'attachée médico-sociale, qui jusqu'alors était l'unique présence de la SAS dans le regroupement.

» L'habitude fut prise, chaque jour, de recevoir les “ chikayas ”, et chaque samedi de réunir la djemaa commune : adjoints, conseillers municipaux et chefs de douars. Ainsi la première djemaa vit définir par le chef de SAS sa ligne d'action générale : politique d'“ association dans l'indépendance ” du général de Gaulle. Il convient de noter que cette définition politique, exposée avec franchise, rencontra une réaction favorable ; précision fut apportée par la djemaa sur le fait que ce langage n'avait encore jamais été entendu, autrement dit que l'autodétermination n'avait pas été expliquée. Les nombreux entretiens, particuliers ou semi-publics, sur ce point nous permirent de remarquer que les responsables locaux étaient parfaitement au courant de l'évolution politique générale de l'Algérie : ils savent ainsi que Bourguiba va rencontrer de Gaulle, et les intentions de ce dernier sur la négociation avec le FLN *.

» Activités subversives : s'il semble, pour l'instant du moins, que les éléments rebelles ne pénètrent pas à l'intérieur du regroupement pour se ravitailler, il paraît certain que l'ensemble massif de la population et des élites autochtones soutient leur cause activement. Faute d'avoir été exposée plus tôt, il est à craindre que la formule “ association dans l'indépendance ” paraisse même aujourd'hui utopique et dépassée.

» Le berger, très difficilement contrôlable avec efficacité, fournit l'élément d'aide habituel aux HLL et ces derniers s'inquiètent des nombreux départs dans le Tell. Récemment, des jeunes hommes du regroupement ont rejoint les rangs ennemis, et il est à craindre que ce mouvement ne continue.

» Situation économique : le malaise économique s'accroît dangereusement et contribue largement à nous faire perdre le terrain-population. La propagande rebelle fait rêver tous les nomades aux vastes pâturages d'antan, aux horizons libres et sans restrictions, “ ce que les Français vous ont enlevé et que nous allons vous rendre ”. Nous devenons, à leurs yeux, les responsables premiers de la misère qui grandit.

» Absence d'embauche et travail non payé accentuent le mécontentement. Manque de coordination pour les chantiers d'alfa.

» La sécheresse continuant, l'état du cheptel devient catastrophique et la mortalité avoisine souvent les 70 %. Le regroupement a été nettoyé des nombreux cadavres de moutons crevés sur place. Les éleveurs qui le peuvent essayent de sauver leur cheptel en gardant quelques dizaines de bêtes près de la kheïma, en les nourrissant avec de l'orge. Les plus aisés se groupent pour aller louer des pacages dans le Tell, et demandent l'autorisation d'y envoyer leurs moutons. Il conviendrait que les autorités militaires montrent plus de souplesse et de largesse dans l'accord de ces laissez-passer.

» Desiderata :

» — que priorité soit donnée aux problèmes de l'eau et du pacage du cheptel ;

* Les nomades écoutent constamment leurs transistors.

» — qu'accord soit donné aux demandes de laissez-passer pour le Tell, et qu'une large solution soit envisagée pour éventuellement transporter les troupeaux dans les pacages pouvant les recevoir ;

» — qu'application pratique et particulière soit faite de la politique officielle du chef de l'État, le général de Gaulle. »

Le même jour, la radio marocaine nous apprend qu'avaient commencé en Suisse des conversations entre Georges Pompidou, Bruno de Leusse et Ali Boumendjel, Saad Dlahad et Tayeb Boulahrouf, émissaires du FLN, sur les conditions de négociations entre la France et le GPRA.

Le 5 mars, j'écris à Nantes :

« Ici, je m'entends toujours aussi bien avec le capitaine qui m'a remplacé, mais il y a de l'orage dans l'air sur ma tête. Mon rapport mensuel, qui disait quelques vérités que beaucoup murmurent mais que bien peu déclarent avec responsabilité, a rendu furibard le sous-préfet. Il m'a convoqué samedi matin pour l'engueulade, et j'ai défendu ligne par ligne mon rapport. Ce qui ne lui plaît surtout pas c'est ma position politique sur l'Algérie " association dans l'indépendance ". Tous ces messieurs en sont encore à l'Algérie française ! Tous ces pieds-noirs et ces militaires n'ont encore rien compris à cette évolution et à cause d'eux nous risquons de perdre notre dernière carte, cette année.

» On ne se soucie guère de ces populations nomades misérables (l'année par sa sécheresse est catastrophique pour le cheptel), et l'on s'étonne qu'elles donnent appui et sympathie au FLN ! Continuer à se battre ne fait qu'approfondir ce fossé de haines, qui n'est déjà que trop profond. Mais la priorité va toujours aux opérationnels : faire du bilan, il n'y a que cela qui les intéresse !

» Je m'attends encore plus ou moins à une mutation : cela apprend mieux le détachement que trois ans de séminaire.

» Nous venons d'avoir des élections à la mairie pour remplacer le maire, destitué et condamné à un an de prison pour activités en faveur du FLN. Cela a été évidemment toute une histoire pour trouver un candidat car aucun n'était volontaire : ils ont peur... surtout en ce moment. »

Quelques jours auparavant, le 1er mars, le ministre de l'Information, Louis Terrenoire, a rappelé à l'issue du Conseil des ministres que le gouvernement français demeure prêt à engager des pourparlers sur l'autodétermination « avec les diverses tendances algériennes, notamment avec le FLN ».

Le 10 mars, mon chef de SAS reçoit une note de service du chef de l'échelon de liaison des Affaires algériennes en mission à la sous-préfecture de Saïda : « Le sous-lieutenant de La Morandais sera remis à la disposition du capitaine chef de la SAS d'Abd El Moula. Il rejoindra son poste le lundi 13 mars 1961. »

Avant de quitter Mekmene El Mrir pour retourner à la case précédente, j'envoie une lettre au préfet de Saïda, Mokhdad, que j'avais eu l'honneur d'accueillir comme chef de SAS :

« SAS de Mekmene El Mrir à El Harchaïa,
le 12 mars 1961

Monsieur le préfet,

Lors de votre visite à la SAS de El Harchaïa, le 20 février 1961, vous m'aviez demandé de vous informer sur la situation. Devant mon hésitation à répondre, vos paroles furent : “ Je suis là pour savoir... Dites la vérité ! ” Suivirent quelques explications nécessairement brèves... Mais de ce jour j'étais décidé, quoi qu'il m'en coûtât, à dire la vérité dans mon rapport mensuel qui suivit aussitôt.

Ce rapport provoqua la colère de M. le sous-préfet de Mecheria. Lors d'une longue convocation, qui eut lieu en son bureau le 4 mars, je pus entendre ses griefs et saisir clairement la gravité de mon délit : j'avais prêché la politique du général de Gaulle ! Une lettre, dont je vous envoie la copie, répondait à mon rapport mais ne s'étendait guère sur le véritable motif, développé oralement. Et de ce moment, je fus traité d'“ esprit dangereux et progressiste ”. Monsieur le colonel Demetz, de passage à la SAS, alla même jusqu'à me menacer d'arrêts de rigueur * pour « propagande antifrançaise ” *(sic) !* Conclusion : mutation brutale d'El Harchaïa à Abd El Moula.

Ce n'est pas justice d'une grave calomnie que je viens demander près de vous, monsieur le préfet. Ce n'est même pas mon honneur que je viens défendre, comme il pourrait être naturel. Cette sorte de justice, Dieu la rend mieux que les hommes. Et quant à mon honneur, l'amitié et la reconnaissance des pauvres et des éprouvés m'en sont une plus noble garantie que la faveur et la protection des riches et des puissants.

C'est la simple et seule vérité que j'ose défendre, en vous remettant les copies de la lettre que m'a adressée M. le sous-préfet et de la réponse que j'ai dû lui apporter. Pour la vérité elle seule, et sans rien demander de plus, car il est de ma vocation, en quelque lieu et situation que ce soient, de la servir.

De mes sentiments très respectueux et confiants, daignez agréer, monsieur le préfet, l'humble assurancc. »

* Sanction militaire disciplinaire.

Je ne suis pas assez naïf pour ignorer que le préfet ne peut faire autre chose que de couvrir son sous-préfet, mais je laisse une trace écrite pour l'avenir car nous sentons bien, ici, depuis notre bled perdu, que l'orage va crever bientôt sur toute l'Algérie. De partout les tensions se font de plus en plus vives.

Une lettre du sous-préfet Brunel, de Mecheria, m'avait demandé le 3 mars de rectifier des « erreurs » contenues dans mon rapport mensuel. Surtout, il était indiqué : « Vous déclarez que la première djemaa vit définir par le chef de SAS sa ligne d'action générale : politique d'association dans l'indépendance, telle que tracée par le général de Gaulle. Je vous demande de me préciser vos définitions et commentaires à ce sujet ».

C'est là que le bât blesse et c'est pourquoi dans une lettre, en date du 12 mars 1961, dont copie est envoyée au préfet, je m'explique clairement là-dessus :

« Vous me reprochez, monsieur le sous-préfet, ma déclaration à la djemaa sur la politique du général de Gaulle : nous voici donc au point de cristallisation de votre colère. J'ai prêché la politique du général de Gaulle, donc de la France ! Je me plais à noter, au passage, que l'attitude de mon prédécesseur, qui voulait faire voter *non* au référendum, ne provoqua point chez vous une aussi noble fureur que celle dont vous m'accablez aujourd'hui.

Le 4 mars, au matin — il m'en souvient ! —, vous m'avez longuement pressé de questions sur ce point politique, allant jusqu'à insister de façon offensante sur mes sentiments et mes idées vis-à-vis du FLN. Puis, depuis ce jour, vous êtes allé répétant — oh ! pas devant moi ! — que j'étais un " esprit dangereux et progressiste " ! Monsieur le colonel Demetz n'alla-t-il point jusqu'à me menacer d'arrêts de rigueur pour « propagande antifrançaise » ? L'honneur d'un homme, monsieur, n'est pas à la mesure de sa situation et de ses galons.

Je m'honore d'être fils et serviteur de l'Église catholique, apostolique et romaine. Il est grave d'être accusé de progressisme lorsqu'on a cette appartenance !

J'ai déjà su défendre à Saïda, au prix de nombreux ennuis, mon honneur d'officier chrétien en refusant de me faire le complice silencieux de tortures. Je saurais encore défendre mon honneur au prix d'un plus grand tribut.

" Progressiste " ? " Faisant de la propagande antifrançaise " ? Mais alors, j'attends la condamnation et la punition, autre chose qu'une simple et brutale mutation, qui atteint plus ceux que je servais que moi-même, et qui ne fera qu'envoyer " l'esprit dangereux et progressiste " contaminer d'autres lieux. Qu'on fasse une enquête pour relever les témoignages de " progressisme " ! Qu'on écrive à Rome où je fus trois ans ! Qu'on demande même à mon chef hiérarchique, le cardinal Feltin, qui m'a reçu le 4 janvier 1961, et qui connaît bien mes idées et mes sentiments ! »

J'envoie un courrier à Nantes :

« Abd El Moula, le 16 mars 1961. Me voici à nouveau sur la " terre d'exil ". Le sous-préfet Brunel, de Mecheria, vient d'être muté. Lui aussi. Évidemment je suis un peu écœuré qu'après avoir fait tant de travail à El Harchaïa on me fiche à la porte comme un malpropre... sauf évidemment les conseillers et les chefs de douars qui avaient envoyé une lettre recommandée au préfet pour s'opposer à mon départ. J'ai encore envie de me battre, et pour l'instant je travaille sur un projet d'antenne mobile à cheval dans les zones de pacage. Si cela ne marche pas — toujours cette inertie et le « pas d'histoires ! » —, je demanderai ma mutation dans un autre département. Ici, on ne peut guère deviner le printemps dans la nature : c'est toujours aussi désertique et uniforme. Pas de bourgeons ni de fleurs à observer. Samedi et dimanche prochains, récollection pour les séminaristes soldats à Aïn-Sefra. Cela me sortira de mon trou, et j'espère m'entretenir avec le père de L'Espinay. »

A Paris, le 15 mars, le Conseil des ministres fait connaître « son désir de voir s'engager par l'organe d'une délégation officielle les pourparlers concernant l'autodétermination des populations algériennes, ainsi que les problèmes qui s'y rattachent ». Sujet impossible à aborder à la popote, pas plus avec le capitaine Girard, chef de SAS, qu'avec le doux adjudant Lacour ou le personnel civil.

J'envoie des nouvelles locales à Nantes :

« Abd El Moula, le 25 mars 1961. Je tue le temps en faisant des balades : après la récollection à Aïn-Sefra, halte à El Harchaïa, ma SAS précédente où je suis toujours bienvenu. Mardi, liaison pour la SAS à Tlemcen. Le lendemain, passage à Mecheria pour en repartir conduire en 2 CV les maires de nos deux communes à une réunion départementale, à Saïda. Petite montée à Oum-Djerane où je suis invité.

» Les militaires commencent à avoir la mentalité-paquetage. Surtout ne rien commencer et ne rien entreprendre. Alors, pour l'instant, le projet d'antenne mobile à cheval est à l'eau. Miracle : depuis deux jours, il pleut mais tous nos troupeaux sont partis dans le Tell. »

Monter à cheval et aller à la chasse : seules distractions.

Le 4 avril un membre de la délégation FLN pour les pourparlers déclare aux autorités helvétiques que la délégation prévue ne se rendra pas à Genève à la date prévue. Et le 10, une série d'attentats est revendiquée par une certaine Organisation de l'armée secrète (OAS). Le jour suivant, le général de Gaulle se déclare persuadé, au cours d'une conférence de presse, que l'Algérie sera un État souverain au-dedans et au-dehors et évoque les conséquences d'une rupture. Lors d'un voyage dans le sud-ouest de la France, peu après — entre le 12 et le 15 avril —, il offre toujours « la paix et l'association à condition qu'on en veuille » et réassure qu'il ne retient pas d'autre solution en Algérie que l'association.

Journal de bord : « 20 avril 1961. Prétextant que j'avais à voir M. Bernard Landouzy, directeur de cabinet du préfet Mokhdad qui serait certainement à ses côtés, je demande au capitaine Girard de l'accompagner à Mecheria pour la cérémonie d'installation du nouveau sous-préfet musulman, M. Belhadj. Le capitaine marque une légère réticence et consent.

» Noble discours de M. Mokdad, préfet de Saïda, pour présenter le nouveau sous-préfet. Réponse de ce dernier. Petite conclusion politique, péniblement articulée, du député Mekkri, qui nous fait sourire et nous fournit généreusement l'astuce de la journée, en parlant des qualités des nomades et notamment de leur " hospitalisation " ! Vin d'honneur dans les jardins fleuris et fraîchement ombragés de la sous-préfecture. Le " tout-Mecheria " civil et militaire est là.

» Avec Bernard Landouzy, nous levons notre coupe de champagne au succès de M. Belhadj, puis, tout à fait entre nous, nous échangeons quelques propos divers de camaraderie... Il m'invite pour le prochain week-end, chez lui, à Saïda, les 22 et 23 avril... De toute manière, il fallait que je monte à Saïda pour voir où en était la réparation d'une voiture : je lui promets donc d'être probablement le vendredi soir chez lui.

» Revenant vers le groupe des officiers des Affaires algériennes, dans la réception, le capitaine Girard m'annonce son dessein de partir cet après-midi même de jeudi pour Sidi-bel-Abbès afin de voir ses enfants. Je saisis évidemment aussitôt l'occasion pour lui demander la permission d'aller le lendemain matin, vendredi, à Saïda où je suis invité par Bernard Landouzy, avec retour prévu pour dimanche soir ou lundi matin. Pourquoi partir dès le vendredi matin ? Parce que les liaisons s'effectuent essentiellement en fonction des occasions de mouvements automobiles civils ou militaires :

» — Mon capitaine, j'ai l'occasion de monter demain matin avec M. Robert, le directeur de la SAP, qui va chercher sa femme à Oran.

» Mon capitaine confirmant son agrément, moi, je réassure à Bernard Landouzy ma venue pour le lendemain... Je note ces détails car ma confiance est limitée vis-à-vis de Girard.

» Monsieur Robert m'engage à venir coucher chez lui dès ce jeudi soir, à Mecheria, puisque son départ vers le nord est prévu à 7 heures vendredi matin. Je retourne cependant à Abd El Moula car j'avais invité à dîner le sous-lieutenant Constance, le toubib et des officiers. Cependant, en revenant à la SAS dans le cours de l'après-midi, l'adjudant Lacour me glisse une enveloppe vide sur l'envers de laquelle je déchiffre le griffonnage suivant :

» " A l'attention du sous-lieutenant de La Morandais : mande assurer commandement SAS matin vendredi. Serai de retour à 14 h. Cordialement. 20-4-61 — signé : Girard. "

» Quelle cordialité ! Ce type sait très bien que ma seule occasion de monter à Saïda est vendredi matin et que je n'aurai pas de liaison pour le week-end, l'usage d'un véhicule de la SAS n'étant pas autorisé à une fin privée. Le coup est bien monté : ce n'est pas la première fois que j'ai droit de sa part à une promesse verbale retournée. Je n'hésite pas, enfonçant son papier dans ma poche, je déclare à l'adjudant que je pars coucher à Mecheria pour gagner Saïda vendredi, ainsi que « promis » et prévu. Ce n'est pas la première fois que l'adjudant aura encore délégation de commandement. A 22 heures, je m'endors calmement sous le toit hospitalier de M. Robert. »

Vendredi 21 avril 1961. A 10 heures du matin, Robert me dépose devant la villa de Bernard Landouzy : une ID Citroën noire à cocarde tricolore stationne devant.

Amicales retrouvailles. Présentation à une sienne cousine de passage. Bernard doit déjeuner avec le préfet. Nous, nous allons prendre repas chez un de ses amis, Carrafang, gros fermier de Saïda.

La table a été dressée au tennis où Bernard nous rejoint rapidement. Avec Carrafang, une de ses nièces, jeune fille de seize ans, aux charmes un peu tapageurs et sophistiqués : elle est la sœur de Yves Saint-Laurent, le célèbre couturier, originaire d'Oran, et se présente comme une amie de pieds-noirs activistes non moins connus, tel Lagaillarde, qui a été condamné à dix ans de détention, le 2 mars dernier.

Mets agréables, service et cadre reposants. Papillonnages de l'esprit avec légèreté et désinvolture. La demoiselle, surnommée « Bibi », se montre plus discrète dans ses propos que dans ses toilettes.

Un dîner rassemble les mêmes convives, moins Bernard occupé à ses fonctions officielles, chez un certain M. Dols, commissaire de police de Saïda. Avec ce dernier la conversation se fait tour à tour humoristique, puis grivoise et même vulgaire... Une allusion au DOP me hérisse. Curieux personnage, ce Dols... Le petit jeu de l'interrogation intérieure commence pour moi et dure pendant tout le repas. Une touche ici me fait pencher d'un côté, telle réponse ou telle réticence d'un autre... Telle absence ou évasion du discours me font successivement avancer ou reculer dans mon essai d'opinion.

Et Carrafang ? L'homme, dont la légende à Saïda lui attribue la propriété de cent et une fermes, se présente comme modéré, intelligent, conservateur et « Algérie française », sans racisme apparent. Il est riche, fort riche mais n'a pas, dit-on, placé ses intérêts en métropole. Son sens social est réaliste et courageusement appliqué dans la gestion de ses domaines. Bernard Landouzy n'est pas des nôtres, M. Jeanneney, ministre de l'Industrie, étant de passage à Saïda pour rendre visite à sa fille, épouse d'un médecin appelé en garnison ici : il est, bien entendu, retenu à souper chez le préfet.

Vers minuit, Pierre Carrafang nous reconduit chez Bernard Landouzy, qui loge aussi chez lui M. Guiton, directeur de cabinet de M. Jeanneney, lui ayant cédé sa propre chambre. Bernard est couché à notre arrivée mais veille encore. Rapides bonsoirs.

A 0 h 40, alors que je viens juste d'éteindre la lumière de ma chambre, un bref coup de sonnette retentit à la porte d'entrée. Premier mouvement : celui d'être tenté d'aller ouvrir. Mais le fait que je ne suis pas chez moi, et le réflexe de prudence, m'incitent évidemment à ne pas bouger. Je m'endors rapidement, oubliant l'incident.

J'eus ensuite, au cours de la nuit, la mémoire imprécise, dans un demi-sommeil, de téléphone et de coups de sonnette, de claquements de portes et de nombreuses allées et venues... A 5 h 45, mon réveil me fait lever et, à peine sur pied, Bernard Landouzy, habillé et apparemment ne venant pas de se réveiller, fait irruption brutale dans ma chambre :

— Putsch militaire à Alger ! Challe a pris le pouvoir. La radio et tous les bâtiments publics sont occupés. Mais oui ! C'est incroyable... et bien ennuyeux, avec ce ministre sur les bras !

Nous sommes au petit matin du 22 avril 1961.

— Ah ! c'est donc cela tout ce remue-ménage de cette nuit ! Et le ministre, il a fait la malle ?

— Oui, nous avons été en mouvement toute la nuit. Les emmerdements commencent. Est-ce que l'Algérie va suivre ?

Nous sommes tous abasourdis par cette nouvelle extraordinaire. Bernard rejoint immédiatement son préfet. Je vais à la messe. Au retour, je me rends chez Pierre Carrafang pour prendre le pouls pied-noir. Celui-ci cache la joie d'un secret espoir.

Radio-Alger diffuse des marches militaires alternées de communiqués patriotiques « Algérie française » triomphants. Discours et appels se succèdent, mais tout semble très calme, froid et méthodique quant à l'exécution. Toute manifestation, de quelque bord qu'elle soit, est interdite. Suit une proclamation d'articles, inlassablement répétés entre une marche lorraine ou le chant des Africains :

« *Article 1er :* L'état de siège est ordonné par le commandement militaire sur toute l'étendue des départements français d'Afrique.

» *Article 2 :* En conséquence, tous les pouvoirs dont les autorités civiles étaient revêtues passent tout entiers à l'autorité militaire. L'autorité civile continuera à exercer les fonctions dont l'autorité militaire ne la dessaisira pas expressément, mais sous le contrôle direct de cette dernière.

» *Article 3 :* Les fonctionnaires civils et militaires doivent une obéissance absolue aux ordres du commandement. Ils sont responsables dans l'accomplissement de leur mission, telle qu'elle est fixée par les lois et les règlements en vigueur, à compter de la déclaration de l'état de siège et jusqu'à ce qu'ils aient été relevés nommément par une décision expresse du commandement.

» *Article 4 :* Les libertés et garanties fondamentales assurées par la Constitution et la loi pour la protection des citoyens sont intégralement maintenues, en particulier nul citoyen ne pourra être poursuivi pour ses opinions personnelles, pourvu qu'elles ne soient pas accompagnées d'actes réprimés pour eux-mêmes par les lois actuellement en vigueur.

» *Article 5 :* Les individus ayant participé directement à l'entreprise d'abandon de l'Algérie et du Sahara seront mis en état d'arrestation et déférés à un tribunal militaire qui sera incessamment créé pour connaître des crimes commis contre la sûreté de l'État. Ce tribunal sera lié par la définition des crimes et délits, ainsi que par la détermination des peines, telles qu'elles résultent des lois pénales actuellement en vigueur. L'autorité militaire aura seule qualité pour ordonner les arrestations.

» *Article 6 :* Les opérations de prise de tous les postes de commandement dans les départements d'Algérie et du Sahara doivent se faire dans l'ordre. Les populations civiles devront suivre strictement les consignes qui leur seront données par l'autorité militaire. Aucun désordre ne sera toléré. Toute violence, toute exaction seront réprimées avec la dernière rigueur.

» *Article 7 :* Le commandement est décidé à atteindre intégralement les objectifs qu'il s'est fixés pour le salut du pays. Toute résistance sera brisée d'où qu'elle vienne.

Fait à Alger, le 22 avril 1961
signé : généraux Challe, Jouhaud, Salan, Zeller. »

Je regagne la villa de Bernard Landouzy pour avoir des informations de France, mais il est en réunion non-stop avec son préfet. Entre 9 heures et 10 heures, je cherche à capter Radio Monte-Carlo, mais Bernard me fait parvenir le texte du premier communiqué du gouvernement légal, diffusé à 6 h 20 : « L'indiscipline de certains chefs et de certaines troupes a abouti ce matin à Alger à placer les pouvoir civils et militaires dans l'impossibilité d'exercer leur commandement. La situation dans le reste de l'Algérie est calme. Le gouvernement a pris les mesures nécessaires qui seront publiées dans le courant de la journée. »

Bernard revient vers 13 heures. Nous mangeons rapidement.

— Est-ce que la Légion bouge à Saïda ?

— Non, pas plus qu'à Aïn-Sefra où le colonel de Sèze est en permission, ce qui vaut mieux. Georges n'a pas bronché non plus... Nous connaissons bien ceux qui doivent être, dans le fond du cœur, favorables au putsch mais l'attentisme est total. J'ai conseillé au préfet d'envoyer tout de suite un télégramme de fidélité à Paris, au nom de tout le personnel de la préfecture, ce qui neutralisera ceux qui seraient favorables à la sédition.

— Et le contingent ?

— Calme plat... Quant à nous, demain on est au trou ou bien on a gagné. Tout cela va se régler très vite.

Dans l'après-midi, nous apprenons que le général de Pouilly résiste à Oran aux pressions d'Alger, que la Légion à Sidi-bel-Abbès ne suit pas et que, dans le Constantinois, Gouraud tergiverse.

Le soir, nous nous endormons dans la villa de Bernard Landouzy, sans grande crainte d'être arrêtés dans la nuit et pensant que l'affaire ne pourrait plus aller très loin.

Le dimanche 23 avril, un malaise parcourt l'assistance à la messe de l'église de Saïda : le hasard du calendrier liturgique veut que nous entendions l'exhortation de Paul aux Romains de se soumettre aux autorités légitimes (Rom. XIII, 1) !

Le pouvoir légal tient la situation en métropole, tandis qu'en Algérie la sédition ne paraît avoir gagné qu'Alger et la Mitidja. Bernard Landouzy m'ayant fait savoir que le capitaine Girard avait envoyé un télégramme ambigu à la préfecture pour signaler mon absence, me conseille de regagner mon poste « au cas où les choses ne tournent pas dans le bon sens ». La radio nous apprend que Salan a rejoint Alger et les bruits courent d'un débarquement de parachutistes sur la métropole.

Je rejoins la SAS d'Abd El Moula où le capitaine m'accueille glacialement, en m'intimant l'ordre de ne plus mettre les pieds dans le regroupement... Atmosphère tendue lorsque le personnel civil et militaire se regroupe autour du transistor, à 20 heures, pour écouter la voix du général de Gaulle :

« Un pouvoir insurrectionnel s'est établi en Algérie par un pronunciamiento militaire... Ce pouvoir a une apparence : un quarteron de généraux en retraite. Il a une réalité : un groupe d'officiers partisans, ambitieux et fanatiques. Ce groupe et ce quarteron possèdent un savoir-faire expéditif et limité. Mais ils ne voient et ne comprennent la nation et le monde que déformés à travers leur frénésie. Leur entreprise conduit tout droit à un désastre national... »

Les mots portent. La voix est grave. Mon entourage — tous de cœur avec les factieux d'Alger ! — se recroqueville.

« Voici l'État bafoué, la nation défiée, notre puissance ébranlée, notre prestige international abaissé, notre place et notre rôle en Afrique compromis. Et par qui ? Hélas ! Hélas ! Hélas ! Par des hommes dont c'était le devoir, l'honneur, la raison d'être, de servir et d'obéir... Au nom de la France, j'ordonne que tous les moyens, je dis tous les moyens, soient employés pour barrer la route à ces hommes-là, en attendant de les réduire. J'interdis à tout Français, et d'abord à tout soldat, d'exécuter aucun de leurs ordres... Françaises, Français ! Aidez-moi ! »

Le silence est sépulcral dans la popote. Je me lève, dissimulant un regard victorieux par respect pour l'abattement des autres, et gagne ma chambre. Je ne saurais pas que trois heures plus tard Michel Debré s'est lancé dans un appel pathétique et un peu affolé.

Le lendemain matin, lundi 24 avril, le radio me communique laconiquement le texte d'un ordre du jour :

« El Haricha, 24 avril 1961.

Officiers, sous-officiers et cavaliers du 3e régiment de cuirassiers,

La France et son armée sont en péril. Intoxiqués par leur propagande contre la subversion, certains chefs ont succombé et sont entrés en rébellion contre le gouvernement légal.

Gardien de l'étendard de notre régiment et de son honneur, mon devoir est de vous commander le vôtre : de m'obéir.

Chacun à son poste.

Je ne tolérerai aucune faute contre la discipline.

Vive la France ! Vive la République !

Le lieutenant-colonel Chery, commandant le 3e régiment de cuirassiers. »

Considérant désormais les ordres de mon capitaine comme nuls et non avenus, et préférant éviter la popote et ses hôtes pour le déjeuner, je vais dans le douar où je suis chaleureusement accueilli : la population musulmane fait confiance à de Gaulle.

Le capitaine me fait convoquer et me rappelle qu'il m'a interdit de contacts dans le douar. Je lui demande s'il obéit à Alger ou à Paris ; il refuse de me répondre...

— Mon capitaine, considérant votre attentisme comme une déloyauté, et étant personnellement fidèle au gouvernement légal, je me considère désormais comme délié de tout devoir d'obéissance à votre égard !

Je salue strictement et retourne dans le douar.

Coupé de toute information, je m'endors, cette nuit-là, paisiblement.

Le lendemain matin, mardi 25 avril, convocation chez le capitaine Girard qui veut me faire cosigner une « fiche de responsabilités » et une signification de mise aux arrêts. Je rédige, en réponse, un texte dans lequel je déclare « prendre acte du refus du capitaine Girard de prendre position, en des circonstances troubles, vis-à-vis de la légalité, favorisant ainsi les conditions psychologiques et morales au profit de l'insurrection illégale d'Alger ».

Refus de Girard. Moi, je signe mon motif de punition mais avec de telles réserves qu'elles ne pourront que se retourner contre lui. J'écris à mon supérieur hiérarchique, le colonel Varnoux, pour demander ma mutation. Le soir, consternation à la popote où le transistor nous révèle enfin l'effondrement de la rébellion d'Alger. Le lendemain, j'apprends que Challe s'est rendu et que d'autres chefs, tels Salan et Jouhaud ont disparu dans la clandestinité. Bien qu'officiellement puni, je demande au chef de l'échelon de liaison des Affaires algériennes de Mecheria l'autorisation de me rendre à Saïda, ce qui m'est accordé, en contradiction avec le règlement qui impose à un officier aux arrêts de demeurer à résidence.

Accueil chaleureux dans la villa de Bernard Landouzy qui évidemment me dit de ne m'inquiéter de rien au sujet de ma situation actuelle et future, le préfet étant parfaitement au courant. Week-end paisible et détendu : tennis et piscine. Bref courrier à Nantes afin de rassurer :

« 1er mai 1961. Maintenant tout est bien, si ce n'est que je crains les violences d'une nouvelle épuration, qui va semer encore un peu plus de division dans le pays et retarder son union véritable.

» Ce qui manque le plus à sa gloire, ne serait-ce point la magnanimité ? Je parle du général de Gaulle, comme il s'entend. Et pourtant contre la menace fasciste, qui n'est pas éteinte, l'intransigeance et la fermeté sont la seule réponse. Autre drame : celui de ce grand pourcentage de militaires d'active — tous mes supérieurs hiérarchiques des Affaires algériennes ! — de cœur avec les putschistes et qui sont demeurés dans l'indécision et la mollesse. Je vois le préfet dans quelques instants.

» Entrevue cordiale avec le préfet Mokhdad pendant laquelle j'apprends que le colonel Varnoux a essayé de me torpiller vainement et que mon retour se fera dans les quarante-huit heures sur Saïda où je séjournerai en attendant une nouvelle mutation à laquelle il veillera lui-même. »

Le 3 mai, je quitte définitivement la SAS nomade n° 1 pour la villa de Bernard Landouzy, à Saïda, à la disposition de mon chef de corps qui a poussé la maladresse ou l'inconscience jusqu'à faire mettre en berne le drapeau de son bureau d'échelon départemental en apprenant l'échec du coup de force des généraux.

Lettre à Nantes :

« Saïda, vendredi 5 mai 1961. Hier, le préfet m'a reçu près d'une heure et a tout voulu savoir depuis mon expulsion de Oum-Djerane jusqu'aux événements liés au putsch ; tout sur les méthodes d'interrogatoire et sur les idées et sentiments politiques d'un certain nombre d'officiers... Ce dernier point m'a paru plus gênant. L'époque que nous vivons est passionnante : j'aime ces rares moments d'histoire où on ne peut pas jouer au plus fin avec la vérité. Hélas ! l'histoire récente de Challe va diviser encore un peu plus secrètement et profondément le pays. Quant à l'armée d'active, c'est catastrophique : les délations et règlements de compte commencent... Ambiance de suspicion. »

Ma villégiature à Saïda va durer quelque seize jours occupés à la lecture, au tennis et au farniente, entre la villa de Bernard Landouzy et celle de Pierre Carrafang, lequel nous emmène en week-end sur la côte oranaise à bord d'un splendide voilier de seize mètres pour pêcher, se baigner et bronzer. Pour être réglementaire, je me paye même l'ironie de me présenter à mon supérieur, le colonel Varnoux, afin de lui faire signer une permission pour Oran en bonne et due forme. Étant donné que je suis toujours censé être aux arrêts de rigueur — trente jours ! —, il se doit de refuser par pure logique disciplinaire... et il me la signe ! Malicieux retour des choses.

Nous faisons bonne connaissance, Bernard Landouzy et moi, et devenons amis :

— Quand je suis arrivé à Saïda, en mai 1960, raconte-t-il, j'ai vraiment eu l'impression de me retrouver aux limites de l'Empire, dans une lointaine garnison. C'était le dernier des départements d'Algérie, un des postes les plus lointains de l'administration. Commune mixte devenue sous-préfecture, puis préfecture, Saïda devait être par nos soins constituée entièrement en préfecture : tout était à mettre en place. Le général est à Mecheria, le préfet à Saïda et tout le gros des troupes militaires à Aïn-Sefra : la présence militaire se faisait sentir par le couvre-feu quotidien mais nous avons l'impression d'être loin du « front »... On ne connaît la guerre que par les effets du terrorisme FLN : ainsi les assassinats de maires ou de sous-préfets. Avec les militaires, mes contacts se limitent à ceux que j'ai, en tant que chef de cabinet, avec le cabinet du général. Je finis par connaître Georges par les élections au Conseil général, puisque ses chefs deviennent des élus et qu'il est soucieux d'une formation de futurs cadres de l'algérianisation sans le FLN.

— Et la torture ?

— C'est toi qui m'en as parlé le premier et j'ai eu l'impression de quelque chose de tout à fait exceptionnel, de marginal... Le colonel Varnoux a cherché à t'éjecter comme témoin gênant et j'ai insisté pour qu'enquête soit faite et que tu restes. Nous, administrateurs très contrôlés, nous croyions qu'il en allait de même dans l'armée ! La qualité des SAS est très inégale, surtout chez les officiers d'active dont je ne suis pas sûr qu'on ait toujours eu les meilleurs... De toute manière, beaucoup d'entre vous se sont trouvés véritablement en pays de mission, c'est-à-dire que seuls les caractères trempés pouvaient y résister.

Le 19 mai, un coup de téléphone me fait savoir que le colonel Varnoux désire me voir. Rencontre brève et sèche : je suis affecté à la SAS de Bou-Alam, à l'est de Géryville, dans le Djebel Amour, aux lisières du Sahara. Départ demain.

Samedi 20 mai. Déjeuner chez Pierre Carrafang avant mon départ, en compagnie de Bernard Landouzy. Bouillabaisse. Délicatesse d'une coupe de champagne. Je quitte de bons amis. En partant, en début d'après-midi, la presse locale titre sur l'ouverture de la conférence d'Évian qui réunit délégations françaises et du FLN.

De passage à la SAS de Bouktoub, halte avant Géryville. Un sous-lieutenant appelé m'accueille : il vient juste de remplacer un capitaine véreux qui, au moment du putsch, a envoyé un télégramme à Challe : « De tout cœur avec vous. » Dans la soirée, un convoi de la Légion me conduit jusqu'à Géryville. Dîner à la popote du 5e RI de Légion. Nous sommes deux sous-lieutenants, ne faisant pas partie de la franc-maçonnerie légionnaire : nous sommes contraints de manger silencieusement, tant nous sentons bien que nous ne sommes pas acceptés. Encore heureux d'être admis à leur table en témoins discrets.

L'échec du 22 avril pèse sur eux d'une façon quasi poignante. Un commandant reproche aux généraux d'avoir gâché imprudemment les « dernières chances ». Propos sceptiques et amers sur les négociations d'Évian... Ils ressassent leurs questions sans réponses, fixés dans leur optique. Quant à la trêve décidée unilatérale des combats d'un mois, annoncée par Louis Joxe, ils y répondent avec une ironie inquiète :

— A quoi allons-nous servir maintenant ?

Leur colonel a démissionné, et celui d'Aïn-Sefra, de Sèze, en a fait autant. Si loin d'eux que je puisse être, ces valeureux soldats forcent quand même ma sympathie à cause de leur détresse pathétique. Qui les a compris ? Pas de Gaulle et on ne peut le lui reprocher. On leur a tout demandé et ils ont tout donné, avec le sang et la sueur. Ils souffrent aujourd'hui de l'ingratitude et du mépris dont on les accable. N'ont-ils pas encore droit à autre chose ?

— L'armée a besoin d'honneurs. Quand on ne les lui donne pas, elle les prend ! lance un capitaine.

Leur commandant essaie de les raisonner, sans conviction. L'un d'entre eux se lève et met sur le tourne-disque la chanson d'Édith Piaf : « Non ! Rien de rien ! Non, je ne regrette rien... », refrain nostalgique qu'ont chanté les légionnaires du 1er REP en quittant Zeralda, au moment de la dissolution de leur unité.

Lundi de Pentecôte, 22 mai, à Géryville. Présentation au commandant de T., chef de l'échelon de liaison des Affaires algériennes de l'arrondissement. Qu'a pu lui dire sur mon compte le colonel Varnoux ? Je ne sais, mais cet officier a l'air visiblement très ennuyé de me recevoir dans son arrondissement. Je ne suis pas bien venu.

En revanche, accueil très sympathique du sous-préfet Ameur, Kabyle intelligent et facétieux. Il est vrai que je l'avais déjà rencontré à Saïda, chez Bernard Landouzy. Il me convie tout de suite à son déjeuner et lorsque, deux heures plus tard, je redescends en sa compagnie, sous le nez du commandant de T., celui-ci est médusé et inquiet. Il faut dire que le sous-préfet bat claire monnaie de franchise et de sans-façon :

— J'en ai rien à foutre que le gus ait une barrette ou qu'il en ait cinq ! Je le reçois chez moi, s'il est sympa !

C'est ainsi que deux ou trois sous-lieutenants à Géryville sont reçus amicalement chez lui, au grand dépit de certains officiers supérieurs dont les rapports avec ce dernier sont froidement officiels. Administrateur qui mène sa boutique avec fermeté et diplomatie, M. Ameur ne craint nullement de passer une engueulade à certains colonels.

Le capitaine V., chef de la SAS de Géryville, m'accueille avec gentillesse chez lui, en attendant que je puisse rejoindre Bou-Alam avec le convoi hebdomadaire de samedi prochain. Ancien des AI du Maroc, cet officier vient de signer un contrat de six mois dans les Affaires algériennes à titre d'essai. Il me confie que l'expérience lui suffisait déjà, tant il avait découvert de choses lamentables et même scandaleuses dans cet arrondissement : l'un des officiers SAS a même fini par passer au tribunal militaire pour avoir touché longtemps la solde de vingt-cinq mokhazni, alors qu'il n'en employait réellement que cinq.

25 mai. Géryville fête l'Aïd El Kebir. Officiellement c'est la trêve. Des affichettes d'Action psychologique, à moitié lacérées, s'effilochent au vent. En arabe et en français, on peut lire :

> « Nous avons souffert ensemble de la guerre
> Construisons ensemble la paix. »
>
> « Un jour de paix, un jour de progrès. »
> « Parole aux hommes ! Silence aux armes ! »

A 10 h 30, coup de feu près du marché : Zabat Slimane, secrétaire au Mokhtar, collaborateur dévoué de la SAS, est abattu. Dix minutes plus tard, le couvre-feu fait de Géryville une ville morte, parcourue de détachements militaires incessants. Slimane n'est pas mort ; une balle lui a traversé l'intestin. Avant de sombrer dans le coma, il a eu le temps de désigner le tueur et d'ajouter :

— Surtout n'embêtez pas les populations...

« Parole aux hommes ! Silence aux armes ! » Trêve unilatérale.

On nous dit que les pourparlers d'Évian sont reçus dans les esprits musulmans comme un signe de faiblesse de notre part.

Samedi 27 mai. A 9 heures, escorté de deux auto-mitrailleuses, un convoi comprenant l'ID noire avec le sous-préfet, le colonel commandant le secteur, la voiture du chef d'échelon des Affaires algériennes avec celui-ci et deux sœurs blanches, plus quelques autres véhicules civils (maires, conseillers généraux, ingénieurs...) prend la route de Bou-Alam, qui est niché au sein du Djebel Amour, à 65 kilomètres de Géryville. Une route goudronnée correcte y conduit : elle garde encore les traces d'une terrible embuscade du 2 février 1960 au cours de laquelle les fellaghas avaient détruit onze camions militaires en les incendiant avec leurs chauffeurs brûlés vifs.

Hauts djebels escarpés, reliefs en dents de scie, oueds encaissés et petites gorges : paysage large et beau. Propice à la guérilla.

Bou-Alam : un vaste regroupement de nomades où les kheïmas se dispersent en éventail, s'étend au pied d'une falaise. Une tour de garde, sur le fait de celle-ci, surveille la vallée. Le village même de Bou-Alam, verdoyant, escalade légèrement le djebel Kantara, au nord. Dans la vallée, la route vers l'est, dans la direction d'Aflou : de hauts reliefs, variés dans leurs formes, barrent cet horizon, à une quarantaine de kilomètres.

Délaissant Bou-Alam même sur notre gauche et la route d'Aflou sur notre droite, notre cortège emprunte une piste qui nous mène au pied du village, sur une très vaste esplanade sablonneuse naturelle d'où l'on domine la vallée. Le colonel de Lestrange, commandant le 23e régiment de spahis, et le capitaine Cosmao-Dumanoir, chef de la SAS, accueillent les autorités. Trois pelotons montés de spahis, la harka et le makhzen à cheval attendent d'être passés en revue, chef de peloton en tête. Le capitaine Bogros, commandant l'escadron, débouche au galop dans un merveilleux et légendaire tourbillonnement de burnous rouge et blanc, de sabre et d'ors étincelants. Il salue et conduit le colonel et le sous-préfet vers ses troupes pour les inspecter et les saluer. Sabre au clair, les spahis se figent pour rendre les honneurs.

Défilé des cinq unités à cheval au galop. Alignement satisfaisant. Burnous flottants, poussière blanche, éclats des aciers, scintillement des cuivres : noble panache de la cavalerie de tradition ! Les hommes se hissent à la grandeur du paysage naturel, où même les minarets et les petites coupoles blanches des marabouts participent heureusement à l'harmonie générale.

Le makhzen, dans une charge fougueuse et toute hérissée de coups de feu, clôt ces chevauchées par une brillante fantasia. Mais nous voici au véritable but de cette visite officielle et très protocolaire : le barrage. Montant au-dessus du village, nous parvenons auprès d'un oued encaissé qui descend en cascades du mont Kantara. S'arrêtant en paliers successifs de bassins, l'oued forme à notre hauteur une retenue d'eau plus large dont le débit est contenu et régularisé par une levée de pierres. L'eau s'écoule lentement vers les jardins et les cultures du village. Si l'irrigation est le premier but de cet ouvrage modeste, sa seconde fonction a été dc donner du travail à cent cinquante chômeurs du lieu.

Précédée du makhzen à cheval caracolant, escortée de cent vingt-cinq ouvriers, la théorie des autorités civiles et militaires stationne devant le barrage. Les ouvriers offrent le thé. Courtoisement, le sous-préfet laisse d'abord la parole au colonel de Lestrange, lequel, en une langue ferme sinon convaincue, prononce un médiocre discours d'action psychologique où il vante la protection qu'assure l'armée et les espoirs de la paix française. Lui succédant, le sous-préfet Ameur profère quelques paroles empreintes d'une certaine finesse politique.

« Devant cet ouvrage, que nous ne pouvons appeler d'art mais qui est une promesse, nous pensons que, réalisé en coopération directe et harmonieuse entre le chef de la SAS et les nomades de Bou-Alam, il matérialise cette association à laquelle la France convie l'Algérie fraternellement, dans le respect des libertés, des individualités et des particularismes. Cette association porte en elle-même, encore fruste aujourd'hui comme cet ouvrage, les prémices d'une paix riche et prometteuse dans sa mesure. »

Se cantonnant à des problèmes plus particuliers, les nomades, par la voix d'un des leurs, demandent au sous-préfet que soit supprimé le travail obligatoire que leur imposent les spahis. Satisfaction leur est donnée par le colonel, contraint d'accepter en la présence du sous-préfet. Un apéritif et des rafraîchissements sont offerts à la mairie par le chef de SAS, en introduction à un somptueux couscous-méchoui dont nous régalent les spahis dans leur quartier.

Mon chef de SAS, le capitaine Cosmao-Dumanoir, est tout djid * et tout plein d'idéalisme : c'est l' « apôtre », le « saint laïc » ! Il est là depuis un mois et joue les assistantes sociales avec une bonté, une naïveté et une générosité confondantes. Vivant dans son bordj, avec sa femme et ses deux enfants, il ne fréquente guère l'escadron du 23e spahis. Comme tout ce qui est militaire ne l'intéresse pas, je me vois confier tout de suite le commandement du makhzen à cheval, ce qui représente vingt-huit mokhazni dont vingt cavaliers. Ce sont tous des fellaghas ralliés. Je les prends rapidement en main, car, à leur grand regret, ils ne sortaient plus en opérations depuis longtemps : construction d'une écurie et entraînement à cheval sont de suite à l'ordre du jour.

Mon prédécesseur a été viré pour avoir manifesté sa sympathie à l'insurrection d'Alger. Outre le makhzen, mes responsabilités concernent les contacts avec le regroupement, la surveillance des écoles et le développement de l'artisanat car c'est ici le domaine du grand tapis à haute laine dit du djebel Amour, caractéristique par ses grands motifs géométriques noirs sur fond rouge.

* Neuf, en arabe dialectal.

Je prends mes repas au mess des officiers de l'escadron du 23ᵉ et sympathise très vite avec son chef, le capitaine Bogros, excellent cavalier, le lieutenant François Meyer et son adjoint, le sous-lieutenant appelé Gilles Bernard d'Agescy. Trois figures d'officiers auxquelles je voue rapidement une vive admiration, parce que — chacune dans son genre — elles ont de la classe.

Le capitaine Bogros décide de me passer un de ses chevaux, une bonne monture de sport pour m'apprendre les bons principes de l'équitation. Depuis bientôt un an que je monte, en *self-made-man,* je me suis appris à moi-même des règles pratiques avec un total empirisme... Pour les sorties et les opérations projetées avec le makhzen de la SAS, j'ai un honnête cheval arabe qui a un bon trot allongé, animal robuste et résistant dans le djebel. Le courrier est parachuté une fois par semaine, ce qui revient à dire que pendant quatre gros mois je vais être coupé de toute lecture de quotidien français ou hebdomadaire, et que, n'étant pas possesseur d'un poste de radio transistor, les nouvelles de l'extérieur non seulement me parviennent avec un retard extrême mais aussi avec un volume fort restreint.

Sevrage d'informations et engagement opérationnel militaire vont marquer pour moi ces derniers mois, ceux d'un officier appelé qui ne compte nullement les jours avant d'être libéré : cette nouvelle vie rude, sauvage et libre, je l'adopte avidement par goût un peu insensé du risque et certainement par profonde estime pour ces trois officiers dont je veux qu'ils sachent de moi qu'un certain courage moral antécédent ne saurait me dispenser du courage physique des épuisantes courses dans le djebel et du coup de feu ennemi.

J'accepte sans détour de devenir opérationnel parce que je sais que les règles morales sont claires : le capitaine Bogros, commandant l'escadron, est un officier républicain à principes ; Meyer, fondateur et chef de son commando Griffon, Bernard, chef de la harka, ne sont pas des hommes à manier la « gégène » : ils vont me faire la démonstration pendant quatre mois qu'il est possible de faire un excellent travail de renseignements sans torturer un seul prisonnier. Ils réunissent en leurs personnes le courage moral et le courage physique. Mon admiration est sans doute d'autant plus franche et enthousiaste que j'ai souffert jusqu'ici de n'avoir pu exalter les héros de mon cœur, faute de les avoir découverts.

Le commando Griffon, fondé par le lieutenant François Meyer, qui est de la même promotion de Saint-Cyr que mon ami Philippe Laraison, est un commando de chasse dont les objectifs sont de découvrir les filières de l'organisation rebelle, de détruire l'infrastructure de caches et de postes de liaison qui permettent aux katibas de vivre dans les djebels, de marquer les bandes dans leurs déplacements, de situer leurs repaires et de prendre ou d'éliminer un à un les chefs militaires ou politiques du maquis.

Cette unité, quasi entièrement musulmane, est formée d'hommes jeunes originaires de la région, venus s'engager spontanément, de spahis, eux aussi volontaires, d'anciens militants du FLN ralliés, d'anciens prisonniers faits par le commando et réarmés peu après. A cet ensemble dynamique dont la moyenne d'âge n'excède pas vingt-trois ans, il convient d'ajouter quelques militaires du contingent et quelques gradés, officiers ou sous-officiers, qui portent ainsi l'effectif de cette formation légère à quatre-vingts hommes, en fait de soixante à cent dix, selon l'époque ou le besoin.

Le commando Griffon de Meyer et la harka de Bernard travaillent souvent ensemble : ils vont là où les troupes du secteur vont rarement. Quelle est leur vie ? J'écoute, avec un mélange de désir et d'appréhension, les histoires de chasse que me raconte Gilles Bernard d'Agescy * :

— Le 20 janvier dernier, nous étions dans le djebel Ourakis, situé à moins de 50 kilomètres de Géryville... C'est un ensemble de mamelons couverts d'alfa, qui domine l'oued Sidi-Naceur, juste à la limite des secteurs de Géryville et d'Aflou. C'est de pénétration facile mais complètement paumé, à l'écart de toutes les pistes ! Tout près d'un petit oued, qui rejoint le Sidi-Naceur, il y a une petite ferme qu'on appelle la maison de Hadj-Ahmed, autour de laquelle des mouvements suspects avaient été récemment relevés. C'est souvent dans des mechtas isolées, comme celle-ci, que se rencontrent les chefs politiques FLN, qui ont l'habitude de se déplacer seuls, ou avec de très petites escortes, pour échapper plus aisément aux contrôles...

— Vous connaissiez le coin ou bien vous aviez un guide ?

— A la tête du groupe, en pleine nuit, il y avait un certain Chenittah, un rallié, qui connaissait les lieux : il savait par exemple que plusieurs filières de la mintaka s'y rencontraient. Derrière Chenittah, Chibachi, ancien sous-officier adjoint d'un peloton de spahis, et Meyer. En passant près d'un groupe de maisons basses, un autre rallié, encore djoundi de la katiba 533 quinze jours avant, nous désigne une matmora : onze cadavres de djounoud y sont entassés, égorgés lors des dernières purges. Ça fait frissonner ! On crapahute... jusqu'à ce que se dresse devant nous la masse noire de la mechta de

* Le sous-lieutenant Bernard d'Agescy raconte sur la foi de témoignages cette action dont il était en fait absent.

Hadj-Ahmed. Là, deux éclaireurs font leur travail silencieux de reconnaissance : ils ont écouté attentivement, puis se sont glissés sans bruit le long de la maison jusque dans la grande cour illuminée par le clair de lune... dehors, nous sommes tapis dans les ténèbres et nous attendons... Les éclaireurs sont revenus et nous ont fait signe que la ferme était vide. Nous nous y sommes installés en embuscade, en prenant la précaution de transformer la place en fortin, c'est-à-dire que partout des emplacements de combat sont préparés. Pendant que des sentinelles veillent, les hommes prennent quelques heures de repos.

Dormir peu, manger trois dattes et deux figues sèches, apprendre à boire le moins possible en respirant bouche fermée à travers le chèche, marcher, encore marcher et crapahuter, vivre sur le qui-vive : mes derniers mois vont se dérouler à l'école de cette austérité.

— Au petit jour, une équipe, guidée par Chibachi, s'en est allée occuper des emplacements de guetteurs sur les hauteurs des environs. La brume se levait et aussitôt ce fut l'alerte : deux cavaliers en armes avançaient botte à botte vers la ferme. Aux portes, les sentinelles demeuraient immobiles, tandis qu'à l'intérieur chacun rejoignait son poste en armant les fusils sans aucun bruit... Les cavaliers continuaient d'approcher, scrutant les abords de la ferme et les crêtes alentour, puis, infléchissant leur route, ils passèrent à cent mètres des bâtiments. De ceux-ci surgirent trois des nôtres qui firent leur sommation, mais les cavaliers retournèrent leurs montures et, couchés sur leurs selles, tentèrent dans un galop fou de se planquer dans le ravin le plus proche. Fusillade... et l'un d'eux roule à terre dans la poussière : Slimane Ben Hadj Tahar, chef FLN des Ouled Sidi Naceur, reste étendu, les yeux grands ouverts ! L'autre cavalier, blessé, a été rattrapé et capturé.

Au combat, les responsables du FLN ne se rendent pas ; s'il est arrivé que, devant certains procédés trop cruels (purges, massacres...) du Front, le doute ou la réprobation aient pu les gagner, cependant ils ne se rallient presque jamais. Il n'en est pas toujours de même des djounoud qui, capturés par une unité musulmane enthousiaste, se montrent tellement impressionnés et même séduits par l'élan qui les anime qu'ils se rallient : c'est grâce à leur collaboration que le commando peut se procurer rapidement les renseignements dont le commandement a besoin.

J'écris à Nantes :

« Bou-Alam, 19 juillet 1961. Personne ici ne croit plus à l'avenir, c'est-à-dire à une Algérie indépendante sans la dictature FLN ; nous craignons beaucoup pour tous les supplétifs musulmans — harka, makhzen, commando —, tous ces Algériens de souche que trop d'officiers ont engagés en se prenant eux-mêmes pour " la parole de la France ". Il y a, à ce sujet, un malentendu dramatique : de bonne foi, des officiers français ont fait serment solennel que la France ne quitterait pas l'Algérie, mais sans aucun ordre supérieur pour s'engager aussi gravement. C'est sans issue car le gouvernement français ne peut évidemment s'estimer lié par une " Parole " qu'il n'a jamais dictée.

» Malgré cela, paradoxalement, nous continuons ici à nous battre contre un ennemi qui sera militairement réduit mais politiquement vainqueur. Je finis par penser qu'on fait du baroud par fuite en avant... Enfin libéré de l'obsédante question de la torture, je me suis engagé à fond dans le jeu militaire opérationnel. Par pure fraternité d'armes. Sans aucune espèce d'animosité contre l'adversaire... Mes camarades officiers savent que jusqu'ici mon courage a surtout été moral, en me battant pour refuser la torture, mais je ne veux surtout pas, à leurs yeux, passer pour l'intellectuel-en-chambre qui serait incapable de courage physique : j'ai quelques mois pour leur montrer que je suis prêt à partager les mêmes risques que les leurs. Le prix du sang, n'est-ce pas la valeur privilégiée qu'ils reconnaissent ? Pour moi, courage moral et courage physique vont de pair : c'est le prix de l'incarnation.

» Cela dit, je ne joue pas aux héros : je prends simplement le risque de me faire trouer la peau. Comme les autres. On ne nous a tout de même pas éduqués pour rien dans la religion du Sacrifice ! Il y a un côté " inutile " qui me séduit irrationnellement. Donner ma vie : j'ai toujours rêvé de cela. C'est absolu, c'est radical.

» Je termine sur plus futile : le capitaine de l'escadron, me voyant comme un cavalier " accroché " et " bon élève " — à ce qu'il dit ! —, m'a confié un nouveau cheval, gris, jeune et nerveux : Soubise ! J'apprends à sauter les obstacles et, ce matin, j'ai commencé le cross... Heureusement, ce n'est pas mon cheval opérationnel car je n'ai aucune envie qu'il se fasse tuer. »

Du 25 au 30 juillet, nous sommes tous en opération : le commando Griffon de Meyer, la harka de Gilles Bernard d'Agescy, l'escadron de spahis commandé par le capitaine Bogros, et mes trente cavaliers du makhzen de la SAS. Commando et harka sont en avant, en têtes chercheuses, à pied, silencieux et infiltrés comme des ombres, et nous, en arrière, cavalerie d'intervention prête à charger. Nous crapahutons dans le djebel, sous un soleil torride, en liaison radio permanente avec le commando, ou bien de nuit, sous un ciel saharien vertigineux, criblé d'étoiles filantes. Les fers des chevaux claquent sur la pierraille en faisant jaillir des étincelles... Chacun finit, au fil des heures, par dodeliner sur sa selle, relâchant les rênes de sa monture. Dans le fond d'un ravin, nous savons pourtant que c'est de là que peuvent crépiter soudainement les coups de feu d'une embuscade qui nous mettrait à mal à cause de l'effet de surprise... On préfère ne pas y penser, tout en réveillant une vigilance qui faiblit peu à peu sous la pesante pression du besoin de sommeil. Eh ! oui, les « héros » ont désir de dormir, de manger, de boire : ils durent, ils endurent, ils résistent aux pressions les plus intérieures, physiques, qui finissent par vider l'esprit... et peut-être l'âme.

L'ordre enfin survient : halte et bivouac ! Il est trois heures du matin. Une heure, deux ou peut-être trois heures ? Qu'importe le temps qui nous sera laissé. Les précautions d'usage mises en place et vérifiées, chacun, la tête reposant sur sa selle et l'arme à portée de main, s'endort lourdement. Les sentinelles se relaient et veillent. L'alerte radio est en place. Les chevaux broutent, s'ébrouent, soufflent et piétinent. Je sombre.

— Mon lieutenant... mon lieutenant !

Le radio me secoue :

— Le cap'tan Bogros, il vous appelle !

Je surgis. L'aube point doucement par une vapeur blanche vers l'est. Il est 5 heures.

Mes ordres fusent : branle-bas de combat pour le makhzen. Meyer vient de lever des fellaghas à quelques kilomètres de là, dans le fond de l'oued Semaïn, au sud. Le capitaine vient de me commander de foncer dessus pour les rattraper et les réduire.

Nous chargeons au galop, à travers les éboulis de pierres et les touffes d'alfa. Les premiers coups de feu claquent, épars, sporadiques, comme encore un peu loin. Je ne sors même pas mon PA — pistolet automatique, arme réservée à l'officier —, car je suis un mauvais tireur, et je ne vois aucun ennemi... Soudain, les balles me sifflent aux oreilles, et je me penche instinctivement vers l'encolure de mon cheval emporté dans cette galopade effrénée : le tir s'intensifie, à cinquante mètres de là, dans le fond de l'oued. Je ralentis l'allure de mon destrier, et brutalement conscient qu'une de ces balles pourrait bien m'être destinée, je réalise d'un coup que nous sommes le 29 juillet : « Ce même jour, il y a tout juste un an, Philippe mourait au combat ! » Me voici prêt à tout, exalté par cette concordance symbolique.

Le feu a cessé, et mes cavaliers mokhazni se rabattent vers les lauriers-roses qui tapissent les bords sablonneux de l'oued et les creux de rochers où étaient embusqués les fellaghas en fuite. Les hommes de

Griffon et de la harka de Bernard nous rejoignent... En vérité, je n'ai pas compris grand-chose à toute cette action et même le temps qu'elle a pu durer m'échappe. Le jour est levé. Mes hommes me hèlent et je mets pied à terre, un peu haletant, épuisé : ils me font des grands signes de joie et je les rejoins. Sous des arbres, ils me désignent un fellagha gisant, mort, un autre blessé, geignant doucement, et un troisième, prisonnier, le regard dur. Je fais semblant de partager la satisfaction bruyante de mes hommes, les félicitant, mais par-devers moi, je me sens complètement écartelé entre le sentiment d'excitation du chasseur, celui de la pitié pour ces victimes et la persuasion claire de l'absurdité de cette « victoire ».

« Mon baptême du feu ! C'est donc cela ! » Je rumine ces pensées, avec une satisfaction puérile qui s'entremêle d'un : « Ce n'est donc que cela ? » Trop fatigué pour savoir s'il faut en rire ou en pleurer, cette situation m'évoque une réminiscence littéraire, celle du Fabrice de Stendhal, dans *La Chartreuse de Parme,* lorsqu'il se répétait : « Ah ! m'y voilà donc enfin au feu ! J'ai vu le feu !... Me voici un vrai militaire », et qu'il s'avouait n'y avoir rien compris, rien du tout.

Le capitaine arrive avec son escadron et s'avance vers moi. Il me salue, un peu grandiloquent :

— Bravo ! Vous êtes vraiment des nôtres !

Je réponds à son salut. Mais je pense que personne ne me félicitera jamais pour un autre combat, qui m'a beaucoup plus coûté dans tous les mois passés : celui que j'ai mené, quasi vainement, contre la torture.

De retour à Bou-Alam, nous apprenons — avec quel retard ! — que les ex-généraux Salan, Jouhaud, Gardy et les ex-colonels Argoud, Broizat, Gardes, Godard, Lacheroy ont été condamnés à mort par contumace par le haut tribunal militaire, le 11 juillet dernier. A cette nouvelle, le sous-lieutenant Gilles Bernard d'Agescy se précipite sur l'électrophone pour mettre le disque de Piaf : « Non ! Rien de rien ! Non, je ne regrette rien... » Silence glacial dans la popote parmi les officiers. Je sais de quel côté penche le cœur, pied-noir, de Bernard et, avec ces échos qui arrivent jusqu'ici de la montée en force de l'OAS, je crains de sa part un coup de tête qui le pousse à quelque extrémité. Je me prends à penser que la seule utilité qui reste à continuer nos opérations militaires, outre l'hypothèse illusoire de pouvoir permettre au gouvernement de négocier dans de meilleures conditions, est celle d'occuper jusqu'au bout de courageux officiers pour leur éviter de penser à autre chose.

Tout le mois d'août se passe en opérations.

Un soir, alors que commando, harka et makhzen sont de retour sur leur base, à Bou-Alam, j'apprends que Bernard interroge un prisonnier, pas un quelconque « suspect » du douar, mais un vrai fellagha, piqué au cours d'une « opé », les armes à la main. Je ne doute toujours pas de l'honnêteté morale des méthodes employées par mes camarades officiers auxquels je voue respect et admiration — ma présence fréquente à leurs côtés dans le djebel m'aurait convaincu si quelque suspicion m'avait rongé —, mais ayant appris que les fellaghas usaient de moyens assez atroces* pour faire parler leurs prisonniers avant de les liquider, je me suis parfois pris à penser que la tentation devait être forte d'utiliser, à notre tour, sinon la même sauvagerie, du moins quelque violence qui pourrait paraître bénigne, voire « civilisée », par comparaison.

Ayant fait prévenir Bernard par mon ordonnance, celui-ci me fait savoir qu'il ne voit aucun inconvénient à ce que j'assiste à l'interrogatoire.

Bernard se trouve dans sa mechta de pisé, blanchie à la chaux, tapissée de tissages de laine aux couleurs vives ; il est assis derrière une modeste table de bois blanc, qui lui sert habituellement de bureau, et face à lui, sans entraves, son prisonnier fume calmement une cigarette. La nuit tombe. Une lampe à gaz éclaire la voûte blanche. Nul homme en armes à l'entrée. Bernard allume à son tour une Bastos et le dialogue s'engage entre eux, en arabe dialectal que parle couramment le jeune officier.

Je ne comprends évidemment presque rien à leurs propos, ma connaissance du dialecte étant par trop rudimentaire. Parfois le ton de Bernard enfle légèrement, s'anime davantage et les questions deviennent plus pressantes. On dirait une sorte de bras de fer mental, un affrontement psychologique ardu, semé de chausse-trappes et de pièges invisibles à l'œil non averti. C'est une chasse, à armes égales.

Au bout de deux heures, alors que je suis guetté par l'assoupissement, Bernard fait servir le thé à la menthe. Nous sirotons lentement et il me glisse :

— Je l'aurai à l'usure. C'est une question de temps... Par recoupements successifs, je finirai par le coincer.

L'interrogatoire reprend, de la même manière. Rien de spectaculaire : un travail de patience, d'érosion, de finesse. J'admire le calme et la ténacité de Bernard, et peut-être pour lutter contre le sommeil qui me gagne et ce poids lent des heures qui n'en finissent plus de s'alanguir dans cette nuit interminable, mes pensées me reportent vers

* Les fellaghas suspendent leurs prisonniers, en les faisant pirouetter sur eux-mêmes au bout d'une corde, au-dessus d'un brasier.

une autre nuit, dans une ferme d'Oum-Djerane, où, pour la première fois, je me suis contraint à assister à une séance atroce qui devait laisser une si longue et douloureuse empreinte dans ma mémoire.

Le prisonnier se bat, lui aussi, contre la fatigue, la tenaille du besoin de dormir. Il vacille. Bernard en profite à chaque fois pour resserrer l'étreinte, s'infiltrant dans chaque faille, chaque hésitation et retournant sans cesse le questionnement. Son énergie, et la solidarité que je tiens, par ma présence, à lui signifier me forcent à lutter contre mes paupières qui tombent, ma tête qui dodeline, le brouillard qui m'envahit. Je me lève, me mords les lèvres, tire sur une cigarette. Un coq chante dans le douar. Sorti sur le pas de la porte, je vois l'aube se lever. Bernard vient vers moi :

— C'est fini. Il a craqué : j'ai tout ce qu'il me faut.

Un dernier verre de thé, tous les trois ensemble.

Je suis très fier du sous-lieutenant Gilles Bernard d'Agescy qui ne sera jamais décoré pour cette si longue et courageuse nuit. Allons ! cette guerre d'Algérie doit en connaître des dizaines, et peut-être plus, comme lui, qui, silencieusement, ont sauvé l'honneur. L'histoire ne retiendra jamais leurs noms.

Épilogue

Mai 1990.

A mon initiative, un monument a été érigé et inauguré sur un haut plateau cévenol, en novembre 1987, à l'honneur et à la mémoire des harkis, en l'absence de toute autorité locale ou nationale et sans le moindre écho médiatique.

Étaient présents à cette célébration le colonel François Meyer et le général Georges G. : ils sont devenus des compagnons de route depuis la fin de la guerre d'Algérie et aucun d'eux, après avoir lu les pages qui précèdent, ne s'est senti accusé ou magnifié.

Reste que seule leur parole peut témoigner de leur propre histoire.

Annexes

ANNEXE 1

L'Algérie devant la conscience chrétienne

La petite synthèse du père Chaigne[1] se base sur deux types de documents, selon la distinction traditionnelle de l' « Église enseignante » c'est-à-dire de la hiérarchie ecclésiastique dans son magistère ordinaire et de l'« Église enseignée », c'est-à-dire des laïcs qui ont pour mission essentielle de réagir en chrétiens au sein du « bruit et de la fureur » des événements.

Huit propositions claires rassemblent l'essai de synthèse :

« 1. Il n'appartient pas à l'Église, tant dans sa hiérarchie que dans ses mouvements d'Action catholique, d'apporter, pour résoudre le problème algérien, des solutions politiques et techniques ; mais il est de son devoir de donner des principes sûrs pour aider les chrétiens à engager droitement leur action.

2. Il appartient à l'Église de reconnaître comme légitime l'aspiration des autochtones au libre exercice de leurs droits civiques, culturels et religieux.

3. Il appartient aussi à l'Église de reconnaître comme légitimes l'aspiration à l'indépendance et une action politique entreprise en ce sens, pourvu qu'elle se conforme aux principes de la justice et de la charité.

4. L'Église énonce les raisons, seules valables en saine morale, qui peuvent motiver une présence étrangère provisoire, du type colonial, en Algérie comme ailleurs. Ces raisons relèvent de l'aide à apporter à une promotion collective et individuelle du peuple colonisé et aussi du bien commun de l'humanité, mais non d'une prétendue supériorité raciale, du droit que donnerait la force ou la nécessité dans laquelle se trouverait l'impérialisme économique de découvrir des débouchés et des matières premières, ni sur une prétendue mission civilisatrice, ni encore moins sur un motif de prosélytisme religieux.

5. L'Église condamne formellement toutes les formes de racisme, déclaré ou larvé, au nom du principe élémentaire du droit des gens corroboré par le christianisme.

6. Toujours au nom du droit naturel et du christianisme, l'Église condamne formellement le prétendu droit qu'auraient les particuliers de se substituer aux autorités pour garantir la sécurité publique et pour punir les coupables, elle condamne aussi le principe des représailles collectives, le recours dans la lutte contre la criminalité à des moyens injustes, les

1. *Essai de synthèse d'après les déclarations des évêques et des mouvements catholiques,* Société des publications missionnaires, Lyon, mars 1956.

manquements à la légalité. Elle reconnaît que la désobéissance aux ordres injustes peut, dans certains cas, s'imposer en conscience.

7. L'Église constate que la raison profonde de la crise sanglante qui secoue l'Algérie doit être cherchée dans la misère généralisée de cette nation et dans le retard apporté à sa promotion collective et individuelle.

8. L'Église invite ses fidèles à se sentir solidaires des populations d'Algérie, et fait appel à leur esprit de prière et à leur volonté de collaboration pacifique pour résoudre la crise actuelle. »

ANNEXE 2

Réflexions d'un prêtre sur le terrorisme urbain

Le texte du père Delarue, légitimant un certain emploi de « l'interrogatoire forcé », se présente comme un polycopié de douze pages dont le titre est : *Réflexions d'un prêtre sur le terrorisme urbain.*

En préambule, l'auteur avance une sorte de prologue dénonçant les bradeurs d'empire et fustigeant les chrétiens mauvais patriotes :

« La France, depuis sa naissance en tant que nation, s'est vue mêlée à plus d'une guerre ; en général, nos soldats s'en allaient, forts de l'approbation de tous les honnêtes gens ; à ma connaissance, il n'y a pas eu, dans toute notre histoire, de conflit qui ait aussi profondément divisé les catholiques que cette lutte que nous menons en Algérie contre les fellaghas. Des journaux qui, hautement, se proclament " chrétiens ", en contestent publiquement la légitimité ; des laïcs, des ecclésiastiques, " très avancés " en flétrissent les méthodes et, pour autant qu'ils le peuvent, s'abritant derrière la confiance que, de tout temps, les honnêtes gens ont montrée pour la soutane, tentent d'en saper l'efficacité. Ont-ils vraiment conscience de ce qu'ils font, lorsqu'ils ont servi de boîtes aux lettres pour les rebelles, caché des personnes lourdement soupçonnées d'être des criminels de l'espèce la plus infâme, et leur ont permis d'échapper provisoirement à la justice ?... »

Le rédacteur ne comprend pas que ce n'est pas parce que l'on pouvait déclarer son désaccord avec les méthodes de la guerre d'Algérie que cela conduisait nécessairement à passer à l'aide objective au FLN, et que ce n'est pas parce que l'on condamne l'usage de la torture détective qu'on approuve, par le fait même, le terrorisme sanglant et odieux du FLN et que l'on devient mauvais patriote, crypto-communiste ou collaborateur des fellaghas.

Reste, il est vrai, que toutes les consciences chrétiennes — pour ne parler que d'elles — sont troublées et que le gouvernement proclame sans cesse, par des voix « de gauche », la volonté de la France de rester en Algérie, ce qui conduit assez naturellement l'aumônier para à affirmer :

« Il y a là un fait troublant, angoissant pour notre conscience de chrétiens ; il est grand temps que nous nous efforcions d'y voir clair. La France vient tout récemment encore de manifester sans équivoque sa décision de rester en Algérie, de garder l'Algérie française. Ce but clairement indiqué, il est de notre devoir de l'atteindre. Nous connaissons trop bien les adversaires auxquels nous avons affaire pour nous imaginer que nous y parviendrons par des " parlotes ", des appels au bon sens. »

Sur ce dernier point, qui est du ressort politique — allusion aux « interlocuteurs valables » —, Delarue s'avance un peu en prétendant nier à l'avance toute idée de discussions, de rencontres, voire de négociations... D'une part, il sort de son terrain, de sa fonction morale, pour préjuger de moyens politiques qui ne sont pas plus de son ressort que de celui du général Massu ou de n'importe quelle autre autorité militaire. D'autre part, ce sujet n'est pas de sa compétence. En admettant que l'objectif soit de « rester en Algérie », il n'a pas à se faire juge des moyens et des conditions pour atteindre cet objectif. On voit donc au départ de son texte, qu'il y a comme un *a priori* politique, affirmé, sans analyse.

« Si nous voulons rester — et même si un jour nous venions à perdre l'espoir d'y parvenir, nous ne serions pas dispensés pour autant du devoir d'assurer la protection des civils européens ou musulmans menacés —, il nous faut, sans hésiter, trouver des moyens efficaces, même s'ils sont inhabituels, et les appliquer sans faiblesse. Vouloir faire cette guerre comme nous avons fait Verdun ou la campagne d'Italie, c'est manquer d'imagination, de réalisme ; c'est, à coup sûr, perdre l'Algérie, et — ce qui est beaucoup plus grave encore pour les hommes que nous sommes — c'est vouer à la mutilation, à la mort, une multitude d'innocents non combattants.

» Nous nous trouvons en face d'une guerre d'un type nouveau, d'une guerre révolutionnaire. Nos défenses habituelles : supériorité d'armement, courage et savoir-faire au combat, ont été tournées. Nous sommes en face du *terrorisme* dans toute sa lâcheté, toute son horreur... Et l'on conviendra, sans hésiter, qu'à vrai dire il ne suffit plus ici de faire la guerre, mais d'annihiler une entreprise d'assassinat organisée, généralisée... Dans ce cas, qu'exige de vous votre conscience de chrétien, d'homme civilisé ? Ce qu'elle exige ? C'est que, d'une part, vous protégiez efficacement les innocents dont l'existence dépend de la manière dont vous aurez rempli votre mission, et que, d'autre part, vous évitiez tout arbitraire. Il suit de là que :

» 1. Par souci de loyauté, de justice, c'est au chef responsable, entouré de ceux de ses collaborateurs qu'il juge particulièrement compétents et indispensables, que revient la charge de diriger l'information. »

L'expression « diriger l'information » n'est pas très claire ; d'après le contexte, c'est-à-dire eu égard aux paragraphes suivants, il est probable que cela peut s'interpréter par « diriger tout ce qui concerne la recherche du renseignement ». Mais si le père Delarue croit utile d'affirmer que la responsabilité de cette tâche incombe au chef, c'est que, précisément, trop souvent, des soldats ou des gradés de base, sans responsabilité hiérarchique dans ce domaine, s'arrogent d'eux-mêmes ce pouvoir. Et comme, dans un contexte passablement passionnel, l'extorsion du renseignement peut devenir le prétexte à des conduites violentes sans justification technique, l'aumônier poursuit en condamnant l'usage de la violence pour assouvir des instincts de vengeance.

« 2. Vous ne devez jamais oublier que votre seul but doit être d'obtenir des renseignements et non pas d'assouvir votre colère. »

La « question par force », pour reprendre l'expression litotique de Massu, ne saurait donc se légitimer comme peine vindicative à usage individuel. De même est requise, au préalable, la certitude de culpabilité :

« 3. On n'a le droit d'être dur avec un homme que dans la mesure où l'on est certain qu'il est coupable et doit savoir quelque chose. »

Quelqu'un dont « on est certain qu'il est coupable », c'est quelqu'un convaincu de culpabilité, et Delarue donne lui-même les critères, quelques lignes plus bas : il faut que l'homme ait été « pris sur le fait », ou bien qu' « un témoignage valable, fourni par d'autres hommes » — un seul témoin ne suffit donc pas ! — « ou par des preuves matérielles » ait pu être retenu contre lui. Or, avoir entre les mains quelqu'un convaincu de culpabilité et quelqu'un qui « doit savoir quelque chose », c'est toute la différence entre un coupable présumé et un suspect. La même phrase paraît les assimiler, ce qui risque de révéler une pratique de fait... Massu reconnaît lui-même d'ailleurs[1] que la « notion de suspect » était « très vague au début », ce qui est une façon de laisser entendre que les « suspects » avaient peut-être droit au même traitement que les coupables.

« 4. Il n'est jamais permis de prendre au hasard un passant, le premier venu, et d'essayer par la violence de lui extorquer l'aveu d'une culpabilité dont on prétend le charger — sans avoir recueilli par ailleurs aucune véritable preuve... Il ne s'agirait plus dans ce cas de justice, mais de l'arbitraire le plus odieux... Quand un homme n'a pas été pris sur le fait, qu'aucun témoignage valable, fourni par d'autres hommes, ou par des preuves matérielles, n'a pu être retenu contre lui, on n'a pas le droit de le choisir arbitrairement comme un bouc émissaire, ni de lui extorquer, par quelque moyen que ce soit, des aveux qu'il ne ferait pas librement, ni *a fortiori* de le condamner sur la seule foi de ses déclarations qu'il serait résigné à souscrire. »

Il convient de donner acte au père Delarue qu'en refusant de choisir quelqu'un arbitrairement comme bouc émissaire, il s'inscrit en faux contre le principe de la « responsabilité collective ».

Mais voici qu'avec la suite de ces « réflexions » le nouveau policier-militaire risque de s'ériger lui-même en justicier et en exécuteur de justice :

« 5. Par contre, dans l'intérêt commun, presque tous les peuples civilisés ont maintenu la peine de mort, bien qu'il y ait eu des erreurs de jugement et que parfois des innocents aient pu être exécutés. Et, d'autre part, nous nous trouvons présentement en face d'une chaîne de crimes. En conséquence, puisqu'il est légalement permis — dans l'intérêt de tous — de supprimer un meurtrier, pourquoi vouloir qualifier de monstrueux le fait de soumettre un criminel — reconnu tel par ailleurs, et déjà passible de mort — à un interrogatoire pénible, certes, mais dont le seul but est de parvenir, grâce aux

1. J. Massu, *La Vraie Bataille d'Alger, op. cit.*, p. 141.

révélations qu'il fera sur ses complices et ses chefs, à protéger efficacement les innocents ? »

Le père Delarue raisonne comme si, au lieu de traiter de la torture comme d'une forme de torture judiciaire, c'est-à-dire destinée à extorquer l'aveu du coupable, il en parlait comme d'une torture pénale, c'est-à-dire destinée à châtier un coupable condamné, ce qui est doublement faux, puisqu'on n'est pas dans un cadre judiciaire, mais policier, et qu'il n'y a pas de condamnation pour la culpabilité antécédente.

Ou alors, si l'on pense que son argument reviendrait à dire : « La peine de mort est une peine ultime, horrible, définitive, donc à côté d'elle, celle de la torture est bénigne, et celle-ci étant admise, pourquoi ne pas admettre celle-là qui est moins grave ? », cela reviendrait quand même à soutenir que chaque citoyen peut s'arroger, personnellement, le pouvoir judiciaire et d'exécution, ce qui est contraire à toutes les lois de fonctionnement de n'importe quelle société « civilisée ». C'est un retour à la loi du talion ou plutôt un anarchisme d'autodéfense qui nie la société elle-même. Par ailleurs le degré de malignité extrême d'un acte ne blanchit pas, par effet de comparaison, celui d'une malignité moindre. Ce n'est pas parce que perdre une jambe à la guerre est moins grave que d'en perdre deux, que le premier état devient, en soi, une bonne chose.

Et nous voici proche du second argument de notre ecclésiastique parachutiste : « Entre deux maux : faire souffrir passagèrement un bandit pris sur le fait — et qui d'ailleurs mérite la mort — en venant à bout de son obstination criminelle par le moyen d'un interrogatoire obstiné, harassant, et, d'autre part, laisser massacrer des innocents que l'on sauverait si, de par les révélations de ce criminel, on parvenait à anéantir le gang, il faut sans hésiter choisir le moindre : un interrogatoire sans sadisme mais efficace. »

« Entre deux maux... choisir le moindre » : à tout le moins, l'auteur de ces lignes reconnaît indirectement que la torture est un « mal ».

Il poursuit : « 6. Le but de la justice est double : punir le coupable, décourager tous ceux qui seraient tentés de l'imiter. »

Ici, le glissement est d'abord ouvertement affirmé : le militaire-policier s'arroge le droit de justice pénale, puis est déclarée une fonction de dissuasion. Punir : étrangement, la torture n'est pas revendiquée pour obtenir le renseignement. Transformer la torture judiciaire en torture pénale, telle est la substitution et l'abus de pouvoir. Essayer, ensuite, d'en justifier la fonction dissuasive et préventive, c'est oublier qu'il s'agit de punir, que la peine est d'abord médicinale et que ce n'est que par voie de conséquence qu'elle est aussi préventive.

Punir le coupable ? Coupable de quoi et condamné comment et par qui ?

Delarue avait précédemment insisté sur la certitude de culpabilité, tout en rendant son propos passablement flou par une certaine confusion entre le « coupable » et celui « qui doit savoir quelque chose », c'est-à-dire le suspect. A présent, des précisions élargissent considérablement la culpabilité et le soupçon :

« ... On a le droit d'interroger... » — le moindre mal est devenu un droit

— « efficacement — même si l'on sait que ce n'est pas un tueur — tout homme dont on est certain :

— qu'il connaît les coupables,

— qu'il a été témoin d'un crime,

— qu'il a sciemment hébergé quelque bandit,

s'il se refuse de révéler librement, spontanément, ce qu'il sait. »

Selon le droit pénal français, il est certain que connaître les coupables, être témoin d'un crime et sciemment héberger un criminel son autant de motifs de garde à vue, mais non de culpabilité. Il reviendra à l'instruction de prononcer les inculpations, ce qui ne constitue pas une reconnaissance de culpabilité. Seul le jugement décide de la culpabilité des inculpés.

« En se taisant, pour quelque motif que ce soit, il est coupable, complice des tueurs, responsable de la mort d'innocents pour délit de non-assistance à des personnes injustement menacées de mort. De ce seul fait, il n'a qu'à s'en prendre à lui-même s'il ne parle qu'après avoir été efficacement convaincu qu'il devait le faire.

» En venant ici vous aviez accepté le risque de vous faire tuer pour assurer la protection des honnêtes gens, qu'ils soient musulmans ou européens. Le terrorisme urbain vous impose en plus une besogne moins conforme à vos goûts de soldats... A circonstances exceptionnelles — et pour aussi longtemps qu'elles resteront telles — tâches exceptionnelles ! »

Autrement dit, en ce qui concerne cette dernière phrase, c'est l'exception qui confirme la règle. Ce faisant — et peut-être sans le vouloir — le père Louis Delarue nous confirme que la règle, c'est-à-dire ce qui est régulier, de l'ordre de la loi civile et morale, est... de ne pas torturer.

ANNEXE 3

Pierre-Henri Simon : *Contre la torture*

P.-H. Simon, impressionné par le souvenir de l'affaire Dreyfus, sait trop bien qu'une certaine clameur patriotique ne peut parfois que « couvrir d'ombre une erreur judiciaire » et que ce fut l'honneur de certains moralistes rigoureux que d'avoir refusé la complicité du silence.

Si l'écrivain veut s'arracher au silence c'est aussi parce que, très marqué par les horreurs de la barbarie nazie et du silence dont l'a couverte le peuple allemand, il se refuse à se réfugier dans le « Nous ne voulons pas savoir ! », ou bien dans l'alibi patriotique : « C'est la guerre ! Il ne faut rien dire qui puisse aider l'adversaire. » Céder à cela revient à assumer « une responsabilité politique et morale, moins lourde en effet que celle du peuple allemand devant les exactions du nazisme, mais analogue en nature [1] ».

1. P.-H. Simon, *Contre la torture, op. cit.*, p. 22.

La torture n'est pas une cause mais l'effet d'abord d'une situation générale, d'un état d'esprit, et c'est pourquoi l'écrivain ne met pas en cause la présence de l'armée française en Algérie — selon lui, il faut d'abord poser « sur la table une force militaire capable de prouver à l'adversaire qu'il ne gagnerait pas par la force » avant que de négocier — mais « ce qui est condamnable et déplorable, c'est, dans la conduite de la guerre, un esprit de cruauté et de vengeance qui, loin de préparer les réconciliations nécessaires, les a rendues plus difficiles [1] ». Ici morale et politique se rejoignent : « Les actes contre lesquels je vais protester sont non seulement fautes morales mais erreurs politiques, dont la nation subit un double dommage : dans l'intégrité de sa conscience et dans la force de sa position [2]. »

Si le civilisé, pour lutter contre la barbarie, se fait lui-même barbare, c'est que la barbarie a déjà gagné. Même s'il est admis « comme un fait que l'action de police s'encadre dans une forme de guerre sociale où l'usage de la force est inévitable, il ne s'ensuit aucunement que cet usage ne puisse et ne doive être limité par des principes de morale et de droit : la guerre même a ses lois, et tous les coups n'y sont pas permis [3] ».

Il est vrai que la dernière guerre mondiale a, plus qu'une autre, effacé et brouillé les cartes : la guerre est devenue plus rationalisée, massive, totale, idéologique surtout et n'épargnant rien, jusqu'à l'éclair d'Hiroshima. « C'est dans cette large perspective de déshumanisation de la guerre, devenue scientifique et totale, qu'il faut situer, au cœur des armées modernes, l'étiolement des traditions chevaleresques et des vertus d'humanité propres au soldat : en somme, l'effacement de ce qui faisait ressembler la bataille à un duel noble et réglé, et l'acceptation d'un style de massacre [4]. »

Ces lignes par lesquelles l'écrivain partage avec Jules Roy, Jacques Pâris de La Bollardière la nostalgie du chevalier disparu m'auraient bien touché, mais mes conversations avec les étudiants étrangers mettaient plutôt l'accent sur les problèmes spécifiques liés à la décolonisation auxquels Pierre-Henri Simon n'est pas étranger : dans le cas d'une occupation refusée par un peuple qui se considère opprimé, naît « la résistance active et massive de celui-ci ; partant, un type assez nouveau de conflit, qui n'est plus d'une armée contre une armée, mais d'une armée contre un peuple [5] ».

En Algérie, le FLN prétend à représenter le peuple et à lutter en son nom, droit et fait que lui dénient ses adversaires soutenant que le peuple algérien n'est pas contre la France. Issu de ce peuple, le FLN y puise ses soldats, ses ressources, ses commissaires politiques, ses propagandistes, de bon gré ou de force. Peu à peu l'armée française est réduite à se battre moins contre une armée organisée — encore qu'elle existe de mieux en mieux, avec son encadrement, sa stricte hiérarchie, ses lois impitoyables et même ses uniformes — que contre, sinon le tout, du moins une partie de ce peuple.

1. *Ibid.*, p. 17.
2. *Ibid.*, p. 23.
3. *Ibid.*, p. 54.
4. *Ibid.*, p. 64.
5. *Ibid.*, p. 64.

Des actes de violence odieuse, tels que la torture, ne naissent pas fortuitement et gratuitement. Ils s'inscrivent « dans un processus historique où ils deviennent psychologiquement explicables, où les responsabilités personnelles sont atténuées ». L'auteur n'excuse pas, mais plaide les circonstances atténuantes : « D'une part l'accoutumance à la mentalité de la guerre totale, d'autre part les conditions particulières de la guerre contre un peuple en rébellion, inclinent le soldat à une dureté qui ne fait plus l'acception entre les personnes, et qui brouille à son regard la limite, pourtant essentielle, entre la violence licite et la brutalité coupable[1]. »

Comprendre, expliquer n'est pas excuser : « La situation n'excuse pas tout, et ce qui fait la force des principes, c'est qu'ils sont des principes : c'est-à-dire expressions d'un absolu que n'éclipse aucune considération de circonstances ou d'intérêt ; sinon, il n'y a plus ni droit ni morale[2]. » A ceux qui reprochent aux « belles âmes » d'avoir des scrupules dont nos adversaires se soucient peu pour les crimes qui sont de leur fait, Pierre-Henri Simon répond : « Si vraiment nous sommes capables d'un réflexe moral que n'a pas l'adversaire, c'est la meilleure justification de notre cause, et notre victoire même[3]. »

Homme de lettres chrétien, peu suspect d'antimilitarisme, Simon se veut un témoin crédible parce qu'il vise des lecteurs qui ne sont pas acquis à la véracité des faits. En pleine bataille d'Alger, il publie donc une « gerbe de faits », étayés et vérifiés, sans avoir recours aux pratiques développées par les paras de Massu dont la révélation n'a pas encore atteint l'opinion publique française, ou du moins sa petite frange sensible à cet état des choses. Il insiste aussi sur un fait d'importance, celui du racisme qui, parce qu'il dépersonnalise *a priori* le suspect, peut favoriser l'usage de la torture, et qui fait porter une responsabilité collective à toute une race : « Si ce n'est toi, c'est donc ton frère !... il n'est pas question de saisir *le* coupable ; on admet que toute sa race est collectivement et indistinctement responsable, et n'importe lequel de ses frères peut payer pour lui. C'est exactement le principe par lequel les hitlériens ont justifié le massacre d'Oradour[4] »

A ceux qui récusent cette comparaison entre Français et Allemands, il rétorque, en dévoilant leur racisme caché : « ... Le point de la question est bien là : si tant d'hommes se jettent avec fureur dans cet engrenage de cruautés, des crimes qui appellent les représailles, des représailles qui enflamment la haine et multiplient les crimes, c'est parce que, dans la défaite même d'Hitler, le racisme a survécu et finalement gagné. Il a gagné non seulement chez les peuples moins cultivés, que leur fanatisme xénophobe pousse à une lutte sans merci ni mesure, mais aussi dans les nations humanisées et christianisées, qui retrouvent dans les rébellions indigènes les vieux réflexes exterminateurs des conquérants barbares[5]. »

1. *Ibid.*, p. 67.
2. *Ibid.*, p. 70.
3. *Ibid.*, p. 71.
4. *Ibid.*, p. 88.
5. *Ibid.*, p. 89-90.

Le 1er REP, lui, ne cède apparemment pas à la tentation raciste puisque dans le lot de ses suppliciés il n'y a pas de différence entre les suspects d'origine indigène et musulmane et les Européens des beaux quartiers. Ce n'est pas non plus leur genre que de chercher à échapper aux responsabilités.

Ceux d'en face utilisent un terrorisme sans pitié qui crée un climat passionnel insoutenable, des réflexes plus que des réflexions, un conditionnement, une spirale de violences et de vengeances, d'actes contraires au code de la guerre et au droit des gens... on peut expliquer, excuser mais on ne peut échapper à la question délicate : comment élaborer la morale des situations exceptionnelles ? Le conflit est sempiternel entre ceux qui sont sur le terrain, absorbés par une action dangereuse, « contraints de répondre à des défis qui appellent des décisions immédiates et ne leur laissent pas le temps de réfléchir [1] » et ceux qui ont la fonction et le temps de réfléchir mais qui « se trouvent dans une sécurité abstraite qui disqualifie de parler ou condamne leurs mots à l'inefficacité ».

N'y a-t-il donc que le camp du réflexe et celui de la réflexion ?

La distance du terrain n'engage pas nécessairement à la réflexion : à preuve, moi-même qui me retranche ; et le fait d'être sur le terrain ne nuit pas impérativement à la réflexion, à preuve Bollardière et de nombreux autres officiers qui ont su, silencieusement, empêcher toute dérive. Le silence est la source de leur énergie.

« Quels sont donc les coupables ? » se demande P.-H. Simon, qui répond en pensant qu'on peut « les répartir selon un ordre où les responsabilités progressent en gravité, bien qu'en s'éloignant de l'acte [2] ». Il distingue ainsi quatre échelons : celui de base et d'exécution, celui au-dessus ou intermédiaire entre le commandement et l'exécution, l'échelon du commandement et le dernier, celui, collectif, de « nous tous ».

A l'échelon le plus terre à terre, l'exécutant est ce lieutenant moyen, baptisé « officier de renseignements » pour les besoins de la cause par son unité, sans intelligence particulière ni culture, qui « interroge les bougnoules » sans ménagement, inconscient de « l'intolérable distance entre ce qu'il est : un soldat de la France humaniste et chrétienne, et ce qu'il accomplit : un crime raciste [3] ». Il n'est sans doute pas sans idées morales mais la Patrie a supplanté, comme chez d'autres la Légion, les droits élémentaires de la personne humaine et le Devoir a été « ramené à l'obligation de faire sans critique personnelle ce que le chef commande ».

A l'échelon au-dessus, il y a « un type de militaire plus évolué, plus intelligent, plus conscient, et qui ne peut avoir pris sans un certain sadisme les habitudes cruelles que sa fonction exige [4] ». C'est le bourreau civilisé, « surhomme qui a surmonté la pitié » : il sert la patrie charnelle mais offense et trahit la patrie spirituelle.

1. *Ibid.*, p. 98.
2. *Ibid.*, p. 103.
3. *Ibid.*, p. 104.
4. *Ibid.*, p. 105.

Encore au-dessus, il y a le commandement, qui ne se salit les mains ni le regard — sauf à la Légion ! — qui ne donne surtout pas d'ordres écrits dans un tel domaine, voire s'assure la couverture d'une note signée d'un général qui interdise les procédés inhumains. Il sait très bien la manière de dire à l'exécutant d'une mission de renseignements : « Débrouillez-vous pour les moyens... Vous voyez ce que je veux dire... », ce qui rend tout possible. Et Simon de conclure : « ... De deux choses l'une : ou bien le commandement, qui ne peut pas ignorer ces faits, veut sincèrement les empêcher, et il est coupable de faiblesse en les laissant se produire ; ou bien, il les encourage, ou du moins les tolère, et il en porte positivement la responsabilité[1]. »

Il y a enfin, les derniers complices : « ... Nous tous qui ne voulons pas savoir, ou qui, sachant, ne disons rien[2]. » Il y a un consentement tacite à l'emploi de telles méthodes et « le gouvernement ne saurait y consentir si l'opinion ne le laissait faire ou tacitement ne l'approuvait pas ».

Le moraliste insiste et répète : « Notre responsabilité à tous est engagée, aussi longtemps que nous nous réfugions hypocritement dans la bonne conscience, — comme s'il nous suffisait de n'avoir pas personnellement les mains sales, alors que nous sommes, sous le regard des peuples et sous le jugement de Dieu, complices des saletés par le consentement de nos cœurs ou par le silence de nos bouches[3]. »

Dieu merci ! les lignes de Pierre-Henri Simon ne parviennent pas jusqu'à mon retranchement romain car la bonne conscience, oui, je l'ai et sans hypocrisie. Il se trouve néanmoins que, dans ce temps-là, je discute avec quelques étudiants italiens, fils de résistants, sur le problème de la culpabilité collective : elle peut être entendue de deux manières à ne pas confondre. La première comprend la culpabilité collective comme le principe qui permet de condamner un individu personnellement innocent pour une faute qui incombe généralement à une communauté dont il est membre. C'est ce principe qui faisait justifier Oradour, en France, ou le massacre des Fosses ardéatines près de Rome, par les nazis et qu'utilisèrent à leur tour les tribunaux français pour condamner des Allemands ayant appartenu au régiment qui avait brûlé le fameux Oradour. Non sans raison, les juristes se méfient de ce critère discutable.

La deuxième façon de comprendre la culpabilité collective, c'est de l'entendre « comme la complicité positive d'un groupe, qui répond des actes d'une personne liée à lui, soit qu'il y ait une part directe par la pression de la conscience commune, soit indirecte en ayant laissé faire[4] ». P.-H. Simon appelle cela « une forme spontanée de la passion de l'honneur » ou « ce mouvement du cœur, fondé sur l'intuition de la solidarité en même temps vitale et morale qui lie la personne au groupe ». Il le considère comme « un agent de progrès », car « c'est par lui que la bonne conscience, qui appelle

1. *Ibid.*, p. 107.
2. *Ibid.*, p. 108.
3. *Ibid.*, p. 109.
4. *Ibid.*, p. 110.

toujours l'immobilité, la clôture, la satisfaction dans les préjugés et les intérêts, cède devant l'inquiétude de participer à un mal dans lequel on est comme immergé quand même on ne l'a pas personnellement commis[1] ».

ANNEXE 4

Étude d'un comportement moral en face de la guerre subversive

(*Document vert,* rédigé et diffusé par l'Aumônerie militaire)

Ce document se présente selon le plan suivant :

A. LES PRINCIPES

I. Deux principes d'une portée universelle.
1. transcendance de la loi morale,
2. l'éminente dignité de la personne humaine.

II. Autres principes.
1. pas de vacance de la moralité et du droit dans la guerre subversive ou révolutionnaire
2. il faut aussi proscrire la morale de l'efficacité
3. que l'on ne nous parle pas non plus de morale exceptionnelle !

III. Dernier principe : la fin ne justifie pas les moyens.

B. LEUR APPLICATION

1. les excès parasites,
2. les représailles collectives,
3. opérations de police et de justice,
4. justice expéditive et exécutions sommaires,
5. les interrogatoires, les peines et privations corporelles, la torture physique ou morale, l'usage des drogues,
6. l'action psychologique.

CONCLUSION

Dans la première grande partie du document, nous relevons particulièrement ce qui a trait à « l'éminente dignité de la personne humaine », à la morale de l'efficacité et de situation, puis au principe de « la fin ne justifie pas les moyens ».

1. *Ibid.*, p. 111.

Les deux pages consacrées à la dignité de la personne humaine sont marquées à l'évidence par le ton personnaliste du propos, références explicites à J. Vialatoux à l'appui, qui commence par se démarquer de la philosophie matérialiste :

« Dans certains milieux, il suffit aujourd'hui de prononcer les mots " personne humaine ", " dignité de la personne humaine " pour déchaîner aussitôt ricanements et quolibets. C'est que la philosophie matérialiste ne voit en l'homme qu'une individualité biologique, un fragment de la nature, un simple chaînon de l'espèce, sans valeur qui lui soit propre[1]. »

Défendant un être humain « doué d'une autonomie interne », le texte précise :

« On pourrait dire que, en l'homme, l'individu c'est le corps animal, et la personne, l'âme spirituelle. Mais l'élément corporel et l'élément spirituel sont si étroitement unis en lui et si fortement " conditionnés " l'un par l'autre qu'il est plus exact d'affirmer, avec M. Vialatoux, que l'homme tout entier, corps et âme, est individu, si son être est considéré sous l'angle de son corps dans le monde des corps, et que le même homme, tout entier, âme et corps, est personne si l'on envisage sa puissance, ses aspirations, sa valeur et sa destinée spirituelle[2]. »

Malheureusement les lignes suivantes me paraissent très courtes sur le plan théologique : « Créé " à l'image et à la ressemblance de Dieu ", une destinée surnaturelle l'appelle à participer à la vie divine. Il est, par vocation, fils du Père. » Le fondement de cette dignité, du caractère « sacré » de la personne humaine, étant posé seulement par ces deux lignes, les rédacteurs soulignent néanmoins avec bonheur — contre Cornelius — que le caractère de cette dignité n'est pas fonction du mérite : « Cette dignité est un attribut métaphysique de toute personne ; elle est incluse dans l'essence même de la personne, dont c'est un titre absolu. Il va sans dire qu'un être humain peut se rendre plus ou moins indigne de cette grandeur, il ne la conserve pas moins puisqu'elle est inhérente à sa nature. Il y a donc lieu de respecter en tout individu, même dégradé, même déchu, cette noblesse essentielle. »

Une page entière proscrit avec clarté la « morale de l'efficacité », en faisant appel à un véritable réalisme : « ... Cette recherche de l'efficacité n'apparaît pas toujours en fait aussi payante qu'on peut le supposer : on ne méprise pas en vain des lois qui sont en conformité avec la nature humaine... ne serait-il pas contradictoire de chercher à défendre un idéal civilisateur par des actes de barbarie ?... les méthodes les plus humaines et les plus morales s'avèrent encore plus efficaces à la longue, et bien des chefs qui, tout en sachant se servir de la force à bon escient, ont usé de moyens conformes au droit des gens et aux exigences de la conscience ont obtenu des résultats supérieurs à ceux qui auraient pu découler de la violence exercée sans scrupule moral : on tue les hommes mais on ne tue pas les idées[3]. »

1. *Document vert,* p. 5.
2. *Ibid.,* p. 6.
3. *Ibid.,* p. 10.

Quant à la morale dite « de situation », le texte la condamne strictement en faisant appel notamment à un autre écrivain d'inspiration personnaliste :

« P.-H. Simon l'a écrit : " La situation n'excuse pas tout, et ce qui fait la force des principes, c'est qu'ils sont des principes, c'est-à-dire l'expression d'un Absolu que n'éclipse aucune considération de circonstance ou d'intérêt. " Effectivement, étant de source transcendantale, les principes moraux ne peuvent ondoyer au gré du flux et du reflux des situations diverses qui se succèdent. Même inédites ou exceptionnelles, les situations ne font que conditionner leur application concrète, historique et locale[1]. »

Dernier principe : « En aucune circonstance la fin ne saurait justifier les moyens. » Plutôt que de se lancer de manière abstraite dans une démonstration philosophique scolastique à partir de l'« objet formel », — ce que fort peu de lecteurs avaient de chance de comprendre — le texte du vicariat préfère recourir d'abord à la notion d'intention et faire découvrir la globalité indissociable de l'acte :

« C'est une erreur assez courante de croire qu'une intention bonne peut rendre moralement acceptable l'emploi d'un procédé mauvais, et qu'une fin louable justifie l'emploi d'un moyen pervers. A coup sûr, certains moyens sont indifférents... mais d'autres sont quelque chose de plus que de simples moyens techniques : ils portent en eux-mêmes une valeur morale intrinsèque. Si cette dernière est mauvaise, les appliquer avec une intention bonne n'en légitime nullement l'emploi, car considérer la fin visée, abstraction faite du moyen employé, pour la juger bonne absolument, c'est diviser un tout concret indivisible pour juger seulement une partie du tout, isolément, comme si elle n'était pas une partie de ce tout. Le jugement de valeur doit porter non sur cette fin particulière isolément, mais sur cette fin-par-ce-moyen[2]. »

Cet effort pédagogique n'a guère d'équivalent.

Dans la deuxième grande partie qui touche à l'application des principes précédents, je ne m'arrête qu'à ce qui concerne la torture, à laquelle le *Document vert* consacre huit pages documentées et fermes.

Après avoir distingué classiquement la « torture sadique ou vindicative », la « torture répressive ou châtiment » puis la « torture détective , celle-ci est ainsi définie : « On peut faire souffrir autrui pour le dépouiller de cette possession de soi et de cette liberté intérieure qui fait partie de l'essence même et de l'intégrité de la personne, pour abattre sa volonté et lui arracher un aveu ou un renseignement secret qu'il ne veut pas livrer[3]. »

Suit la dénonciation très complète de la perversité de ce moyen : « Ce qui constitue la malice d'un tel acte, c'est que, outre qu'il viole la liberté intérieure de l'individu, il tend à le déshumaniser, à désintégrer sa personne humaine par l'intensité et le raffinement de la souffrance imposée. L'art de

1. *Ibid.*, p. 11.
2. *Ibid.*, p. 11.
3. *Ibid.*, p. 18.

faire souffrir est poussé à la perfection. On obtient un degré de douleur qui dépasse la limite de ce qu'un homme, même courageux, peut supporter et qui " affole " littéralement la victime et la transforme en bête apeurée et épuisée. »

La suite confirme un langage lourd de tout le poids de témoignages reçus et d'une expérience très concrète, que la distance ne trahit nullement : « Cela suppose chez le bourreau une véritable science des moyens aptes à susciter le maximum de souffrances, tout en laissant assez de lucidité au torturé pour qu'il ait conscience de sa dégradation et pour qu'il puisse parler. Un habile tortionnaire évite les dommages corporels trop graves, afin de pouvoir prolonger et renouveler le supplice à loisir. Certes on choisit trop souvent pour exécuteurs des gens peu évolués, des " brutes " à cause de leur insensibilité devant les souffrances d'autrui, mais on sait combien les passions (la haine autant que l'amour) développent l'activité inventive au service de leur assouvissement[1]. »

Les moyens techniques en usage sont nommément désignés : magnéto, baignoire électrique, etc., en ne minimisant en aucune façon leurs effets : « Les formes s'appliquent souvent à être dégradantes et bestiales ; on s'en prend aux parties sexuelles, et les supplices sont habituellement accompagnés de procédés d'humiliation sociale et morale, dont le but est uniquement d'avilir le patient. La torture s'accompagne aussi parfois de mutilations physiques et de chocs psychologiques qui risquent de marquer la victime pour le reste de ses jours. Il arrive enfin que l'on exécute froidement ceux que l'on a mis trop mal en point[2]. »

Je le découvre, non sans un choc, rien ne manque dans ces lignes à la description du phénomène, y compris l'aspect de racisme implicitement contenu dans les « procédés d'humiliation sociale ».

Essentiellement mauvaise, « grave atteinte à la personne humaine » et « violation de ses droits imprescriptibles », la torture détective « détruit de façon sacrilège l'œuvre de Dieu et désintègre l'homme créé à son image ». Le Document rappelle ensuite que la torture est interdite par les règlements militaires, citant longuement un article du général Billotte dans les *Informations catholiques internationales*[3]. L'objection historique selon laquelle l'Église a jadis longtemps toléré la « question » du temps de l'Inquisition n'est pas éludée, puisque y est même dénoncée l'« intolérance dogmatique » des hommes d'Église. Enfin à l'argument de la prétendue efficacité de la torture, le Document répond définitivement : « La torture détective — dès lors qu'elle est torture — est un moyen fondamentalement mauvais, car elle constitue par essence un attentat à la personne : à la personne du tortionnaire, à la personne du torturé, et par contaminations virtuelles, à toute personne, sans excepter celles qui, par hypothèse, seraient les

1. *Ibid.,* p. 21.
2. *Ibid.,* p. 21.
3. *ICI,* n° 62, p. 21-22.

bénéficiaires des résultats obtenus par ce moyen. Une fin bonne, la vie d'êtres innocents, ne sauraient justifier ce procédé pernicieux en lui-même[1]. »

ANNEXE 5

L'influence de l'intégrisme catholique sur l'armée

Madeleine Garrigou-Lagrange, rédactrice de l'article, appelle ceux de la Cité catholique dont je lisais *Verbe,* les « cinq mille chevaliers de la Cité catholique », mais relève dans la nébuleuse de l'intégrisme le Centre d'études supérieures de psychologie sociale de George Sauge, un technicien de l'anticommunisme, puis *Itinéraires* de Jean Madiran, les Amis de Jeanne d'Arc que préside le général Weygand, qui semble entendre encore dans les voix de Jeanne l'ordre de sauver l'Église avec la France sur le sol algérien, et l'Homme nouveau fondé par le RP Filières, particulièrement attaché à informer ses lecteurs sur la situation de l'Église du silence et cherchant à développer le culte de Fatima... Dans la panoplie, il y a encore la Pensée catholique, qui prétend se définir par des Cahiers de synthèse doctrinale mais qui, par la plume de son éditorialiste habituel, J. Lefèvre, a plutôt l'habitude d'assener que de démontrer, de même que Défense du foyer de Pierre Lemaire, « plus primaire encore et plus brutal », lesquels sont classés par l'auteur dans la catégorie des ultras du national-catholicisme.

A cette énumération succincte il faudrait ajouter, par exemple, la revue de l'abbé Georges de Nantes, *Ordre français*[2], et un petit bulletin pamphlétaire, *Réactions,* imprimé à Bordeaux, spécialisé dans l'agression contre *Témoignage chrétien, La Croix, La Vie catholique* et *Les informations catholiques internationales.*

L'intégrisme se reconnaîtrait à une disposition foncière pour ce qui est déterminé du dehors et d'en haut, par voie d'autorité et de précepte, ce qui peut expliquer quelques appuis romains qu'il a traditionnellement rencontrés. Le père Yves Congar avait déjà écrit en 1950 : « L'intégrisme majore le caractère de détermination définitive des paroles venues de Rome, lesquelles sont pourtant bien souvent des directives données dans le mouvement des idées et de la vie catholique et qui marchent avec ce mouvement en le dirigeant du dedans[3]. »

La Cité catholique, ou Office international des œuvres de formation

1. *Document vert,* p. 24.
2. G. de Nantes, « Morale et torture », *Ordre français,* n° 14-15, septembre-octobre 1957.
3. Y. Congar, dominicain, « Mentalité de droite et intégrisme », *Vie intellectuelle,* juin 1950, p. 644-666.

civique et d'action culturelle selon le droit naturel et chrétien, se distingue des autres mouvements par la solidité de ses structures, l'originalité de ses méthodes et l'austère logique de ses exposés doctrinaux.

La genèse de ce mouvement remonte à l'année 1946, et ses origines plus lointaines aux environs de 1936 [1] : un petit groupe d'amis, qui voyaient avec inquiétude l'instauration du Front populaire et les signes avant-coureurs de la guerre, se retrouvaient dans l'« Angor Patriae [2] » malgré leurs divergences. Le séjour dans les camps de prisonniers, la connaissance des marxistes, la fréquentation des écoles de cadres et, à la fin des hostilités, la découverte des « Exercices » de saint Ignace [3] donnés à sa manière par le père Vallet, devaient fournir aux fondateurs du mouvement leurs orientations essentielles. Ce serait au cours de ces retraites que les pères fondateurs auraient été « inspirés » pour créer leur entreprise.

Les fondateurs se persuadèrent que, plutôt que de se rallier à une œuvre existante, il valait mieux inventer un mouvement original « spécialisé dans la formation d'une élite pour la contre-révolution par le rayonnement capillaire de la doctrine », et c'est ainsi que MM. Ousset et Masson, les « pères », consacrèrent leurs travaux au Christ-Roi, le 29 juillet, en la basilique de Montmartre, tout en se plaçant sous la protection de la Vierge de la rue du Bac [4].

Si l'on remonte à d'autres sources [5], les origines seraient un peu moins pieuses : la filiation idéologique de l'Office remonterait au mouvement Jeune Légion, animé à Vichy par le même M. Ousset dont la revue *Bastions* exposait les thèses. En 1947, Ousset et Masson créèrent le Centre d'études critiques et de synthèse, et ce n'est qu'en 1949 que cet organisme prit le nom de Cité catholique, présidée par M. Jean Masson et vice-présidée par le comte Amédée d'Andigné.

La Cité catholique fit alors un effort très important de recrutement tout d'abord dans le corps expéditionnaire d'Indochine, puis dans l'armée d'Algérie où certains officiers s'imaginaient volontiers participer à une sorte de croisade contre le communisme, pour la sauvegarde de la civilisation occidentale.

Que représentaient les militaires dans les effectifs de la Cité catholique ? Me souvenant approximativement qu'un numéro de *Verbe* avançait des chiffres à ce sujet, je fouille la collection qui se trouve à la maison, à Nantes, et trouve dans le numéro de 1957, supplément n° 11, que le capitaine de Cathelineau avait fondé à lui seul une centaine de cellules dans l'armée d'Algérie, ce qui représenterait un effectif de quatre à six cents personnes.

1. Henri Coston, « Partis, journaux et hommes politiques », in *Lectures françaises,* n° spécial 1960, p. 510-511.
2. Angoisse de la Patrie.
3. Méthode spirituelle de retraite créée par saint Ignace de Loyola, à la base de la spiritualité ignacienne.
4. Jean Ousset, *Pour qu'Il règne,* Paris, La Cité catholique, 1962, p. 725.
5. Jacques Maitre, « Le catholicisme d'extrême droite et la croisade anti-subversive », in *Revue française de sociologie,* n° 2, 1961, p. 106.

Nombre de sympathisants existaient dans la marine où certains officiers étaient des militants de longue date : le lieutenant de vaisseau de Pontfarcy aurait appartenu au conseil d'administration de la Cité, des cellules existaient rue Royale[1] et dans les ports militaires. Dans l'aviation, le corps des ingénieurs de l'Aéronautique semble avoir fourni le plus fort contingent d'adeptes.

Si l'on retient le chiffre de six cents militaires, proportion infime dans une armée dont les effectifs étaient environ d'un million d'hommes pendant la guerre d'Algérie, on peut estimer que la proportion de militaires dans la Cité catholique atteignait 10 %[2].

Ce succès relatif est tout à fait explicable, car nombre d'officiers « de tradition », sont naturellement, de par leur milieu social, leur éducation et leur métier séduits par les images d'ordre, d'autorité et de rigueur doctrinale professées par des catholiques intransigeants. D'autre part la pratique religieuse est encore élevée dans ces milieux, avec une certaine tendance au conformisme.

Un aller et retour à Paris, pendant cette perm de Noël 1960, me permet de retrouver Jean Planchais auprès duquel je puise quelques renseignements complémentaires à l'article d'*Esprit* sur l'influence des intégristes dans l'armée française. Selon lui[3], les militaires étaient conduits à exécuter en Algérie des besognes qui souvent ne leur plaisaient guère, alors que beaucoup venaient de faire l'expérience amère de l'Indochine, si bien que le besoin d'une doctrine se faisait d'autant plus sentir qu'aucune politique apparemment cohérente n'avait pu être mise en place par un pouvoir politique oscillant au gré des crises gouvernementales et des tendances contradictoires.

Il fallait qu'un objectif clair justifiât du moins l'emploi de certains moyens, qui donnaient mauvaise conscience aux exécutants. Si la cause était juste, les méthodes devenaient alors des « techniques » moralement neutres, revêtant par là même la licéité des fins qu'elles servaient. C'est pourquoi Madeleine Garrigou-Lagrange écrit : « C'est l'éternel problème des mains sales, avec cet étonnant correctif qu'une juste cause joue le rôle de blanchisseur automatique[4]. »

En Indochine hier, en Algérie aujourd'hui, bien des militaires ne sont nullement dupes du caractère contestable de l'ordre à défendre : la conscience claire que cet ordre social n'est pas un mobile suffisant ni assez exaltant pour tuer ou se faire tuer était et demeure la leur. Les professionnels, du type de ces troupes parachutistes qui ne se posaient pas trop de questions politiques, pour qui souvent le combat est une fin en soi — les baroudeurs ! — n'ont besoin que de deux impératifs : qu'on leur laisse le choix des moyens et qu'on ne les frustre pas de leur victoire… Pour les autres

1. Rue Royale, à Paris, siège du ministère de la Marine nationale.
2. H. Coston, *art. cit.*, donne, lui, 3,5 %.
3. Entretiens du 29 décembre 1959 avec Jean Planchais,, journaliste au *Monde*.
4. M. Garrigou-Lagrange, *art. cit.*, p. 515.

il fallait trouver un produit de substitution à un idéal parfois peut-être absent des préoccupations du pouvoir politique — du moins jusqu'en 1958 — qui a tendance à considérer son bras séculier qu'est l'armée comme un simple instrument docile, fait pour exécuter toutes sortes de besognes sans trop se poser de questions.

L'obéissance n'est pas une fin en soi, et cela est si vrai qu'elle peut se transformer en désarroi, voire en révolte, lorsque l'armée se croit, à tort ou à raison, dupée par le pouvoir politique. C'est ainsi sans doute que beaucoup devinrent une proie pour l'Action psychologique, à laquelle il manquait des fournisseurs d'idéologie, et c'est là que, selon Jean Planchais, nous retrouvons des personnages tels que MM. Ousset, Sauge ou Madiran dont les officines idéologiques avaient déjà interprété le conflit algérien à leur manière.

M. Sauge avait quitté en 1952 la rédaction de *L'Homme nouveau,* où il fut remplacé par M. Marcel Clément, et trois ans plus tard il fondait le Centre d'études supérieures de psychologie sociale avec un universitaire de ses amis, Jean Damblans, professeur agrégé, ancien enseignant au lycée Saint-Louis de Paris. M. Sauge faisait de nombreuses tournées de conférences où le communisme était dénoncé avec vigueur et, se faisant passer pour un communiste repenti, il parvint à se faire considérer comme un des maîtres de l'Action psychologique, prononçant ses conférences dans les écoles militaires et devant même le conseiller officieux du ministère des Armées et de l'état-major général[1].

Quant à M. Madiran, il fonda sa revue *Itinéraires* en 1956 ; obsédé aussi par le péril rouge, il approuvait globalement l'Action psychologique, en ouvrant ses colonnes aux spécialistes[2]. De leur côté, M. Ousset et ses amis de la Cité catholique eurent également une influence, par la publication dans *Verbe* et par une action plus ou moins secrète par personnes interposées.

Dans le n° 81 de janvier-février-mars 1957, consacré à la contre-révolution, un article du RP Bruckberger agitait l'épouvantail communiste sans nuances, tandis que le général Jean Marchand, président des anciens combattants d'Indochine et d'AFN, exposait sa thèse du complot marxiste en Afrique, en expliquant que, si le caractère religieux, l'insouciance et l'indifférence aux abstractions des Africains étaient un obstacle à la pénétration communiste, il y avait tout autant d'éléments favorables qu'il fallait redouter : le collectivisme des populations rurales, les sociétés secrètes et l'esprit intuitif du Noir qui l'incline à s'enthousiasmer pour un parti, un chef, quelles que soient les idéologies qu'ils incarnent[3]. Je retrouve là des thèses proches de celles de Mgr Lefebvre exposées au Séminaire français de Rome.

Dans le n° 83 de 1957 de *Verbe,* un long article signé de Michel de Penfentenyo sur « Guerre psychologique ou guerre idéologique » consacre quelque six pages nuancées à l'action psychologique qu'il considère comme

1. *Art. cit.,* p. 523.
2. « Guerre et action psychologique », *Itinéraires,* novembre 1958.
3 *Art. cit.,* p. 43.

l'utile relai à « l'idéologie croulante et d'ailleurs relativement dépassée des principes de 89 et des droits de l'homme dans la lutte contre le communisme », tout en y décelant le risque d'une nouvelle forme de matérialisme.

Dès 1954, le général d'armée aérienne Chassin, ancien commandant de l'aviation en Indochine et membre de la Cité catholique, avait réclamé la création d'un entraînement idéologique militaire. Il avait accédé à la tête des « anciens d'Indochine », succédant au général Salan. Il connaissait donc fort bien les méthodes du Vietminh ainsi que nombre d'officiers qui, pour les avoir erxpérimentées malgré eux, en conservaient un sentiment d'horreur mêlé d'une sorte d'admiration pour leur terrible efficacité.

Le général Chassin se trouva être la plaque tournante de toute une série d'influences : celle de la Cité catholique qui peupla de ses militants les Ve bureaux, et celle des réseaux contre-révolutionnaires du général Cherrière. Celui-ci est le frère du lieutenant de vaisseau Cherrière, camarade de promotion à l'École navale du général Chassin qui avait servi dans l'aéronautique navale avant d'entrer dans l'armée de l'air. Le général Cherrière, vieux spécialiste de l'action clandestine à laquelle il avait participé dès 1936, avait les mains libres, n'étant plus sous l'uniforme, tout en gardant un pied dans l'armée d'active par l'intermédiaire des associations d'« anciens ».

Il réussit à mettre en route une véritable petite armée clandestine qui regroupait la milice de Robert Martel, dite du « Cœur et de la Croix » et arborant le cœur rouge des armées chouannes, un groupe d'anciens d'Indochine de l'Association des anciens combattants d'Indochine et de l'Union française, dont le secrétaire général était Yves Gignac, et un groupe d'anciens légionnaires et de réfugiés hongrois dont certains avaient fait le coup de feu à Budapest en 1956.

M. Lassauzet[1], ancien officier établi au Maroc, commandait les éléments qui devaient agir en métropole. Enfin le général Cherrière entrait aux conseils d'administration de la Saint-Cyrienne et d'Amitiés africaines, ce qui lui fournissait une excellente couverture pour nouer des intrigues des deux côtés de la Méditerranée. Ajoutons enfin que l'ensemble des réseaux contre-révolutionnaires aurait été coiffé d'un praesidium auquel appartenait ce général, ainsi que le mystérieux docteur Martin, chef du 2e bureau de cet organisme[2].

En janvier 1957, le général Chassin rencontra le général Miquel, doté d'un important commandement territorial — la région de Toulouse — où stationnaient la majeure partie des troupes aéroportées, avec une façade sur la Méditerranée et l'autre sur l'Atlantique. Il ne s'agissait de rien moins que de s'emparer du pouvoir qui leur semblait s'échapper des mains de la IVe République affaiblie.

L'idée de manœuvre était fort simple : ne pas tirer de sa retraite de

1. M. Lassauzet figurait parmi les premiers membres du premier conseil d'administration de la Cité catholique.

2. J.-R. Tournoux, *Secrets d'État,* Paris, Plon, 1960, p. 180 s.

Colombey le général de Gaulle, écarter les gaullistes, trop compromis avec la République honnie, installer au pouvoir un directoire politico-militaire déjà constitué, un délégué général en Algérie, et jeter les bases d'un État nouveau. Les caractéristiques du régime projeté portaient la marque symptomatique des forces idéologiques de M. Ousset et de ses sympathisants, et il paraît certain que le praesidium a puisé largement dans l'arsenal de la Cité catholique dont les liens avec le général Chassin et le commandant Lassauzet étaient notoires.

L'État imaginé pas ces conspirateurs aurait été un État chrétien, corporatif et décentralisé, thèses qui sont toujours celles de l'Office. Il devait comprendre un Sénat représentant les intérêts syndicaux et économiques, émanation des communautés « naturelles » : métiers, cités et provinces, le tout reposant sur les unités fondamentales que sont les cellules familiales. Cet État aurait repoussé le fascisme et le racisme, écrasé le collectivisme, la « synarchie » et la technocratie. On s'inspirerait du modèle portugais et de certaines expériences de Vichy.

Jean Planchais me précise que, outre son influence évidente sur les projets ambitieux des réseaux des généraux, la Cité catholique inspirait quasi ouvertement les Ve bureaux, colonisés par ses disciples. Dès 1955, fut créé à l'état-major de la Xe région militaire à Alger un « bureau psychologique » dirigé par le colonel, puis général Tabouis. Trois bureaux correspondants, les bureaux régionaux d'action psychologique, étaient créés auprès des états-majors d'Oran, Alger et Constantine. Dans chaque secteur existait également un bureau très largement autonome vis-à-vis du commandement local, et enfin dans chaque unité (au niveau du bataillon pour l'armée de Terre) un officier était chargé de l'action psychologique. Le commandant, peu au fait des techniques de propagande, et considérant cette affaire comme celle des spécialistes, laissait le plus souvent carte blanche aux officiers des Ve bureaux.

En 1956, le colonel Goussault, qui remplace le général Tabouis, le colonel Feaugeas et le commandant Cogniet impriment une vigoureuse impulsion à l'action du Ve bureau. Or le colonel Feaugeas et le commandant Cogniet appartiennent à la Cité catholique, qui leur adresse nombre d'exemplaires de *Verbe* dont les articles sont reproduits par *Contacts,* le bulletin de liaison de l'Action psychologique rédigé sous la direction du commandant Cogniet. Le colonel Feaugeas avait connu les camps du Vietminh, comme bien des officiers des Ve bureaux : il a remplacé le colonel Goussault jusqu'à cette année 1959 où il est remplacé à présent par le colonel Gardes.

Le commandant Cogniet conserve aujourd'hui encore ses fonctions.

— Son allure de moine ascétique, me confie Jean Planchais, de moine-soldat, son ton véhément et tranchant, l'inséparable bonnet de police rouge, la canne et la jambe estropiée dont il tire des effets, tout cela campe un personnage qui a eu son heure de notoriété en Algérie. C'est le Savonarole de l'Action psychologique, le croisé de la civilisation occidentale [1], le saint

1. *Verbe,* n° 86, 1957, article signé Mgr Bressolles exaltant l'« actualité de l'esprit de croisade », p. 72-79.

Michel pourfendant le démon communiste qui a suscité la rébellion ! Il a une conférence célèbre qu'il répète inlassablement devant ses auditoires militaires et qui doit beaucoup aux recettes de Sauge [1], ce qui ne va pas sans une certaine efficacité auprès des jeunes officiers.

Si le ministère des Armées garde une position officielle fort discrète, il ne lésine pas pour autant sur les crédits, et les brochures de propagande inondent les unités.

— Les doctrines de la Cité catholique sont largement utilisées au CIPCG (Centre d'instruction préparation contre-guérilla) d'Arzew, précise Planchais, où tu feras sans doute un stage en sortant de Tours, dans six mois. Ainsi qu'aux Écoles de Saumur et d'Angers. Mais la meilleure réussite de l'Action psychologique a sans doute été la fameuse journée de « fraternisation » du 16 mai 1958... Déjà les Ve bureaux échappaient à tout contrôle, en dépit des efforts de Guillaumat pour redresser la situation. Mais si le 16 mai a été le triomphe des officiers « psy », le 13 mai a vu s'écrouler tout espoir d'instauration d'une Cité catholique bien terrestre.

» Les candidats à la succession de la moribonde IVe République se pressaient dans l'antichambre. Il fallait compter avec l'énigmatique général Salan, qui pouvait aussi bien approuver la conjuration ou arrêter les conjurés, et surtout avec un groupe dangereux de concurrents gravitant et complotant autour de Delbecque, du sénateur Michel Debré, c'est-à-dire le général Faure, le colonel Thomazo, Me Biaggi, MM. Soustelle, Foccart, Frey, de La Malène, Griotteray, etc., qui avaient à la fois l'expérience de l'action clandestine et de la politique. On sait ce qu'il advint du 13 mai en Algérie. Il fallut décommander le putsch préparé en métropole, les généraux Chassin et Cherrière échappèrent de justesse à l'arrestation, et ce dernier résuma, dit-on, la situation par une formule légendaire : « J'ai joué les cocus [2] ! »

1. M. Garrigou-Lagrange, *art. cit.*, donne le schéma de la fameuse conférence.
2. J. R. Tournoux, *op. cit.*, p. 204.

Notes

1. G. Elgey, *La République des contradictions,* Paris, Fayard, 1968, p. 480.
2. Pierre-André Liégé, *Témoins de Jésus-Christ,* ouvrage collectif, Paris, Le Cerf, 1980, cité par Philippe Laneyrie, *Les Scouts de France,* Paris, Le Cerf, 1985, p. 245.
3. J.-P. Rioux, *La France dans la IVe République,* Paris, Le Seuil, 1983, t. II, p. 66.
4. *Ibid.,* p. 67. François Mitterrand déclarera même plus tard : « Je n'admets pas de négociations avec les ennemis de la patrie, la seule négociation c'est la guerre. »
5. François Mauriac, *Bloc-Notes, 1* (1952-1957), Paris, Flammarion, 1959, p. 13.
6. *Ibid.,* p. 88-89.
7. J. Lacouture et A. Maillard de La Morandais, présentation des *Bloc-Notes* sur la torture, Paris, DDB, 1984.
8. Témoignages à l'auteur, Paris, février 1981.
9. *La Semaine religieuse d'Alger,* n° 3, 20 janvier 1955, p. 37-38.
10. *Dictionnaire apologétique de la foi catholique,* article « Inquisition », p. 872.
11. Bernard Droz, Évelyne Lever, *Histoire de la guerre d'Algérie,* Paris, Le Seuil, 1982, p. 67.
12. François Mauriac, *Bloc-Notes, 2,* Paris, Flammarion, 1959, p. 140.
13. *Ibid., 2,* p. 139.
14. Alistair Horne, *Histoire de la guerre d'Algérie,* Paris, Albin Michel, 1980, p. 113.
15. P. Kessel et G. Pirelli, « Le peuple algérien et la guerre ; lettres et témoignages 1954-1962 », *Cahiers libres,* n°s 41-42-43, Paris, Maspero, 1962, p. 1.
16. A. Horne, *op. cit.,* p. 204-205.
17. *Ibid.,* p. 118.
18. *Ibid.,* p. 118.
19. *Ibid.,* p. 121.
20. J.-P. Rioux, *op. cit.,* p. 72.
21. A. Horne, *op. cit.,* p. 127.
22. *Le Monde,* 23-24 août 1955 (article de G. Penchenier).
23. A. Horne, *op. cit.,* p. 127.
24. Pierre Montagnon, *La Guerre d'Algérie,* Paris, Pygmalion, 1984, p. 164.
25. J. Soustelle, *Aimée et souffrante Algérie,* Paris, Plon.
26. A. Horne, *op. cit.,* p. 129.
27. F. Mauriac, *Bloc-Notes, 1,* p. 139.
28. Jean Planchais, *Une histoire politique de l'armée 1940-1967,* Paris, Le Seuil, 1967, t. II, p. 302.
29. A. Horne, *op. cit.,* p. 130.
30. P. Laneyrie, *op. cit.,* p. 245.
31. René Rémond, *Notre siècle 1918-1988,* Paris, Fayard, 1988, p. 467
32. P. Laneyrie, *op. cit.,* p. 239.
33. F. Mauriac, *Bloc-Notes, 1,* p. 213.
34. P. Montagnon, *op. cit.,* p. 161.
35. J.-P. Rioux, *op. cit.,* p. 102.

36. H. Chaigne, *L'Algérie devant la conscience chrétienne,* Société des publications missionnaires, Lyon, mars 1956.
37. Pie XII, message de Noël 1955, cité in « *Le Drame de l'Afrique du Nord et la Conscience chrétienne* », Paris, Éd. du Vitrail, p. 40.
38. A. Giovagnoli, *Pio XII e la decolonizzazione,* cité par R. Aubert, *in* art. de l'encyclopédie *Catholicisme,* Paris, Letouzey et Ané, 1986, p. 309-310.
39. H. Chaigne, *op. cit.*, p. 24.
40. J.-P. Rioux, *op. cit.*, p. 120.
41. A. Horne, *op. cit.*, p. 174.
42. P. Montagnon, *op. cit.*, p. 179.
43. J. Planchais, *op. cit.*, p. 324 : article de Lacheroy dans *Le Monde* (août 1954).
44. *Ibid.*, p. 324 : article du général Chassin, in *Revue militaire d'information* (octobre 1954).
45. « La Protection internationale des droits de l'homme », *La Documentation française,* Paris, n°s 203-204, novembre 1973.
46. L. E. Duval, *Au nom de la vérité,* Cana, 1982, p. 51.
47. *Ibid.*, p. 54.
48. *Le Drame de l'Afrique du Nord et la conscience chrétienne,* Paris, Éd. du Vitrail, 1956, p. 84-109.
49. L. E. Duval, *op. cit.*, p. 56.
50. Polycopié retransmis par François de L'Espinay à l'auteur : rapport du RP d'Ouince, rapport L'Espinay, conclusions.
51. *Ibid.*
52. J. Massu, *La Vraie Bataille d'Alger,* Paris, Plon, 1971, p. 56.
53. *Ibid.*, p. 51 et 55.
54. *Ibid.*, p. 104.
55. *Ibid.*, p. 104.
56. Y. Courrière, *Le Temps des léopards,* Paris, Fayard, 1974, tome II, p. 337.
57. Jean Toulat, *Un combat pour l'homme, le général de Bollardière,* Paris, Le Centurion, 1987, p. 66.
58. P. Laneyrie, *op. cit.*, p. 247.
59. *Ibid.*, p. 253.
60. *Ibid.*, p. 261.
61. Pierre Sergent, *Je ne regrette rien,* Paris, Fayard, 1975, p. 322.
62. Entretien de l'auteur avec Laurent Beccaria qui publie *Élie Denoix de Saint-Marc,* Perrin, 1989.
63. P. Sergent, *op. cit.*, p. 337.
64. L. Beccaria, *op. cit.*
65. *Ibid.*, source orale, 1989.
66. J. Roy, *Étranger pour mes frères,* Paris, Stock, 1982, p. 126.
67. L. Beccaria, source orale, 1989.
68. Entretien avec l'auteur, Lyon, 2 mai 1988.
69. J.-P. Rioux, *op. cit.*, p. 126, n. 2.
70. J. Toulat, *op. cit.*, p. 68.
71. *Ibid.*, p. 71.
72. P.-H. Simon, *Contre la torture,* Paris, Le Seuil, 1957.
73. *El Moudjahid,* édition 62 (Yougoslavie) n° 22, 16 avril 1957, p. 427.
74. P.-H. Simon, *op. cit.*, p. 12.
75. *Ibid.*, p. 16.
76. J. Toulat, *op. cit.*, p. 78.
77. J. de Bollardière, *Bataille d'Alger, bataille de l'homme,* Paris DDB, 1972, p. 98.
78. *Ibid.*, p. 100.
79. *Ibid.*, p. 104.
80. *Ibid.*, p. 104.
81. J.-P. Rioux, *Ibid.*, p. 126, n. 1.

82. *Informations catholiques internationales,* 1er mai 1957, p. 28.
83. *Ibid.*, p. 28.
84. J.-P. Rioux, *op. cit.*, p. 126, n. 2.
85. P. Laneyrie, *op. cit.*, p. 261.
86. *Ibid.*, p. 261.
87. *Ibid.*, p. 261.
88. J. Charbonnel, *Edmond Michelet,* Paris, Beauchesne, oct. 1987, p. 106.
89. R. Aron, *La Tragédie algérienne,* Paris, Plon, Tribune libre, 1957, 76 p.
90. R. Aron, *Mémoires,* Paris, Julliard, 1983, p. 365.
91. *Ibid.*, p. 364.
92. *Ibid.*, p. 366.
93. *Ibid.*, p. 366.
94. *Ibid.*, p. 369.
95. J.-P. Rioux, *op. cit.*, p. 134.
96. A. Horne, *op. cit.*, p. 207.
97. Le père Liégé, dominicain.
98. J. Planchais, *op. cit.*, p. 306.
99. Lettre du 8 juillet 1957, citée par A. Nozière, *op. cit.*, p. 133.
100. *Ibid.*, p. 134.
101. Entretien avec l'auteur, Lyon, 2 mai 1988.
102. A. Nozière, *op. cit.*, p. 131.
103. Entretien avec l'auteur, Salvador de Bahia, 21 août 1982.
104. Document manuscrit, communiqué par André Gallice.
105. F. Mauriac, *Bloc-Notes, 1,* p. 136.
106. *Ibid.*, p. 342.
107. *Ibid.*, p. 351.
108. Article de Jean Planchais, in « *Le Monde* » *l'Histoire au jour le jour (1955-1962)* t. II, octobre 1985, p. 159.
109. J. Charbonnel, *op. cit.*, p. 106.
110. A. Horne, *op. cit.*, p. 211.
111. *Ibid.*, p. 211-212.
112. *Ibid.*, p. 212.
113. P. Vidal-Naquet, *Les Crimes de l'armée française,* Paris, Maspero, 1975, p. 85
114. *Ibid.*, p. 86.
115. *Ibid.*, p. 87-88.
116. F. Mauriac, *Bloc-Notes, 1,* p. 364.
117. B. Droz, E. Lever, *op. cit.*, p. 141.
118. A. Horne, *op. cit.*, p. 224.
119. F. Mauriac, *Bloc-Notes, 1,* p. 354.
120. *Ibid.*, p. 362.
121. *Ibid.*, p. 365.
122. A. Horne, *op. cit.*, p. 243.
123. *Le Monde,* 7 octobre 1957.
124. J.-P. Vittori, *Confessions d'un professionnel de la torture,* Paris, Ramsay Images, 1980, p. 38.
125. *Ibid.*, p. 42.
126. *El Moudjahid,* n° 10, septembre 1957.
127. J.-P. Vittori, *op. cit.*, p. 49.
128. F. Mauriac, *Bloc-Notes, 1,* p. 380.
129. *Ibid.*, p. 383.
130. F. Mauriac, *Bloc-Notes, 2,* p. 389.
131. *Ibid.*, p. 390.
132. J. Planchais, *op. cit.*, p. 311.
133. *Ibid.*, p. 312.
134. J.-P. Rioux, *op. cit.*, p. 200.

135. F. Mauriac, *Bloc-Notes, 2,* p. 23.
136. *Ibid.,* p. 17.
137. A. Nozière, *op. cit.,* p. 216.
138. *Ibid.,* p. 135.
139. F. Mauriac, *Bloc-Notes, 2,* p. 29.
140. *Ibid.,* p. 41.
141. *Verbe,* nº 90, p. 76-85.
142. *Ibid.,* p. 85.
143. F. Mauriac, *Bloc-Notes, 2,* p. 50.
144. *Ibid.,* p. 54.
145. R. Rémond, *op. cit.,* p. 517.
146. F. Mauriac, *Bloc-Notes, 2,* p. 55.
147. *Ibid.,* p. 72.
148. Entretien avec l'auteur, Salvador de Bahia, 21 août 1982.
149. L. E. Duval, *op. cit.,* p. 94.
150. J. Lacouture, *André Malraux, une vie dans le siècle,* Paris, Le Seuil, 1973, p. 366.
151. Polycopié de 14 pages du Comité de soutien des détenus, dossier nº 1, octobre 1958.
152. *Verbe,* nº 91, p. 65.
153. *Le Monde,* 10 janvier 1959.
154. *Verbe,* nº 92, 1958.
155. J. Vialatoux, *La répression et la torture,* Éd. Ouvrière, 1957, p. 31, n. 1.
156. *Contra Gentiles,* I, III, ch. 146.
157. *Summ. Theol.* IIa, IIae, qu.64, a.2 concl.
158. *Ibid.,* qu. 108.
159. *Verbe,* nº 92, p. 62.
160. *Ibid.,* p. 63-64.
161. *Ibid.,* p. 65.
162. *Ibid.,* p. 66.
163. *Revue de l'Action populaire,* juillet 1957, article de J. Y. Calvez : « Guerre révolutionnaire et torture. »
164. *Verbe,* nº 92, p. 67.
165. *Ibid.,* p. 68.
166. *Ibid.,* p. 68.
167. *Ibid.,* p. 69.
168. M. Zalba, *Theologiae Moralis Summa,* B.A.C., Madrid, 1958, tome II, art. 1545.
169. *Verbe, op. cit.,* nº 92, p. 70, n. 34.
170. *Ibid.,* p. 71.
171. *Les Études,* Paris, 1er décembre 1958.
172. J. Guitton, *L'Abbé Thellier de Poncheville,* Paris, Fayard, 1953, coll. « Bibliothèque Ecclesia ».
173. M. Bigeard, *Pour une parcelle de gloire,* Paris, Plon, 1975, p. 370.
174. *Ibid.,* p. 369.
175. *Ibid.,* p. 371.
176. Général R. Gaget, *Commando Cabon,* Paris, J. Grancher Éd., 1988, p. 19.
177. J.-Y. Calvez, article in *Action populaire,* juillet 1957.
178. Cité par J.-Y. Calvez, in *art. cit.*
179. A. Nozière, *op. cit.,* p. 136.
180. *Ibid.,* p. 137.
181. *Le Monde,* 1er avril 1959, p. 4.
182. *ICI,* 15 avril 1959, nº 94, p. 23.
183. Cardinal Suhard, *Essor ou déclin de l'Église,* Paris, Le Seuil, « Livre de vie », 1962, p. 100.

184. *Ibid.*, p. 105.
185. É. Dermenghem, *Joseph de Maistre, mystique,* Paris, La Colombe, 1946.
186. Une deuxième édition, non datée, s'est augmentée de quatorze pages consacrées à l'action psychologique.
187. Avril 1983, témoignage du chanoine Xavier Louis, ancien aumônier militaire responsable pour les FFA (Forces françaises en Allemagne).
188. Cf. article du père d'Ouince, *La Croix,* 30-31 juillet 1957.
189. Témoignage du père François de L'Espinay, Salvador de Bahia, 21 août 1982.
190. « L'armée psychologique », in *Bulletin d'informations et de liaison des officiers d'artillerie d'active et de réserve,* n° 21, août-septembre 1958, p. 9.
191. L. Beirnaert, « L'action psychologique et l'avenir de la nation »., in *Études,* février-mars 1959, p. 197. Cf. *Contacts,* avril 1958, p. 64-69. Cf. aussi l'éditorial dans le numéro de juin 1957 de la *Revue militaire d'information.*
192. In *Revue de la Défense nationale,* juin 1958, p. 221.
193. J. Hogard, « Tactique et stratégie de la guerre révolutionnaire », *Revue militaire d'information,* juin 1958, p. 35.
194. L. Beirnaert, *art. cit.*, p. 200.
195. *Ibid.*, p. 200.
196. *Ibid.*, p. 201.
197. *Ibid.*, p. 202.
198. F. Mauriac, *Bloc-Notes, 2,* p. 194.
199. J.-P. Rioux, *op. cit.*, p. 138.
200. F. Mauriac, *Bloc-Notes, 2,* p. 216.
201. L. Beirnaert, *Études,* juin 1959, p. 303-304.
202. *Art. cit.*, p. 307.
203. *Art. cit.*, p. 314.
204. *Art. cit.*, p. 311.
205. Témoignage de Robert Lion, président de la Caisse des dépôts.
206. R. Gaget, *op. cit.*, p. 96.
207. A. Nozière, *op. cit.*, p. 144.
208. M. Bigeard, *op. cit.*, p. 394.
209. *Ibid.*, p. 395.
210. *ibid.*, p. 395.
211. M. Garrigou-Lagrange, « Intégrisme et national-catholicisme », *Esprit,* novembre 1959, p. 515-543.
212. F. Mauriac, *Bloc-Notes, 2,* p. 279.
213. *France-Observateur,* 23 décembre 1959, article signé H. de Galard.
214. F. Mauriac, *Bloc-Notes, 2,* p. 281.
215. Entretien du 27 juillet 1981 avec Pierre Racine.
216. M. Bigeard, *op. cit.*, p. 398.
217. F. Mauriac, *Bloc-Notes, 2,* p. 294.
218. *Ibid.*, p. 300.
219. R. Gaget, *op. cit.*, p. 168.
220. M. Bigeard et M. Flament, *Aucune bête au monde,* Paris, La Pensée moderne, 1959.
221. R. Gaget, *op. cit.*, p. 183.
222. *Ibid.*, p. 184.
223. Document communiqué par Pierre Racine, décembre 1982.
224. F. Mauriac, *Bloc-Notes, 2,* p. 331.
225. H. de Montherlant, « Chant funèbre pour les morts de Verdun (1924) », in *Mors et Vita,* Paris, Gallimard, NRF, 1946, p. 225.
226. C. et F. Jeanson, *L'Algérie hors la loi,* Paris, Le Seuil, 1956.
227. H. Hamon et P. Rotman, *Les Porteurs de valises : la résistance française à la guerre d'Algérie,* Paris, Albin Michel, 1979.
228. *La Semaine religieuse d'Alger* n° 37, 20 octobre 1960, p. 393-394.

229. *La Semaine religieuse de Paris,* 12 novembre 1960 ; *DC,* tome LVII, n° 1340, p. 1422.
230. E. Mounier, *Œuvres de Mounier,* Paris, Le Seuil, 1961, tome I, p. 836.
231. *Esprit,* supplément de novembre 1960, 19, rue Jacob, Paris-6e.
232. *Ibid.*, p. 8.

Table

Nantes

1953 13
1954 18

Paris

1955 31
1956 48

Rome

1957 79
1958 121
1959 139

Tours

1960 187

Algérie

1960 199
1961 306

Épilogue 338

Annexes

1. L'Algérie devant la conscience chrétienne 341
2. Réflexions d'un prêtre sur le terrorisme urbain 342
3. Pierre-Henri Simon : *Contre la torture* 346
4. Étude d'un comportement moral en face de la guerre subversive 351
5. L'influence de l'intégrisme catholique sur l'armée 355

Notes 362

IMPRIMERIE SEPC À SAINT-AMAND
DÉPÔT LÉGAL MAI 1990. N° 12198 (1234).